中咨研究系列丛书

U0827819

中国工程咨询专业指南

第二卷

发展规划咨询专业指南

主编　李开孟

副主编　刘辉　杨凯越

中国电力出版社
CHINA ELECTRIC POWER PRESS

内 容 提 要

本书系统阐述了发展规划的基本类型、主要作用、理论基础、实践状况，提出了发展规划咨询的理念创新、业务开展、质量控制及方法工具，对总体发展规划咨询、区域发展及国土空间规划咨询、各类专项发展规划咨询、产业发展规划咨询的内容要求、专业特点、规划编制、专题研究等重点内容进行了深入研究，并对发展规划实施评价的内容、方法及组织实施进行了介绍。

本书可供各工程咨询机构、发展改革及住建部门、项目业主单位、投融资机构相关领域人员开展专业学习使用，也可作为相关专业继续教育用书和高等院校相关专业教材。

图书在版编目（CIP）数据

中国工程咨询专业指南．第二卷，发展规划咨询专业指南/李开孟主编．—北京：中国电力出版社，2022.11

（中咨研究系列丛书）

ISBN 978-7-5198-5378-5

Ⅰ.①中…　Ⅱ.①李…　Ⅲ.①投资-咨询服务-中国-指南　Ⅳ.①F832.48-62

中国版本图书馆 CIP 数据核字（2021）第 031027 号

出版发行：中国电力出版社
地　　址：北京市东城区北京站西街 19 号（邮政编码 100005）
网　　址：http://www.cepp.sgcc.com.cn
责任编辑：姜　萍　赵云红
责任校对：黄　蓓　常燕昆
装帧设计：赵丽媛
责任印制：吴　迪

印　　刷：三河市万龙印装有限公司
版　　次：2022 年 11 月第一版
印　　次：2022 年 11 月北京第一次印刷
开　　本：710 毫米×1000 毫米　16 开本
印　　张：28.25
字　　数：426 千字
定　　价：125.00 元

本书编委会

主　　编　李开孟

副 主 编　刘　辉　杨凯越

参编人员　（按姓氏拼音排序）

曹　玫　季　林　贾　祯　李　东

李　燕　刘义成　牛耘诗　齐元静

任　远　邵楚纤　申海燕　唐淮安

谭　劲　伍　迪　徐成彬　张　蓉

总 序

现代咨询企业怎样才能不断提高核心竞争力？我们认为，关键在于不断提高研究水平。咨询就是参谋，如果没有对事物的深入研究、深层剖析和深刻见解，就当不好参谋，做不好咨询。

我国的工程咨询业起步较晚。以 1982 年中国国际工程咨询公司（简称中咨公司）的成立为标志，我国的工程咨询业从无到有，已经发展成具有较大影响的行业，见证了改革开放的历史进程，并且通过自我学习、国际合作、兼容并蓄、博采众长，为国家的社会经济高质量发展做出了重要贡献，同时也促进了自身的成长与发展壮大。

但应该清醒地看到，我国工程咨询业与发达国家相比还有不小差距。西方工程咨询业已经有一百多年的发展历史，其咨询理念、理论方法、工具手段，以及咨询机构的管理等各方面已经成熟，特别是在专业研究方面有着深厚基础。而我国的工程咨询业尚处于成长期，尤其在基础研究方面显得薄弱，因而总体上国际竞争力还不强。当前，我国正处于社会经济发生深刻变革的关键时期，不断出现各种新情况、新问题，很多都是我国特定的发展阶段和转轨时期所特有的，在国外没有现成的经验可供借鉴，需要我们进行艰辛的理论探索。立足新发展阶段，完整、准确、全面贯彻落实新发展理念，构建新发展格局，对标世界一流专业咨询机构，建设中国特色新型高端智库，促进高质量发展，对工程咨询提出了新的更高要求，同时也指明了发展方向，提供了巨大发展空间。这更需要我们研究经济建设特别是投资建设领域的各种难点和热点问题，创新咨询理论方法，以指导和推动咨询工作，提高咨询业整体素质，造就一支既熟悉国际规则，又了解国情的专家型人才队伍。

中咨公司历来非常重视知识资产的创造和积累，每年都投入相当的资金和人力开展研究工作，向有关机构提供各类咨询研究报告，很多都具有一定的学术价值和应用价值。《中咨研究系列丛书》的出版，就是为了充分发挥这些宝贵的智力财富应有的效益，同时向社会展示我们的研究实力，为提高我国工程咨询业的核心竞争力和促进高质量发展做出贡献。

立言，诚如司马迁所讲“成一家之言”，“藏诸名山，传之其人”。一个人如此，一个单位也是如此。既要努力在社会上树立良好形象，争取为社会做出更大贡献，同时还应当让社会倾听其声音，了解其理念，分享其思想精华。中咨公司会向着这个方向不断努力，不断将自己的研究成果献诸社会。我们更希望把《中咨研究系列丛书》这项名山事业坚持下去，让中咨的贡献持久恒长。

《中咨研究系列丛书》编委会

2022 年 9 月

前 言

中咨公司是顺应我国投资体制改革，贯彻投资决策科学化、民主化而成立的国内规模最大、涉及行业最多的综合性工程咨询机构，在我国工程咨询理论方法研究领域一直发挥着行业引领作用。公司自 1982 年成立以来，一直接受国家发展和改革委员会等有关部门的委托，并结合自开课题研究等形式，对工程咨询理论方法进行持续创新研究，取得了非常丰富的研究成果。部分成果以国家有关部委文件的方式在全国印发实施，部分成果以学术专著、论文、研究报告等方式在社会上推广应用，大部分成果则是以中咨公司内部咨询业务作业指导书、业务管理制度及业务操作规范等形式，用于规范和指导公司各部门及所属企业承担的各类工程咨询业务。中咨公司开展的各类咨询理论方法研究工作，为促进我国工程咨询行业健康发展发挥着重要作用。

自 1982 年成立以来，中咨公司为中央政府在国家重大建设项目的决策和实施中发挥了重要参谋作用，并为地方政府、企业、银行等各类客户提供大量咨询服务。参与了西气东输、西电东送、南水北调、退耕还林、青藏铁路、京沪高铁、港珠澳大桥、首钢搬迁、奥运场馆、百万吨级乙烯、千万吨级炼油、百万千瓦级超超临界电站、大飞机工程、载人航天、探月工程以及京津冀协调发展、长江经济带、粤港澳大湾区建设、海南自贸区、“一带一路”、生态文明建设、战略性新兴产业、西部大开发、东北振兴、新疆和藏区发展、三峡工程后续工作、汶川和玉树地震灾后重建规划等一大批关系国计民生、体现综合国力的建设项目和发展规划，积累了工程咨询业务实施的丰富经验，具有重要的总结提炼和推广应用价值。

中咨公司作为我国规模最大的综合性工程咨询机构，在推动我国工程咨询理论方法研究方面一直发挥着引领带动作用，始终坚持通过理论方法的研究创新，促进公司各项咨询业务的创新开展。工程咨询理论方法体系建设及创新研究，是中咨公司立足新发展阶段，完整、准确、全面贯彻新发展理念，构建新发展格局，对标世界一流专业咨询机构，建设中国特色新型高端智库，促进高质量发展的重要举措，在中咨公司发展战略布局中占有重要地位。

创新是引领发展的第一动力，创新驱动是经济增长动力由资源、投资等要素向知识、创新、人力资本等要素转换的动力源泉。新时代高质量发展对工程咨询理论方法创新提出更高要求，需要在把握投资建设客观规律、服务高质量发展总体目标、体现新发展理念的原则要求、强调可行性研究的核心地位、推动全过程工程咨询服务健康发展、融入“一带一路”建设的国际合作体系、扎实推进工程咨询行业标准规范体系建设、加强培育理论方法创新研究应用人才队伍等方面进行深入研究和实践探索。

工程咨询是一项专业性要求很强的工作，工程咨询业务受到多种不确定性因素的影响，需要对特定领域的咨询对象进行全面系统的分析论证，往往难度很大。这就需要综合运用现代工程学、经济学、管理学等多学科理论知识，借助先进的科技手段、调查预测方法、信息处理技术，在掌握大量信息资料的基础上对未来可能发生的情况进行分析论证，因此对工程咨询从业人员的基本素质、知识积累，尤其是对其所采用的分析评价专业方法提出了很高的要求。

研究工程咨询专业分析评价关键技术方法，要在继承的基础上，通过方法创新，建立一套与国际接轨，并符合我国国情的工程咨询创新研究专业指南，力求在项目评价及工程管理的关键路径和方法层面进行创新。所提出的关键技术方法路径，应能满足工程咨询业务操作的实际需要，体现工程咨询理念创新的鲜明特征，与国际工程咨询所采用的业务导则接轨，并能对各领域不同环节开展工程咨询实践活动起到规范引导的作用。

本次结集出版的《中国工程咨询专业指南》丛书，是《中咨研究系列丛书》中的一个系列，是针对工程咨询业务实施及高端智库研究方法的创新研究专业成果。中咨公司出版《中咨研究系列丛书》的目的，一是与国内外工程咨询业界同行交流中咨公司在工程咨询及高端智库理论方法研究方面取得的成果，搭建学术交流的平台；二是推动工程咨询及高端智库理论方法的创新研究，探索构建我国专业咨询及高端智库研究知识体系的基础架构；三是针对我国专业咨询及高端智库发展的新趋势及新经验，出版公司重大课题研究成果，为推动我国专业咨询及高端智库创新发展做出中咨公司的特殊贡献。

丛书的编写出版工作，由中咨公司研究中心具体负责。研究中心是中咨公司专门从事工程咨询基础性、专业性理论方法及行业标准制定相关研究工作的内设机构。其中，开展专业咨询及高端智库理论方法研究，编写出版《中咨研究系列丛书》，是中咨公司研究中心的一项核心任务。

发展是人类社会面临的永恒主题，创新是人类社会进步的不懈追求。我国工程咨询理论方法体系，从中华人民共和国成立以来学习借鉴前苏联东欧经验阶段，到改革开放以来学习借鉴西方市场经济国家及相关国际组织经验阶段，目前已经进入按照高质量发展的要求进行全面创新的新时代。工程咨询行业的高质量发展，呼唤着咨询理念及理论方法体系进行全面创新，并具体指导各类专业咨询实践活动。我们希望，《中国工程咨询专业指南》丛书的出版，能够对推动我国咨询业务实施及专业方法创新，推动我国专业咨询及高端智库研究事业健康发展，推动中国特色新型高端智库及世界一流专业咨询机构建设发挥积极的引领和带动作用。

作者

2022年9月

目 录

第一章

发展规划的内涵及其理论和实践

经济社会发展规划是我国社会主义现代化战略在规划期内的阶段性部署和安排，用于阐明国家战略意图、明确政府工作重点、引导规范市场主体行为。经济社会发展规划是经济社会发展的宏伟蓝图，是政府履行经济调节、市场监管、社会管理、公共服务、生态环境保护职能的重要依据，具备战略性、宏观性、政策性等特点，在推动经济社会高质量发展中发挥重要引领作用。

第一节　发展规划的类型及作用

一、发展规划要素和性质

（一）规划的基本要素

1. 规划的主体和客体

规划主体指承担规划编制和实施任务的组织、机构、单位或个人。规划主体包括执行主体和编制主体，其中执行主体负责规划编制和实施的所有环节并对规划实施效果担负最终责任，主要指国家和地方各级政府；编制主体则负责规划的编制环节，受规划执行主体的委托按照规划执行主体赋予的权利和职责进行规划的编制。规划客体即规划对象，是规划所要引导、约束和支持的对象，分为物质客体和非物质客体，其中物质客体往往包括非物质规划内容，如产业规划包括产业政策、产业技术等内容；非物质客体也会包含物质规划的内容，如具体的城镇、人口、产业等内容。

2. 规划范围

规划范围指规划对象所涉及和涵盖的领域，是规划的基本要素之一，也是规划编制首先要明确的内容。规划范围包括领域范围和空间范围，领域范围指规划内容涉及的行业、部门、组织、个人等所有利益相关者，空间范围指规划所涉及的地理范围。不同类型发展规划的规划范围不同。国家和地方发展规划范围比较广泛，几乎涉及一个国家或地区社会经济发展的所有方面和领域，但是不同时期的发展规划，由于所面临的任务和解决的问题有所不同，侧重点会存在差异，规划所确定的范围和重点也会有所不同。区域规划范围由地理空间和涵盖的领域共同确定。专项规划范围一般局限于特定专项领域。

3. 规划目标

规划目标重点反映规划的意义和动机，是规划最基本、最核心的要素。从规划目标的层次看，规划目标可分为单一目标和多重目标，多重目标中又有总体目标和分类目标以及主目标和次目标之分。有的规划目标不仅是多重目标，而且不同目标之间相互关联，构成一个完整的规划目标体系，其中总体目标是核心。另外，规划目标又可以分为近期、中期和远期目标，定性目标和定量目标，最低目标、中间目标和最高目标。

4. 规划时限

规划时限是规划实施的起止时间。根据时间长度不同，规划可分为短期规划、中期规划和长远规划。其中，短期规划一般指 3 年或 3 年以下，中期规划为 5 年左右，长远规划则在 10 年以上。不同性质的规划，规划时限有所区别，城镇规划的时限长于社会经济发展规划，企业规划时限则短于社会经济发展规划。

5. 规划层次

规划层次指规划对象所涉及范围的级别和等级。按照行政级别划分为国家级、省（自治区、直辖市）级、地市级、县级、乡镇级。规划层级与规划范围紧密相连，跨越规划的层级和范围或者规划范围达不到规划层级都会影响规划的实施效果。

（二）规划性质

1. 市场经济体制下的国家规划性质

市场经济体制下的国家规划性质主要包括三个方面：第一，规划是政府引导、协调社会经济发展的一种手段，不是一种制度。第二，规划既具有指导性和预测性，也具有政策性和实施性。其中，公共产品、公共服务领域的规划，以政策性和实施性为主。第三，规划主体是政府，是政府部门对经济和社会发展宏观方向和目标的总体安排。

2. 社会主义市场经济体制下的规划特征

社会主义市场经济体制下，发展规划的重点是反映市场、预测市场、引导和调控市场，但绝不能取代市场。虽然发展规划按照法定程序经立法机构审议批准，但基本性质仍是指导性。即便有些领域不属于市场发挥作用或在非常情况下采取某种指令性，也只是对发展规划的必要补充，并不改变市场经济条件下发展规划的基本性质。具体来讲，社会主义市场经济体制的规划特征是：第一，从原有的维护和实施计划经济的体制性、制度性的规划，转向适应市场经济发展要求，引导市场主体行为的工具性、非制度性的规划；第二，从突出经济发展的产业性、项目类、数量指标型的规划，转向强化对公共资源、公共产品与服务配置的引导性和实施性相结合的规划；第三，侧重以政府为主，转向政府、社会、企业全方位合作的开放型规划；第四，市场经济发展及由此而来的中长期发展规划性质的转变，使中国与其他市场经济国家的中长期发展规划在性质上更加相似。但是，由于中国经济和政治制度的特殊性，决定了中国市场经济条件下中长期规划仍有其自身特色。

（三）规划职能

规划职能主要包括综合协调、信息导向、政策指导和引导资源配置等职能。

1. 综合协调职能

发展规划的编制和实施，通过中央与地方、政府与企业等社会各界形成共识，统筹兼顾各方面的经济利益，综合协调长远和短期的目标、全局和局部目标间的关系；维持社会总供给与社会总需求基本平衡，促进经济结构优化、提高国民经济整体素质和效益，统筹生产、建设、投资、消费、进出口之间的平衡关系，协调各产业、各地区经济的发展，协调国家重点建设的资金来源和投向，实现国民经济主要比例关系的基本平衡，保证经济和社会发展战略、目标、任务的实现。

2. 信息导向职能

国民经济和社会发展规划，集中展示政府对未来国内外经济发展环境和发展趋势的分析研判、预测，提出发展战略、发展目标、产业结构和区域经济结构调整优化的方向以及相应的政策，必然会通过各种渠道扩散、渗透到全社会，为微观经济主体在市场竞争中自主进行生产、经营决策提供最具权威性和整体性的宏观经济环境和政策信息，因而对全社会的经济活动具有极其重要的信息导向作用。

3. 政策指导职能

制定宏观经济政策是发展规划的重要内容之一。随着规划基本性质转向指导性，大大简化和淡化规划的数量指标，强化规划的政策性内容和作用。经过制定综合协调的宏观经济政策体系，既对全社会经济活动具有重要的指导，又规范经济主体的行为。

4. 引导资源配置职能

社会主义市场经济条件下，发展规划不能代替市场对资源配置的决定性作用，但国家有必要通过对其直接掌握的公共资源的计划配置，引导、带动全社会资源的市场配置，对弥补和矫正市场的短期性、波动性、盲目性起到示范作用。国家集中掌握的公共资源主要有财政预算资金和其他财政性资金、政策性金融、国家统借统还外债、国家外汇储备和重要资源储备等。这些公共资源虽是通过计划配置，但在具体运作上要尽可能采取市场化方式，例如对国家投资项目的政府采购实行招投标，国家储备投放实行竞价拍卖。

（四）规划的意义和作用

1. 规划是政府转变职能和加强宏观管理的调控器

市场机制成为配置经济资源的决定性力量后，中国政府职能从根据指令性计划组织生产转变为根据市场供需关系和价值规律组织生产，期间不可避免地会遇到发展失衡、垄断形成、资源过度使用、公共产品供给不足等市场失效问题，客观上需要政府进行宏观调控。发展规划是宏观管理的重要调控器，在发挥政府宏观调控作用的同时，能把宏观调控与市场有机结合起来，实现双向调控。

2. 规划是引导资源优化配置的指挥棒

市场经济是一种通过市场机制来配置资源的经济体系。发展规划的核心调控功能是从宏观和长远角度指导资源的优化配置，把有限的资源配置到社会需要的众多部门领域中去，使配置产生最佳的经济、社会与生态效果。

3. 规划是全面协调可持续发展状态的显示器

发展规划是实现可持续发展思想最有效的手段，它把经济发展以及经济和社会、人口、资源、环境的持续协调发展作为规划的核心内容和奋斗目标，一个地区的经济持续快速稳定发展、自然资源得到永续开发利用、社会状况得到改善、生态环境得到恢复，均可通过规划的制定和实施监控反映出来。就此意义而言，发展规划是人口、资源、环境和经济协调发展状态的显示器。

二、发展规划类型及主要内容

发展规划按照空间层次可分为国家级、省（自治区、直辖市）级、市县级，按照规划类型分为国家和地方发展总体规划、专项规划、区域规划、空间规划，不同层次和类型的发展规划都具有规划工作的一般特点和现代规划的时代特征。

（一）发展规划类型

1. 规划体系

（1）国家级规划。国家级规划是由中央政府部门制定的各类规划，重点规划国家在一定时期内经济和社会发展的主要目标、任务和政策。国家级规划关系到国家全局和长远利益，各级地方政府应积极配合，保证国家规划调控目标和重点任务的落实。当地方规划与国家规划发生冲突时，地方规划应当服从国家规划，维护国家规划的权威性，并重视国家规划编制与地方发展诉求的协调平衡。

（2）省（自治区、直辖市）级规划。省（自治区、直辖市）级规划指省（自治区、直辖市）人民政府根据国家规划对其行政管辖范围内的国民经济和社会发展、特定行业及领域编制规划，具有承上启下的作用。省（自治区、直辖市）级规划编制时应在积极贯彻国家战略意图的基础上，突出地方特色，为市县级规划提供依据，并要与相邻地区的规划相协调。

（3）市县级规划。市县级规划是中国规划体系的末端，也是最具操作性的规划。市县级规划是由市县级地方人民政府以其行政所辖范围内的国民经济和社会发展、特定行业及领域为对象编制的规划。

2. 规划类型

（1）发展规划。发展规划也称总体发展规划，是对规划期内国民经济和社会发展各领域所做的全面部署和总体安排。我国的国家发展规划，即中华人民共和国国民经济和社会发展五年规划纲要，是我们党治国理政的重要方式，是全国各族人民共同的行动纲领，是政府履行经济调节、市场监管、社会管理、公共服务、生态环境保护职能的重要依据。国家发展规划根据党中央关于制定国民经济和社会发展五年规划的建议，由国务院组织编制，经全国人民代表大会审查批准，居于规划体系最上位，是其他各级各类规划的总遵循。

（2）专项规划。专项规划是专门为解决国民经济和社会发展中某一关键问题或特定领域而制定的发展规划，是发展规划在特定方面或领域的细化与落实。专项规划可以是某些特定产业的规划，也可以是解决国民经济和社会发展中某一重大课题的规划。专项规划目标明确、任务具体，同时具有较强的可操作性，重点突出、对策有力、灵活机动。专项规划是政府指导该领域发展以及审批、核准重大项目、安排投资、制定相关政策的依据。

（3）区域规划。区域规划是发展规划在特定区域的细化和落实，其重点是根据国家发展规划的总体安排与区域经济社会发展的根本诉求，对区域发展现状进行全面解读，对区域发展方向、发展目标及发展策略进行科学论证，对区域空间布局与重点功能区建设进行认真谋划，对区域生态安全体系、现代产业体系、综合交通体系、基础设施体系、公共服务体系进行全面部署，对次区域发展进行细致引导，对规划实施保障措施及近期建设重点进行有序统筹，从而指导本区域国民经济和社会全面可持续发展。区域规划是为适应经济社会和空间布局的协调发展，合理有效地配置各类资源，尤其是空间资源和土地资源，解决经济社会发展中的空间布局矛盾，促进资源合理布局和总体功能优化而进行的战略部署，其类型具体涵盖城市群（都市圈）发展规划、流域发展规划、新区规划等。

（4）空间规划。空间规划以空间治理和空间结构优化为主要内容，对原有主体功能区规划、土地利用规划、城乡规划、生态环境规划等空间规划的融合实现“多规协调”和“多规合一”。空间规划不仅是对一定区域国土空间开发保护在空间和时间上做出的安排，成为国土空间用途管制、生态保护修复和各类开发保护建设活动的重要依据，同时也是区域空间发展的指南、可持续发展的空间蓝图。其中，国土空间规划包括总体规划、详细规划和相关专项规划。

（二）发展规划的特点

1. 发展规划的一般特点

发展规划广泛存在于各种社会经济生活之中，如城乡规划、农田基本建设规划、社会发展规划、经济发展规划、学校发展规划、社区发展规划、居住区规划、水利规划、医疗卫生发展规划、绿化规划等。尽管不同部门及行业的规划形式和内容千差万别，但所有的规划都体现为对发展目标比较长远全面的发展纲要，对某种目标的追求或某种状态的设想，以及实现某种目标或达到某种状态的途径的计划安排。

因此，规划工作一般具有如下几个共同特点：第一，目的性。规划有明确发展方向和发展目标，是为实现某种目标或达到某种状态而进行的规划；第二，前瞻性。规划是以构想和安排未来为己任；第三，动态性。人们对未来的预测有一定的局限性，随着时间的推移，原来被认为理想的方案和设想需要不断地根据实施过程中反馈的信息进行调整。规划不是静态的，而是不断发展变化的动态过程。规划决策过程本身就是不断对未来进行选择的过程。

2. 发展规划的时代特征

发展规划除具备一般规划工作的共同特点外，还具有几大特点：

（1）综合性。首先，规划内容广泛，涉及自然、经济、社会、人民生活等各领域以及农业、制造业、服务业等各个部门。规划对象是一个开放性系统，该系统由自然、社会、经济系统组成，每个系统可以进一步划分为若干个子系统及诸多的组成要素。规划要对各系统、各组成要素进行全面研究，对社会经济各部门进行统筹安排。在综合各部门、各行业专业规划的基础上对规划对象的整体发展作出统一部署，协调好条条（国民经济各部门）、块块（各个地方）之间的关系。其次，规划方法侧重综合评价与分析论证，强调各部门之间、各地区之间的相互协调，弥补单一部门、专项论证的不足。例如建设项目的规模和布局，要研究其必要性，市场需求和投资的可能性，项目建设的经济效益、社会效益及其对生态环境的影响；研究其预选地点的用地、地质基础、供水、周围环境等建设条件；研究其对外交通、供电、通信、供气等区域性的基础设施以及科技、教育、医疗、文化、商业贸易等公共性的服务设施。再次，规划方案的决策，是多方向、多目标、多方案比选的结果。规划特别注重发挥地区优势，合理开发利用当地的资源。产业布局、城镇发展、基础设施建设是许多地方区域规划工作的重点，而这些方面的空间布局方案都不会是唯一的。任何一个区域都可以描绘出多种多样的未来发展蓝图。最终决策往往是在多方面、多目标、多方案的综合比较中遴选出来的。最后，规划工作队伍一般由多个专业、多个部门的成员共同组成。过去，承担规划工作的人员主要出身于单个专业或相近专业。从第二次世界大战以后，经济学、社会学、环境学、法学、管理学等专业出身的人员也逐步进入规划的行列。现在，规划通常由行政负责人、多学科的专家和经济主管部门密切配合共同编制。

（2）战略性。首先，规划时间跨度长。一般而言，规划的期限都在 3 年以上，可以展望到 20 年甚至更长的时间。长期规划要求规划方案有明显的超前性，近期规划要明确近期建设重点项目，使规划方案既指导近期的国民经济建设，又保持远近结合，实现发展的可持续性。其次，规划关注的问题具有宏观性和全局性，是地区与地区之间需要协调的关键性的重大问题。因此，规划总是从长远着眼，宏观着想，讲求规划对象的整体效益。规划的重点应是宏观性的、全局性的、关键性的重大项目，而不是地方局部的、近期的、零碎的项目。再次，规划指标具有较大弹性。未来的发展受许多不确定的因素影响，对于未来的预测，难以做到完全准确，所以规划中对社会经济的发展方向、目标、结构、布局与土地利用安排只能勾画大体的轮廓，规划中提出的发展指标有一定幅度的弹性。最后，规划实施将对各方发生深远的影响。规划是对国民经济各种建设的战略部署，也是改善投资环境，优化生活环境的重要手段。规划项目，尤其是重大建设工程项目一旦实施，便难以改变，并且将发生长久的影响。然而，从某种角度来说，规划是利益的再分配，各个地方、各个部门从规划中得到的利益不是均等的。因此，规划方案制定时，既要从规划对象的整体利益出发，又要兼顾各个地方、各个部门的利益；既要考虑规划对象的长远利益，又要考虑近期的利益，以使规划对象获得持久发展的动力。

（3）空间性。首先，要体现地方特色。我国各地区的资源、经济发展条件和基础千差万别，各区域未来的发展方向、目标、地域结构、产业结构和布局、各种基础设施和服务设施的建设也不相同。各区有自身的特殊性，规划便要因地制宜，扬长避短。由于区域发展条件和发展前景的差异性，决定各区域的经济建设蓝图不可能相同。因此，规划从工作方案的拟定至最后的规划成果，各地区也不可能完全相同，而应反映出本地区的特色。不同地区规划的图件和规划报告格式不应相互照搬。其次，保持完整的规划范围。规划是一定地域范围内国民经济建设和土地利用的总体部署，凡是在规划区范围内的土地都应包括在规划对象之中，都应该作出安排。规划过程中应该把规划区作为一个整体加以考虑，不能遗漏规划区内的关键要素。

（三）规划体系及其主要内容

2018 年发布实施的《关于统一规划体系更好发挥国家发展规划战略导向作用的意见》，提出建立以国家发展规划为统领，空间规划为基础，专项规划、区域规划为支撑，由国家、省、市县各级规划共同组成的国家规划体系。

1. 总体发展规划的主体和内容

总体发展规划，简称发展规划，是由政府负责编制、实施的规划，因此政府是规划主体。各级地方政府负责制定面向本管辖区的规划，是本辖区范围内发展规划的主体。中央政府一般面向全国，或者超越省（直辖市、自治区）和特别行政区的范围编制规划，因而规划一般是具有全国意义的。省（直辖市、自治区）和特别行政区政府面向管辖区范围编制规划、发展规划主要是为解决辖区内的问题，谋划辖区内的发展蓝图，因而相应政府是发展规划的主体。相应地市、县、乡政府根据其管理的范围和实施的可行性程度制订其管辖范围内的发展规划。发展规划是全面指导全国或某地区国民经济与社会发展的纲领性文件，体现了规划期内国家或地方政府对国民经济的主要活动、社会发展等各个方面所作的全面规划、部署和安排，其主要内容是在分析规划期内经济社会发展总体态势和发展趋势的基础上，提出政府对规划期的发展战略、目标和基本方针以及主要领域的发展方向，以及不同领域的协调发展问题，为相应的专项规划和区域规划提供指导原则和方向。

发展规划重点包括发展背景及问题分析，面临的形势，战略目标和战略内容，经济及产业发展的总体思路，社会、科技、人才、环境的发展部署，经济、社会、人口、资源、环境发展的统筹协调，区域及空间开发的总体部署，规划实施保障等，例如中国《国民经济和社会发展第十三个五年规划纲要》，内容由二十个篇章构成，分别是：指导思想、主要目标和发展理念，实施创新驱动发展战略，构建发展新体制，推进农业现代化，优化现代产业体系，拓展网络经济空间，构筑现代基础设施网络，推进新型城镇化，推动区域协调发展，加快改善生态环境，构建全方位开放新格局，深化内地和港澳、大陆和台湾地区合作发展，全力实施脱贫攻坚，提升全民教育和健康水平，提高民生保障水平，加强社会主义精神文明建设，加强和创新社会治理，加强社会主义民主法治建设，统筹经济建设和国防建设，以及强化规划实施保障。

2. 专项规划的主体和主要内容

政府组成部门的不同的管理领域和有效管理的范围是其制订何种专项规划的主要依据。专项规划由负责该专项领域的部门或与该专项领域相联系的不同部门联合负责编制和管理实施，专项领域的部门或部门联合体是规划的主体。例如，全国水利发展专项规划由中央政府水利部门负责编制和管理实施，其他相关部门进行配合；某一地方的水利发展专项规划由该地方水利部门负责编制和管理实施，其他相关部门进行配合。教育事业发展专项规划则由教育部门负责编制和管理实施，其他相关部门进行配合，等等。专项规划是根据发展规划在相关领域提出的总体部署的进一步落实和细化，也是针对社会经济发展的关键领域、薄弱环节，为解决社会经济发展中的重大问题而制定的规划。不同的专项规划因问题或涉及的领域不同，其规划的重点也各有侧重。就其共同特点而言，专项规划的内容主要包括定位及性质判断、现状及问题分析、目标及任务、重点项目及配套工程、投入预算、保障措施和应急预案等。

3. 区域规划的主体和主要内容

区域规划涉及不同行政区的协调发展和统筹安排，因此其规划主体主要是覆盖该区域的上一级政府或者是涉及该区域的所有行政区的政府联合体。区域规划是跨省区的规划，由中央政府负责编制与管理实施，其他省政府配合，或者由涉及的省份的政府联合负责编制与管理实施，中央政府负责监督协调；一省之内跨地级行政区的规划，由省政府负责编制与管理实施，各地级行政区政府配合，或者各地级行政区政府联合负责编制和管理实施，省政府负责监督协调；以此类推。总体而言，中央政府及组成部门所制订的规划主要包括国民经济及社会发展规划、面向全国的重点专项规划、涉及不同省区或重点特殊区域的区域规划。省、自治区、直辖市政府及其组成部门制订的规划主要包括省域内国民经济及社会发展总体规划，省市、区各类专项规划，涉及省区范围内不同行政区或重点特殊地区的区域规划。市、县、区等级别政府根据其管辖范围和管辖领域制定和管理实施涉及本辖区范围内的发展规划、专项规划和区域规划。有些规划虽然由主要部门负责，但涉及不同政府部门或不同的行政区域，因此需要彼此之间合作，建立跨省市、跨部门的合作机构来制定，并合作进行实施。不同级别政府负责规划的类型如图 1-1 所示。

区域规划是政府宏观调控地域空间开发利用、治理保护的重要基础和调控手段。区域规划涉及面十分广泛，内容庞杂，根据不同的区域范围，所面临的不同问题和不同矛盾以及区域发展的总体目标，区域规划的内容和重点在不同区域不尽相同，主要包括区域总体发展背景及发展战略、总体布局方案、产业布局及空间配置引导规划、城镇体系及农村居民点体系规划、基础设施建设布局规划、水土资源利用及环境保护规划和区域发展政策等。

4. 空间规划的主体和主要内容

空间规划是以土地、海洋、生态等国土空间资源的合理保护和有效利用为核心，统筹生产、生活、生态三类空间要素，优化提升空间效率，实现空间资源优化配置，将主体功能区规划、土地利用规划、城乡规划等空间规划融合为统一的国土空间规划，探索“多规融合”模式下的规划编制、实施、管理与监

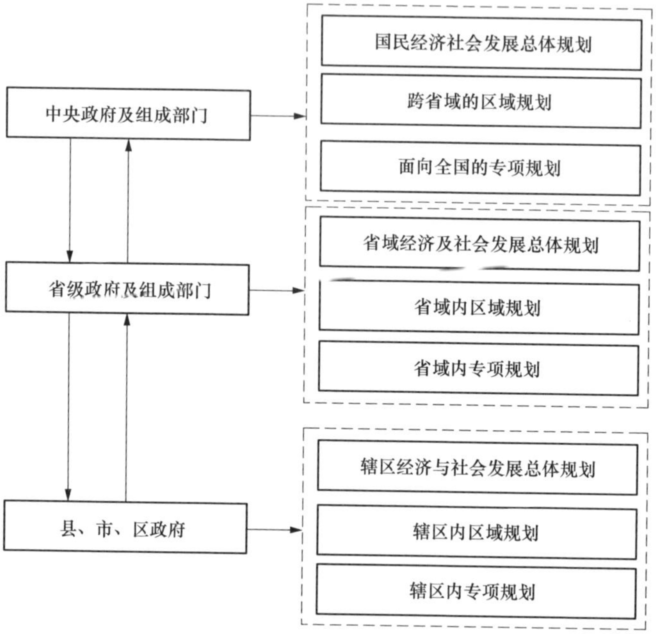

图 1-1 不同级别政府负责规划的类型

督机制。我国的国土空间规划体系包括全国、省、市、县、乡镇级五个层面。

（1）国家级空间规划。国家级空间规划主要内容包括分析资源环境承载能力和国土空间开发适宜性，划定城镇、农业、生态空间以及生态保护红线、永久基本农田、城镇开发边界等空间开发强度管控和主要控制线，并以此为载体统筹协调各类空间管控手段。国家级空间规划是从理清国家、省、市县各层级政府的空间管理事权，打破发展改革、国土、农业、林业等部门空间责权，协调社会经济，统筹国土资源合理开发利用，推进市县生态环境保护有效监管，推进新型城镇化有序建设，统筹跨区域重大设施发展，完善国土空间规划。

（2）市县级国土空间规划。市县级国土空间规划主要内容包括：①基础研究。现状评估和风险评估，资源环境承载能力和国土空间开发适宜性评价，相关专题研究。②目标与战略。发展定位与国土空间开发保护目标、国土空间开发保护战略。③区域协同发展与陆海统筹。④国土空间格局优化。国土空间格局优化、底线约束、国土空间开发与保护总体格局、生态格局、农业格局、历史文化景观格局、城乡发展格局、国土规划分区与管控。⑤资源要素保护与利用。国土空间用途结构优化调整、水资源利用与湿地保护、耕地资源保护与利用、林草资源保护与利用、矿产资源保护利用、海洋海岛与岸线资源保护利用、建设用地节约集约利用。⑥城镇发展重点地区空间布局。划定城镇发展重点地区、城市功能布局和用地结构、总体城市设计、城市绿地系统、住房保障与公共服务、城市更新、城市地下空间利用。⑦综合交通体系。综合交通目标战略和对策、区域交通网络、城市交通设施。⑧安全韧性与市政基础设施。安全韧性城市建设、城乡市政基础设施系统布局。⑨历史文化保护与城乡风貌塑造。建立历史文化保护体系、塑造多层次城乡风貌特色。⑩国土综合整治与生态修复。⑪规划实施。完善规划体系、制定近期行动计划、完善政策工具。

三、发展规划的地位与作用

2018年发布实施的《中共中央国务院关于统一规划体系更好发挥国家发展规划战略导向作用的意见》（以下简称《意见》）指出："科学编制并有效实施国家发展规划，阐明建设社会主义现代化强国奋斗目标在规划期内的战略部署和具体安排，引导公共资源配置方向，规范市场主体行为，有利于保持国家战略连续性、稳定性，集中力量办大事，确保一张蓝图绘到底"。《意见》明确了发展规划在国家规划体系中的地位，指出国家发展规划居于国家规划体系的最上位，是其他各级各类规划的总遵循，起到战略导向作用，是创新和完善宏观调控、推进国家治理体系和治理能力现代化、建设社会主义现代化强国的有力支撑。

（一）各类规划在国家规划体系中的地位

《意见》指出要立足新形势新任务新要求，明确各类规划的功能定位，理顺国家发展规划和国家级专项规划、区域规划、空间规划的相互关系，突出发展规划在国家规划体系中的统领地位，发挥好战略导向作用。

1. 明确各项规划的功能定位

《意见》指出，国家发展规划是社会主义现代化战略在规划期内的阶段性部署和安排，主要是阐明国家战略意图、明确政府工作重点、引导规范市场主体行为，是经济社会发展的宏伟蓝图，是全国各族人民共同的行动纲领，是政府履行经济调节、市场监管、社会管理、公共服务、生态环境保护职能的重要依据。而国家级专项规划则是指导特定领域发展、布局重大工程项目、合理配置公共资源、引导社会资本投向、制定相关政策的重要依据。国家级区域规划是指导特定区域发展和制定相关政策的重要依据。国家级空间规划以空间治理和空间结构优化为主要内容，是实施国土空间用途管制和生态保护修复的重要依据。由此可以看出，不同类型规划在国家规划体系中的定位不同，所要解决的问题和实施的手段都有较大差异，其中总体发展规划居于统领地位。

2. 理顺不同规划之间的关系

国家发展规划由国务院组织编制，经全国人民代表大会审查批准，居于规划体系最上位，是其他各级各类规划的总遵循。而国家级专项规划、区域规划、空间规划，均须依据国家发展规划编制。国家级专项规划是要细化落实国家发展规划对特定领域提出的战略任务，国家级区域规划是要细化落实国家发展规划对特定区域提出的战略任务，国家级空间规划是要细化落实国家发展规划提出的国土空间开发保护要求。如果国家级专项规划、区域规划、空间规划在规划期内与国家发展规划不一致，应根据同期国家发展规划的战略安排对规划目标任务适时进行调整或修编。国家级空间规划对国家级专项规划具有空间性指导和约束作用，国家专项规划和区域规划要以国家级空间规划为基础进行深化，不得与国家级空间规划所确定的空间结构与空间安排相冲突。

（二）发展规划在国家规划体系中的作用

在国家规划体系中，国家发展规划是统领，空间规划是基础，专项规划、区域规划为支撑，不同类型、不同层级规划定位准确、边界清晰、功能互补、统一衔接，统一构成中国特色社会主义国家的规划体系。

1. 国家发展规划具备统领作用

国家发展规划具备战略性、宏观性、政策性的特点，重点聚焦事关国家长远发展的大战略、跨部门跨行业的大政策、具有全局性影响的跨区域大项目，为各类规划系统落实国家发展战略提供遵循，具备统领作用。要发挥国家发展规划统筹重大战略和重大举措时空安排功能，明确空间战略格局、空间结构优化方向以及重大生产力布局安排，为国家级空间规划留出接口。科学选取需要集中力量突破的关键领域和需要着力开发或者保护的重点区域，为确定国家级重点专项规划编制目录清单、区域规划年度审批计划并开展相关工作提供依据。

2. 空间规划具备基础作用

《意见》指出，国土空间规划（即国土空间规划）要聚焦空间开发强度管控和主要控制线落地，全面摸清并分析国土空间本底条件，划定城镇、农业、生态空间以及生态保护红线、永久基本农田、城镇开发边界，并以此为载体统筹协调各类空间管控手段，整合形成“多规合一”的空间规划。要强化国家级空间规划在空间开发保护方面的基础和平台功能，为国家发展规划确定的重大战略任务落地实施提供空间保障，对其他规划提出的基础设施、城镇建设、资源能源、生态环保等开发保护活动提供指导和约束。

3. 专项规划和区域规划起支撑作用

《意见》指出国家级专项规划原则上限定于关系国民经济和社会发展全局且需要中央政府发挥作用的市场失灵领域。其中，国家级重点专项规划要严格限定在编制目录清单内，与国家发展规划同步部署、同步研究、同步编制。国家级专项规划要围绕国家发展规划在特定领域提出的重点任务，制定细化落实的时间表和路线图，提高针对性和可操作性。国家级区域规划主要以国家发展规划确定的重点地区、跨行政区且经济社会活动联系紧密的连片区域以及承担重大战略任务的特定区域为对象，以贯彻实施重大区域战略、协调解决跨行政区重大问题为重点，突出区域特色，指导特定区域协调协同发展。由此可见，国家级专项规划和区域规划在国家规划体系中起重要的支撑作用。而省级规划、市县级、乡镇级规划均需依据国家发展规划制定，既要加强与国家级专项规划、区域规划、空间规划的衔接，又要因地制宜，符合地方实际。

4. 加强规划统筹管理与衔接协调

《意见》指出要建立健全规划编制目录清单管理制度。不同类型规划由不同部门组织编制，报请国务院批准的国家级专项规划、区域规划，由国务院发展改革部门会同有关部门统筹协调后制定编制目录清单或审批计划，报国务院批准实施。报请国务院批准的国家级空间规划，由国务院自然资源主管部门会同发展改革部门制定编制目录清单，报国务院批准实施。国务院各部门自行编制或批准的各类规划，须报国务院及发展改革部门备案。除党中央、国务院有明确要求外，未列入目录清单、审批计划的规划，原则上不得编制或批准实施。属各部门日常工作或任务实施期限少于3年的，原则上不编制规划。

强化不同类型规划之间的衔接协调。报请党中央、国务院批准的规划，须事先与国家发展规划进行统筹衔接。衔接重点是规划目标特别是约束性指标、发展方向、总体布局、重大政策、重大工程、风险防控等，必要时由国务院发展改革部门会同规划编制部门组织开展审查论证。省级发展规划须按程序报送国务院发展改革部门进行衔接。加强国家级专项规划、区域规划与空间规划的衔接，确保规划落地。同时，要发挥规划管理信息平台的作用，建设国家规划综合管理信息平台，加强与相关政务模块之间的连接和信息共享，将各类规划纳入统一管理，强化规划衔接协调，跟踪监测规划编制和实施进程，推动规划基础信息互联互通和共享。

四、发展规划的编制和协调

（一）发展规划的编制

1. 发展规划编制的前期工作

发展规划编制的前期工作，一般从新规划期前两年时间开始。做好基础调查、信息搜集、课题研究及纳入规划的重大政策、重大工程项目论证等工作。

（1）前期工作要求。

第一，国家专项规划编制部门拟定规划编制工作方案，明确规划编制的衔接单位、论证方式、必要性、进度安排和批准机关等，并送相关部门进行协调。

第二，由国务院批准的专项规划，要拟定年度编制计划，由国务院发展改革部门协商有关部门报国务院批准后执行。

第三，跨省（区、市）区域规划，由国务院发展改革部门会同有关省（区、市）人民政府提出编制申请，经国务院批准后实施。

第四，规划编制工作所需经费，应按照综合考虑、统筹安排的原则，由编制规划的部门商同级财政部门后列入部门预算。

（2）前期研究内容。

第一，对正在实施的规划进行评估，包括规划目标和任务完成情况的预测，分析当期国民经济和社会发展的成绩、经验和问题等。

第二，下一个规划期面临的主要矛盾，国内、国际政治经济环境的变化，进一步发展的基本条件，需要解决的主要问题，需要采取的重大措施等开展课题研究，提出规划的基本思路和设想。

前期工作中的重大课题研究应当采取招标投标或者其他竞争方式选择课题承担单位。

2. 规划起草

（1）决策主体。按照不同层次，规划决策划分为战略决策、战役决策与战术决策，同时又可划分为宏观、中观和微观决策。国家总体发展规划决策属于战略层面和宏观层面的决策，由党中央和国务院最高决策层做出；部门及地区发展规划决策属于战略和中观层面的决策，由各个地方省市区党委和人民政府做出；部门和地区（省、自治区和直辖市）以下基层发展规划属于战术层面和微观层面，由市、区、县党委及人民政府做出。这是比较简单和相对的划分，在每个决策层面，还可以根据规划管理权限的大小进行细化。

（2）编制衔接。编制过程中保证规划的科学性与可操作性，必须保证与相关类型规划的衔接。即下级政府规划服从上级政府规划；专项规划和区域规划服从本级和上级发展规划；专项规划之间不相互矛盾；编制跨省（区、市）区域规划，要充分考虑土地利用总体规划、城乡规划对相关领域规划的要求。

第一，协调程序衔接。首先，发展规划衔接程序。省（自治区、直辖市）级发展规划草案在送本级人民政府审定前，应送国务院发展改革部门与国家发展规划进行衔接，当规划内容中涉及跨区域布局的基础设施、资源开发等项目时应并送相关省（自治区、直辖市）人民政府发展改革部门，以便进行必要的衔接，必要时送国务院其他有关部门与国家级专项规划进行衔接。相邻地区间规划衔接不能达成一致意见的，可由国务院发展改革部门进行协调，重大事项报国务院决定。其次，专项规划衔接程序。专项规划草案由编制部门送本级人民政府发展改革部门与发展规划进行衔接，上一级人民政府有关部门与其编制的专项规划进行衔接，涉及其他领域时应当与专项规划进行衔接。同级专项规划间衔接不能取得一致意见的，由本级人民政府协调决定。最后，区域规划衔接程序。跨省（自治区、直辖市）的区域规划草案由国务院发展改革部门送国务院其他有关部门并与相关专项规划进行衔接。

第二，重点衔接内容。首先，方针政策衔接。方针政策衔接的主要目的是保持各级各类规划方针原则的一致性，保证政策的有效性和连续性。地方规划、行业规划、专项规划都要与国家发展规划所确定政策方向相衔接，符合国家的基本政策、基本战略方针和基本政策走势。其次，目标衔接。一方面地方规划的基础性发展规划指标要与国家规划指标保持一致，便于国家与各省以及各省之间的衔接和比较，例如经济增长速度、国内生产总值、城乡居民收入等。另一方面，也可根据各地自身情况适当增加一些指标，例如反映人民生活水平、可持续发展等的指标。再次，措施手段衔接。国家发展规划是指导国民经济和社会发展的纲领性文件。地方规划和专项规划的措施手段应以发展规划的政策措施为引领，增强可操作性和针对性。最后，重大建设项目衔接。地区规划制定中，首先要保证国家的重点建设需要，与国家有关部委做好项目衔接，其次要合理组织地方项目建设，根据地方经济社会发展需要和财政经济承受能力，按轻重缓急，量力而行。

第三，不同层次规划对象的衔接。首先，国家、省级、市县级规划的衔接。国家规划在战略方向上为地方规划提供引导；省级规划既要与国家规划在大方向上保持一致，又要有自己的特色。市县级规划多根据当地的实际情况，强调规划的可实施性和可操作性，要因地制宜，充分利用县市优势。其次，国家发展规划、专项规划的衔接。国家发展规划是制定专项规划的重要依据。专项规划的内容是发展规划中发展重点的具体化，是对综合性计划任务的进一步延伸，应当符合发展规划的总体要求。

第四，关于规划衔接的其他规定。国家要求应当衔接而未衔接的规划，不得报请批准并公布实施；各有关部门要积极配合规划编制部门，认真做好衔接工作，并自收到规划草稿日起 30 个工作日内，以书面形式向规划编制部门反馈意见；公民、法人和其他组织认为下级规划与上级规划、专项规划、区域规划与发展规划在主要内容上存在明显矛盾的，提请国务院或者省（自治区、直辖市）政府发展改革部门审查并做出适当处理。

（3）规划编制过程中的社会参与。规划的社会参与具体指除规划编制、执行机构及相关政府机构之外的社会机构、民间组织、党派团体、海外机构和个人，以不同形式介入到规划研究、起草、编制和审议过程。市场经济条件下，提高规划的社会参与度，既有利于体现政府、企业和社会各界的共识，反映市场经济的要求，又有利于保证规划制定和实施的社会参与，是保证规划科学性、有效性的前提条件。针对建立健全有效的公众参与制度，提出四个方面的具体要求：

第一，建立规划协商对话制度，并逐步规范化、法治化。规划方案的制定，要与有关专家、学者和社会团体进行协商对话，特别是要注意发挥有关研究机构的作用，要以各种形式吸收优秀专业人员参与，充分听取其意见，完善规划方案；鼓励公私企业参与，共同讨论发展环境、经济发展目标及规划期的政策动向；改进单方面听取意见而非双向交流的“半开门”编制规划的方式，建立比较规范的双向协商对话制度；加强与企业特别是大企业的协商对话。最后，规划方案制定部门要由多方面、多层次的代表组成，由国家发展改革部门牵头进行协商和多方面的比较选择，形成相互配套、衔接的实施方案。

第二，建立规划协商制度，保证规划的顺利实施。对于不同层次间及同一层次内不同部门的协调，应建立正常、严格的联席协调会议制度。对于政府与企业之间的规划协调，必须建立社会协调商议制度。

第三，建立规划信息交流制度。在规划实施阶段，要理顺经济信息、统计和规划的关系，对保密范围进行清理，打破信息封锁。加强信息的交流，快速准确地收集、传递、反馈实施规划中的信息，为调整规划和今后制定新规划提供经验。

第四，建立规划咨询制度。规划咨询系统主要可分为政策与决策咨询、工程咨询、技术咨询、涉外咨询、社会审计查证咨询、会计咨询、价格咨询、市场变化咨询和各种信息咨询等。

3. 规划决策

（1）规划方案决策主体。由于市场经济的发育程度以及社会经济发展的复杂程度，造成规划方案决策主体的多元性和多样性，与规划有利益关系的组织、个人都有可能成为方案的决策主体。决策主体分为以下几类：一是政府，政府既是规划的执行主体、编制主体，又是规划的实施主体，在规划方案决策中起至关重要的作用；二是规划者，指具体受政府委托编制规划，进行背景分析、战略设计的人员和组织。规划者在规划制定中起关键的作用，决定着规划方案的质量。规划者包括政府顾问、咨询机构、专家、学者等，其凭借现代科学理论和技术编制规划，影响规划方案的决策；三是评估者，依据一定的标准和程序，对规划方案的效果和价值进行判断的人员和组织，包括内部和外部评估者。评估者把评估信息传递给方案决策主体，影响方案的比选和决策；四是立法机关，立法机关体现了国家意志，代表国家制定各类法律法规，并对政府进行监督，同样是方案的决策主体。五是公民及其他利益相关者。公民虽然作为个人对方案决策影响微小，但最终选择的方案必须认真对待普通公民的利益和愿望，这样公民及其他利益相关者也间接成为决策的主体。

（2）规划决策的公众参与。规划的决策过程中，需要社会公众参与。对其参与规划决策的形式和范围做出制度化安排，明确规划程序中公众的职责和权益，拓宽社会公众参与规划决策的渠道与途径。恰当且系统性的公众参与机制可以包括以下内容：任何规划方案在送审之前必须经过公众听证；形成正式的听证记录并通过一定途径公开建立公开规划方案的信息披露；公民有公开的途径可以参与规划研讨的会议和听证（如通过电视转播或县居民直接参加会议）；规划的任何更改都应在通知公众，并且与利益团体进行协商后提交决策；对按正常程序和经规划批准因公共目的而被征用的土地或私人资产的补偿原则应当建立在公平的市场价格的基础上；如果居民反对规划方案的修订或补偿的决定有不同意见，其应具有发起诉讼的权利。

4. 规划审批和批准

（1）审批内容。规划编制部门向规划批准机关提交规划草案，报送要件包括规划文本、图纸、规划编制说明、论证报告以及法律、行政法规规定等需要报送的其他有关材料。其中，规划编制说明要载明规划编制过程，征求意见和规划衔接、专家论证的情况以及未采纳的重要意见和理由。

（2）审批权限。发展规划草案由各级人民政府报同级人民代表大会审议批准。投资数额较大的国家级专项规划，由国务院审批；其他国家级专项规划由国务院有关部门批准，报国务院备案。跨省（区、市）的区域规划由国务院批准。未经衔接或专家论证的规划，不得报请批准和公布实施。

5. 规划实施

如何组织好规划的实施是规划管理工作的关键。保证国民经济和社会发展规划任务的顺利实现，是政府、企业和社会公众的共同职责。规划实施工作的内容包括规划下达的形式、规划实施的社会机制运用、规划实施过程中的协调工作、规划实施的信息管理及规划实施中的调控等。规划的实施有赖于各部门、各经济主体的积极性和主动性，而这种积极性和主动性归根结底是建立在认识和利益一致性的基础上的。只有在矛盾充分暴露，通过协商、调解达成共识，尽可能寻求利益的结合点和一致点，才能获得各方面执行规划的积极性和主动性，从而提高规划的有效性。

国民经济和社会发展规划草案经全国人民代表大会批准后，由国务院负责组织各级政府、经济管理机关和企业贯彻执行。规划的下达和落实，是把国家总规划分解，下达到各部门和各省（自治区、直辖市），并逐级采取不同形式下达到实施规划的各个单位。就多数规划内容而言，凡只涉及全国情况的规划对部门和地方没有必要进行指标分解，全国规划对部门和地方规划的影响主要体现在发展方向的指导和政策框架的限制上；凡同时涉及全国和相关部门和地区的规划，如果在全国规划中已经列出指标数值，那么在落实到相关部门和地方时，要与部门和地方相关部门协商，指标分解采取一对一的谈判方式加以落实。

编制、下达和实施规划，是国家规划管理工作中的一部分，保证规划目标实现的同时，还必须对规划实施情况进行经常地、系统地检查和监督，具体包括：第一，规划实施各相关主体的职责。从规划的性质来看，指导性规划主要是引导市场主体的行为，在其发布后，规划审批主体和编制主体均应加强宣传与解释工作，使更多的市场主体能够全面了解规划的内容以及政府意图。同时，加强对规划内容适应性的跟踪分析，在外部环境发生变化时，及时进行调整，以免引起误导或其他的负面效应。对规划中有明确的政府职责和任务的规划，在规划发布后，各政府部门应按规划的要求，对其负责领域的规划实施承担相应的职责，在可能的情况下，要制定行动计划或工作方案，以保证规划的有效实施，并负有及时向规划编制部门或审批部门反馈规划的适应性及实施情况的义务。对区域规划，特别是具有明确规范的规划内容，政府部门特别是土地管理部门、城乡规划部门、环保等部门应加强落实与监管，各相关市场主体要自觉遵守，对违反规划要求的行动要承担相应的责任。第二，加强规划实施管理。一是规划宣传要及时到位，信息传递要充分准确；二是按职责分工着手组织落实；三是各相关政策的协调制定，要符合规划的任务和目标；四是对规划实施情况的信息及时反馈；五是对规划实施情况进行评估，及时发现和纠正实施中存在的问题，对执行滞后的部门和地区进行督促；六是制止和处罚规划实施中的违法行为；七是加强外部环境的分析和预测，对规划调整与修订提出建议和依据。

6. 规划评估

规划评估是规划管理工作的重要组成部分。规划编制部门应当在规划实施阶段适时组织开展对规划实施情况的评估。科学地评估规划实施情况，有助于判断前期制定的规划是否妥当，目标是否符合实际，制定的任务是否能够完成，措施是否得当。规划评估报告是调整修订规划的重要依据。

（1）评估单位及评估形式。评估工作由编制部门自行承担，或者委托有资质、独立的社会中介机构负责。规划评估单位按照规定提出评估报告，经规划咨询委员会或者其他有资质的单位组织论证后，作为修订规划的重要依据，由规划编制部门报规划批准单位。

（2）评估内容。规划实施情况的评估应该重点考虑以下内容：

第一，宏观经济运行情况，包括经济增长速度、就业率、国际收支等经济指标的评估。

第二，结构调整情况。在评估过程中，采取定性或定量的方法来评估结构调整的程度和进展情况。建立结构调整的指标体系，包括国民经济三次产业的比重、就业人口的比重、国民经济信息化水平和社会信息化水平、城镇化水平、地区发展差异等。

第三，政府职能履行程度评估。评估政府职能履行程度的内容限定在由政府承担主要责任的部分，主要对保持经济运行平衡和社会稳定，推进各项体制改革、合理配置政策资源及其他公共资源，提供公共服务和产品，实施一批重大工程等政府已经向社会承诺，且是政府职责范围的事项给予全面评估。涉及政府职责的评估包括政策措施的执行情况、环境治理、提供公共服务的情况等。

第四，规划对发展环境的适应程度。依据规划与发展环境关系，考察规划的适应性和持续性，分析国际政治经济局势、国内经济形势以及重大自然灾害等突发事件引起的内外发展环境变化，对规划实施已经产生或即将产生的影响，进而对规划是否仍然适应形势的需要做出科学判断，为规划调整提供依据。

第五，对重大问题的解决程度。对于事关改革、发展和稳定大局，事关经济社会可持续发展等重大问题的解决，必须一个一个地跟踪研究，掌握其发展趋势，了解结构调整的进程、科技和体制瓶颈的缓解程度、生态环境建设和提高人民生活水平等各项政策措施的贯彻落实情况，总结经验教训和存在的问题，及时调整相关政策措施。

(3) 评估步骤。

第一，规划草案送审之前须进行论证，并由组织论证单位提出论证报告，未经允许的规划不得报请批准并公布实施。规划草案须经专家委员会进行深入论证，并由专家委员会出具论证报告；规划编制部门在送审规划草案时，一并报送规划编制说明和规划论证；规划编制说明除对有关内容做出说明外，还应说明履行编制程序的情况，并对征求意见和衔接情况做出专门说明，对未采纳的意见应当说明理由。

第二，规划评估内容包括：①明确评估目标，熟悉评估对象。建立评估工作的目标，确定评估目标的具体事项。熟悉评估对象，分析和讨论评估对象的各项特征以及影响因素。②分析评估对象的特征要素。根据评估目的，集中收集有关资料和数据，对组成评估对象的各要素以及其涵盖的多方面特征进行全面分析，为制定完善的指标体系做好准备。③确定评估指标体系。指标体系的建立，要遵循系统性原则、可测性原则，定量指标和定性指标相互使用的原则，绝对量指标与相对量指标结合使用的原则，层次性和可比性原则等，指标之间尽可能避免显见的包含关系，指标设置要有重点。④制定评估结构和评估准则。对指标进行定量化处理，有些指标本来就有定量的数据，定性的描述，要进行分析研究，借助模糊理论的概念和方法，制定和选择评估的定量依据。由于各指标的评估尺度不一样，很难一起比较不同的指标，因此必须将指标体系中的指标规范化，制定出评估准则，根据指标所反映要素的状况，确定各指标的结构和权重。⑤评估方法的确定。每一种评估方法都有各自的特点，将规划评估对象的特点与评估方法的特点进行匹配，确定一种合适的评估方法。⑥单项评估。评估规划中的某一特殊方面，突出规划的特征。⑦综合评估。根据评估标准，从不同的观点和角度系统全面地进行评估。

7. 规划调整

经评估或者因其他原因需要对规划进行修订，规划编制部门应当提出规划修订，需要报批、公布的要履行报批、公布手续。发展规划涉及的特定领域或区域发展方向等有重大变化的内容，负责编制专项规划、区域规划的单位应当根据发展规划修订相关的规划，并按照规定程序报批和公布。各地区、各部门要结合本地区、本部门实际，认真做好贯彻落实工作。要不断总验教训，改革规划管理体制，创新规划编制方式，规范规划编制程序，使规划更好地引导市场经济体制的要求和经济社会发展需要。

（二）发展规划中的协调

第一，强化中央与地方，部门之间的协调是做好规划工作的重要前提。在规划编制过程中，需要衔接好中央和地方以及相关部门的关系，形成左右联系、上下互动的规划工作体系。对此要做好“四结合”工作：①国务院有关部门之间的结合；②中央部门和地方部门之间的结合，即具体行业部门和所属管理部门上下之间相结合；③政府部门、学术界和产业界（行业协会）相结合；④各地方的规划部门与社会团体、人民群众相结合。

第二，建立国家规划体系项目库，形成完整的国家规划体系，并对规划体系项目库进行持续的更新和完善，以确保规划的整体性和延续性。

第三，中央一级或上一级专项和行业规划是形成地方级和下一级专项和行业规划的重要参考和依据。在地方制订专项和行业规划的过程中，为便于中央与地方的沟通，一般需要专门设立中央政府相关规划部门的代表，中央代表参与地方部门规划的编制，对地方规划应提出必要的建议。

第四，针对规划选题，任何个人或集体都有权向发展改革部门提出，发展改革部门上报人大或相应政府部门进行审理，审理通过，如有编制必要由国务院或国务院责成国家发展改革部门组织相关部门进行规划编制。

第五，涉及多个领域或管理部门的重点行业规划原则上由国家发展改革部门牵头组织相关部门进行编制；行业规划原则上由所属行业主管部门组织和协调。规划编制必须由各部门主要领导进行组织。

第六，以公众参与和决策的可能性与程度来决定规划权限下放的范围和力度。项目越具体，涉及公众利益越具体和直接，公众也越有发言权。建立社会公众参与机制包括四个步骤：①各级发展改革部门会同行业规划部，衔接各地区专项与行业发展政策，组织专题调研、举办行业活动等方式加强联系、理顺关系、建立渠道。②有关科研院所、行业协会等单位组成规划支撑体系，形成专题性研究课题。③通过抓大企业规划和发展战略，建立与企业界沟通的渠道。④充分利用互联网等信息手段，以及相关媒体，广泛听取社会各界的意见，保证规划参与的广泛性。

第七，充分发挥和完善行业协会在规划编制中的作用。加快行业协会结构调整步伐，推动行业协会向自律、自立、自养方向发展。充分尊重行业协会的独立社团法人地位，不干涉行业协会合法活动，加快政府职能转变，推动行业协会逐步履行自律、服务和协调职责。逐步把行业协会作为行业规划编制的承担者。发挥行业协会在行业统计、信息咨询、调查研究等基础性工作中的作用，及时向政府及有关部门反映行业中带有前瞻性、倾向性、普遍性的问题并提出政策建议，促进服务水平的提高。

第二节　发展规划的理论基础

不同类型的规划所依托的理论基础也存在差异，并在借鉴其他学科理论及知识体系的基础上形成各自独特的学科理论体系，例如城乡规划、土地利用规划等。发展规划几乎囊括了社会经济发展的所有方面，但最主要的理论基础是经济学和管理学相关理论。区域规划涉及地区社会经济发展和空间布局以及自然环境的协调，其主要的理论基础是地理学和经济学。从总体上来看，经济学和管理学是发展规划重要的两大理论来源。从更深层次的角度来看，规划是政府实施公共管理和提供公共服务的手段之一，因此，规划这一研究领域可以归结为公共管理学的范畴。若从“为什么要进行规划”这个根本的问题来分析规划的思想流派，即规划产生的思想根源，必须从市场和计划之间的关系的相关理论切入。

一、发展规划的主要理论流派

经济学是发展规划最主要理论基础。发展规划作为政府对市场进行管理和调节的一种方式，在不同的市场环境和不同的经济学认知环境下的体现不同。在奉行完全自由市场经济的美国和英国，虽然政府也有各种干预经济的方法，但是很少研究制定规划。而同样是传统老牌的市场经济国家，德国和法国规划则比较常见，此外日本、韩国的规划也更为普遍。规划最为普遍和全面的是原计划经济国家，例如苏联东欧等国家。综合各方面的理论和实践，规划理论的思想流派主要有四个：一是计划经济下的计划理论流派，二是资本主义市场经济下的规划理论流派，三是后进国家的追赶型规划理论流派，四是社会主义市场经济下的规划理论流派。这四大流派起源不同，实践不同，对规划的认识也有很大的差异。

（一）计划经济理论

计划经济指以国家指令性计划来配置资源的经济形式。空想社会主义是计划理论的先驱。巴贝夫是第一个提出计划经济思想的空想社会主义者，他认为未来社会是在公有制基础上实行计划经济的社会，一切按计划进行，所有劳动者都按工种分成专业小组，每个人做什么，每个生产部门有多少劳动者，都由社会专门的机构掌握。社会需要预先规划，制定计划，计算出来，经过严密的审查，做出妥当的安排，然后生产，从而避免生产经营上的盲目性。圣西门提出未来社会将采取计划经济运行方式，用有计划、有组织的生产代替资本主义无政府状态的生产。马克思和恩格斯在汲取空想社会主义积极因素的基础上，认为“工业生产将不是由相互竞争的厂主来领导，而是由整个社会按照确定的计划和社会全体成员的需要来领导”，“一切生产部门将由整个社会来管理，也就是说，为了公共的利益按照总的计划和在社会全体成员的参加下经营”。马克思认为，一旦社会占有了生产资料，社会生产内部的无政府状态将为有计划的、自觉的组织所代替，社会生产者按照共同的、合理的计划自觉地从事社会活动。计划生产的优越性是使劳动力得到科学地使用，可以节约时间，提高效率，增加社会财富等。

十月革命以后，列宁和斯大林发展了计划理论。斯大林论述了社会主义经济有计划发展的客观必然性，并且首次指出国民经济有计划发展的规律，承认计划机关的计划跟国民经济有计划、按比例发展的客观规律紧密相关。斯大林不仅在理论上进行了深入的讨论，而且在实践中采取了制定五年计划的办法来发展社会主义经济。斯大林认为计划不是臆想的计划，而是指令性计划，指令性计划具有三个特点：一是高度集中性，主要计划指标是由国家自上而下制定的；二是全面性，计划渗透到经济生活的各个领域、各个部门，成为一切经济活动的目标和准则；三是强制性，国家集体制定出来的计划，具有法律效力。

波兰经济学家兰格在《社会主义经济理论》中认为，计划经济可以解决资源的合理配置问题，用计划代替市场是可能的，也是可行的。市场用“试错法”建立经济均衡，在计划经济中虽然不存在资本货物和生产资源市场，但中央计划可以起到市场的作用，它可以模拟市场，不必求解上百万个方程，只需利用“试错法”根据经济关系的变化提高或降低价格，就可以确定供求相当的均衡价格，使每种产品供求平衡，按照这种均衡价格就可以做到合理的资源配置。他甚至认为中央计划模拟市场过程以实现均衡所需程序远比资本主义私有制下通过自由市场竞争达到均衡状态简单得多，好得多，因为中央计划机构对整个经济活动所掌握的信息、知识比任何私人都要丰富得多，准确得多。

在这种理论的指导下，苏联和东欧等国家以及改革开放前的中国都形成了比较完善的规划体制。在这种规划体制下，苏联进入了发达国家的行列，东欧国家也普遍摆脱了经济低速发展的状态。但是，进入 20 世纪 80 年代以后，尽管计划经济下的机制僵化以及规划改进失当使各国走上了经济社会转型的道路，但发展规划在特殊的历史条件下，在动员社会生产能力方面确实发挥了积极的作用。

（二）指导性计划理论

资本主义市场经济下的规划理论是从凯恩斯主义兴起算起。1936 年凯恩斯的《就业、利息与货币通论》一书出版，该书否定了自动调节和自由放任的自由市场经济理论。凯恩斯认为由于边际消费倾向递减、资本边际效益递减和流动性偏好三大心理因素的作用，会导致经济中出现有效需求不足，并进一步引发经济危机和失业，而仅靠市场自行调节，无法扩大有效需求，因此不能消除危机和实现充分就业。凯恩斯极力主张通过国家干预来度过经济危机。凯恩斯学派的出现，标志着政府由“守夜人”转变为市场的“调节者”，为国家制定规划，干预市场提供了理论依据。

列昂惕夫从投入产出角度强调了计划的必要性。从投资方面来看，投入的资本额越大，所担风险越大，采取投资行动之前就越要有计划；从销售方面来看，即使最完善的企业内部计划在遇到无法控制的市场变化时也会落空，因为某一个厂商不论规模有多大也只不过是更大经济体系中的一个很小的部分。所以一个从国家角度出发的高层次总体计划就显得十分必要。他认为自由竞争的自动调节机制和为理性所指导的有意义的行为，两者不是不能共存，相反却会在经济中起着不同但同样至关重要的作用。

瑞典经济学家米尔达尔认为在工业化过程后产生的私人垄断力求独占市场或结成联盟操纵市场，在这种情况下，传统的自由经济已不能维护经济的自由；其次，各级地方当局、各私人组织及次级公共组织在现代化社会构成了一种复杂的网络结构，形成了众多利益集团，难以协调；再次，随着人们生活水平的提高，越来越考虑长远利益，私人活动不能服从于公共利益。鉴于以上原因，国家要成为社会的仲裁者，用权力限制市场中的垄断组织。同样，国家要对本国经济发展进行长期预测和计划。

在凯恩斯等经济学家开创性工作的基础上，法国经济学家马赛提出的指导性规划理论逐渐发展成为最有影响力的规划理论。马赛论述了市场机制与计划机制的不同点，并提出了两者的相容性，进一步提出在自由资本主义世界，两种机制的同时运作比纯粹的市场调节对经济发展更为有利。在市场机制起基础性作用的条件下，由于经济单位决策的自主性和分散性，各单位对未来的预测很难一致，这种情况造成企业行动的盲目性和不协调，进而造成社会资源使用的不经济和部门发展不平衡。为了避免生产的周期性危机和资源的不合理使用，有必要依据长期的和精确的预测来对投资进行计划。政府有必要利用自己的信息为经济单位提供有益的指导性预测。这样，国家计划可以消除不同经济部门计划的不一致，减少不确定性，使资源配置更为有效。

20 世纪 60 年代受法国指导性计划理论的启发，在联邦德国出现了总体调节理论，该理论主张以无条件承认联邦德国现存的生产关系体制为出发点，把经济增长、充分就业、价格稳定和收支平衡作为国家调控经济的目标。从这一角度出发，总体调节手段区别于计划手段，前者并不强迫企业进行一定的活动，而是为创造刺激以达到预期目标。实际上，总体调节理论与指导性计划理论在实质上是一致的。英国经济学家哈罗德对指导性计划理论给予了积极的肯定。他认为，该理论是在资本主义市场经济条件下指导性计划工作对货币政策和财政政策的一种补充甚至替代品。

20 世纪 60 年代以来，西方指导性计划理论进一步发展到包括政策手段实施计划的理论。美国经济学家罗森斯坦·罗丹认为所谓经济规划（计划）是具有明确目标和具体手段的解决矛盾的综合性经济政策的别名，即所谓积极规划就是经济政策的总体。在实践中，西方社会的经济规划在形式和程度上是多种多样的，有的具有“国家规划”性质的高级形式，有的是只根据对国民经济的短期预测而制定的财政计划或个别经济政策。经济规划包括政府的财政、金融和各种事业发展的政策，可以说这是以计划形式出现的长期性经济政策体系。

在认识市场机制的缺陷基础上的凯恩斯的宏观经济理论和指导性计划理论

是西方市场经济国家制定各类规划以弥补市场不足的重要思想基础，主要以法国和德国为代表。

（三）社会主义市场经济规划理论

社会主义市场经济理论是在总结和继承中国计划经济时期和改革开放时期经验的基础上，吸纳西方市场经济理论的。社会主义市场经济理论最重要的特点，就是实现了市场配置资源的基础性作用与政府的宏观调控有机结合，是有宏观调控的市场经济。从计划经济，到有计划的商品经济，再到社会主义市场经济理论的形成，把促进经济增长，增加就业，稳定物价，保持国际收支平衡作为宏观调控的主要目标，这四大目标是市场经济理论中典型的宏观经济调控的目标体系，是现代经济学理论研究的科学成果。在建设社会主义市场经济体制的过程中，宏观经济调控目标也同样具有一般市场经济体制下的特征。把这四大目标作为中国宏观调控的目标选择是符合市场经济规律的，也是符合中国特色社会主义市场经济建设实践的。从以往的宏观调控的实践中可以发现，中国在经济政策的制定和实施中，一直注重观察经济增长指标的变化，以及就业人数指标、市场物价指标和国际收支方面的变化情况，综合考虑政策工具间的相互配合，在重点调控某一目标的同时，兼顾其他目标的实现，取得了很好的调控效果。无论是实现经济的“软着陆”，还是亚洲金融危机以来的扩大内需的政策，均是围绕这些宏观调控目标展开的。

在宏观调控政策工具的选择上，中国坚持了计划杠杆在市场经济中的作用。市场经济并不排斥计划，同时也充分运用了财政政策、货币政策等市场经济通行的政策工具，建立了中国特色的宏观调控政策体系。我国积极推动完善国家计划和财政政策、货币政策等相互配合的宏观调控体系，发挥经济杠杆的调节作用，首先要把国家规划放在宏观调控政策中较为重要的位置，同时注重财政政策、货币政策的使用，并强调各政策工具间的相互配合，重点发挥经济杠杆的作用，减少国家指令性计划的作用范围，增强指导性计划以及财政、货币政策对市场的间接调控，发挥市场机制的作用，同时弥补市场机制的缺陷，形成较为完整有效的宏观调控体系。

社会主义市场经济条件下的规划是政府履行宏观经济调控、经济调节、社会管理和公共服务职责的重要依据。首先，社会主义市场经济规划理论认为，传统计划经济模式的终结和市场化转轨不能说明规划作为一种资源配置的方式没有作用，同时也不能说明市场作为资源配置的方式是万能的。规划的必要性是由资源的有限性和稀缺性决定的。其次，规划能够具体体现国家发展战略，并保证其实施。国家发展战略作为国家未来发展的一种长远考虑，重点性是其根本特征，因此国家发展战略的落实需要一种能够突出重点同时又带有长远色彩的工具。显然，在市场经济条件下财政、金融等宏观政策以公平性和普遍性为特征，并不符合这一要求，既无法体现战略内容，更无法保证战略重点。规划则不然；规划的目标是在既定发展战略基础上形成的，其内容是发展战略的具体化；规划可以向社会提供和展示中长期发展的宏观政策信息，将发展战略的重点和非重点信息向社会公布，引导和稳定社会公众的预期；此外，规划还可以通过市场管制和行政命令保证战略重点的需求得到满足。

在社会主义市场经济条件下的经济规划不仅涵盖经济功能，还有社会功能，规划有助于实现经济和社会的协调发展。国家及区域发展需要经济与社会需要协调，经济发展不能长期脱离社会发展而独自发展，社会发展也不能脱离经济发展而取得进步，经济发展是社会发展的基础。但是，经济和社会的协调发展却非市场手段所能实现的，单纯的市场难以解决诸如收入分配、就业、社会保障、地区差距、教育医疗、环境保护、基础设施等问题。相对于经济发展，这些社会问题更为复杂，其中多数问题都不是作为单独的问题而存在，而是盘根错节地交织在一起，处理难度非常大，甚至财政、金融和法律等政策手段常常都无法解决这些问题，因为财政、金融和法律等的效力主要在于针对性，而上述问题必须按照系统化思路，统筹规划才能予以解决。在这种情况下，只有依赖以综合性、全局性、长期性等为特征的规划手段。

在社会主义市场经济条件下，规划不仅是解决市场失灵，而且是解决政府失灵的必要手段。在现代市场经济条件下，政府对经济的干预是一种普遍和必然的现象，即使最自由化的经济理论和最推行自由化经济政策的政府都不否认政府干预的必要性，但同市场失灵一样，政府干预经济同样存在政府失灵。为了抑制并纠正政府追求自身偏好的动机和行为，抑制政府非理性行为，需要一定的机制和措施，而规划就具有这方面的特殊作用。规划是在一定的资源约束条件下制定而成的，作为政府干预经济的一种形式，可以通过资源配置上的弹性和刚性约束调控非政府经济主体的行为，另一方面，规划虽然是政府制定的，但在社会主义市场经济中，规划的目标和内容必须反映国家利益和公众利益，规划的制定需要公开发布，需要多方面论证，规划的制定和实施是一个法治化的过程，规划形成后具有一定的法律效力，是约束政府和非政府经济主体行为的法治化手段。

二、经济学相关理论

经济学的市场失灵理论为政府实施宏观调控和提供公共服务，制定相关规划提供了理论依据。市场失灵是指通过市场价值规律这个“看不见的手”无法实现资源最佳配置、效率最高的情况。市场失灵是自由的市场均衡背离帕累托最优的一种情况。根据经济学理论，在一系列理想的假定条件下，竞争市场使资源均衡配置达到帕累托最优状态的能力，市场这个“看不见的手”可以有效配置资源，不需要政府的干预。这个由亚当·斯密粗略地推测的市场特点，在现代福利经济学中得到最明确的表达：①假如有足够的市场；②假如所有的消费者和生产者都按竞争规则行事；③假如存在均衡状态，那么在这种均衡状态下的资源配置就达到帕累托最优状态。当情况不符合此项定律的结论时，即市场在资源配置方面是低效率的时候，就出现了市场失灵。市场失灵的原因主要有不完全竞争、信息不对称、公共物品的存在和经济外部性。

（一）不完全竞争的市场

现实中的经济运行不能满足完全竞争假定，例如市场存在的独占、垄断、过度竞争等，都会引起社会效率的降低。市场经济中激烈竞争的优胜劣汰过程，必然导致企业经营的盈亏成败，通过吞并、兼并和合并的资源重组过程，必定引起生产要素的集中状态，而生产集中达到一定程度又必然会走向垄断，从而使少数厂商或某些组织为了获得巨额利润而有可能控制市场。至于传统的市场理论所认为的供给会自动创造需求（萨伊定律），供给恒等于需求的资源最佳配置状态，只能是经济学家的乌托邦，完全竞争的前提从来就没有存在过。由于垄断，垄断者完全可以凭借流通领域里的垄断地位就可以获得高额利润，必然导致生产和技术进步的动因在一定程度上的丧失。因此，垄断有可能导致资源配置的低效率、无效率或负效率。这就需要政府充当公益人，对市场主体的竞争予以适当的引导、限制，如制定反垄断法或反托拉斯法、价格管制、控制垄断程度等。这方面西方发达国家百年来的经验教训多有可供我们借鉴之处。这对市场秩序不健全、转轨中的经济体制还带有某些行政垄断痕迹的中国而言，政府对于促进市场发育和建立市场公平竞争环境负有更加重大的责任。这突出表现在政府应立足制度创新，尽快建立和完善公平竞争的规范体系和政策框架，防止可能发生的并遏止已经出现的各种形式的垄断。

（二）信息不对称和不完备

信息不对称和不完备的存在主要表现为私人的信息获得是有限的、信息在私人交易中会发生扭曲、市场行为主体所掌握的信息是不对称的。信息不对称理论是指，在市场经济活动中，各类人员对有关信息的了解是有差异的，掌握信息比较充分的人员，往往处于比较有利的地位，而信息贫乏的人员，则处于比较不利的地位。信息不对称理论是由三位美国经济学家——约瑟夫·斯蒂格利茨、乔治·阿克尔洛夫和迈克尔·斯彭斯提出的。该理论认为：市场中卖方比买方更了解有关商品的各种信息；掌握更多信息的一方可以通过向信息贫乏的一方传递可靠信息而在市场中获益；买卖双方中拥有信息较少的一方会努力从另一方获取信息；市场信息显示在一定程度上可以弥补信息不对称的问题；信息不对称是市场经济的弊病，要想减少信息不对称对经济产生的危害，政府应在市场体系中发挥强有力的作用。这一理论为很多市场现象如股市沉浮、就业与失业、信贷配给、商品促销、商品的市场占有等提供了解释，并成为现代信息经济学的核心，被广泛应用到从传统的农产品市场到现代金融市场等各个领域。在纯粹市场经济条件下，经济主体是分散决策、分散生产的。什么时候生产、生产什么、生产多少由经济主体自己决策，这种分散的经济行为往往由市场这只“看不见的手”调节。市场调节只有在市场信息完全和充分竞争的情况下，才能保证社会再生产顺利进行。但是，在现实经济环境中，不完全信息或信息不对称是一种客观存在，使分散的经济行为存在较大的盲目性，甚至增加市场“试错”的成本，进而导致社会总供给与总需求失衡，造成经济运行不稳定，以及失业和通货膨胀。

为了熨平经济波动，就需要政府采取相应的措施扩大就业，抑制通货膨胀，保持经济稳定。政府财政政策具有稳定经济的职能。当社会总需求明显超过总供给（经济过热）时，政府财政可以通过减少支出，压缩政府需求，或增加税收，减少非政府部门需求，以抑制社会总需求；当社会总供给明显超过总需求（经济萧条）时，政府财政可以通过增加支出，增加政府部门的需求，或通过减少税收，扩大非政府部门的需求，以刺激社会总需求；如果社会总需求与总供给大体平衡，政府则可以保持预算收支的基本平衡，维持国民经济的稳定发展。通过上述政策调整，旨在促进资源的有效利用，达到充分就业状态。

（三）公共物品的存在

公共产品（public good）是私人产品的对称，是指具有消费或使用上的非竞争性和受益上的非排他性的产品，也称“公共财货”“公共物品”。公共物品是能为绝大多数人共同消费或享用的产品或服务，例如国防、公安司法等方面所具有的财物和劳务，以及义务教育、公共福利事业等，其主要特点体现为：一些人对这一产品的消费不会影响另一些人对它的消费，具有非竞争性；某些人对这一产品的利用，不会排斥另一些人对它的利用，具有非排他性。公共物品是市场无法自行保证供给的，一般由政府或社会团体提供。公共产品的特征可归纳为以下三方面：

1. 效用的不可分割性（non-divisibility）

效用的不可分割性即公共产品（包括公共劳务）是向整个社会共同提供的，具有共同受益或联合消费的特点，其效用为整个社会的成员所共享，而不能将其分割为若干部分，分别归属于某些个人或厂商享用，或者，不能按谁付款、谁受益的原则，限定为之付款的个人或厂商享用。例如，国防是公共产品的一个典型事例。国防所提供的国家安全保障是对国内所有人而不是个别人提供的，任何人都无法拒绝国防所提供的安全保障，也不能通过市场把为之付款的人和拒绝为之付款的人区别开来。而私人产品（包括私人劳务）的一个重要特征就是它可以被分割为许多能够买卖的单位，而且其效用只对为其付款的人提供，即谁付款、谁受益，例如食品、服装等。

2. 消费的非竞争性（non-rivalness）

消费的非竞争性即某一个人或厂商对公共产品的享用，不排斥、不妨碍其他人或厂商同时享用，也不会因此而减少其他人或厂商享用该种公共产品的数量或质量，即增加一个消费者的边际成本等于零，例如国防、公用电网、灯塔等，不会因增加一个消费者而减少其他任何一个人对公共产品的消费量。私人产品则具有消费上的竞争性，一个人对某一数量的私人产品的享用，实际上就排除了其他人同时享用。其他人（或家庭）要享用，就得另行购买，其边际成本就不为零。

3. 受益的非排他性（non-excludability）

受益的非排他性即在技术上没有办法将拒绝为之付款的个人或厂商排除在公共产品的受益范围之外，或者说，任何人都不能用拒绝付款的办法，将其不喜欢的公共产品排除在其享用品范围之外，例如国防，一旦形成了国防体系，提供了国防服务，要想排除任何一个生活在该国的人享受国防保护，是非常困难的。即使拒绝为国防费用纳税的人，也仍然处在国家安全保障的范围之内。而私人产品则必须具有排他性，因为只有在受益上具有排他性的产品，人们才愿意为之付款，生产者也才会通过市场来提供。

公共物品的这些属性使市场机制发挥作用遇到了困难。公共物品的非排他性决定了其提供者不可能向消费者收取费用，消费者也不愿为此支付费用，使得公共物品在任何情况下都可以免费消费，产生所谓的“免费搭车”问题。如果利用市场机制排斥人们享受公共物品，那么资源配置效率是极低的。公共物品的非竞争性表明多一人消费并不增加供给成本，也就是说，允许更多的人消费公共物品的边际成本为零。公共物品的这些特性决定它无法由私人部门通过市场提供。如果由私人部门通过市场来提供公共物品，就会造成公共物品供给的严重短缺。因此，市场机制在提供公共物品或服务方面存在明显的“失灵”现象，这为政府的介入提供了一个基本依据。解决市场机制在公共物品提供方面失灵的办法就是让政府参与资源配置，对资源配置进行调控。政府通过收支活动以及相关政策和规划的制定、调整和实施，对社会现有人力、物力、财力等资源的流向与结构进行适度引导，运用政策信号，促使资源在公共部门与私人部门之间进行合理配置，保证公共物品的有效供给。例如，政府可以通过财政投资直接增加公共物品供给量，投资兴建国防和重大基础设施等。正因为公共物品存在以上特点，政府提供某些公共产品和服务就成为必要的选择。所以公共产品理论也就成为关于政府参与规划制定的理论依据。

（四）经济外部性理论

外部效应是指某些个人或厂商的行为影响了其他人或厂商，却没有为之承担应有的成本费用或没有获得应有的报酬的现象。换言之，外部效应就是未在价格中得到反映的经济交易成本或效益。当外部效应存在时，人们在进行经济活动决策中所依据的价格，既不能精确地反映其全部的社会边际效益，也不能精确地反映其全部的社会边际成本，这导致价格信号失真。据此所做出的经济活动决策，会使社会资源配置发生错误，不能实现帕累托效率准则要求的最佳状态。外部性分为正外部性和负外部性。正外部性是某个经济行为个体的活动使他人或社会受益，而受益者无须花费代价，负外部性是某个经济行为个体的活动使他人或社会受损，而造成外部不经济的人却没有为此承担成本。具有外部效应的物品或服务，其私人边际成本与社会边际成本，私人边际收益与社会边际收益之间不一致。对于负外部效应，私人边际成本小于社会边际成本，社会为私人承担了一部分成本，称之为成本外溢，例如一个企业造成的污染破坏了社会生存环境，但该企业并没有为此承担额外的成本。对于正外部效应，私人边际收益小于社会边际收益，社会享受了一部分收益，称之为收益外溢。如果航标灯或路灯是由私人出资建立的，则给路过的船只或行人都带来了方便。仅仅依靠市场机制，对于具有正外部效应的物品或服务，由于得不到合理收益而会出现供应短缺；对于具有负外部效应的物品或服务，由于无须支付必要的成本，而难以得到遏制。因此，通过市场机制难以有效矫正或解决带有外部效应的物品或服务的供给问题，无法使资源配置达到社会最佳状态。矫正外部效应的责任责无旁贷地落在政府身上。政府矫正外部效应可采用多种措施，但执行不同措施的难易程度和效果有所不同。

1. 政府管制（government administration）或公共管制（public regulation）

政府管制即对生产消费行为作出某些限制，这种措施主要适合对负外部效应的矫正，限制的形式可根据具体情况来制定。例如，为了控制污染，政府可规定排出的污染物限制在一个可接受的水平。但是，通过管制矫正外部效应应当具备以下条件：了解生产者的供给曲线，即私人边际成本；了解消费者的需求曲线及社会边际效益；还要对外部边际成本进行衡量和测定，并推算出社会边际成本。这样，政府就可根据社会边际效益与社会边际成本的交点来决定一个有效率的产出水平，并规定这类产品的产出量不得超过这一水平。

2. 法律手段（legal method）

立法可以看作另一意义上的管制。对于因权益界限不明确而造成的外部效应问题，可通过立法明确生产者和消费者权益的方法来解决，例如制定知识产权保护法规，确认专利权、著作权、商标权的归属。消费者（使用者）只有按法律规定向这些知识产品、精神产品的提供者（生产者）购买才能享受这些产品的好处，违背者将视同偷窃或抢劫而受到法律制裁，这样就可以使这些产品的外部效应内在化。这种通过法律手段的管制可使产权得以明确。在产权明确界定的情况下，正如科斯定理所指出的那样，在相关交易方之间将既定的权力用现金支付实现自由交换就是有效率的，政府仅仅通过设定资源使用的权力就可以使外部效应内在化。这其实是在通过法律确定产权归属的情况下，借助市场机制的作用来矫正外部效应。

3. 实行一体化（unitization）

从整个社会看，实行一体化意味着全面地实行集中计划的公共生产，这就要求政府作为社会总代表，以社会利益和社会成本为决策依据，通过统一计划来安排生产，组织一个足够大的经济实体来将全部外部效应内在化。然而，这既需要条件，又有很大难度。就所需条件而言，要求制定全社会统一计划的政府具有充分的信息，要了解现有资源的所有情况，了解每一种产品所有可能的生产技术，了解每一个消费者的偏好。就难度而言，因为现实生活中资源、产品的种类、数量繁多，技术复杂，个人偏好各异，因此政府要掌握从生产到消费的所有信息是不可能的，也是做不到的。可见，一体化生产对实行市场经济制度的社会是不适宜的，因此也就不能较好地解决千千万万个独立的生产经营主体的行为带来的外部效应问题。

4. 政府税收（taxation）

政府征税主要是用来矫正负外部效应。矫正性的税收着眼于私人边际成本的调整。其操作办法是：对带有负外部效应的产品或劳务征收相当于其外部边际成本大小的税收，以此将征税产品或劳务的私人边际成本提高到同社会边际成本相一致的水平，即可实现负外部效应内在化。所以，征税额与外部效应相等是这种矫正性措施的基本特征。

三、管理学相关理论

规划的管理学基础主要来自公共管理理论，而其中战略管理理论是规划的最核心和最直接的理论基础。战略管理是公共管理的重要组成部分。从 1887 年威尔逊的《行政之研究》发表之后，公共行政学便成为一门独立的学科。公共行政学的理论基础是政治与行政二分法理论以及马克斯·韦伯的理性官僚制理论，这些理论的产生和发展是在对传统的庇护制和终身任职制的批判和改革的基础上形成的，体现了科学精神、理性精神和法制精神，专业化职业官员使行政管理不断向职业化和专业化方向发展，极大地提高了行政效率，建立在非人格化和法制之上的官僚等级制，保证了组织体系的稳定和良好发展，并在一定程度上克服了个人感情的影响。然而，随着时代的发展和形势的不断变化，传统行政理论的局限以及政府所面临的包括财政、公众服务以及意识形态等方面的外部压力和提高管理能力和效率的内部压力，促使政府进行改造和改革，以提高效率。在这种背景下，在对传统行政理论批判的基础上，公共管理理论应运而生。

（一）公共管理的目标与战略管理

一般认为，在当前社会，传统公共行政的主要问题集中在以下几个方面：一是官僚制及公务员的终身雇佣制在实践中容易产生僵化和形式主义，往往培养墨守成规者而不是创新者，鼓励行政人员规避风险而不是勇于冒险，导致平庸和低效率，不能适应日益复杂的社会变化，且容易造成机构臃肿和组织庞大，管理费用不断增加。二是官僚制所追求的理性和工具性同民主相左，官僚制的理性形式、组织固定、等级制和不透明性同民主原则不可避免地发生冲突，损害公民的知情权和参与权，使一些官员拥有凌驾于公民生活之上的权力。三是传统公共行政注重过程，而容易忽视结果和目标，对结果缺乏明确的责任。传统公共行政遵循严格的等级和法定的程序，满足于繁杂的手续和拖沓冗长的过程，不存在结果导向和时间观念。官僚制一方面体现和追求手段和程序的可计算性和工具理性，然而正是强调手段和程序的工具理性的扩展会与强调目的和结果的价值理性产生冲突。四是传统公共行政所追求的政治与行政的分离是不现实的，因为两者是不可能分离的，并且随着公共服务规模和领域的扩大而愈加不可能。针对传统行政模式的缺陷，在 20 世纪 80 年代和 90 年代，一种新的管理模式在西方公共部门中出现。这种模式虽然在称谓上还没有统一，在认识方面还存在着诸多的差异，但在以下目标方面存在着普遍的一致：一是更关注结果的实现与管理者的个人责任，让管理者对施政结果直接担负起责任，而不是政策的简单执行和程序的严格遵守；二是明确规定组织和人事目标，根据绩效指标对工作进行测量，并对计划方案进行严格的、系统的评估；三是重视市场，通过民营化和市场检验，确定政府职能，使组织、人事等更具灵活性，提高效率。

为了达到以上目标，采取了包括引入私营部门的实践经验，改善财务管理和人事管理，在公共领域引入竞争，政府服务的合同主义等手段。公共管理的一个突出的特点是具有高度的战略意识，重视长远目标，引入了发源于私营部门的战略规划和战略管理。根据艾里逊（Allison）对管理模式的分析，一般管理的职能由战略管理、内部要素管理和外部要素管理三个部分组成，并认为一般管理的首要职能是战略，战略涉及组织的未来，包括确定组织目标和重点，以及制定实现这些目标与重点的计划。成功的公共管理必然需要战略意识。按照休斯的说法，传统公共行政倾向只考虑组织内部的短期目标，而公共管理则旨在长期目标以及组织与外部环境之间的关系。

（二）战略管理的基本内涵和特点

1. 战略管理的基本内涵

从西方的实践来看，伴随着对长期目标的关注，发源于私营部门的战略规划首先被引入公共部门领域。但是，由于由专门的规划部门制定的战略规划，缺乏有效的组织体系和管理体系的保证，规划没有和管理结合起来，得不到其他部门和机构的支持，规划产生的积极效果不大。在这种情况下，逐渐地战略规划向更加全面和系统的战略管理转变，战略管理正式被纳入公共管理框架。

战略管理指规划、执行、追踪与控制组织战略的过程。也有人认为战略管理可视为管理者有意识地选择政策、发展能力、解释环境，以集中组织的努力，达成目标的行为。这些仅是从战略管理本身的执行过程来定义的，而不是从战略管理与整个公共管理的关系角度出发的。从国际公共管理发展的大背景以及社会政治发展的趋势来看，战略管理的内涵是由以下几个方面的内容决定的：首先，战略管理是公共管理的一套管理哲学和管理理念，在公共管理框架内输入战略思维，以战略对公共部门的组织方式和活动进行重新塑造。战略管理位于公共部门管理的前缘位置和中心位置。其次，战略管理是一种管理方式，在等级制组织的各个层次，战略作为终极目标，使组织价值、管理能力、组织责任以及将战略决策和运作决策联系起来的行政系统都有发展，并跨越了所有的业务领域，旨在将计划职能与整个管理工作整合到一起，将战略愿景贯穿于组织的所有部门，并涵盖每个行政体系。战略管理通过规划的制定、规划的执行、规划的评估等，以战略目标把各个管理部门统合起来。最后，战略管理是公共管理发展到一定阶段的必然反映。西方国家是在现代社会更加复杂和不确定的环境下，参与国际化与国际竞争，社会对整体公共利益和公共部门角色提出新要求的背景下，在实践中一步一步将战略管理引入公共管理领域的。管理发展到这一阶段的各种制度，使长期目标和短期利益之间的矛盾得以消解，战略与实际运作相互之间的矛盾得以降低，在界定组织每一层次的管理任务中，它们在本质上结合在一起。

2. 战略管理的特点

（1）战略管理是未来导向的。战略管理为组织未来的发展设立目标，规划蓝图。从某种意义上来讲，战略管理是在一个组织的现在和未来之间架起桥梁。通过战略管理，使组织管理及组织成员理解组织的目标、任务和使命。

（2）战略管理着重于较长远的、总体的谋略。战略管理通常涉及或关注组织发展的总体格局，关注长远的利益而非当前的利益。

（3）战略管理是一个组织寻求成长和发展机会及识别威胁的过程。战略管理的一个基本宗旨是利用外部机会和化解或回避外部威胁。也就是说，战略管理关注外部环境的变化对组织发展的影响。

（4）战略管理是直觉和理性分析的结合。战略管理从决策角度可以被视为进行重大决策的客观、逻辑的方法，因为它对定性和定量信息进行分析，以便在不确定情况下作出决策。然而，战略管理不是一种采用精密、明晰的方法的纯粹科学。经验、判断和感觉、直觉对于制定良好的战略决策至关重要。

（5）战略管理是持续性与循环性的过程。由于组织外部环境不断变化，组织持续不断地关注内部与外部的变化及发展趋势，以便及时做出调整。战略管理的目标便是组织能够具有适应变化的能力，持续不断地对外在环境做出反应。

（6）战略管理是前瞻性思考和由外而内的管理哲学。前瞻性思考是向前看，寻找问题与机会，寻找重构问题的新方式以便将负面性因素转化为潜在的正面性，开启新的发展途径。由外而内的管理哲学即从他人或外在环境的观点来看待组织问题，而非从自己组织的内部去诠释外在问题。

3. 战略管理与规划的关系

（1）战略管理包含有战略规划的功能，战略规划是战略管理的重要内容，但战略管理更关注战略的执行，关注整合组织的力量去实现战略目标，而且规划或计划的制定不再是一个特殊部门的活动，而是全部管理者的责任。因此战略管理并非仅仅是制定计划，而是旨在使计划与组织的所有部门结合起来，将计划职能与整个管理工作整合到一起。战略管理的主要目的在于把战略思维融入管理的所有阶段中，而不是制定只产生空头文件的一次性计划。

（2）战略规划居于战略管理的中心，战略规划所确定的内容和目标（理想）是行政体系运作的基本依据和轴心。围绕战略规划所进行的执行、评估、调整等贯穿于战略管理的整个过程。

（3）战略管理不仅仅是对内管理，也不仅仅是对外管理，由战略规划到战略管理的一个关键性转变是格外关注利害关系人的重要性。

总之，战略管理是一整套的管理理念，而不仅仅是实施管理的一种手段或方法。战略管理是战略规划与组织管理的有机结合。

4. 影响规划成败的管理因素

（1）法律的强制性、影响范围、所有权、公共性等特点使公共组织在制定和实施战略规划的过程中必须广泛听取各方意见，接受大众监督，这也是战略管理成败的关键因素。公共部门是经过授权而进行经济社会事务管理的，由法规、章程所规定的义务以及传统等都会对公共组织构成制约。公共组织战略规划的制定牵涉的范围广，会影响到不同的利益相关者，而且不同的利益相关者的目标和期待差别很大，因此公共部门战略管理者在制定战略时，必须增进协商的机会，对外界进行公开，充分听取各方意见，找出各方都能接受的方案，最大限度地统一认识，这样才有利于战略规划的顺利实施，保证战略目标的实现。

（2）受公众审查的可能性与公共程度呈正比增长，公共程度越高越需要各方广泛地参与。大多数公共组织不能将自己的战略规划保密。阳光执政、阳光管理要求公共组织公开业务，从而使其在利益相关者和媒体的监督下制定战略，责任和监督机制也使公共组织战略制定的过程中必须接受公众的检查。更广泛的参与机会对战略制定而言必不可少，战略制定过程是公共事务的政治协商过程，显示出大众参与战略制定过程与制定出好的战略规划一样重要。组织内部和外部的协调极为复杂，战略规划的执行难度很大。

（3）管理团队的建设是战略管理取得成功的决定性因素。拥有可完成各种任务的独立的计划部门并非制定战略的最佳途径，因为组织的其他部门会感到对战略计划没有发言权。组织内的战略管理小组由能代表组织内外利益与权力中心的人组成，这个小组成为转变观念和如何在组织内部促成转变的重要因素。

（4）对环境分析的全面性和对长远目标的关注程度是影响战略管理成败的重要因素。战略管理理论特别重视环境和背景因素的分析，一般都通过SWOT（机遇与挑战、优势与劣势）分析，对历史环境和目前的形势做出科学的判断和评估，重大事件、趋势和发展方向是产生一致看法的载体。西方市场经济国家公共组织部门的战略管理者对政治领导人的信仰和要求也极为重视，是否能够贯彻政治领导人的意图是公共组织部门战略管理成败的重要因素。

(5) 确定战略目标是实行战略管理的至关重要的步骤，但由于环境复杂、多元、不确定，不同的利益主体要求不同，公共组织的战略管理目标同时有很多，且战略目标很难确定，甚至相互之间是矛盾的。因此，公平对待比效率更为重要，组织的公共性越强，公平在战略管理中的地位越高。

四、地理学相关理论

（一）自然资源分类理论

任何一项规划首先要考虑规划对象的自然地理环境。首先，地理环境包括所处的位置、气候、地形地貌、自然资源等，且都是规划要考虑的问题。其次，一个地区的发展与当地的自然资源是紧密相关的，当地自然资源类型、丰裕程度、可开发利用潜力以及其经济价值在很大程度上影响了区域的发展。另一方面，一个地区由于缺乏某类资源，会对发展造成瓶颈效应，成为发展的短板。自然资源与规划紧密相关，规划要遵循自然资源的类型特点。

1. 自然资源的分类理论是规划依据的基础

根据自然资源能否再生可将其划分为可再生、可更新资源和不可再生资源。可再生资源，如太阳辐射、风、海潮、地热等，其供应基本上是不断循环往复的，因此对此类资源的规划利用应按照充分利用和综合开发的原则，在可能的条件下最大限度地利用。可更新资源，如生物资源，其更新速度取决于自身的繁殖能力和外界环境条件，应遵循永续利用的原则，有计划、有限度地加以利用开发。不可再生资源，包括地质资源和半地质资源，前者包括矿产资源，金属和非金属、核燃料等，其成矿周期往往以数百万年计，随着人类的利用在不断减少，后者如土壤资源，其形成周期虽然比矿产资源短，但与人类的消费速度相比，也是十分缓慢的。对于不可再生资源，应该按照节约和尽可能综合利用的原则，杜绝浪费和破坏。

2. 自然资源的特性是规划考虑的前提

自然资源具有自身的分布规律，例如生物资源的分布具有地带性规律，包括垂直地带性和水平地带性。自然资源的三个基本特性是有限性、区域性和整体性。有限性是指自然资源的数量供应与人类不断增长的需求存在矛盾；任何自然资源在地球上的分布都不是均衡的，无论在数量上和质量上都有显著的地域差异；整体性强调每一个地区的各种自然资源要素彼此都相互联系，形成一个整体，规划和开发需要综合考虑，统筹分析。

（二）区位选择相关理论

1. 区位论

区位论是指在人类征服空间环境的活动中，为了寻求合理空间活动而创建的理论。如果用地图进行表示，区位论不仅需要在地图上描绘出各种经济活动主体（农场、工厂、交通线、旅游点、商业中心等）与其他客体（自然环境条件和社会经济条件等）的位置，而且必须进行充分的解释与说明，探讨形成条件与技术合理性。由于其实用性和应用的广泛性，区位论成为人文地理学基本理论的重要组成部分。区位论主要包括杜能的农业区位论、韦伯的工业区位论、克里斯泰勒的中心地理论和廖什的市场区位论。

区位选择应遵循的原则包括：①因地制宜原则，选择区位时，应根据具体的经济活动和具体的地点，仔细考虑当地影响区位活动的各种因素，例如气候、地形、土壤、水源等自然因素，市场、交通、劳动力的素质和数量、政策等社会经济因素，以使区位活动能充分而合理地利用当地的各种资源，从而降低生产成本，获得经济效益。②动态平衡原则，影响区位选择的因素有很多，如果从运动变化的角度，影响区位选择的因素可以划分为静态因素和动态因素。静态因素例如土壤、地形、气候、矿产资源等，主要为自然因素；动态因素例如市场、交通、政策、技术等，主要为社会经济因素。在各因素中，由于动态因素在不断地发展变化，因而应更多地考虑其对区位选择所产生的影响。③统一性原则，环境作为一个整体、一个系统，其良性发展来自内部各组成要素（各子系统）的相互协调与统一。区位作为一个开放的、复杂的、动态的环境子系统，要求在区位选择和建立区位系统时，不仅要保持系统内各部门的协调统一，同时也要保持系统（区位系统与地理系统）之间的协调与统一；在区位活动中不仅关注经济效益，同时要保持经济效益、社会效益和环境效益的统一。

2. 经济区划理论

所谓经济区划是根据社会劳动地域分工的规律、区域经济发展的水平和特征的相似性、经济联系的密切程度，或者依据国家经济社会的发展目标与任务分工，对国土进行的战略性区划。经济区划有不同的类型，第一，目标性的经济区划，根据不同的区域经济发展目的，对特定区域进行的经济区划；第二，综合经济区划，对某个地区的全部经济活动进行区划的，称为综合经济区划；第三，部门经济区划，对某地区的某一方面或某一部门的经济活动进行的区划，称为部门经济区划；第四，时序经济区划，根据区域经济发展的阶段，对不同时期的经济空间结构给予的界定。

经济区划的原则：①国民经济全面发展与充分发挥地区经济优势相结合。划分经济区时要从总体利益出发，结合地区经济发展的需要，通过全国的和地区的综合平衡，合理地确定地区经济专业化发展的规模和综合发展的程度。②地区经济的现状与远景发展相结合。划分经济区要从历史上已经形成的社会劳动地域分工的特点出发，充分考虑各地区经济发展的现状，并以对全国和各地区社会经济发展的科学预测为划分依据。③地区经济中心与其经济吸引范围相结合。经济中心即全区生产、交换、消费等经济活动最集中的城市，是地区经济联系的枢纽，对周围地区具有经济上的吸引力。结合交通运输条件正确地估算经济中心的经济吸引范围是划分经济区的重要依据。④经济区划要与国民经济计划管理体制相适应，以利加强对宏观经济的计划指导。⑤充分考虑经济全球化和国际分工合作的需要，充分利用国内和国际两个市场两种资源促进国内各地区的经济发展。此外，划分经济区还要考虑有利于环境保护的生态原则、有利于民族自治和发展的民族原则、满足国防建设的需要以及促进合理的国际分工发展。

3. 空间组织理论

区域空间有大小之分，它们之间依据一定的经济、社会、行政和空间关系而构成等级层次体系。显然，一个地区的发展除了需要搞好内部组织和协调外，还要与相关的其他区域发生相互作用。在规划中不仅要考虑内部区域问题，还要考虑区域之间的相互作用，这就需要空间组织理论的指导。空间组织理论主要探讨区域之间是如何发生相互作用，如何相互影响的，从而形成多种理论和观点。空间组织理论主要包括区域分工理论、产业集群理论、地域生产综合体理论、赫希曼的极化—涓流效应学说、梯度推移学说、中心—外围理论、相互依赖理论、点—轴理论等。

第三节 国内外发展规划的实践及启示

一、中国发展规划实践回顾及政策导向

（一）五年规划历程及阶段划分

“五年规划”是中国国民经济和社会发展规划的重要实现载体，主要是对全国重大建设项目、生产力分布及国民经济和社会发展重要比例关系等作出的规划，确定经济社会发展的远景目标和方向。从 1953 年我国编制第一个五年计划以来，中国已经编制了十三个“五年规划”。中国 1992 年明确提出建立市场经济体制，2002 年党的十六大报告明确指出中国“社会主义市场经济体制初步建立”，2003 年党的十六届三中全会作出完善社会主义市场经济体制的决定。在此背景下，体现计划经济特色的“五年计划”，在“十一五”时期其名称改为“五年规划”。2005 年国务院颁布《关于加强国民经济和社会发展规划的意见》，明确规定五年规划分为 3 级（国家级、省级和市县级）和 3 类（总体规划、区域规划和专项规划）。除总体规划外，所谓的“五年规划”的时间实际上成为一个虚拟的概念，国家总体发展规划、省（区、市）级总体发展规划和区域规划的规划期一般为 5 年，可以展望到 10 年以上。市县级总体发展规划和各类专项规划的规划期可根据需要确定。五年规划在行政层级和部门上形成一个结构完整的规划体系，不但涵盖经济社会领域，也包括空间发展等方面内容。从发展阶段来看，这十三个五年规划可以划分为三个阶段。

1. 内陆为重点的均衡发展阶段

“一五”到“五五”时期（1953～1980），这一阶段的发展计划是以内陆为重点的低水平相对均衡发展阶段，初步建立国民经济的工业基础，形成新兴工业中心，带动三线地区工业发展，促进内地和少数民族地区发展。这一时期的经济体制环境是计划经济时代，属资本稀缺、重工业优先的短缺经济，部属国有企业、地方国有中小企业是主要的经济主体。“一五”到“五五”时期我国

发展计划主要特点见表 1-1。

表 1-1 "一五"到"五五"时期我国发展计划主要特点

时期	主要特点
"一五"(1953～1957)	以前联帮助中国设计的 156 个建设项目为中心，由 694 个大中型建设项目构成中国工业建设体系。属于工业化的初步阶段，发展集体所有制生产合作社，对私营工商业进行社会主义改造
"二五"(1958～1962)	继续进行以重工业为中心的工业建设，出现冒进思想。中苏关系恶化，1963～1965 三年为调整期
"三五"(1966～1970)	立足战争，积极备战，把国防建设放在第一位，推进"三线"建设；发展农业；国防建设突破关键技术；相应发展交通、商业、文化、教育、科学研究事业
"四五"1971～1975	工农业总产值增速达到 12.5%；1973 年是"一五"计划以来中国经济增长最快的一年
"五五"1976～1980	制定十年规划纲要草案，安排五年计划调整、改革、整顿、提高。 项目布局集中在东部和中部地区的辽宁中部、京津冀、长江三角洲、山东半岛、江汉平原、四川盆地

2. 东部沿海崛起为重点的不平衡发展阶段

"六五"到"九五"时期（1981～2000），这一阶段计划和市场并行，计划管理逐步削弱，实施分权化改革，在改革开放等特殊政策下，国内外生产要素向沿海集中，使东部沿海地区得到快速发展。国有企业（中央企业和地方国有企业）、集体企业、民营企业、外商投资企业成为主要的市场主体，五年计划总目标是经济、社会协调发展，空间发展状态方面区域差异显现，城乡二元化、环境问题开始突出。这一时期区域经济发展的核心是通过加快东部地区发展带动全国经济发展。"六五"—"九五"时期我国发展规划主要特点见表 1-2。

表 1-2 "六五"—"九五"时期我国发展规划主要特点

时期	主要特点
"六五"1980～1985	是"一五"以来我国比较完备的五年计划；经济增速达到 11%；产品产量大幅提高；基本建设和技术改造取得重大成就；财政状况好转；科技教育文化繁荣；固定资产投资规模过大，消费基金猛增，引发居民收入提高的问题

续表

时期	主要特点
“七五” 1986～1990	是一份比较完整的经济和社会发展计划。将改革放在首位；强调供需平衡；要求提高经济效益，处理好效益和速度，质量和数量的关系；强调调整产业结构和固定资产投资结构，加快能源、交通、通信和原材料工业建设；推动国有企业改革和科教事业发展，注重生产和经济效益；促进两个文明建设。 第一次按照东部、中部和西部进行区域划分，提出要正确处理东部沿海、中部和西部三个经济地带的关系。珠江三角洲和长江三角洲引领全国经济发展
“八五” 1991～1995	强调沿海地区要加强传统工业的改造，大力拓展新兴产业，发展知识密集型产业，加快产业结构合理化和现代化的步伐。内陆地区要发挥资源优势，特别是本地的特殊资源优势，加快能源、原材料工业的开发。 改革开放和现代化建设进入新阶段，对外开放总体格局基本形成。 提出到2000年实现GDP比1980年翻两番的目标，1995年GDP达到57600亿元人民币
“九五” 1996～2000	社会主义市场经济条件下的第一个五年发展计划，第一个跨世纪的发展规划。提出人均国民生产总值比1980年翻两番，基本消除贫困，使人民生活达到小康水平

3. 以统筹区域发展为重点的协调发展阶段

“十五”到“十三五”时期（2001年至今），属于以统筹区域发展为核心和西部大开发为标志的协调发展阶段，这一阶段不同地区发挥经济优势和落后地区的资源优势，保持发达地区增长的同时，落后地区追赶发达地区态势。市场经济进一步发展，市场化改革深入推进，经济全球化得到深化。国有企业（中央企业和地方国有企业）、民营企业、跨国公司成为市场经济的主体，全面协调可持续发展成为五年规划重要目标。区域发展总体战略、主体功能区建设、城镇化战略成为规划的重要空间元素，区域发展不协调加剧，生态环境恶化，城乡居民收入差距扩大成为空间发展状态。“十五”到“十三五”时期发展规划主要特点见表1-3。

表 1-3 “十五”—“十三五”时期发展规划主要特点

时期	主要特点
“十五” 2001～2005	提出产业结构优化和可持续发展的预期目标，要求生态环境恶化得到遏制，森林覆盖率提高到18.2%；城市建成区绿化覆盖率提高到35%，主要污染物排放总量比2000年减少10%。 提出中西部地区要充分发挥资源优势，积极发展优势产业和产品，使资源优势变成经济优势。 要求形成长江三角洲、环渤海地区、东南沿海地区、西南和华南部分省区、东北地区、中部五省区和西北地区七个跨省区市的经济区域。积极推动实施西部大开发战略
“十一五” 2006～2010	要求转变经济增长方式，提高自主创新能力，促进城乡协调、全面深化改革开放。积极稳妥推进新型城镇化，发挥城镇对区域经济的作用。 要求加强社会主义新农村建设；将国土空间划分为优化开发区、重点开发区、限制开发区和禁止开发区四类主体功能区；启动科技专项支持计划，涉及信息、生物等战略产业，能源、资源、环境等领域；在推动经济改革的同时，促进政治体制改革；提出中部崛起、东北振兴战略
“十二五” 2011～2015	这一时期是全面建成小康社会关键期、全面深化改革开放和转变经济发展方式攻坚期。明确经济结构战略性调整的主攻方向，要求将科技进步和创新作为支撑，保障和改善民生作为根本点和落脚点，资源节约和环境友好作为重要着力点，改革开放作为强大动力
“十三五” 2016～2020	这一时期是全面建成小康社会的决胜阶段，要求积极适应、把握、引领经济发展新常态。以“创新、协调、绿色、开放、共享”五大发展理念为引领，以提高发展质量和效益为中心，以供给侧结构性改革为主线，实施创新发展战略、构建发展新体制、推进农业现代化，优化现代产业体系，拓展网络经济空间，构造现代基础设施网络，推进新型城镇化和区域协调，改善生态环境，全力实施脱贫攻坚等

（二）五年规划的主要特点

1. 战略性和阶段性

五年规划是针对不同时期国民经济发展的阶段和任务，研究相关问题，制定国民经济发展的战略。从“一五”到“十三五”期间，依据国民经济和社会发展，以及发展所处的不同阶段及问题制定相应产业发展计划、区域发展规划和战略规划，具体包括“三线建设”“东部沿海”“西部大开发”“东北振兴”“中部崛起”等空间战略。

2. 系统性和综合性

随着规划体系的不断完善，中国五年规划不再像计划经济时代那样将安排投资、实物生产作为主要目的，而是强调推动“创新、协调、绿色、开放、共享”发展理念，突出节能减排、社会保障、为宏观经济发展提供框架的公共事务治理的综合性计划。

3. 引导性和政策性

面对改革开放以来，针对市场经济发展伴生的无序竞争、资源保护不足和生态环境恶化等问题，中国的五年规划更加强调解决引导社会发展方向或公众舆论的问题，引导国民经济和社会发展、完善规划政策的体系，协调近期行为和长远目标的实现。

（三）相关专项规划的回顾

1. 城乡规划回顾

1949 年新中国成立以前，除上海、南京、重庆以及长春、大连、青岛等少数城市外，全国其他城市大都没有开展城乡规划工作。新中国成立后，第一个五年计划期间，开始启动社会主义城乡规划工作，配合国家建设，特别是重点工程建设，国家规划建设兰州、西安、洛阳、包头、武汉、长春、吉林、郑州、石家庄、鞍山等一批城市，设立城乡规划管理和设计机构。到 1956 年，共完成 150 多个城乡规划工作。城乡规划统一部署工业、交通、商业、文教、科研、住宅、基础设施等项目建设。伴随着五年发展规划和社会主义生产力的发展，城乡规划经历四个阶段演化。第一阶段是“一五”—“五五”期间，城乡规划波折发展，确立城乡规划的地位阶段；第二阶段是“六五”—“九五”期间，城乡规划快速发展，进入城乡规划的法制阶段；第三阶段是“十五”—“十二五”期间，城乡规划科学化和转型发展阶段；第四阶段是“十三五”以来，城乡规划与其他相关规划协调发展的阶段。城乡规划阶段划分及主要特点见表 1-4。

表 1-4　　城乡规划阶段划分及主要特点

阶段划分	时间	规划特点
第一阶段	“一五”～“五五”（1953～1980）	城乡规划波折发展，确立城乡规划的地位阶段：进行企业选址规划、工业（矿业）城乡规划及其对工厂企业空间布局选址规划进行反思，召开城乡规划会议
第二阶段	“六五”～“九五”（1981～2000）	城乡规划快速发展，进入城乡规划的法治化建设阶段：工作重点向沿海区域（包括市域、县域）规划和分区规划、近期建设规划及专业规划转移
第三阶段	“十五”～“十二五”（2001～2015）	城乡规划科学化和转型发展阶段：围绕“生态城市”“田园城市”“低碳城市”“新农村建设规划”等类型规划推动转型发展。 城乡规划的变革，初步形成中国特色规划理论，开展规划体系、规划理念、规划技术、规划学科建设、规划管理以及公共政策的转型、改革、创新等国内外相关问题的学术研究
第四阶段	“十三五”及未来一段时间	城乡规划与其他规划协调发展阶段，包括城市与生态环境之间的协调发展，城乡规划与土地利用规划之间的协调发展，城乡规划与环境保护规划之间协调发展等“多规”协调发展

2. 土地利用规划回顾

中国的土地利用规划工作始于20世纪50年代，开始是零散的、局部的。全国范围内全面系统地开展土地利用规划工作是在20世纪80年代后期，进入20世纪90年代后，又根据形势的要求编制了新一轮跨世纪的土地利用总体规划。在人类进入21世纪之后，进一步研究、制定和完善土地利用规划，对加强土地宏观调控，实现土地资源的可持续利用，促进经济社会的可持续发展发挥了重要作用。中国土地利用规划大致分为表1-5所示的四个阶段。

表 1-5　　土地利用规划阶段划分及特征

阶段划分	时间	规划特征
第一阶段	“一五”～“五五”（1953～1980）	服务集体经济、针对农场用地的规划阶段。20世纪50年代初由苏联传入中国，称为“土地整理”，50年代后期称“土地规划”。随着国家农场兴建，对农场土地进行全面规划。侧重农业土地利用，开展范围主要是农村基层组织，任务是为巩固和发展集体经济创建土地条件

续表

阶段划分	时间	规划特征
第二阶段	“六五”～“九五”（1981～2000）	土地利用规划起步和探索阶段。1986 年颁布《土地管理法》，在全国范围内开展各级土地利用总体规划编制工作。1996 年完成 19 个省的土地利用规划编制。在协调各业用地矛盾、保护耕地、合理开发利用后备土地资源方面发挥了重要作用
第二阶段	“十五”～“十二五”（2001～2015）	土地利用规划研究、制定和完善阶段。结合国民经济和社会发展总体规划、城乡规划和环境保护规划需求，进行修订和完善
第四阶段	“十三五”以来	土地利用规划变革和创新阶段。新常态下围绕土地利用规划管理、编制内容等方面进行改革创新

3. 环境保护规划回顾

中国环境保护规划工作已有 40 多年的历史。环境规划工作从无到有、从简单到复杂、从局部进行到全面开展，大体包括起步阶段、发展阶段、提升阶段和创新阶段等四个发展阶段，见表 1-6。

表 1-6　　中国环境规划阶段划分及特征

阶段划分	时间	规划特征
第一阶段	“一五”～“五五”（1953～1980）	起步阶段：1973 年第一次全国环境保护会议上，中国提出环境保护和经济建设实行“全面规划、合理布局”的指导思想。1980 年代初，中国开展最早的区域环境规划，其中济南市环境规划和山西能源重化工基地综合经济规划中均包括环境专项规划的内容，这一规划最具代表性。规划成果呈现零散、局部、不系统的特征，没有编制全国性环境规划
第二阶段	“六五”～“九五”（1981～2000）	发展阶段：1983 年第二次全国环境保护会议上，中国提出了“三同步”方针，提出建立数据库、模型库，模拟污染过程等设想。1992 年，世界环境与发展大会在巴西里约热内卢召开，世界环保事业进入新纪元，中国的环境规划进入新的发展时期。1993 年国家环保局组织编制《环境规划指南》

续表

阶段划分	时间	规划特征
第三阶段	“十五”～“十二五”（2001～2015）	提升阶段：中国实施污染物排放总量控制和跨世纪绿色工程规划两大举措，政府对环境规划非常重视，加大环境规划实施的进程。2000年的《国务院关于印发全国生态环境保护纲要的通知》，在中国环境规划历史上具有里程碑的重要意义。中国要求实施COD和SO_2排放总量减排、水体污染控制与治理、重金属污染治理
第四阶段	“十三五”及未来一段时间	创新阶段：中国环境保护规划进入创新发展的新阶段，强调环境保护规划与城乡发展规划、经济社会发展总体规划进行统筹协调

（四）中国发展规划管理的政策导向

以规划引领经济社会发展，是党治国理政的重要方式，是中国特色社会主义发展模式的重要体现。科学编制并有效实施国家发展规划，阐明建设社会主义现代化强国奋斗目标在规划期内的战略部署和具体安排，引导公共资源配置方向，规范市场主体行为，有利于保持国家战略连续性、稳定性，集中力量办大事，确保一张蓝图绘到底。中共中央国务院于2018年12月发布关于统一规划体系更好发挥国家发展规划战略导向作用的意见（中发〔2018〕44号），要求我国经济社会发展规划必须坚持以人民为中心的发展思想，牢固树立新发展理念，落实高质量发展要求，理顺规划关系，统一规划体系，完善规划管理，提高规划质量，强化政策协同，健全实施机制，加快建立制度健全、科学规范、运行有效的规划体制，更好发挥国家发展规划的战略导向作用，为创新和完善宏观调控、推进国家治理体系和治理能力现代化、建设社会主义现代化强国提供有力支撑。相关内容阐述如下。

1. 发展规划的功能定位及相互关系

立足新形势新任务新要求，明确各类规划功能定位，理顺国家发展规划和国家级专项规划、区域规划、空间规划的相互关系，避免交叉重复和矛盾冲突。

（1）明确规划功能定位。国家发展规划，即中华人民共和国国民经济和社会发展五年规划纲要，是社会主义现代化战略在规划期内的阶段性部署和安排，主要是阐明国家战略意图、明确政府工作重点、引导规范市场主体行为，是经济社会发展的宏伟蓝图，是全国各族人民共同的行动纲领，是政府履行经济调节、市场监管、社会管理、公共服务、生态环境保护职能的重要依据。

国家级专项规划是指导特定领域发展、布局重大工程项目、合理配置公共资源、引导社会资本投向、制定相关政策的重要依据。国家级区域规划是指导特定区域发展和制定相关政策的重要依据。国家级空间规划以空间治理和空间结构优化为主要内容，是实施国土空间用途管制和生态保护修复的重要依据。

（2）理顺规划关系。国家发展规划是根据党中央关于制定国民经济和社会发展五年规划的建议，由国务院组织编制，经全国人民代表大会审查批准，居于规划体系最上位，是其他各级各类规划的总遵循。

国家级专项规划、区域规划、空间规划均须依据国家发展规划编制。国家级专项规划要细化落实国家发展规划对特定领域提出的战略任务，由国务院有关部门编制，其中国家级重点专项规划报国务院审批，党中央有明确要求的除外。国家级区域规划要细化落实国家发展规划对特定区域提出的战略任务，由国务院有关部门编制，报国务院审批。国家级空间规划要细化落实国家发展规划提出的国土空间开发保护要求，由国务院有关部门编制，报国务院审批。国家级专项规划、区域规划、空间规划，规划期与国家发展规划不一致的，应根据同期国家发展规划的战略安排对规划目标任务适时进行调整或修编。国家级空间规划对国家级专项规划具有空间性指导和约束作用。

2. 不同类型规划的作用

坚持下位规划服从上位规划、下级规划服务上级规划、等位规划相互协调，建立以国家发展规划为统领，以空间规划为基础，以专项规划、区域规划为支撑，由国家、省、市县各级规划共同组成，定位准确、边界清晰、功能互补、统一衔接的国家规划体系。

（1）强化国家发展规划的统领作用。提高国家发展规划的战略性、宏观性、政策性，增强指导和约束功能，聚焦事关国家长远发展的大战略、跨部门跨行业的大政策、具有全局性影响的跨区域大项目，把党的主张转化为国家意志，为各类规划系统落实国家发展战略提供遵循。

发挥国家发展规划统筹重大战略和重大举措时空安排功能，明确空间战略格局、空间结构优化方向以及重大生产力布局安排，为国家级空间规划留出接口。科学选取需要集中力量突破的关键领域和需要着力开发或者保护的重点区域，为确定国家级重点专项规划编制目录清单、区域规划年度审批计划并开展相关工作提供依据。

（2）强化空间规划的基础作用。国家级空间规划要聚焦空间开发强度管控和主要控制线落地，全面摸清并分析国土空间本底条件，划定城镇、农业、生态空间以及生态保护红线、永久基本农田、城镇开发边界，并以此为载体统筹协调各类空间管控手段，整合形成“多规合一”的空间规划。

强化国家级空间规划在空间开发保护方面的基础和平台功能，为国家发展规划确定的重大战略任务落地实施提供空间保障，对其他规划提出的基础设施、城镇建设、资源能源、生态环保等开发保护活动提供指导和约束。

（3）强化专项规划和区域规划的支撑作用。国家级专项规划原则上限定于关系国民经济和社会发展全局且需要中央政府发挥作用的市场失灵领域。其中，国家级重点专项规划要严格限定在编制目录清单内，与国家发展规划同步部署、同步研究、同步编制。国家级专项规划要围绕国家发展规划在特定领域提出的重点任务，制定细化落实的时间表和路线图，提高针对性和可操作性。

国家级区域规划主要以国家发展规划确定的重点地区、跨行政区且经济社会活动联系紧密的连片区域以及承担重大战略任务的特定区域为对象，以贯彻实施重大区域战略、协调解决跨行政区重大问题为重点，突出区域特色，指导特定区域协调协同发展。

省级规划、市县级规划依据国家发展规划制定，既要加强与国家级专项规划、区域规划、空间规划的衔接，形成全国“一盘棋”，又要因地制宜，符合地方实际，突出地方特色。

3. 统筹规划的管理及衔接协调

建立健全目录清单、编制备案、衔接协调等规划管理制度，有效解决规划数量过多、质量不高、衔接不充分、交叉重叠等问题。

（1）建立健全规划编制目录清单管理制度。报请国务院批准的国家级专项规划、区域规划，由国务院发展改革部门会同有关部门统筹协调后制定编制目录清单或审批计划，报国务院批准实施。报请国务院批准的国家级空间规划，由国务院自然资源主管部门会同发展改革部门制定编制目录清单，报国务院批准实施。国务院各部门自行编制或批准的各类规划，须报国务院发展改革部门备案。除党中央、国务院有明确要求外，未列入目录清单、审批计划的规划，原则上不得编制或批准实施。属各部门日常工作或任务实施期限少于3年的，原则上不编制规划。

（2）强化规划衔接协调。建立健全规划衔接协调机制，明确衔接原则和重点，规范衔接程序，确保各级各类规划协调一致。报请党中央、国务院批准的规划，须事先与国家发展规划进行统筹衔接。衔接重点是规划目标特别是约束性指标、发展方向、总体布局、重大政策、重大工程、风险防控等，必要时由国务院发展改革部门会同规划编制部门组织开展审查论证。省级发展规划须按程序报送国务院发展改革部门进行衔接。加强国家级专项规划、区域规划与空间规划的衔接，确保规划落地。

（3）发挥规划管理信息平台作用。国务院发展改革部门要依托现有政务信息平台，建设国家规划综合管理信息平台，加强与相关政务模块之间的连接和信息共享，将各类规划纳入统一管理，强化规划衔接协调，跟踪监测规划编制和实施进程，推动规划基础信息互联互通和归集共享。

4. 规范规划的编制程序

创新规划理念、规范编制程序，提高规划编制科学化、民主化、法治化、规范化水平，确保规划实用管用。

（1）明确规划编制的基本遵循。规划编制要以习近平新时代中国特色社会主义思想为指导，紧紧围绕建设社会主义现代化强国宏伟目标，坚持以人民为中心的发展思想，把新发展理念贯穿经济社会发展各领域全过程，按照高质量发展要求，紧紧围绕统筹推进“五位一体”总体布局和协调推进“四个全面”战略布局，使规划更好体现时代特色、更好贯彻国家发展战略要求。

坚持目标导向和问题导向相统一，坚持立足国内和全球视野相统筹，坚持全面规划和突出重点相协调，坚持战略性和操作性相结合。注重虚实结合、实用管用，在强调战略导向作用的同时，突出约束力、可操作，使规划可检查、易评估。

（2）深化重大问题研究论证。拓展规划前期研究广度和深度，深入研究国民经济和社会发展全局性、前瞻性、关键性、深层次重大问题，科学研判发展趋势和阶段性特征，准确把握突出短板和发展方向，研究提出基本思路和解决方案。加强规划内容多角度论证和多方案比选，充分考虑要素支撑条件、资源环境约束和重大风险防范等，科学测算规划目标指标并做好平衡协调，深入论证重大工程、重大项目、重大政策实施的必要性、可行性和效果影响。

（3）创新规划编制方式方法。坚持开门编制规划，提高规划编制的透明度和社会参与度。健全公众参与机制，坚持问需于民、问计于民，广开言路，广泛听取人民群众意见建议。扩大规划征求意见范围，适时公布规划草案或征求意见稿，充分征求社会公众等各方面意见建议。综合运用大数据、云计算等现代信息技术，创新规划编制手段。充分发挥科研机构、智库等对规划编制的辅助支持作用。

（4）严格规划编制程序。建立健全规划起草、衔接、论证、审批、发布等制度。规范规划编制工作方案，重点明确编制依据、进度安排、衔接要求、论证方式和审批机关等。按规定程序做好规划征求意见和内容衔接等工作。健全专家咨询论证制度，邀请相关领域专家科学论证规划内容并出具论证报告。规范规划草案送审稿、起草说明、论证报告等审批要件，明确审批权限。规划经审批机关批准后，按程序发布实施。

5. 强化规划的政策协同

坚持规划定方向、财政作保障、金融为支撑、其他政策相协调，构建发展规划、财政、金融等政策协调和工作协同机制，完善年度计划落实发展规划的机制，保障国家发展规划顺利实施。

（1）强化年度计划与国家发展规划衔接。按照短期政策与长期政策衔接配合的要求，年度计划要贯彻国家发展规划提出的发展目标和重点任务，将国家发展规划确定的主要指标分解纳入年度指标体系，设置年度目标并做好年度间综合平衡，结合形势发展确定年度工作重点，明确重大工程、重大项目、重大举措的年度实施要求。

(2) 强化财政政策对国家发展规划的保障作用。国务院财政部门要编制与国家发展规划相匹配的财政规划，更好服务国家发展规划确定的战略目标和任务要求。加强财政预算与规划实施的衔接协调，统筹财力，合理安排财政支出规模和结构。中央财政性资金优先投向国家发展规划确定的重大任务和重大工程项目。

(3) 强化金融政策对国家发展规划的支撑作用。根据国家发展规划确定的重大战略任务，制定金融领域专项规划，引导金融要素资源配置方向和结构。货币政策取向的确定，要充分考虑国家发展规划目标、经济发展形势等。信贷政策积极支持国家发展规划确定的重大战略、重大工程、重大项目和重大改革举措，引导和鼓励银行业金融机构重点支持国家发展规划明确的重点领域和薄弱环节。

(4) 强化国家发展规划对产业政策、区域政策等的引导约束作用。产业政策要围绕国家发展规划确定的产业发展和结构调整方向，突出功能性，强化普惠公平，完善市场机制和利益导向机制，充分发挥市场配置资源的决定性作用，营造鼓励竞争、促进创新的市场环境，激发市场主体的积极性和创造性，合理引导市场预期和市场主体行为。

区域政策要围绕国家发展规划确定的区域发展和空间格局优化方向，按照目标精准化、措施精细化、协调机制化的要求，促进形成要素有序自由流动、主体功能约束有效、基本公共服务均等、资源环境可承载的区域协调发展格局，实现基本公共服务均等化、基础设施通达程度比较均衡、人民基本生活保障水平大体相当。

重大生产力布局和土地、人口、环境、社会等公共政策的制定，也要服从和服务于国家发展规划，强化政策间协调配合，形成政策合力。

6. 健全规划实施机制

按照谁牵头编制谁组织实施的基本原则，落实规划实施责任，完善监测评估，强化分类实施，提升规划实施效能。

（1）加强规划实施评估。规划编制部门要组织开展规划实施年度监测分析、中期评估和总结评估，鼓励开展第三方评估，强化监测评估结果应用。国家发展规划中期评估要结合国内外发展环境的新变化、新要求，重点评估实施进展情况及存在问题，提出推进规划实施的建议，评估报告报国务院审定后提请全国人民代表大会常务委员会审议。国家级专项规划、区域规划、空间规划的评估结果向审批主体报告的同时，抄送国务院发展改革部门。

（2）健全规划动态调整和修订机制。强化规划权威性、严肃性，未经法定程序批准，不得随意调整更改各类规划。经评估确需对国家发展规划进行调整修订时，须按照新形势新要求调整完善规划内容，由国务院提出调整建议，经党中央同意后，提请全国人民代表大会常务委员会审查批准。国家发展规划修订后，相关国家级规划相应进行调整修订，由规划编制部门提出建议，经国务院发展改革部门进行衔接论证后报原审批主体批准。

（3）完善规划实施监督考核机制。各类规划编制部门要将规划实施情况作为政务信息公开的重要内容，及时公布实施进展，自觉接受人大监督、审计监督和社会监督。国家发展规划实施情况纳入各有关部门和地方各级领导班子、领导干部考核评价体系，探索实行规划实施考核结果与被考核责任主体绩效相挂钩。

（4）健全规划审批和实施工作机制。建立健全党委领导、人大批准、政府编制实施的国家发展规划工作机制。国家发展规划根据党中央关于制定国民经济和社会发展五年规划的建议编制，重大实施进展情况及时报党中央。全国人民代表大会审查批准国家发展规划，并依法监督规划实施情况。国务院编制实施国家发展规划，并按照优化协同高效的要求强化对其他各类规划的管理。

（5）完善法律法规。加快出台发展规划法，将行之有效的经验和做法以法律形式固定下来。梳理现有与发展规划工作相关的法律法规、部门规章，针对发现的问题推动相关法律法规、部门规章的立改废释工作。

二、国外发展规划体系及启示

（一）国外发展规划体系

国外发展规划主要指城乡规划，但发展和完善阶段各不相同。其中，英国发展规划始于十九世纪末期，日本萌芽于明治维新时期。随着城市人口的迅速膨胀，公共卫生成为一项紧迫问题。人们意识到环境拥挤恶劣的城市地区带来的是经济资源的消耗和社会不稳定，英国政府不得不开始干预市场，以确保社会的安定。

1. 英国

在各种法规推动下，英国发展规划内容和体系不断完善，特别是在城乡规划法的促进下，确立了多层次的规划体系，并在“规划顾问组”建议下，形成“发展规划编制指引”，其内容包括：明确政府编制规划和实施规划的责任；明确中央和地方不同层次规划各自所覆盖的领域；明确各项规划的主题、特点和范围；确定地方规划编制的程序；阐明结构规划和地方规划之间的关系；确定所有规划都必须遵循的相关政策。英国发展规划演变见表 1-7。

表 1-7　　英国发展规划演变

年份	法律	内　容
1875	“改善工匠和劳工住宅法”和“公共卫生法”	授权地方政府编制有关规划，限制道路的宽度、建筑物的高度、城市结构和布局等
1909	第一个专业规划法“住宅与城市规划及相关内容法”	要求地方政府编制住宅规划方案，控制新住宅区的开发
1919	“住宅与城市规划法”的实施	“政府住宅”方案在全国范围内进行。1932 年制定“城乡规划法”，对城市土地使用进行规划管理
1947	发布实施“城乡规划法”，是英国城乡规划管理的里程碑	确立多层次的规划体系，规定所有城乡土地开发必须首先获得规划许可。这一规定使得开发权控制在规划部门手中
1964	成立“规划顾问组”，对当时的规划体系赋予建议权	“规划顾问组”对当时的规划体系提出新的建议，要求分层次制定和实施规划。结构规划作为指导性的战略政策，用于指导较为详细的地方规划的编制；地方规划作为城乡土地开发规划管理的依据
1972	地方政府法	郡政府通过与地区政府协商，编制“发展规划编制指引”文件，用于指导当地规划的编制
2004 以来		提出新空间规划体系，在理念、体制等方面进行创新和改革，为乡村发展提供更广阔的思路和更公平的机会

英国的发展规划体系包括“结构规划”和“地方规划”，其中“结构规划”为“地方规划”提供政策框架；“地方规划”为开发规划管理提供政策依据。发展规划与规划管理部门间要加强联系，要求地方政府在审批规划申请时，必须依据发展规划所指定的相关政策，以及其他有关材料。英国基本上形成了国家、郡、地方三级规划体系，具有层次清晰、分工明确的特点。英国的空间规划是以国家为主导的自上而下的活动，每一层级的规划部门都为其下级规划部门制定战略，同时又受上一级规划部门的制约。首先，中央政府各专业部门制定全国统一的指引（PPG），中央驻地方各局制定地方规划指引，中央各地区开发厅（RDA）制定地区开发战略，地方自治体在制定发展规划时必须尊重这些指引。英国发展规划体系内容如图 1-2 所示。

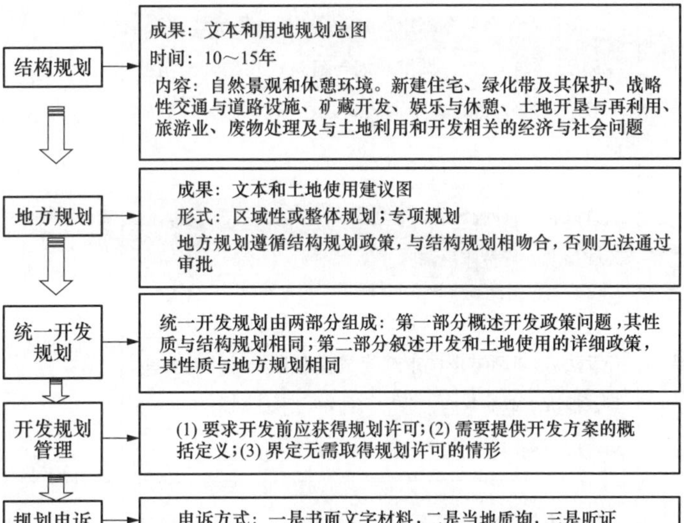

图 1-2 英国发展规划体系内容

2. 日本

日本发展规划主要指空间体系规划，其演变经历三个阶段：第一阶段（1868～1945 年），明治维新到第二次世界大战时期，属于政治因素与工业化主导下的自上而下型空间规划体系的萌芽与产生阶段。其特点是：工业化为其内在动力，自然因素和战争为推动力，政治需求为主要内因，采用政府主导的自上而下模式，空间规划地域由单个城市向城市区域转变；第二阶段（1945～1990年），市场经济因素主导下，以经济高速发展为背景，由政府和民众共同推动的空间规划体系逐渐完善阶段。市场化的经济发展为内生驱动力，自上而下的政府主导与自下而上的民众诉求共同推进，空间规划体系逐渐完善，包括法律规定、运作规范、行政管理体系的建立和完善，并转向更加重视可持续发展的理念；第三阶段（1990年之后），在经济全球化背景下，民主化意识的觉醒，推动行政体制改革与地方政府分权，推动空间体系规划进一步改革。日本发展规划阶段划分见表1-8。

表1-8　　日本发展规划阶段划分

阶段划分	相关规划文件	特点
萌芽与产生阶段	二战前，发布《东京市区整治备例》《都市计画法》《市街地建筑物法》：城市规划与建筑法规配合控制城市形态；最初规划集中城市，缺少全国统一的空间规划	强调按照全国集中统一要求进行城市营造，模仿中国式棋盘路网和坊里制
	《特别都市计画法案》：地震、两次世界大战后，从区域角度进行整体协调	
组建完善阶段	日本战后制定新的《日本国宪法》，发布《国土综合开发法》，强调防止城市规模过度膨胀，缩小地区差距，促进工业向落后区分散。颁布《土地利用基本法》和《国土利用规划法》，强调加强都市圈规划	制定全国国土综合开发规划，加强国土开发及土地利用的规划管理
改革创新阶段	1990年后，对《国土形成规划法》《国土利用规划法》《首都圈整备法》《近畿圈整备法》《中部圈开发整备法》进行修改完善	国土综合开发规划到国土形成规划，重视土地的利用、开发和保全

伴随经济社会形势变化、国民价值观变化，日本发展规划体系伴随地方分权法、内阁行政改革、地方行政制度改革而发生变化，但基本沿袭了2000年确立的规划体系内容，见表1-9。

表 1-9　日本发展规划体系

层次	行政体系	法律体系	运作体系		
国家	运输省、建设省、北海道开发厅等	《国土综合开发规划法》《国土利用规划法》《土地基本法》	国土形成规划	—	国土利用规划
区域	中央与地方合作机构	区域开发的相关法律	区域综合开发规划	—	—
都道府县	城市规划局、建设局、住宅局、交通局、供水局和城市规划审议会等	《城市规划法》《农业振兴区域开发建设法》《森林法》《自然公园法》《自然环境保护法》等	都道府县综合开发规划	土地利用基本规划，包括城市、农业、森林、自然公园、自然保护区域规划	国土利用规划
市町村	市町村行政机构	《城市规划法》《建筑基本法》	市町村综合开发规划	城市规划控制区、城市规划实施项目	国土利用规划

（二）国外发展规划对中国发展规划借鉴

1. 法律性和综合性

（1）法律性。1947 年“城乡规划法”实施以来，英国的发展规划体系已发展成为一套严密的法规体制，城乡规划法及其辅助规定，特别是政府的“规划政策指导纲要（PPG）”确定城乡规划的程序步骤、规划内容等。规划的编制和实施在法律的控制程序下进行。实施过程中，违反规划原则的开发可通过拒绝规划申请而得以制止。

（2）综合性。规划的编制内容包括中、远期发展战略，近期的土地使用政策，以及详细的规划管理内容。随着社会经济发展，英国城乡规划所面临的问题及规划的侧重点发生变化。早期英国规划侧重解决土地利用布局；20 世纪五六十年代伴随私人小汽车的大量发展，城市交通堵塞拥挤日益严重，解决城市交通成为规划的关注重点；20世纪七八十年代，人们的环境保护意识提高，规划成为保护环境的重要手段之一；进入21世纪，人们对于自己所生存的社会、物质环境提出了更高要求。

2. 规划目标多元化

就规划的目标而言，英国的空间规划重视体现人与自然的和谐发展，在具体的策略制定、项目选址工作中综合考虑经济、社会、生态效益的统一，确保规划和发展的可持续性，强调目标的多元化，通过规划的实施带动城乡持续健康发展。

3. 规划后继工作跟进

就后续工作而言，英国空间规划的年度审查报告制度意味着规划可根据过去一年的实践情况、实际条件的变化等进行快速、有效、积极的反思和调整，强调规划的动态调整和优化，以适应不断变化的新情况。

第二章

规划咨询理念及业务开展

规划咨询是围绕规划所开展的相关战略研究、政策制定、规划编制、实施评估等一系列专业咨询活动。经济社会发展规划咨询是工程咨询的核心业务，对于贯彻新发展理念、促进供给侧结构性改革和激发有效投资，推动经济社会高质量发展具有重要的引领带动作用，是咨询工程师发挥专业智慧服务经济社会持续健康发展的重要领域。

第一节　规划咨询及其理念创新

规划咨询是工程咨询业务的重要组成部分。《工程咨询行业管理办法》（国家发展改革委 2017 年第 9 号令）明确将“为国家、行业、地区、城镇、工业区等的经济发展提供规划和政策咨询或专题咨询”纳入行业管理的范畴。相对于工程咨询的其他领域，规划咨询战略性和综合性较强，具有特殊要求。

一、规划咨询的内涵及外延

（一）规划咨询概念和演变

规划咨询是由独立的咨询机构或专家，为规划的制定、决策、执行和修订所提供的专业化智力服务，如：正式做出规划决策、执行规划管理前，为优化规划方案，提高规划方案的可行性而开展的专家论证、公众征询或专题研究等咨询活动。开展规划咨询不仅是规划编制单位提高决策管理水平而采取的主动行为，而且是国家法律法规对政府依法行政提出的明确要求。

咨询机构参与规划咨询工作，对于提高规划编写的质量，确保各级各类规划的有效实施具有重要意义。目前咨询机构所涉及的规划咨询，从服务领域来看主要是为国民经济和社会发展规划、区域规划、专项规划和国土空间规划所提供的咨询服务，也包括区域发展战略研究、产业方向选择、重大政策实施方案等“类规划”咨询服务；从服务的具体内容看，包括规划前期研究、规划编制、规划评审、重大项目谋划、规划中期评价、规划调整方案、规划总结评价等。

规划咨询兴起于19世纪下半叶的英国，最早源于工程咨询与建筑咨询。历经演变，国外规划咨询从专业咨询发展到综合咨询，从规划技术咨询转变为发展战略咨询，从国内咨询演变为国际咨询。20世纪末，受国外规划咨询机构的影响，北京、上海、深圳、广州和武汉等大城市相继出现规划咨询专业机构。按市场化运营，实现政企分离，通过专业团队和先进的理念，为规划编制和决策提供智力支持。近年来，随着政府职能转变、科研院所和行业协会的职能调整，越来越多的机构和人员进入规划咨询领域，呈现出百花齐放的态势。

（二）规划咨询的关键要素

组织者和参与者组成规划咨询的基本架构。从咨询参与者的角度看，影响咨询质量和效果的关键要素有三个：咨询专家、咨询机构和咨询方式。具体是要邀请正确的专家、委托正确的机构和采取正确的方式，三者缺一不可。规划咨询的关键要素如图2-1所示。

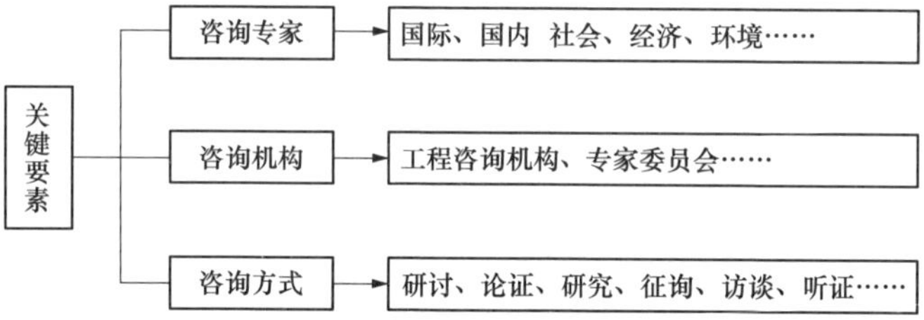

图2-1　规划咨询的关键要素

（三）规划咨询的基本准则

1. 科学性

规划咨询工作所依据的理论必须具有科学性且经实践验证，规划方法必须合理可行，基础数据必须准确可靠，调查方法必须有效，规划思路与规划方法应相互协调，规划指标体系设立应系统完整。

2. 前瞻性

规划咨询是对未来发展蓝图的描绘，必须对未来内外环境形成明确的判断，对发展定位和目标形成清晰的图景，准确提出从现状到未来的可行路线，从而为未来的发展做好准备。

3. 针对性

规划咨询应找准工作视角，准确把握规划客体发展的规律与趋势，以战略目标为出发点，聚焦解决规划期内主要矛盾、关键问题和薄弱环节，从而推动战略目标的全面实现。

4. 灵活性

规划内容应具有适当的灵活性，而且在经济系统发展的某些突发事件中能够保持一定的可调性，避免因系统中某些要素的突变而使整个规划目标无法达成。

5. 可操作性

规划咨询成果要具有可操作性，要明确规划实施的各项举措，落实规划各实施主体的责任和义务，提出政府方必要管理机制、政策和资金支持等需求。

（四）规划咨询的逻辑框架

规划咨询应根据组织对象的特定使命，对外部环境和内部能力进行分析，根据组织面临的机遇和挑战，以及自身优势与劣势，确定规划目标，提出战略方案，并对规划实施效果进行影响评价。具体而言，规划由使命陈述（陈述原则与指导思想）、背景分析（分析机遇与挑战）、内部能力分析（分析优势与劣势）、目标体系确定、战略选择及战略确定、经济影响与产业结构分析、社会影响与利益相关者分析、环境影响与环境评价六大步骤组成，从而构成规划咨询的逻辑分析框架。

1. 使命陈述

使命陈述主要是阐述观点和理念，回答大量关键性问题，确立规划的指导原则及指导思想的过程。回答的问题主要包括为什么要进行规划、规划的总体目标及方向是什么、遵循什么样的原则、以什么样的立场和方法、在什么样的理念下进行规划等。

2. 背景分析

首先，背景分析着眼于外部环境，寻找外部环境与规划对象之间的平衡和对接。外部环境的分析集中于其所带来的机遇及面临的挑战两个方面。外部背景分析涉及自然环境和资源、经济、社会、文化、政治、法律等各个层面的变化及态势。其次，规划背景分析是为规划进行定位，与宏观发展环境的分析具有很大的联系。但是从分析的目标上看，与宏观发展环境的分析有所不同。宏观发展环境的分析是从现状的分析去展望未来，而规划背景分析不仅从现状对比分析自身的定位，而且从历史发展过程进行分析，从过去的历史和未来的趋势对目前的发展状况进行定位。也就是说背景分析从两个方面进行分析，一方面是从横向的同类事物的比较中去定位，另一方面是从历史的发展过程中去定位。再次，从历史的发展过程的分析来看，规划背景分析不仅要构建发展全过程的图景或过程；还要分析已经走过或完成的过程；而且要描绘出未来发展的过程；从而找出目前所在的位置。最后，从横向的同类事物的比较定位来看，规划背景的分析首先要对现存的同类事物进行分类分级，其次对不同级别的事物进行排序，最后找出自身的位置定位。背景分析图式如图 2-2 所示。

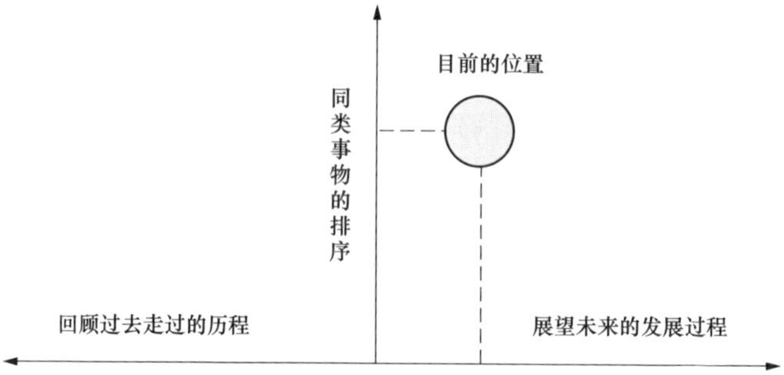

图 2-2　背景分析图式

3. 内部能力分析

内部能力分析着眼于规划对象及规划实施主体所具有的优势及存在的不足，寻求如何改进自身能力，抓住外部的机遇，避免外部挑战带来的冲击和负面影响。内部能力分析涉及组织的执行力、可利用的资源、可借助的途径和手段、拥有的地位和优势等。

4. 目标体系确定

根据使命及其所确定的原则和指导思想，根据外部环境所带来的机遇及挑战，根据对内部能力的分析与评价确定主要目标及其他目标，形成目标体系。规划的逻辑分析框架图如图 2-3 所示。

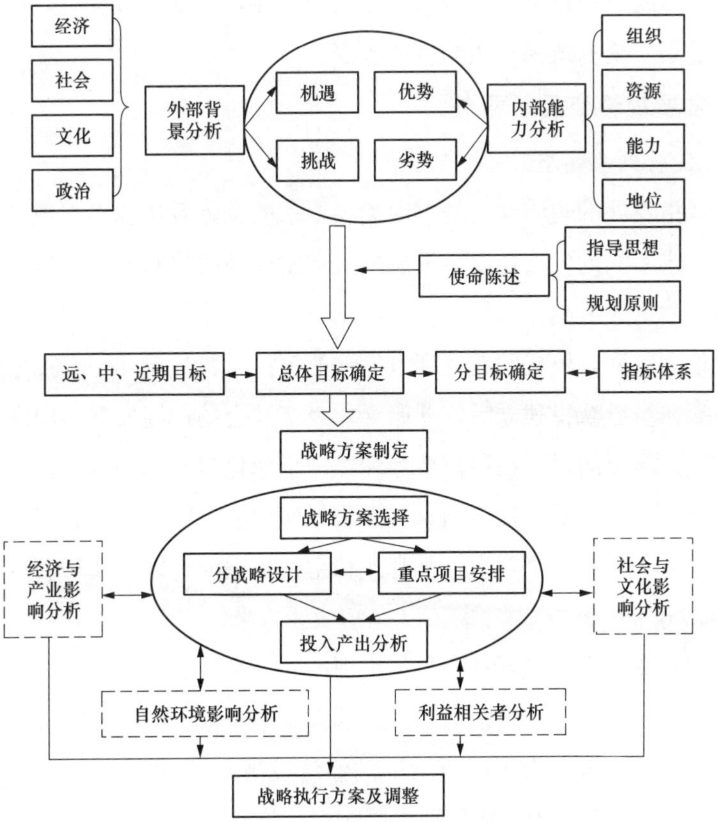

图 2-3　规划的逻辑分析框架图

5. 战略选择及战略确定

根据目标与内外部环境的分析，提出若干可供选择的不同战略方案，按照一定的评价标准，选择最优的方案。战略选项是战略选择的前提，它依据的是目标要求以及达成战略目标的途径和措施。一个规划可能由不同的战略组成，战略是规划内容的重点，构成了规划的主体。

6. 影响效果分析评价

规划实施的影响效果包括经济影响、社会影响和文化影响以及自然环境等影响。任何规划除了会对规划对象产生直接的影响外，还会对规划对象的外部环境产生各种影响。不同规划的影响侧重点和方式不同，包括物质性或观念性的影响，正面或负面影响。由于这些影响的存在，外部环境会对规划产生反作用力，对规划实施的效果产生相应的改变。

二、发展观转变及新要求

（一）发展观及其演变

发展观指发展的本质、目的、内涵和要求的总体看法和根本观点。不同的发展观会形成不同的发展道路、发展模式和发展战略，对发展的实践产生根本性、全局性的重大影响。

工业革命以后，发展问题受到世界性的关注。二战后，一大批殖民、地半殖民地国家在纷纷获得独立后，开始寻求经济社会的持续发展，即进行本国的现代化建设。与此同时，在科技革命和经济全球化浪潮的冲击下，在生态环境问题日益突出的背景下，发达国家也面临如何发展的问题。发展问题的研究逐渐成为国际学术界的一个热点。其观点和主张，主要有以下几种。

1. 经济增长发展观

经济增长发展观是国际社会最早出现的一种发展观，即今天所谓的“传统发展观”。最早由西方学者提出，在20世纪50年代已经比较流行。美国经济学家刘易斯在其《劳动力无限供给下的经济发展》（1954年）、《经济增长理论》（1955年）等著作中，将发展视同于经济增长，即“总人口人均产出的增长”。法国佩鲁（著有《略论增长极概念》1955年）、美国赫希曼（著有《经济发展战略》1958年）、罗斯托（著有《经济增长的阶段》1960年）等发展经济学的先驱人物都持同样的观点。传统发展观认为，发展中国家的发展问题主要是经济增长问题。工业化是实现经济增长的主要途径，这是发达国家走过的成功道路，发展中国家只有尽快实现工业化才能赶上发达国家。发展经济学家们提出采用国民生产总值和人均国民生产总值衡量经济增长的标准。传统发展观提出大力发展经济，走工业化的道路，符合发展中国家的需要，具有一定合理性。但是，许多发展中国家在经济增长的同时，其他问题并没有得到相应解决，相反出现严重的分配不公、社会腐败、政治动荡等问题。因此，从 1960 年代起，单纯追求经济增长的发展观受到越来越多的批判，被称为“有增长而无发展”或“无发展的增长”。

2. 经济增长和社会进步发展观

发展中国家在传统发展观影响下出现的“有增长而无发展”的现象引起了国际社会的广泛关注。从 20 世纪 60 年代起，除经济学和社会学的学者外，相关学科的学者也加入发展问题研究的行列，发展问题成为多学科关注的焦点。1968 年，瑞典经济学家缪尔达尔出版《亚洲的戏剧——对一些国家贫困问题的研究》一书，提出：发展不仅仅是国民生产总值的增长，而是包括整个经济、文化和社会发展过程的上升运动，应从质和量上去把握发展问题。他还提出发展中国家也应实行社会改革。缪尔达尔的观点得到国际社会的广泛接受。随后，联合国有关组织的研究者明确提出“发展等于经济增长和社会进步”的观点。到 20 世纪 80 年代，美国经济学家托达罗在《经济发展与第三世界》一书中明确指出：“发展不纯粹是一个经济现象。最终意义上说，发展不仅仅包括人民生活的物质和经济方面，还包括其他更广泛的方面。因此，发展包括整个经济和社会体制重组在内的多维过程。”把发展看作是社会系统各个层面相应变化的过程，实际上是社会全面发展的观点。比起过于注重追求经济增长的传统发展观来说，是深刻、进步了许多，但实践的发展又给人类提出了新的问题，促使人们进一步思考人类的发展行为。

3. 可持续发展观

20 世纪 60 年代起，工业化、城市化、人口增长给资源和环境带来的严重问题开始引起一些有识之士的注意。1962 年美国女生物学家莱切尔·卡逊发表了一部环境科普著作《寂静的春天》，用触目惊心的案例阐述了大量使用杀虫剂对人类的危害，敲响了工业社会环境危机的警钟，引发了人们对发展观念的争论和思考。同年，美国经济学家鲍尔丁从经济的角度提出循环经济的概念，提出如果不合理地开发自然资源，当资源的开发利用超过地球的承载能力时人类就会走向毁灭，只有循环利用资源，人类社会才能持续发展下去。1972

年，罗马俱乐部发表著名的《增长的极限》的研究报告，尽管该报告中的观点有些片面和悲观，但该报告提出的资源供给和环境容量无法满足外延式经济增长模式的观点，引起全世界的极大关注。1987年，以挪威首相布伦特兰为主席的联合国世界环境与发展委员会发表一份报告——《我们共同的未来》，正式提出“可持续发展”的概念。1990年代以来，可持续发展与循环经济成为国际社会的共识。1992年，《里约宣言》和《21世纪议程》在巴西里约热内卢召开的联合国环境与发展大会上通过，标志着可持续发展思想被世界大多数国家承认和接受。可持续发展是一种崭新的发展观。其目标是社会经济保持发展既要满足当代人生存和发展的需要，又要考虑到后代人生存和发展的需要；既要满足人们的物质生活需要，又要使人们生活的环境不断得到改善。

4. 以人为本的综合发展观

从20世纪80年代开始，人们反思发展问题的视角从“物”转向“人”，转向人的需求满足和人的发展。1983年，法国经济学家佩鲁在其《新发展观》一书中把人与人、人与环境、人与组织作为主题，强调发展应以人的价值、人的需要和人的潜力的发挥为中心，满足人的基本需求，促进生活质量提高和组织成员的全面发展。按照这种发展观，检验发展的最终标准不是物的指标，而是人的发展程度。联合国开发计划署从1990年起，每年发表一份不同主题的《人类发展报告》。《1994年人类发展报告》对以人为本的综合发展观作了比较明确的表述：“人类带着潜在的能力来到这个世界。发展的目的就在于创造出一种环境，在这一环境中，所有的人都能施展他们的能力，不仅为这一代，而且能为下一代提供发展机会。”根据这一发展观，联合国确立一种新的度量发展标准——人类发展指数（HDI），包括三个基本的要素：寿命、知识和生活水平。人类发展指数是经济增长、社会进步和环境状况的综合反映。它不仅是对国民生产总值指标的改进，而且也是对国民生产总值指标的有益补充，得到国际社会的认同和接受。现在，越来越多的国家和人们对联合国开发计划署每年发表的《人类发展报告》给予了极大关注。以人为本的综合发展观是人类对现代化实践在认识上不断深化的结果，代表当今世界关于发展问题认识的新水平。

5. 新发展理念

中国经济增长面临“三大转变”，增长因素从资源型向知识型转变，增长速度由高速向中高速转变，增长模式由粗放型向集约型转变。“创新、协调、绿色、开放和共享”成为“新常态”下发展的五大重要理念。

(1)“创新”是引领发展的第一动力。把创新摆在国家发展全局的核心位置，不断推进理论创新、制度创新、科技创新、文化创新等各方面创新，让创新贯穿党和国家一切工作，让创新在全社会蔚然成风。

(2)“协调”是持续健康发展的内在要求。牢牢把握中国特色社会主义事业总体布局，正确处理发展中的重大关系，重点促进城乡区域协调发展，促进经济社会协调发展，促进新型工业化、信息化、城镇化、农业现代化同步发展，在增强国家硬实力的同时注重提升国家软实力，不断增强发展整体性。

(3)“绿色”是永续发展的必要条件和人民对美好生活追求的重要体现。必须坚持节约资源和保护环境的基本国策，坚持可持续发展，坚定走生产发展、生活富裕、生态良好的文明发展道路，加快建设资源节约型、环境友好型社会，形成人与自然和谐发展的现代化建设新格局，推进美丽中国建设，为全球生态安全作出新贡献。

(4)“开放”是国家繁荣发展的必由之路。必须顺应中国经济深度融入世界经济的趋势，奉行互利共赢的开放战略，坚持内外需协调、进出口平衡、引进来和走出去并重、引资和引技引智并举，发展更高层次的开放型经济，积极参与全球经济治理和公共产品供给，提高中国在全球经济治理中的制度性话语权，构建广泛的利益共同体。

(5)“共享”是中国特色社会主义的本质要求。必须坚持发展为了人民、发展依靠人民、发展成果由人民共享，作出更有效的制度安排，使全体人民在共建共享发展中有更多获得感，增强发展动力，增进人民团结，朝着共同富裕方向稳步前进。坚持创新发展、协调发展、绿色发展、开放发展、共享发展，是关系中国发展全局的一场深刻变革。

(二) 发展模式的类型

1. 传统发展观指导下的发展规划模式

在早期的传统发展观指导下，传统发展战略与规划模式盛行于 20 世纪五六十年代的发展中国家。其特点是：(1) 在战略指导思想和目标上，以经济上赶超发达国家为宗旨，以经济增长为中心，把国民生产总值的快速增长作为衡量经济发展的主要、甚至是唯一指标；(2) 在战略重点选择上，以工业化为突破口，通过优先发展重工业和其他工业部门，带动经济起飞；(3) 在战略对策上，通过政府的发展计划和贸易保护等手段，推进资本积累，保护民族工业，从而为工业化创造基本条件。

2. 综合发展观下的发展规划模式

20 世纪 70 年代以后，很多国家实行经济社会协调发展规划战略模式。与传统发展观指导下的规划战略模式相比，主要特点有：①战略方针上，认识到经济发展与社会发展、人的全面发展相互协调的重要性；认识到体制与社会结构变革对发展的促进作用，而不是把发展的希望仅仅寄托在大规模的资本积累上。②战略目标选择上，经济与社会的协调发展放在重要位置，并注重优先满足公众的基本需求，把解决贫困、就业、收入分配、教育等问题纳入发展的视野。③战略重点上，突出农业的基础地位，把科技、教育与人力资源开发作为推动发展的主导力量。④战略对策上，注重处理好政府与市场的关系，充分发挥市场机制的作用，通过经济自由化增强经济的活力与效率；注重处理好国内与国际经济的联系，扩大对外开放。

3. 可持续发展理论引导下的发展规划模式

(1) PRED 协调发展模式。PRED 协调发展模式中的 P、R、E、D 分别是英文单词 People、Resource、Environment 和 Development 的第一个字母，分别指人口、资源、环境和发展。还有人认为应该是 PREED，增加经济系统。该模式的核心观点是，环境容量和资源的数量是有限的，人口的增加和发展必须与环境的承载力相适应、相协调，人口与经济的发展必须与可提供的自然资源量相适应、相协调。人口、资源、环境和经济发展之间是相互依存、相互依赖的，一方的不协调就会使整个系统的发展受到障碍，就会对整个系统的可持续发展造成影响。PRED 协调发展要求经济社会同资源、人口、环境之间保持和谐、高效、有序的关系，协调发展的实质就是弱化、消除人类对自然环境的消极影响，并能取得社会经济的进步。

(2) 循环经济发展模式。循环经济是符合可持续发展战略的一种全新的经济发展模式。传统的经济运行遵循“资源—生产—消费—废弃物排放”单向流动的方式，使得资源越来越少，污染却日益增长。循环经济的要旨是将经济活动组织成“资源—生产—消费—二次资源”的过程。其基本原则是：减少资源利用量及废物排放量（Reduce），大力实施物料的循环利用系统（Recycle），以及努力回收利用废弃物（Reuse），这就是著名的“三R原则”。其实施结果必然是资源利用率大大提高，对环境影响显著减少。循环经济的实施具有高度的综合性，它必须涵盖工业、农业和消费等各类社会活动。循环经济除了改变生产模式外，还要求改变人们的消费模式，提倡节约、反对浪费，实施减少物质化的消费新模式。循环经济提倡经济发展与环境资源保护的协调，人与自然的和谐，提倡将废弃物变成资源，促进经济发展与环境保护实现共赢。

（三）新发展理念指导的发展模式

1. 强调效率与公平并重

(1) 绝对公平体制下赶超发展理念。新中国成立之初中国建立的社会主义计划经济体制，把追求公平，消灭剥削，人人平等作为社会经济发展的基本理念。经过三年的社会主义改造，城市是以全民所有制为基础的生产经营方式，农村是以公社制为特征的公有制模式。该体制下，拒绝私人财产所有权，追求绝对公平。然而，由于社会经济发展水平和生产力极其落后，人民群众的生活水平很低，与西方发达国家相比，无论在生产领域、还是在科技教育领域都存在很大的差距。为追赶发达国家，就不得不追求发展的速度，加速推进工业化进程，甚至提出在某些生产领域要“超英赶美”。当时的中国迫切需要建立完善的工业体系，壮大工业生产能力。通过计划体制制定出资源向生产资料部门倾斜的政策，推动工业化，赶超发达国家的发展战略。由于工业基础薄弱，积累有限，不得不通过计划的剪刀差和统购统销体系由农村农业向城市工业转移资源和资本积累。虽然该模式在一定程度上促进了中国工业的发展以及工业体系的完善，但僵硬的计划体制与追求效率的经济规律相违背，追求绝对公平“一大二公”的所有制结构与发挥群众的能动性和创造精神相违背。绝对公平体制下的赶超战略本身是矛盾，该模式在20世纪70年代末随着改革开放而结束。

(2) 效率优先的以经济为中心的发展理念。为了改变国家一穷二白的面貌，在20世纪70年代末，中国实行改革开放政策，对原有追求绝对公平的计划经济体制进行改革，对外实行经济开放和经济交往。鉴于计划经济时期，生产效率低下，政府对经济管得过死、统得过多的状况，改革把提高效率放在了第一位。让一部分地区和一部分人先富起来，成为这一时期的响亮口号。改革首先在农村推行，实行家庭联产承包责任制。随着农村改革的成功，改革的重点又转向城市，搞好企业，下放权力，进行了以效率为先的改革，并鼓励城市个体和私营经济的发展，最后在20世纪90年代又对国有企业进行了全面的改革。在开放方面，首先在沿海划定了四个经济特区，接着又对外开放了14个沿海城市，最后把开放的范围拓展到全国范围。在国家整个发展战略上提出三步走的战略目标。经过改革开放，中国社会经济的效率得到极大提升，21世纪初经济增长率平均达到了9%以上，整体效率极大提高。在这种追求效率第一的理念下，公平被放在了次要的位置，出现“效率优先、兼顾公平”现象。该阶段，中国的发展取得举世瞩目的成绩，同时，也遗留很多问题。首先，政策向产出效率最高的沿海倾斜，向城市倾斜，导致地区发展差距拉大，城乡发展差距拉大，人民群众收入水平的差距拉大，不公平问题凸现出来；其次，追求效率，忽视经济增长方式的转变，对环境的破坏加重，对资源的消耗加重，可持续发展问题受到挑战；第三，追求经济效率而忽视了社会发展，经济发展和社会发展出现不平衡，教育、医疗、社会保障体系不完善。

(3) 效率与公平并重的新发展理念。针对过去发展遗留和积累的问题，新发展理念强调协调发展，注重和谐和公平性，同时，并不否定发展的效率，在肯定效率的同时注重发展质量。在经济领域，追求稳定、快速的经济增长速度的同时，注重经济增长方式由过去的粗放型向集约型转变；社会领域，强调公平，建立面向群众的社会保障制度，加大对欠发达地区的投入，注重保护弱势群体的权益；资源环境领域，强调可持续发展，推广节能降耗技术和循环经济发展方式，强调保护生态环境，大力推行退耕还林还草工程和植树造林工程；城乡发展，提出城乡协调发展理念，统筹城乡发展，建设新农村，以求城乡的均衡发展。新发展理念的理论核心，围绕人与自然及人与人之间的和谐的基础主线：其一，把握人与自然之间关系的平衡，寻求人与自然的和谐发展及其关系的合理性存在。同时，把人的发展同资源的消耗、环境的退化、生态的胁迫等联系在一起。其实质体现人与自然之间关系的和谐与协同进化。其二，实现人与人之间关系的协调。通过舆论引导、伦理规范、道德感召等人类意识的觉醒，及其法制约束、社会秩序、文化导向等人类活动的有效组织，逐步达到人与人之间关系（包括代际之间关系）的调适与公正。

2. 强调全面、协调、可持续发展

"以人为本"是新发展理念的本质和核心，在这一核心本质指导下的规划发展模式是一种全面、协调、可持续的发展模式。其实质着眼于社会经济各个方面的发展，各系统之间的协调发展。具体来看，全面发展，着眼于经济、社会、政治、文化、生态等各方面的发展，包括经济和社会发展，强调科技、教育、文化、卫生、体育等各项社会事业的发展，还包括就业、社会保障、社会公正、社会秩序、社会管理、社会和谐以及社会结构、社会领域内的体制机制完善等，是物质文明建设、政治文明建设和精神文明建设的有机统一。协调发展，是指社会系统内部各个子系统（如经济、政治和文化，东、中、西部之间等）以及社会系统与自然、人等其他系统之间，发展的速度、比例、顺序等，均需要合理安排，有所侧重和统筹。可持续发展，是在开发利用自然中实现人与自然的和谐相处，既满足当代人的基本需求，又考虑未来发展的需要，为子孙后代着想，达到全面、协调、可持续发展的目标，在宏观经济管理、推进社会事业发展、制定国民经济和社会发展规划时，必须处理好以下几类关系。

（1）正确认识和处理当前和长远发展的关系。把当前和长远利益结合起来，兼顾当前和未来发展的需要；同时遵循经济规律和自然规律；讲究经济社会效益和生态环境效益。解决当前经济社会发展中亟待解决的突出矛盾和问题，着眼未来发展，防止急功近利的短期行为。从人民群众的根本利益出发，着眼于满足人民群众的需要和促进人的全面发展，实现现阶段的发展目标和促进可持续发展，为人民群众创造良好的生产生活条件，保证有利于中华民族的长远发展。

（2）正确认识和处理局部利益和全局利益的关系。全国经济社会发展是一个整体，从根本上说，全局利益和局部利益是一致的。局部要服从全局，全局要照顾局部，兼顾局部和全局利益，实现局部利益和全局利益的良性互动。坚持全国一盘棋，充分发挥中央和地方的积极性。中央在作出重大部署、制定方针政策时，既要考虑全局利益和长远利益，又要照顾不同地区、部门的特点和利益，区别对待。地方充分发挥各自的积极性、主动性、创造性，因地制宜地做好工作，维护中央的统一领导，维护中央权威，自觉维护国家的整体利益。

（3）正确认识和处理发展的平衡和不平衡的关系。中国地域广阔，人口众多，不同地域的发展起点、资源条件和自然环境以及资金、人力、知识等方面的差异，发展不平衡是必然的。采取一刀切、一个模式是不可能的。要坚持既突出重点，又兼顾全面；巩固已有的基础和优势的同时，加强薄弱环节；在调动各方面发展的积极性，抓住机遇加快发展的同时，注重持续稳定发展，努力实现发展的均衡性。

（4）正确认识和处理政府和市场的关系。既要充分发挥市场在资源配置中的基础性作用，以增强经济的活力和效率；同时又要充分发挥政府宏观管理和调控的作用，注重克服市场的缺陷和不足，解决市场不能解决的问题。特别是在工业化、城镇化、市场化、国际化进程加快和改革攻坚的过程中，要注重发挥政府在促进就业、调节分配、完善社会保障、实现社会公平、协调城乡和区域发展、保护生态环境、保持经济平稳运行中的作用，努力实现又快又好发展。

（四）规划咨询理念创新

1. 坚持以人为本，创新规划发展使命

规划的使命在于促进发展，特别是要促进人的发展。因此，必须从以人为本的角度出发，全面关注规划、投资建设所涉及人群的生活、生产、教育、发展等方面，关注他们的诉求，体现他们的价值，促进他们的发展。

2. 转变增长方式，创新规划发展模式

规划咨询中，必须从规划主体发展模式的选择上进行全面的创新，提高投资效益、规避投资风险，贯彻国家相关产业政策和发展规划，注重对市场的深

入分析，技术方法和技术方案的先进适用性评价和产业、产品结构优化，提高自主创新能力，推动增长方式的根本转变。

3. 促进全面进步，创新规划发展目标

规划不能就项目论项目、就产业论产业，不能就经济论经济、就增长论增长，不能从规划所局限的个别领域来规划发展目标，而必须从全面发展的角度和要求出发，深入分析规划及投资建设对促进社会经济人文和环境全面进步所产生的影响。

4. 统筹协调发展，创新规划布局思维

规划的发展和布局思维不应局限于规划主体自身的发展利益诉求，要从不同领域的相互作用，尤其要从自然环境、周围区域的相互影响进行分析。从协调发展角度，综合评价规划和投资建设对城乡、区域、人与自然和谐发展等方面的影响，统筹兼顾、协调发展。

5. 促进可持续发展，创新规划发展思路

规划发展思路和思维焦点不应局限于现期增长最大化和规划主体利益最大化，要着眼长远和可持续发展来考虑，不以浪费资源和牺牲环境的代价来实现单纯经济的发展，不能以现在的发展来牺牲未来发展的可能。必须从可持续的角度出发，统筹考虑投资建设中资源、能源的节约与综合利用以及生态环境承载力等因素，促进循环经济的发展，促进可持续发展能力的建设。

第二节 规划咨询业务开展及质量控制

一、规划咨询业务开展

（一）规划咨询阶段和内容

1. 规划文本研究编制

（1）规划前期准备。主要工作：①成立规划编制机构。规划编制机构主要包括领导小组、领导小组办公室、专家咨询组、综合研究组和专题研究组；②开展前期调研，走访有关省（自治区、直辖市）、市、县相关部门，摸清大致情况和规划区内主要利益方的需求和关切点，为制定规划总体方案做前期准备；③起草规划研究总体方案，初步确立研究专题，报领导小组审定；④落实规划经费；⑤成立专题研究小组，落实专题研究单位和组成人员；⑥课题经费下拨，正式启动课题研究工作；⑦对参加专题研究的人员和地方政府规划工作的人员进行集中培训。

（2）实地调研阶段要点。主要工作：①由领导小组办公室牵头，组织专题组人员共同参与实地调研，了解区域基本情况；②资料汇总与内部交流，就有关问题达成共识；③开展面向社会团体（行业协会等）的公众征询，深入了解当地情况。

（3）研究分析阶段要点。主要工作：①区域发展特点与演变历程研究，对区域经济社会发展水平、发展阶段、综合实力做出总体判断；②区域发展优势与限制因素研究；③区域发展的宏观背景与国际国内形势研判；④制定区域发展战略与目标，明确区域分工地位及作用；⑤提出具体措施与建议以及近期规划建设的重点。

（4）规划编制阶段要点。主要工作：①总体目标及各分目标的长期与短期发展预测；②方案的可行性分析、总规划与各专项规划的纵向协调以及各专项规划的横向协调；③多方案比较与优选。

2. 规划报告评估和审定

主要工作：①形成总报告和各类分报告，请政府部门、科研机构、市民参与规划咨询、评议，对规划内容进行必要的调整与修改；②打印定稿，组织规划鉴定评审委员会评审；③规划的最终文本、图件等报相应的省、市人民代表大会审议通过，成为贯彻执行的法律文件；对于跨省区的区域规划成果，最终应提交国务院审批；④规划实施。

3. 跟踪、监测与实施评价阶段

主要工作：①对规划实施结果的评价主要是对已付诸实施的规划，在实施了一段时间后所形成的结果与原规划编制成果中的内容是否得到真正实施所进行的评价；②建立区域规划动态监测与预警系统；③确立相应的评价指标体系或标准对规划方案进行动态监测检查；④评价与反馈，对规划方案与内容做出必要的调整、补充或修改；⑤规划期末进行最终评议，编制与执行机构进行总结并提出下一阶段的规划建议。

（二）规划咨询报告编制

1. 规划报告

（1）规划报告的基本内容。规划报告是规划成果的表现形式。规划报告的表现形式多种多样，一般包括规划文本、规划说明书、附件（图集、基础数据、编制依据等）。规划报告主要包括以下内容：①规划编制说明：包括规划任务、工作设置、人员组织、进度控制等规划编制工作方案；②规划背景：介绍规划的基础情况，分析编制规划的原因；③规划目标：总体介绍规划对象在规划期内所要实现的目标和要完成的主要任务，包括总体目标和具体目标、阶段目标和最终目标、约束性目标和指导性目标等；④规划指导思想与编制原则；⑤规划内容：包括规划重点、配套工程与建设项目、资源配置与资金的投入产出、规划的实施步骤等；⑥规划实施的保障措施与有关建议。

（2）规划目标的制定。规划目标是在现状分析以及发展预测的基础上，再根据现实的需要而做出的。目标分为战略性总体目标、主要目标以及阶段性目标。目标确定的主要依据包括三个方面，一是现状特点，根据现状分析对目前的状况有全面而完整的认识；二是发展预测，对未来发展的环境和发展趋势做出科学的判断；三是各方面的要求。一般来讲，行业和专项规划要服从于国民经济和社会发展的总体目标，要服从于总体目标的要求以及特殊发展时期的特殊战略要求，要与其他各类综合性规划和其他形式的规划进行协调和平衡。规划目标应该充分体现经济效益、社会效益和环境效益的统一，具体指标选择应该从经济、社会和环境三个方面着眼，建立目标的指标体系。指标体系包括三个方面：一是速度，在规划期内各类指标的增长变化速度，其中包括价格变化；二是规模，各类指标的规模变化状况，除了包括投资、产值等经济规模以外，还应该包括就业以及污染排放物的控制规模等；三是结构，包括多个方面，具体根据行业的性质来选取，主要有技术结构、产品结构、市场结构、地区结构，进出口结构等。指标的选取主要包括以上三个方面，但依据行业以及专项内容的不同，具体选择应该有所差异和取舍。由于在市场经济条件下，市场对资源配置和生产活动的进行具有基础性的调节作用，而对市场变化的预测不可能完全正确。因此设定的指标应该是可变化的，可以随时调整，数量指标不是固定数值等确定性指标，应该是区间性、范围性指标。

（3）规划内容。

第一，规划重点与配套工程是实现规划目标的关键部分和主要支撑。不同的专题项目和行业，规划的重点不同；即使同一行业、同一专题，在不同的发展阶段，规划重点也是不同的。规划重点的确定主要根据行业或专项规划的目标以及目前存在的薄弱环节，可能是为打破行业垄断而进行的体制或管理改革，或关键技术的创新和突破，也可能是结构调整、重大的工程项目建设，或建立群众生活保障体系等。建立支撑规划重点的项目库和工程库。规划重点一般涉及某个领域，一般由一系列的工程和项目组成，各具体工程和项目彼此衔接，互相依托组成项目库和工程体系。规划重点建设的具体内容，最终是以项目建设来体现的，规划的重点要由具体的项目和工程支撑，需要建立各项目与工程的项目库和工程库。规划重点的实施必须与项目建设和配套工程建设的管理相结合。为落实具体的规划内容，项目建设的管理也应该与规划计划的内容、与分系统的建设内容相衔接，要按照规划计划和分系统建设的主要内容跟踪管理项目建设，以保证规划计划的思想在项目建设中得到充分的体现。根据项目库内容，将项目库和工程库分成若干分系统，对建设项目和相关工程进行综合考虑、平衡，详细制定各项目和工程的建设期限和进度，并处理好项目和工程之间的衔接；项目和工程的时间安排要和年度计划相结合，尤其要与年度投资计划结合。按照项目建设的步骤、时间进度，对工程和项目进行详细的预算，确保资金到位。通过规划重点的项目和工程安排，达到时间和资金的最佳利用效果。

第二，资金投入与财政预算，根据目标和规划重点以及相关的配套项目和配套工程计算所需资金的投入规模，建立资金预算表。从技术、人才、资源、设备等所需的投入进行核算。建立投入产出平衡表，计算前一阶段产出对后一阶段建设的资金支持。理清资金的来源，包括中央和地方财政投入、企业资金投入、银行贷款等各个方面进行资金的预算，保证资金到位。

第三，根据规划的期限和规划实施的难易程度，以及分阶段目标，提出实施的步骤。

2. 规划咨询评估

（1）评估报告的主要内容。

第一，概述部分，应阐述评估任务的由来及委托方的主要要求，规划编制的主要目的，评估的主要依据、重点评估内容及主要结论建议。

第二，基础条件及发展状况部分，应结合调研情况，阐述规划主体的发展现状及主要特征，分析其优势条件及未来发展的主要制约因素。包括规划主体的基本情况、主要特征、所处地位、发展背景、区位特点、资源条件、基础设施、建设环境、生态环境、城市化水平、比较优势、制约因素等。

第三，发展思路和规划目标部分，应按照规划视野宏观性、规划思维战略性、规划目标恰当性等要求，结合基础条件及发展状况的分析评价，提出规划主体发展的指导思想、发展思路、功能定位和规划目标（体系）的评价意见及调整建议。规划目标应符合实际，具有现实性、延续性和指导性特征，并对总体目标、分层目标、分阶段目标的适宜性进行分析评价，提出目标调整优化建议。

第四，规划方案，应按照规划目标恰当性、规划体系衔接性、规划方案可行性等要求，对实现规划主体发展目标的投资建设规划总体方案和重点项目投资建设规划方案进行分析评价。

第五，规划实施保障措施部分，应按照规划方案的可行性、规划实施的可靠性等要求，在对规划方案实施可能存在的风险因素进行分析评价的基础上，从政策制定、体制改革、加强管理、机制与制度创新、技术创新、资金筹措、人力资源保障、环境保护等不同角度，提出规避实施风险的措施建议。对策措施的选择应切合实际、协调配套、重点突出、手段明确、具有可操作性。

第六，主要结论和建议部分，应提出经济社会发展规划评估的主要结论意见，针对规划方案存在的重大问题和不足提出调整和进一步完善的建议。

（2）规划方案评估重点。

第一，从以人为本，全面、协调、可持续发展的角度，分析投资建设规划方案的实施对区域经济、产业经济和社会发展、资源利用、环境保护、公共利益等方面的影响，提出协调社会经济发展和保护生态环境等方面的措施建议。

第二，对投资建设规划方案与规划目标的协调性、与各类相关规划、产业政策及当地或该领域产业结构调整方向的衔接性提出评估意见。

第三，对于发展规划和区域规划，应从区域发展一体化、打破行政界限、发挥比较优势、促进区域社会经济协调发展的角度，对规划期内投资规模、空间布局、进度计划等提出评价意见和调整建议。

第四，对于专项规划，根据规划主体目标定位，对规划期内投资规模、投资结构、进度计划等提出评价意见和调整建议。

第五，对规划提出的重点项目安排、项目建设内容、市场前景、投资效益、资金保障、建设条件等提出评估意见和调整建议。

第六，若评估意见与原规划报告所提出的投资建设规划内容存在重大差异，应阐述调整的内容、原因，以及方案调整的影响效果。

二、规划咨询业务质量控制

（一）规划质量控制的要求

1. 明确规划编制的基本遵循

《中共中央国务院关于统一规划体系更好发挥国家发展规划战略导向作用的意见》指出，规划编制要以习近平新时代中国特色社会主义思想为指导，紧紧围绕建设社会主义现代化强国宏伟目标，坚持以人民为中心的发展思想，把新发展理念贯穿经济社会发展各领域全过程，按照高质量发展要求，紧紧围绕统筹推进“五位一体”总体布局和协调推进“四个全面”战略布局，使规划更好体现时代特色、更好贯彻国家发展战略要求。同时，规划要坚持目标导向和问题导向相统一，坚持立足国内和全球视野相统筹，坚持全面规划和突出重点相协调，坚持战略性和操作性相结合。注重虚实结合、实用管用，在强调战略导向作用的同时，突出约束力、可操作，使规划可检查、易评估。

2. 深化重大问题研究论证

拓展规划前期研究的广度和深度，深入研究国民经济和社会发展全局性、前瞻性、关键性、深层次重大问题，科学研判发展趋势和阶段性特征，准确把握突出短板和发展方向，研究提出基本思路和解决方案。加强规划内容多角度论证和多方案比选，充分考虑要素支撑条件、资源环境约束和重大风险防范等，科学测算规划目标指标并做好平衡协调，深入论证重大工程、重大项目、重大政策实施的必要性、可行性和效果影响。

3. 创新规划编制方式方法

坚持开门编制规划，提高规划编制的透明度和社会参与度。健全公众参与机制，坚持问需于民、问计于民，广开言路，广泛听取人民群众意见建议。扩大规划征求意见范围，适时公布规划草案或征求意见稿，充分征求社会公众等各方面意见建议。综合运用大数据、云计算等现代信息技术，创新规划编制手段。充分发挥科研机构、智库等对规划编制的辅助支持作用。

4. 严格规划编制程序

建立健全规划起草、衔接、论证、审批、发布等制度。规范规划编制工作方案，重点明确编制依据、进度安排、衔接要求、论证方式和审批机关等。按规定程序做好规划征求意见和内容衔接等工作。健全专家咨询论证制度，邀请相关领域专家科学论证规划内容并出具论证报告。规范规划草案送审稿、起草说明、论证报告等审批要件，明确审批权限。规划经审批机关批准后，按程序发布实施。

（二）规划咨询业务质量控制

1. 精准定位规划需求

合理满足需求是规划咨询工作的出发点，也是规划咨询质量的评判标准。精准定位规划需求是高质量开展规划工作的基本前提。规划需求包括共性需求和个性需求两方面，其中，共性需求是有关法律法规和管理制度中对开展规划编制、评估等工作的相关规范和要求；个性需求是在共性需求基础上特定委托方委托开展规划咨询希望达到的差别化要求。相对于共性需求，个性需求往往是委托方对规划质量主观评价的核心。而且相对于比较明确的共性需求，在实践中委托方对规划的个性需求往往是一个随咨询工作的推进而变化渐进的过程。因此，准确把握、引导委托方个性需求成为规划咨询质量控制的起点。为此，需要在接受委托前对委托方进行详细的需求访谈，在对方陈述的基础上，咨询方业务开发人员应对需求内容进行梳理归纳，形成较为详细的文字记录，并由委托方确认。同时咨询机构应对满足要求的能力进行自我评估，如果能满足，可将前述文字记录作为规划咨询的依据；如果不能满足，则应明确告知对方，调整需求或另行委托。在项目执行过程中，如果委托方需求发生变化，原则上也应形成文字记录，其中需求变化较大影响项目后续工作的，应协商调整变更合同。

2. 高质量谋划工作方案

项目经理应制订周密详细的工作方案，作为协调内外部资源、指导咨询工作开展、沟通各方的工作依据。工作方案可在初步资料收集分析的基础上提出，内容应包括：项目背景、咨询范围及内容（客户咨询需求）、指导思想和工作原则、工作方法、时间进度安排、咨询团队、责任分工与协调机制、过程报告和成果形式和委托方配合。项目经理提出规划研究课题方案后，应充分征求课题组成员及委托方意见，并报部门批准。项目经理应确保所有参与项目的人员知悉工作方案的主要内容，在执行过程中，对工作方案的调整必须履行必要程序并确保告知工作团队所有成员及委托方联系人和主要负责人。

3. 做好过程沟通

无论从委托方还是咨询方的角度，对规划的认识是一个不断深化的过程。因此做好咨询过程中的动态沟通是确保咨询质量的重要举措。项目团队，特别是项目经理应积极创造机会，加强与委托方主要负责人的反复沟通，除业务接洽、规划调研外，在重点问题研讨和主要观点形成环节，也应确保委托方充分参与，以确保咨询工作各方保持共识，咨询工作遵循正确的轨道。

调研过程中的沟通，委托方核心人员一般深度参与调研，随调研的深入他们对规划问题的认识也会有所深化。在此过程中，项目团队，特别是项目经理应与委托方参与调研人员保持深度沟通，及时了解对方最新要求，并就调研中的重要发现和形成的概念性认识等与其进行探讨，确保双方对后续工作形成共识。

在重点问题研讨和主要观点形成阶段的沟通方面，在调研完成后的研讨会议等环节，委托方的参与意义尤其重大，除了集各方智慧外，委托方在这个环节的参与有助于其对规划成果形成合理预期，并且提高委托方主要参与人员对规划成果的认同感，借助他们做好进一步的资料收集和规划最终提交前的铺垫工作。

4. 完善成果评审机制

对规划咨询成果的评审应从形式和内容两方面把关。形式方面，重点关注规划咨询成果，包括成果文本主件、附图、附表、附件等，是否严格依据行业规范、咨询机构有关标准和项目委托要求。如委托方对成果形式有特殊要求的，应以合同和补充协议等进行界定。内容方面，应从咨询方法的适当性和严谨性，所依据数据资料的可靠性和时效性，规划目标任务与相关规划的符合性，规划目标的合理性，规划举措的可操作性等角度进行全面评价，并对规划是否满足委托要求做出判断。应积极创造条件吸收委托方人员参与评审，以确保客户对规划的认同。

5. 探索开展后续跟踪

在规划咨询成果提交后，咨询机构应采取适当方式征求委托方对成果的评价情况，并对成果的采用情况进行跟踪，及时提供后续服务。探索实行委托方对于规划质量的评价机制，将委托方的评审验收意见纳入规划咨询工作的绩效评价体系；同时应建立规划执行情况走访机制，及时了解委托方的实际问题，寻找新的业务机会，并将执行过程中发现的问题及时总结到规划咨询机构的规划业务知识体系中。

（三）规划咨询业务的风险管理

1. 规划咨询主要风险

规划咨询工作的风险是指由于内、外部因素，导致无法实现规划咨询工作既定目标的可能性。其中，内部因素主要包括项目经理工作变动、工作团队重要人员变动、保密风险。外部风险因素主要包括规划环境的重大变化、委托方人员或需求的重大变化、规划咨询过程受到外界重大干扰和委托方付费风险。

2. 风险管理举措

为应对规划咨询过程中的各种风险，应建立规划咨询业务风险防控机制。主要内容包括：

（1）强化合同谈判与审查，在清晰界定双方权利义务的基础上细化具体要求，确保可衡量、可执行，并对外部可能的环境变化及相应对策做出合理安排，以强化对合同双方的法律保护。

（2）加强对规划环境的监控。在规划咨询全过程中，项目经理及其团队应对影响规划的重要外部环境进行动态监控，发现外部环境重大变化时，应及时与委托方联系，共同研究提出相应对策。

（3）做好内部人才配置。对于咨询机构内部人员的变化，应以保证委托方利益为前提，咨询团队中项目经理在项目执行过程中原则上不应变动，核心人员如确实需要调整，应确保规划咨询工作的执行，并做好工作交接。

（4）妥善应对外界干扰。项目经理对规划咨询过程中的外部干扰，应判断影响程度，对重大干扰应及时向咨询机构法务部门和委托方报告，依据双方合同和有关法律法规研究采取对策。必要时应提出解除合同。

（5）严格保密管理。对规划咨询过程中获得的委托方信息，应根据涉密情况严格分类管理；对咨询团队中涉及涉密信息的人员，应纳入保密管理相应流程；咨询工作过程结束后，应对保密情况进行总结并报告委托方。

（6）及时催收咨询款。在做好规划咨询成本管理的同时，加强付费的催收工作，对与委托方就收费相关的联络事项，应尽量以书面形式进行并做好相关记录，发现委托方违约的迹象应及时报告，必要时利用法律武器维护自身利益。

（四）规划咨询的能力建设

为高质量完成规划咨询工作，需要从规划咨询理论方法、工作机制、人才队伍、支撑体系四个方面加大规划咨询机构的规划咨询能力建设。

1. 强化理论、方法和应用模型研究

在理论方法方面，要在系统梳理传统规划咨询理论的同时，加大对规划咨询服务，例如重大规划中期评估、规划实施机制等的理论研究，完善知识体系。根据当前新形势，总结规划咨询的关键成功要素，共享咨询方法并形成体系。针对国家和地方政府优化生产力布局、调整产业结构、提高投资效益等需求，创新构建应用模型，提升规划研究的准确性、效率性。规范规划编制程序，加强规划内容多角度论证和多方案比选，健全专家咨询论证制度，提高规划文本质量，研究制定并完善各专业领域规划质量标准，提高产品专业化

水平。

2. 优化规划组织形式

加强针对规划编制全过程的学习培训工作，尤其是面向“高质量发展”“新旧动能转换”等新领域，提升员工研究实力与水平。进一步优化咨询机构管理模式，整合各专业力量，统筹自主研究与外部专家运用，与各领域专家和科研机构深入合作，共同开展跨行业、跨领域的大型规划研究咨询项目。

3. 打造规划咨询专业品牌

我国正处在经济转型时期，要改变经济增长方式，实现科学的、可持续发展的新路，迫切需要通过科学规划明确发展方向与重点。一方面要选择重点规划项目打造亮点，如“一带一路”、西部大开发、雄安新区建设、长三角一体化发展领域的规划，提升咨询机构在规划咨询领域的行业影响力；另一方面，开展对新兴产业领域的研究，前瞻布局关于人工智能、区块链等新兴领域发展规律的研究积累，形成“超前引领、体系完备”的规划咨询业务体系，成为体现国家软实力的重要载体。

4. 完善规划业务支撑体系

抓紧培养一批具有较强理论功底、较高业务水平和组织协调能力的高素质规划咨询项目负责人，同时稳步提高各类专业人才围绕规划任务开展模块化咨询研究工作的能力和水平。完善以委托方评价为主体的咨询服务质量的跟踪评价机制，加大创新业务的激励力度，强化员工服务意识、担当意识，对待委托方应做到及时跟踪、及时沟通、响应需求、积极反馈。完善咨询机构面向业务执行能力的信息化手段，围绕规划知识、规划数据、规划成果的高效利用，完善相关信息系统。

第三章

规划研究分析的方法及工具

随着规划理论与经验的不断积累，中国发展规划体系日益完善，对规划分析方法的科学性、实用性提出了更高要求。在实践中，规划咨询研究强调定性与定量方法相结合，特别强调要重视发展战略分析方法的应用，并对规划方案进行分析评价和科学决策。

第一节　规划分析方法及模型

一、规划分析主要方法

规划分析方法多种多样，有总量分析方法、结构分析方法、系统分析方法、比较分析方法、数学模拟方法等。规划涉及的领域宽泛，在一个规划研究的过程中，很可能各种分析方法都会用到，包括定量的和定性的、结构的和总量的、系统的和因素的、比较的和综合的等。在漫长的规划实践过程中，对不同方法进行综合，提出了很多专门针对规划的分析模式，这些分析模式成为规划最常用的模式或方法。概括起来主要有 SWOT 分析、PRED 系统分析、投入产出分析、产业竞争力分析、因素分析等。

（一）SWOT 分析

SWOT 分析是目前规划领域广泛使用的分析工具和分析模式。它是由美国哈佛大学商学院率先采用的一种经典分析方法。从某种程度上来看，发展规划是将规划主体，尤其是规划执行者的内部资源因素与外部环境因素共同作用而形成的机会与威胁进行合理地、有效地匹配。SWOT 分析就是根据执行者拥有的资源，分析内部的优势与劣势以及外部环境的机遇与威胁，进而选择适当的战略。SWOT 分析模式综合考虑了内部条件和外部环境各种因素，并做出系统分析评价。

（二）PRED 系统分析

该模式的理念认为宇宙间一切事物都是由彼此相关的多种要素组成的，各个子系统的发展必然会导致其他子系统发生相应的变化，各组成要素相互联系、相互影响，形成一个整体。因此，某个子系统的发展必须要与其他子系统进行协调，否则其自身也无法发展。PRED 系统分析模式中的 P、R、E、D 分别指人口、资源、环境和发展。该模式的核心观点是，环境容量和资源的数量是有限的，人口的增加和发展必须与环境的承载力相适应和相协调，人口与经济的发展必须与可提供的自然资源量相适应。人口、资源、环境和经济发展之间是相互依存、相互依赖的，一方的不协调就会影响整个系统的发展，就会对整个系统的可持续发展形成障碍。PRED 系统分析模式认为，首先，人口规模及增长率要维持在经济和资源环境的承受能力之内；其次，经济发展同人口增长、提高人们物质文化生活水平和就业需求应该相互协调。在一定的发展阶段，人们的消费水平要与经济发展水平相适应；再次，经济发展的需求与资源开发利用相协调，在解决发展问题的同时，自然资源应得以维持并优化，对可更新资源的利用应以不破坏其再生机制为前提；最后，人类活动对环境的改变应限定在可承受的范围内。PRED 系统分析模式为规划不同部分之间的优化分析提供了有效的工具，为保证整个规划目标的实现提供了保证。这种系统分析模式不仅可以应用在人口、资源、环境和发展等的规划分析方面，还可以扩展到其他应用领域，例如社会管理及可持续发展领域等。

（三）核心竞争力分析

该分析模式是由美国管理学者迈克尔·波特于 1980 年提出的，其本质是通过分析某一组织、地区或国家在全球或国家中的地位，来确定其规划战略目标及实施方案。波特在竞争模式的分析中明确指出了影响竞争的五种力量，分别是上游供应商的议价能力、新进入者的威胁、购买者的议价能力、替代品的威胁以及不同主体之间的竞争激烈程度。

基于这种分析，波特提出了三个通用战略，即成本优势战略、产品差异战略和集中化经营战略。后来波特又分析了价值链在区域竞争中的独特优势，提出了区域与国家核心竞争力分析的钻石理论。虽然波特的竞争力分析模式首先是针对企业提出的，但这种分析模式对其他类型的规划研究也具有极大的参考价值。首先，进行规划要先对规划主体和规划客体进行定位，明确其在整个环境中所处的地位，及具有的优势和劣势。其次，这种分析框架的价值体现在进行规划必须明确竞争对手，对于国家层面的规划要明确整个国家相关规划领域的发展在世界上的地位，以及主要竞争对手和竞争状态，对于地区发展而言，不仅要明确当地在世界经济发展价值链条中的地位，还要明确其在全国及区域产业等不同层面的地位，以及相应的竞争对手和竞争状态。

（四）Scenario 分析法

Scenario 分析法又称为情景分析和方案分析方法，作为协助决策的工具最早可溯及 20 世纪 40 年代，欧美一些核物理学家率先采用这种方法，通过计算机模拟多种情景、设计多项方案来解决非确定性问题，如有关概率等。方案分析（scenario analysis）的基本构成要素包括四个部分：目的的确定、系统结构和主要变化动力信息的获取、方案设计、方案启示与决策者的应用。

（五）Visioning Session 方法

这是一种公众参与规划的技术方法。在美国西南沃什特瑙（Southwest Washtenaw）政府议会完成的该区域区域规划方案的研究中曾应用该方法。这种方法要求社会居民设想和勾画出自己心目中的区域未来图景，在引导社会居民表达其自身的利益诉求和偏好的同时，也发挥了教育居民认识与了解规划的作用。

（六）目标-战略-路径分析法

这是一种在企业战略规划中广为应用的方法，在各类规划研究中得到广泛应用。这种方法认为规划方案的研究制定，必须首先分析和树立规划的目标，然后寻求达到这些目标的途径和手段，目标和途径之间必须相互协调和具有内在的逻辑一致性。

（七）环境因素分析

因素分析模式是把定性的分析与量化的计算结合起来确定规划指标的一种

方法。因素分析运用经济学等基本原理分析影响某项规划指标的因素及该指标与有关因素的影响程度，并依据定性分析建立该项指标与影响因素的数学关系式，进而计算诸因素对该项规划指标的影响程度，由此推算出最终的规划指标。因素分析法依据分析指标与其影响因素的关系，定量确定各因素对分析指标的影响方向和影响程度。因素分析法既可以全面分析各因素对某一经济指标的影响，又可以单独分析某个因素对经济指标的影响。运用因素分析法的一般程序：首先，确定需要分析的指标；其次，确定影响该指标的各因素及与该指标的关系；第三，计算确定各个因素影响程度的数额。

环境因素分析最著名的模式是 PEST 宏观环境分析模式，该模式把政治因素、经济因素、社会文化因素以及科技因素包括在内进行综合分析。根据该模式还扩展出包括自然环境等在内的 PESTEN 分析等扩展模式。

二、发展规划分析数学模型

发展规划分析数学模型就是将所要研究的经济发展和布局问题用抽象的、简洁的数学语言表达出来，并进行理论分析与预测的方法。发展规划分析数学模型主要有经济基础模型、投入产出模型和线性规划模型等。

（一）经济基础模型

经济基础模型是最简单、最概括的分析区域经济增长与结构变化抽象框架的理论，其基本内容是：任何区域的经济活动都可根据产品销售市场分为基础部门和非基础部门。前者的产品或劳务主要是面向区外市场的，也称输出部门；后者是面向区内市场的生产与服务活动，也称服务部门。基础产业影响并决定着地区的总体发展，而非基础产业只是总体发展的条件与结果。两者间存在着一种稳定的关系。

经济基础模型是根据经济基础理论建立的一种简单的区域经济分析与预测模型。其依据是基础部门的发展能带动区域经济的全盘发展，这两者之间存在着一种线性关系。用数学模型表示为

$$y = kx \tag{3-1}$$

式中：y 为区域总值；x 为基础部门产值；k 为经济乘数。计算 k 值有 $k=\frac{1}{1-c}$ 等方法，其中 c 为区内本地产品的消费倾向。

利用式（3-1）可以预测产业变化对区域经济产生的乘数影响。经济基础模型的优点是：结构简单，所需数据较少，建模所需的时间较短、费用省，分析和理解起来较容易。但在实际应用过程中，此模型也存在某些不易解决的概念问题与技术问题，例如如何区别基础部门与非基础部门、本地产品的消费倾向的变化度量、如何选定适当的衡量当地经济发展水平的标准等。经济基础模型在短期（5 年左右）分析与预测区域经济效果较好，在建模过程中，通常用就业量作为衡量区域发展水平的度量单位，其优点是统计资料容易获取，便于比较各行业，并且就业规划也是区域经济研究的一个重要组成部分。但是由于就业量反映不了劳动力实际创造价值的能力，因此可能存在不能反映由技术进步所引起的区域经济发展的问题。

（二）投入产出分析模型

投入产出分析方法是由美国经济学家瓦西里·列昂惕夫（Wassily Leontief）于 20 世纪 30 年代研究并创立的。投入产出分析（input-output analysis）是研究经济系统各个部门间表现为投入与产出的相互依存关系的经济数量分析方法。该方法从一般均衡理论中吸收了相关经济活动的依存性的观点，并用代数联立方程体系来描述这种相互依存关系。它从宏观经济的角度出发，把国民经济划分成不同但又互有联系的若干产品群或产品部门，通过编制投入产出表及其数学模型来模拟社会再生产过程和国民经济结构，并以此综合分析各部门之间的生产技术联系，进行经济分析和预测，是经济综合分析的有力工具。

投入产出模型，一是包含了根据投入产出表中反映的经济内容或平衡关系利用线性代数方法建立的方程组，二是包含了根据投入产出表所计算出的一系列投入产出系数。其特点是：在考察部门间错综复杂的投入产出关系时，能够发现局部的任何最初变化对经济体系各个部分的影响。目前，投入产出分析已经拓展到各个方面的经济研究领域，在以下几方面其作用尤为巨大：①为编制经济计划，特别是为编制中、长期计划提供依据；②分析产业经济结构，进行经济预测；③研究经济政策对经济生活的影响；④研究某些领域的社会问题，如污染、人口、就业以及收入分配等问题。

(1) 投入产出一般模型为

$$\sum_{j=1}^{n} a_{ij} X_j + Y_i = X_i, i=1,2,\cdots,n \tag{3-2}$$

转换为行列表达式为 $\boldsymbol{X}=[\boldsymbol{I}-\boldsymbol{A}]^{-1}\boldsymbol{Y}$

式中：$\boldsymbol{X}$ 为总产值列向量；$\boldsymbol{I}$ 为单位矩阵；$\boldsymbol{A}$ 为直接消耗系数矩阵；$\boldsymbol{Y}$ 为最终产品列向量。

(2) 常用的投入产出模型表达式为

$$a_{ij}=\frac{x_{ij}}{X_j}, r_{ij}=\begin{bmatrix} 1-a_{11} & -a_{12} & \cdots & -a_{1n} \\ -a_{21} & 1-a_{22} & \cdots & -a_{2n} \\ \vdots & \vdots & \ddots & \vdots \\ -a_{n1} & -a_{n2} & \cdots & 1-a_{nn} \end{bmatrix} \tag{3-3}$$

用行列式表示则为

$$\boldsymbol{R}=[\boldsymbol{I}-\boldsymbol{A}]^{-1} \tag{3-4}$$

假设，x_{ij} 为各产业部门所需原材料投入额，X_i 为 j 产业部门国内生产额，a_{ij} 为投入系数（也称直接消耗系数），指 j 产业部门单位总产出所直接消耗的来自 i 产业部门的投入额。$\boldsymbol{A}$ 为投入系数矩阵，r_{ij} 为列昂惕夫系数，也称完全消耗系数；$\boldsymbol{R}$ 为逆系数矩阵，是投入系数的逆矩阵，又称为列昂惕夫逆矩阵。其中的产业影响力系数和感应度系数都是来自投入产出表的重要系数。这仅是一个常用的简单的投入产出模型表达式，根据研究的需要，还会演化出许多投入产出模型。

(三) 线性规划模型

线性规划主要可解决两类问题：资源在空间上的最优分配和最优利用问题。线性规划模型由两部分构成，即目标函数与约束条件。一般线性规划模型可表示为目标函数：

$$\max(\min) z=\sum_{j=1}^{n} c_j x_j \tag{3-5}$$

约束条件：

$$\sum_{j=1}^{n} A_{ij}x_j \leqslant (=, \geqslant) B_i (i=1,2,\cdots,m)$$

$$x_j > 0 (j=i=1,2,\cdots,n)$$

以上两式中的目标函数和约束条件，共同组成了一个模型。其含义为：有 n 种经济活动，它们共同利用 m 种有限的资源B_i（$i=1$，2，…，m）；每单位 j 活动需占用或消费 i 资源的量为A_{ij}；每单位 j 活动的产出（或成本）为c_j；x_j表示经济活动水平，模型的求解变量为x_j。

线性规划模型体现了效益原则，在产业布局效益分析中有较为广泛的用途，可用于研究资源的最优利用与分配、工农业最优布局、交通运输最优布局、资源开发利用的最佳规模等。该模型有较多的优点，如模型具体形式有较大的灵活性、形式简单、易于理解、有通用的解法等。其局限性是不能研究非线性问题、多目标问题和动态问题等。

研究经济发展规划布局，除上述模型外，常用的还有经济计量模型、灰色线性规划模型、多目标规划模型、非线性规划模型、动态规划模型、整数规划模型、模糊规划模型和离散规划模型等。同样，这些模型各有其优势与不足，在经济发展规划研究中对这些模型往往要结合使用，实现优势互补。

三、规划分析的软件和工具

（一）数理统计分析软件和工具

在规划过程中，对线性规划模型、投入产出模型、规模目标的预测等定量分析需要采用各种分析软件和工具，包括 Excel、SPSS、Eviews、Matlab 等软件工具。每种不同的分析软件和工具，都有不同的应用领域和功能差异。以 SPSS 为例进行介绍。

1. SPSS 简介

SPSS（statistical product and service solutions），是规划分析“统计产品与服务解决方案”软件，是 IBM 公司推出的一系列用于统计学分析运算、数据挖掘、预测分析和决策支持任务的软件产品及相关服务的总称，有 Windows 和 MacOSX 等版本。

2. SPSS 功能及特点

SPSS是世界上最早采用图形菜单驱动界面的统计软件，它最突出的特点就是操作界面极为友好，输出结果美观漂亮，具有数据编辑功能、可视化功能、表格编辑功能、统计功能等。①数据编辑功能：对数据进行增删改等处理，根据使用者需要对数据进行拆分、加权、排序、聚合等处理。②可视化功能：SPSS有很强大的绘图功能，可以根据模型自动输出描述性分析的统计图，包括条形图、扇形图、饼图、柱状图、箱线图、直方图、P-P图、Q-Q图等。③表格编辑功能：使用SPSS能够绘制不同风格的表格，同时表格可以在查看器中编辑，也可以在专门的编辑窗口编辑。④统计功能：CDA数据分析师认为SPSS的统计功能是进行数据分析要重点掌握的模块，通过此功能可以完成绝大部分数理统计模型分析，其中包括回归分析、列联表分析、聚类分析、因子分析、相关分析、对应分析、时间序列分析、判别分析等。同时，SPSS具有以下特点：①易于学习，易于实用，操作简单；②兼容多种数据文件格式，具有强大的图表功能；③可以根据用户的需要，选择所需的模块；④内置SaxBasic语言。SPSS分析示意图如图3-1所示。

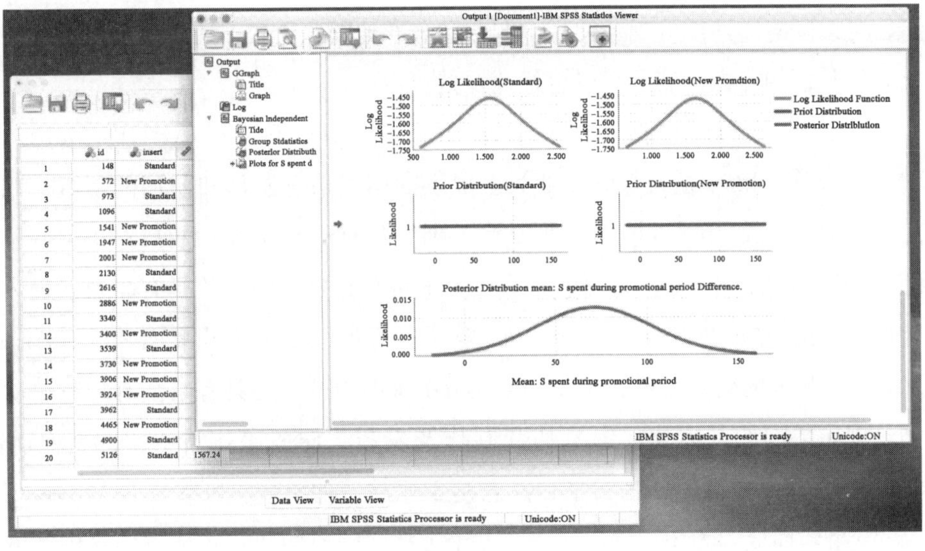

图 3-1　SPSS分析示意图

3. SPSS 应用领域

SPSS 在我国的社会科学、自然科学的各个领域发挥了巨大作用。该软件可应用于经济学、数学、统计学、物流管理、生物学、心理学、地理学、医疗卫生、体育、农业、林业、商业等各个领域。在城乡规划研究领域 SPSS 更多地在区域社会经济与城市竞争力排名等方面被较多地应用，但是随着城乡规划研究领域在多学科融合与新技术方法应用等方面的不断发展，对城市产业研究的要求不断提高，SPSS 在产业竞争力分析以及产业竞争力与城市空间发展的相互关系即产业的空间属性等方面的应用则相对较少。

（二）制图和空间分析工具和软件

在规划咨询过程中，特别是在城乡规划、区域规划、景观规划等规划咨询过程中，咨询工作者常用的制图和空间分析工具和软件有 AutoCAD、CorelDRAW、Photoshop、ArcGIS、湘源控规等。这里以 ArcGIS 为例，简单介绍软件的功能、特点、应用领域等。

1. ArcGIS 简介

ArcGIS 是集空间数据显示、编辑、查询检索、统计、报表生成、空间分析和高级制图等众多功能于一体的桌面应用地理信息系统平台。通过 ArcGIS 平台可以随时随地地发现、使用、制作和分享地图，让数据的潜能和价值通过高效的分析和可视化展示得以更好地发掘。

ArcGIS 的产品包括 ArcGIS Desktop、ArcGIS Pro 和 ArcGIS Online。①ArcGIS Desktop 是为 GIS 专业人士提供的用于信息制作和使用的工具，利用 ArcGIS Desktop 可以实现任何从简单到复杂的 GIS 任务。②ArcGIS Pro 是面向 GIS 专业人士，为新一代 Web GIS 平台全新打造的一款具有高效、强大生产力的桌面应用程序。ArcGIS Pro 除了良好地继承了传统桌面软件（ArcMap）的强大的数据管理、制图、空间分析等能力外，还具有其独有的特色功能，例如二三维一体化、矢量切片制作及发布、任务工作流等。③ArcGIS Online 是 Esri 建设的公有云平台。它基于亚马逊的 AWS 和微软的 Windows Azure 搭建而成，为用户提供了一个基于云的、完整的协作式地理信息内容管理与分享的工作平台。

无论是在单机环境还是在联机环境中使用 GIS，用户都可以使用 ArcGIS 的三个桌面应用程序 ArcCatalog，ArcMap 和 ArcToolbox 来完成工作。

2. ArcGIS 功能及特点

ArcMap 可以用来创建地图，并在地图上进行交互操作。在 ArcMap 中，可以浏览、编辑和分析地理数据（见图 3-2）。通过空间数据查询，用户可以发现地理要素间的相互关系。用户可以通过创建图表和编写报告来与其他人交流观点。用户可以在所见即所得的环境下对地图进行排版。使用 ArcMap，用户可以集成各种不同格式的数据来创建地图。这些数据格式包括 shape 文件、Coverages、Tables、计算机辅助制图（CAD）、Images、Grids 及不规则三角网（TINs）等。

ArcCatalog 可以用来查找、预览和管理地理数据，还可用来创建复杂的地理数据库。ArcCatalog 提供了一个组织大型、分散 GIS 数据的构架。ArcCatalog 能以不同的方式显示数据，这便于用户快速查找所需信息，无论这些数据在文件中，本地数据库中，还是在网络数据库中。用户可以在本机创建项目数据库，ArcCatalog 可用来组织文件夹和文件型数据。此外，用户还可以使用它来浏览和更新数据，保存数据集和整个项目。

3. ArcGIS 应用领域

ArcGIS 应用领域较为广泛，包括社会学、地理学、自然资源学、空间规划等相关领域，具体如下：

（1）环境/自然资源管理：例如植被、生物栖息地、水文、矿产、农业规划与预测。农业上，使用 GIS 分析产量、规划排灌、化肥和农药使用，进行精准农业生产。环境科学中，GIS 应用领域包括环境影响评价、废弃物管理、环境修复、植被制图、自然资源管理、环境政策评估、地下水与土壤水模拟和环境污染物追踪等。使用中、小比例尺地图，航空和卫星遥感图像和空间叠加技术，进行资源管理和环境影响分析。

（2）城市与区域管理：例如土地利用规划、环境影响、应急响应和犯罪分析等。采用大、中比例尺地图和空间分析，对街道网络等城市要素进行管理。

（3）基础设施管理：例如 AM/FM、城市地下管网（供气、供水、电力、

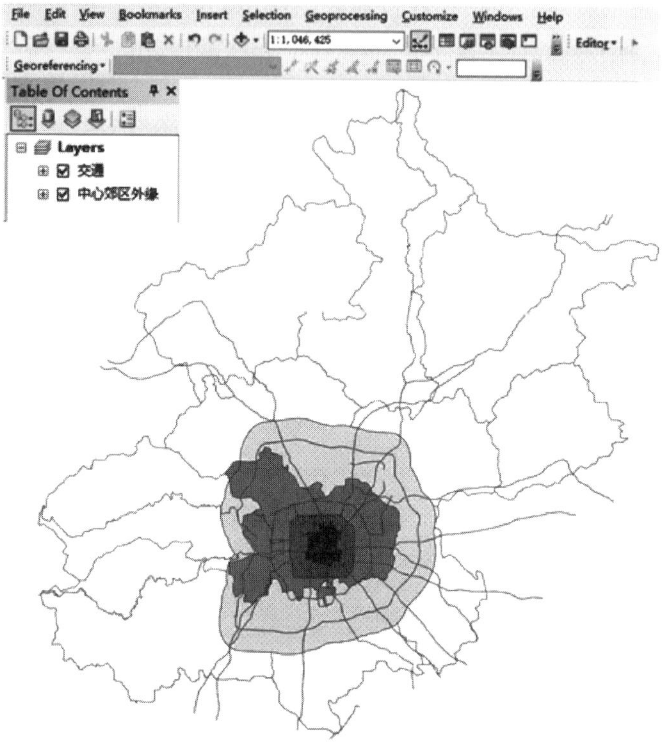

图 3-2 ArcMap 制图和空间分析界面示意图

电信等)、城市运输系统管理等，主要使用大比例尺、高精度地图和网络分析。

（4）商务、规划和工程：如市场区域分析、位置选择、最佳路径安排和最佳营业场所位置确认等，采用大、中尺度地图和领域模型，分析相关商务、工程、规划问题。

此外，GIS 利用数据库和互联网传输技术，可以满足企业决策多维性的需求。当前在全球协作的商业时代，90%以上的企业决策与地理数据有关，如企业的分布、客货源、市场的地域规律、原料、运输、跨国生产、跨国销售等。利用 GIS 可迅速有效地管理空间数据，进行空间可视化分析，确定商业中心的位置和潜在市场的分布，寻找商业地域规律，研究商机时空变化的趋势，不断为企业创造新的商机。GIS 和互联网已成为最佳的决策支持系统和威力强大的商战武器无人机 3D 建模。规划咨询常用分析软件和工具见表 3-1。

表 3-1　　　　规划咨询常用分析软件和工具

软件名称	功能及特点	应用领域
AutoCAD	(1) AutoCAD 用于二维绘图、详细绘制、设计文档和基本三维设计。具有平面绘图、标注尺寸、书写文字、图层管理、数据交换等功能。 (2) AutoCAD 具有良好的图形生成、图形编辑和图形组织功能，并且无须懂编程即可自动制图。例如，在地方规划时，可以直接把规划草案迅速地输入计算机，通过不断完善修改功能，最终绘制出总平面图。然后在总平面图的基础上，可以快速地分别制出结构分析图、绿化景观图、道路竖向图、给水和排水规划图、电力电信规划图等	AutoCAD 在城乡规划设计中可以用于总体规划、分区规划、控制性详规、修建性详规、园林景观规划等，还可以用于土木建筑、装饰装潢、工业制图，电子工业、设计机械产品、设计集成电路，印刷电路板、服装加工等
CorelDRAW	CorelDRAW 是专业的矢量插图、布局、照片编辑和排版工具。CorelDRAW 的功能强大，使用方便，具有图形精确定位和变形控制功能，在渐变填色、渐变透明、曲线的绘制与编辑等方面具有突出的优势	CorelDRAW 被广泛应用于平面广告设计、工业设计、标志制作、产品包装及造型设计、网页设计、模型绘制、商业插画设计以及印刷制版等多个领域
A-Planner	(1) A-Planner 具有数据预处理（图形检查处理、属性检查处理、数据转换）、现状调查分析（现状地类汇总、社会经济人口情况调查、现状指标分析）、供需预测分析（社会经济人口情况预测、用地需求预测、土地潜力预测、土地变化分析）、供需平衡分析、编制规划方案（规划草图生成、用途分区冲突检查、方案分析、方案调整、方案评估等）、规划成果管理等功能。 (2) A-Planner 结合丰富的土地利用总体规划编制经验和先进的空间信息处理技术，辅助用户完成规划编制的全过程工作，较大程度地减轻规划工作量，具有规范标准、专业高效、功能全面、支持多种数据格式（可叠加遥感影像、航摄像片）的特点	A-Planner 是针对我国新一轮土地利用总体规划编制需要，全面遵循了自然资源部土地利用总体规划编制规程和土地利用规划数据库标准上，由广东省土地勘测规划院全程参与软件设计、其他省市专业规划机构指定的应用软件，可全面提高规划的科学性与准确性

续表

软件名称	功能及特点	应用领域
SPSS	SPSS（statistical product and service solutions），即“统计产品与服务解决方案”软件。该软件易于学习且实用，操作简便且编程功能强大，具有完整的数据输入、编辑、统计分析、报表、图形制作等功能。其中，可视化功能（可根据模型自动输出描述性分析的统计图）、统计功能（通过此功能可以完成绝大部分数理统计模型分析）、可兼容多种数据文件等功能优势突出	SPSS广泛应用于我国的社会科学、自然科学的各个领域，在经济学、数学、统计学、物流管理、生物学、心理学、地理学、医疗卫生、体育、农业、林业、商业等发挥着重要作用
Eviews	Eviews是集设计模型、收集资料、估计模型、检验模型、应用模型（结构分析、经济预测、政策评价）于一身的专门从事数据分析、回归分析和预测的工具。该软件可以采用统一的方式管理数据，计算、描述统计量使用，进行T检验，预测回归方程，与外部软件进行数据交换等基础功能。因此，通过Eviews可以迅速地从数据中寻找出统计关系，并用得到的关系去预测数据的未来值	Eviews的应用范围包括：科学实验数据分析与评估、金融分析、宏观经济预测、仿真、销售预测和成本分析等
Arcgis	（1）ArcGIS是集空间数据显示、编辑、查询检索、统计、报表生成、空间分析和高级制图等众多功能于一体的桌面应用地理信息系统平台，可用于创建Web地图、发布GIS服务、共享地图、数据和应用程序。 （2）ArcGIS的产品包括ArcGIS Desktop（完成从简单到复杂的GIS任务）、ArcGIS Pro（有数据管理、制图、空间分析、二三维一体化等功能）和ArcGIS Online（完整的协作式地理信息内容管理与分享的工作平台）	通过ArcGIS，可以将地理知识应用到政府、企业、科技、教育和媒体领域。包括规划和分析、资源管理、城市与区域管理、基础设施管理、现场操作、资产管理、商务应用、市场调研、物流、教育和延伸服务等
Photoshop	Photoshop是目前全世界范围内使用最广泛、功能最强大的图形图像处理软件之一。该软件使用轻松便捷，绘制图形图像、校正图像颜色、修复图像细节及创建图像特效等操作简单易学，能快速应对图像的处理加工，并且绘图效果出众	Photoshop在平面设计、绘画艺术、摄影后期、网页制作、数码合成、动画CG，景观、室内、工业、建筑、城乡规划等都有着不可替代的作用

续表

软件名称	功能及特点	应用领域
湘源控规 8.0 版本	湘源控规 8.0 版本打通了 CAD 与 GIS 之间的互转通道，增加了对国土空间规划的支持，具有国土空间规划双评价功能等。其主要功能有：地形生成及分析、道路系统规划、用地规划、控制指标规划、市政管网设计、总平面图设计、园林绿化设计、土方计算、日照分析、制作图则、制作图库、规划审查等	湘源控规 8.0 是一款城市控制性详细规划设计辅助软件，适用于城市分区规划、城市控制性详细规划的设计和管理

第二节　规划战略分析方法

一、指导思想与规划原则

（一）规划指导思想分析

规划指导思想是指导规划编制和实施的根本原则，反映了政府的战略意图，集中体现了政府的执政理念，反映了社会的主流发展观和价值观，是意识形态、执政理念、发展观念在规划中的贯彻和渗透，约束和指导规划的总体方向。指导思想陈述了规划的使命，提出了规划的理念，明确了规划的价值导向。指导思想要从以下几个方面进行分析，提出符合时代要求，符合社会经济发展规律的原则。

1. 指导思想是意识形态的反映

当前执政党、政府和主流社会的意识形态是主导规划编制和执行的指南，规划要与执政党的意识形态，与主流社会的价值观相符合，规划要理解和贯彻这一意识形态。中国的主流意识形态是社会主义，社会主义意识形态必然要在规划中得到体现，规划也必须符合社会主义价值判断。

2. 指导思想是政府执政理念的集中体现

不同的政府其执政理念不同，由政府主导编制的规划在很大程度上体现了政府的执政理念。规划的编制首先要明确政府的执政理念，正确把握政府的执政理念，并通过规划的实施贯彻这种理念。中国政府的执政理念是为人民服务，立党为公、执政为民。这一理念要求规划要体现人民群众的意志，符合社会大多数人的利益和长远利益。

3. 指导思想是发展观的体现

指导思想体现了对发展的认识，体现了政府及当前社会最主要的发展观念。近现代以来，人类经历过多个不同的发展阶段，对发展产生过不同的认识，出现了很多发展观。而不同社会以及在这个社会中产生的政府都具有自己独特的发展观。十八大以来，提出了全面建成小康社会、全面深化改革、全面推进依法治国、全面从严治党的战略布局；提出了创新、协调、绿色、开放、共享的发展理念，提出了以提高发展质量和效益为中心，以供给侧结构性改革为主线，扩大有效供给，满足有效需求，加快形成引领经济发展新常态的体制机制和发展方式，这些都是中国未来发展的重要指南。

（二）规划原则及战略的确定

1. 规划原则的确定

规划原则又被称为规划的具体指导方针，是在指导思想的基础上产生的，也是对指导思想的进一步深化、细化和具体化。规划原则除了要符合指导思想的要求，还要面对具体的规划内容，把指导思想的具体要求贯彻到规划的不同领域、不同方向、不同重点和不同战略中去。因此，规划原则在很大程度上受到规划领域的性质、现状、特点和发展规律的影响，要符合规划对象的发展要求。在另一方面规划原则又要高于规划对象及其现状要求，要对规划产生更高层位的指导和约束。总体来看，规划原则的确定要符合以下要求。

（1）规划原则要符合指导思想所确定的发展观和价值观的要求。确定规划原则首先要理解指导思想，理解指导思想内含的发展观念和价值观，用以指导具体的规划工作和规划的实施。

（2）规划原则要把指导思想所确定的价值观贯彻到不同的重点领域和战略中。规划的内容一般涉及或包括很多方面，有经济的、社会的、文化的、科技的，以及自然的，并且涉及不同的群体和利益集团，因此规划原则要把价值观和发展观具体到各个重点领域中去。这是规划原则确定的关键所在。

（3）规划原则要符合事物发展的客观规律，符合所规划领域自身的发展要求。不同重点领域和关键环节，都有各自不同的特点和规律，规划原则首先要符合这些发展规律，对于经济的、社会的、文化的、科技的、自然的规律进行研究，把握其中的趋势，进而结合指导思想的要求确定规划原则。

（4）规划原则要对规划进行更高层位的指导和约束。规划原则的作用体现在对规划乃至规划的不同部分进行指导，对不符合发展规律、不符合价值观的内容进行约束。规划的指导和约束作用一般不是具体的和操作上的指导，而是在更高层次，在意识上和战略上的指导和约束。因此，规划原则具有前瞻性、概括性、战略性等特点。

2. 规划战略的选择

战略选择在中国具体的规划中常常称作总体部署、总体思路、战略框架、战略组成等。战略选择是确定规划的重点领域、优先领域以及规划的关键战略。战略选择的依据来自对发展背景、外部宏观环境、内部能力以及核心竞争力等的全方位、深入的分析和研究。战略选择的要求和内容主要有以下几点：第一，对规划进行总体部署，覆盖到所有关键领域。战略选择需要确定规划所涉及的主要领域和关键领域，要对关键领域发展方向做出明确部署，最终要形成规划的总体框架，并对主体内容进行描述。第二，对规划的核心内容进行界定，要对整个规划起到支撑的作用。战略选择所列出的战略是规划的核心内容，战略的选择和部署能够对整个规划起到支撑的作用。第三，战略重点要明确，不同领域和不同重点之间要相互协调、相互支撑。第四，要对规划期末规划实施后发展的总体特征进行描述。对规划实施后的状况进行描述，给出规划实施后的途径。

二、战略规划的环境分析

（一）外部环境分析

1. 宏观发展环境分析的模型

宏观发展环境一般包括政治的、经济的、社会的、科技的等几个方面的因素。宏观环境对一个国家或一个地区社会经济发展的影响是无处不在的，不同层面又是相互联系的。宏观发展环境的分析一般采用 PEST 分析模式，其实质是因素分析。宏观环境又称一般环境，是指影响一切行业和企业的各种宏观力量。对宏观环境因素做分析，不同行业和企业分析的具体内容会有差异，但一般都应对政治（political）、经济（economic）、技术（technological）和社会（social）这四大类影响经济发展的主要外部环境因素进行分析，简称PEST分析，如图3-3所示。

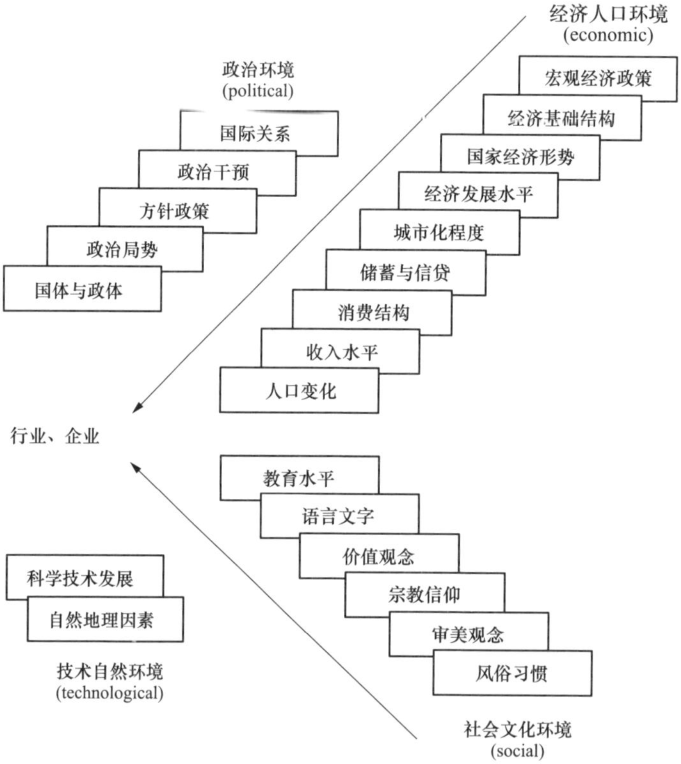

图3-3 宏观环境的PEST分析模型

2. 国家战略环境分析

国家战略是指建设和运用国家各方面的实力，以实现国家总目标而采用的宏观战略。为实现国家的总目标而制定的国家战略，是国家战略体系中最高层次的战略。美国最早使用国家战略这一概念，并将其正式列为军事用语。国家战略的定义是："在平时和战时，在组织和使用一国武装力量的同时，组织使用该国政治、经济、心理上的力量，以实现国家目标的艺术和科学。"日本给国家战略下的定义是："为了达成国家目标，特别是保证国家安全，平时和战时，综合发展并有效运用国家政治、军事、心理等方面力量的方策。”中国虽然未在正式文件中使用这一概念，但它主要体现在党和国家的总路线、总方针、总政策之中。中国的国家战略主要包括可持续发展战略、创新型国家战略、节约型社会发展战略、区域协调发展战略、城镇化战略和走出去战略等。

3. 政治环境分析

政治环境包括一个国家的社会制度，执政党的性质，政府的方针、政策、法令等。不同的国家有不同的社会性质，不同的社会制度对组织活动有不同的限制和要求。即使社会制度不变的同一国家，在不同时期，由于执政党的不同，其政府的方针特点、政策倾向对组织活动的态度和影响也是不断变化的。重要的政治法律变量包括执政党性质、政治体制、经济体制、政府的管制、税法的改变、各种政治行动、专利数量、环境保护法、产业政策、投资政策、国防开支水平、政府补贴水平、反垄断法规、与重要大国关系、地区关系、对政府进行抗议活动的数量和严重性、民众参与政治方式等。

4. 经济环境分析

经济环境主要包括宏观和微观两个方面。宏观经济环境主要指一个国家的人口数量及其增长趋势，国民收入、国民生产总值及其变化情况，以及这些指标能够反映的国民经济发展水平和速度、产业结构状况、主导产业发展情况、各类产业的情况。微观经济环境主要指企业所在地区或所服务区域消费者的收入水平、消费偏好、储蓄情况、就业程度等因素。企业目前及未来的市场大小由这些因素直接决定。主要关注的经济变量包括 GDP 及其增长率、可得贷款、可支配收入水平、居民消费（储蓄）倾向利率、通货膨胀率、经济规模、政府预算赤字、消费模式、失业趋势、劳动生产率水平、汇率、证券市场状况、外国经济状况、进出口因素、不同地区和消费群体间的收入差别、价格波动、货币与财政政策等。

5. 社会文化环境分析

社会文化环境包括一个国家或地区的居民教育程度和文化水平、风俗习惯、宗教信仰、审美观点、价值观念等。居民的需求层次受文化水平的影响；宗教信仰和风俗习惯会禁止或抵制某些活动的进行；居民对组织目标、组织活动以及组织存在本身的认可与否受价值观念的影响；审美观点则会影响人们对组织活动内容、方式以及对成果的态度。关键的社会文化因素包括妇女生育率、特殊利益集团数量、结婚数、离婚数、人口出生率和死亡率、人口流动、社会保障、人口预期寿命、人均收入、生活方式、平均可支配收入、对政府的信任度、对政府的态度、对工作的态度、购买习惯、对道德的关切、性别角色、投资倾向、储蓄倾向、种族平等状况、节育措施状况、对退休的态度、平均教育状况、对质量的态度、对闲暇的态度、对服务的态度、污染控制、对能源的节约、社会活动项目、社会责任、对职业的态度、对权威的态度、人口城乡结构变化、宗教信仰状况。

6. 技术环境分析

技术环境分析主要关注国家对科技开发的投资和支持重点，该领域技术发展动态和研究开发费用总额，技术转移和技术商品化速度，专利及其保护情况等。

7. 自然资源环境分析

有时，也会用到PEST分析的扩展变形形式，如SLEPT分析、PESTEN分析、STEEPLE分析，STEEPLE是以下英文单词的缩写，社会/人口（social/demographic）、技术（technological）、经济（economic）、环境/自然（environmental/Natural）、政治（political）、法律（legal）、道德（ethical）等。其中对自然环境及自然资源的分析较为普遍。

（二）内部能力分析

1. 产业集中和集聚的测度方法

产业的地理集中度或产业集聚分析，主要方法有市场集中率、洛伦兹曲线和基尼系数、HHI指数（赫希曼—赫芬达尔指数）、熵指数等。20世纪80年代以来，产业集聚现象越来越普遍，产业集聚再次成为研究热点，出现了许多新的产业集聚程度的测算方法，例如EG指数、MS指数、K函数、L函数、D函数等。

（1）空间集中度。空间集中度（CR_m）是由行业集中度演变而来的，有时也被称为市场集中度。行业集中度是指行业内规模最大的前几位企业的有关数值（可以是产值、产量、销售额、销售量、职工人数、资产总额等）之和占整个市场或行业的比重。行业集中度是产业组织理论中用来测量一个产业的市场集中程度的常用指标，反映的是市场的竞争和垄断关系。把行业集中度指标的思想用在空间上，就是指行业中规模最大的前几个区域（通常为4.5或8）的有关数值之和占整个行业的比重，称为空间集中度。假设某一产业由 N 个企业组成，每个企业的就业（也可以是产值、产量、销售额、销售量等）占这个产业就业的比例为 z_1，z_2，…，z_n。假设划分为 m 个次级区域，X_1，X_2，…，X_m 代表每个区域的就业占总就业的比例。产业在区域 i 的就业占该产业总就业的比例表示为 s_i，那么该产业的空间集中度 CR_m 可以表示为

$$CR_m = \sum_{i=1}^{m} s_i \tag{3-6}$$

式中：m 为所考察的按区域比重由大到小排序的区域数。在测算制造业各产业的空间集聚程度时，可采用 CR_{m4} 指标，即制造业各产业在全国各区域的分布中，份额最大的前4个区域所占的份额之和，其数值越大，表明产业分布越集中。空间集中度指标的最大优点是所需数据容易取得，计算也相对简单，能够把产业的集中度指向具体的产业或具体地区。但是，不足之处在于它只从一个侧面说明了产业的空间集聚程度，反映的是产业在 m 个最大份额区域的集聚状况，而不能反映产业总体的空间分布。同时，由于没有考虑影响产业集中的因素，m 的取值不同时，会得出不同的结论。假设两个产业在4个最大份额区域的比重相同，并不代表它们在8个，甚至更多个最大份额区域的比重也相同，因此，在进行同一产业以及不同产业之间集聚状况的比较时，应选择相同的 m 值。

（2）赫芬代尔指数和赫希曼—赫芬代尔指数。赫芬代尔（herfindahl）指数是产业经济学中衡量市场结构的一个主要指标，是产业内所有企业市场份额的平方和，其计算公式为

$$H = \sum_{j=1}^{N} z_j^2 \tag{3-7}$$

赫芬代尔指数测算的是产业的市场集中，有时候也简单地叫作产业集中，该指数不考虑产业的空间分布，与产业的地理集中是有明显区别的。也有学者

将其用于产业地理集中的研究，指产业在各区域的市场份额的平方和。赫芬代尔指数具有以下两个特点：第一，当只有一家企业垄断时，该指数等于 1；当所有企业规模相同时，该指数等于$\frac{1}{N}$，所以这一指标在$\frac{1}{N}$～1 之间变动。此数值越大，表明企业规模分布越不均匀。第二，赫芬代尔指数用平方和的统计形式，规模较大的企业被给予了较大的权重，对大企业的市场份额反映比较敏感，但对众多小企业的市场份额小幅度的变化反映很少。如果所有经济活动都集中在一个区域，那么 $H=1$ 时最大；如果经济活动平均分布在各个区域，则 $H=\frac{1}{N}$。实际上这个系数仅衡量了产业的空间分布，衡量的是产业绝对集中程度，并没有与其他经济活动比较。为了衡量产业的相对集中程度，赫希曼改善了赫芬代尔系数，该系数被称为赫希曼-赫芬代尔系数（herschman-herfindahl index，HHI），公式如下：

$$HHI=\sum_{j=1}^{N}(S_{ij}-X_j)^2 \tag{3-8}$$

式中：S_{ij} 为产业 i 在区域 j 中的就业或产值比重；X_i 为区域 j 中的总就业或产值占全国的比重。如果某产业的就业或产值的空间分布与总体经济活动是一致的，那么 HHI 值为零。

（3）区位基尼系数。区位基尼系数也叫空间基尼系数，是衡量经济活动地理集中传统的最为常用的方法，得到了比较广泛的应用。基尼系数是意大利经济学家科拉多·基尼依据洛伦兹（M. Lorenz）曲线所提出的计算收入分配公平程度的统计指标。洛伦兹在研究居民收入分配时，发现将居民家庭户数累计百分比与居民收入累计百分比联系起来，可以揭示收入分配的均衡性。后来大家普遍接受这种方法，并将该曲线称为洛伦兹曲线。虽然洛伦兹曲线直观形象地反映了收入分配的均衡程度，但不能达到精确测量的要求。为此，基尼依据洛伦兹曲线，提出了基尼系数的计算方法。基尼系数最初用于度量国家或区域之间收入不平等的相对程度。1986 年，基布尔（Keeble）等将洛伦兹曲线和基尼系数用于度量某产业在地区间分布的集中程度，发展成为区位基尼系数。区位基尼系数有多种计算方法，首先画出洛伦兹曲线（见图 3-4），然后再推导出区位基尼系数的计算公式。两类对应变量值的累计百分比构成一个边长为 1 的正方形，一类是区域 i 的就业占总就业的比例 x_i，另一类是产业在区域 i 的就业占该产业总就业的比例 s_i。按照它们的比值 s_i/x_i 从小到大排序，以 x_i 为横轴，S_i 为纵轴，相应的两个累积百分比之间的关系构成如图 3-4 所示的区位洛伦兹曲线图。在下图中，区位基尼系数定义为

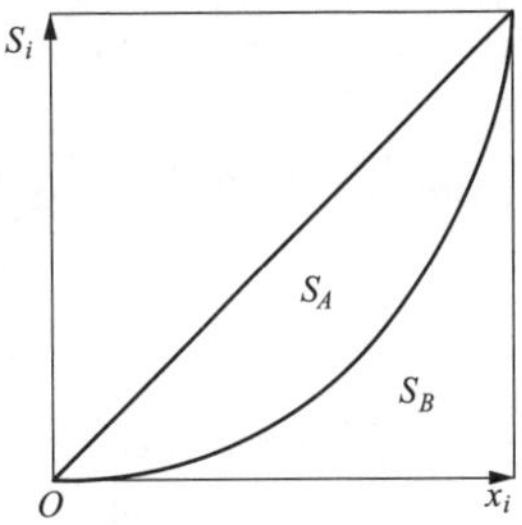

图 3-4　区位洛伦兹曲线图

$$GN=\frac{S_A}{S_A+S_B} \tag{3-9}$$

如果洛伦兹曲线正好是正方形的对角线，则区位基尼系数等于 0，说明产业的空间分布与整个产业经济活动的空间分布是完全匹配的。洛伦兹曲线一般表现为一条下凸的曲线，下凸的程度越小，区位基尼系数就越接近于 0；反之，下凸的程度越大，区位基尼系数越接近于 1，产业分布越不均衡。因此，产业的区位基尼系数越大，说明该产业的集聚程度越高。采用下梯形面积法对区位基尼系数进行计算，推导如下：

因为 $S_A+S_B=0.5$，所以 $GN=2S_A=1-2S_B$。

$$\begin{aligned}
CN&=1-\sum_{i=1}^{n}x_i(M_{i-1}+M_j)\\
&=1-\sum_{i=1}^{n}(Q_i-Q_{i-1})(M_{i-1}+M_i)\\
&=1-\sum_{i=1}^{n}Q_iM_{i-1}-\sum_{i=1}^{n}Q_iM_i+\sum_{i=1}^{n}Q_{i-1}M_{i-1}+\sum_{i=1}^{n}Q_{i-1}M_i\\
&=1-\sum_{i=1}^{n-1}Q_{i+1}M_i-(\sum_{i=1}^{n-1}Q_iM_i=Q_nM_n)+\sum_{i=1}^{n-1}Q_iM_i+\sum_{i=1}^{n-1}Q_iM_{i+1}\\
&=-\sum_{i=1}^{n-1}Q_{i+1}M_i-\sum_{i=1}^{n-1}Q_iM_i+\sum_{i=1}^{n-1}Q_iM_i+\sum_{i=1}^{n-1}Q_iM_{i+1}\\
&=\sum_{i=1}^{n-1}(Q_iM_{i+1}-Q_{i+1}M_i)
\end{aligned}$$

式中：$M_i=\sum_{j=1}^{i}s_i$，$Q_1=\sum_{j=1}^{i}x_i$，$M_0=Q_0=0$，$M_n=Q_n=1$。

因此，区位基尼系数最后的计算公式可以表示为

$$GN=\sum_{i=1}^{n-1}(Q_iM_{i+1}-Q_{i+1}M_i) \tag{3-10}$$

式中：Q_i为某区域就业人数占全部区域总就业人数的累积百分比；M_i为产业在某区域的就业人数占该产业总就业人数的累积百分比。

区位基尼系数计算如图 3-5 所示。

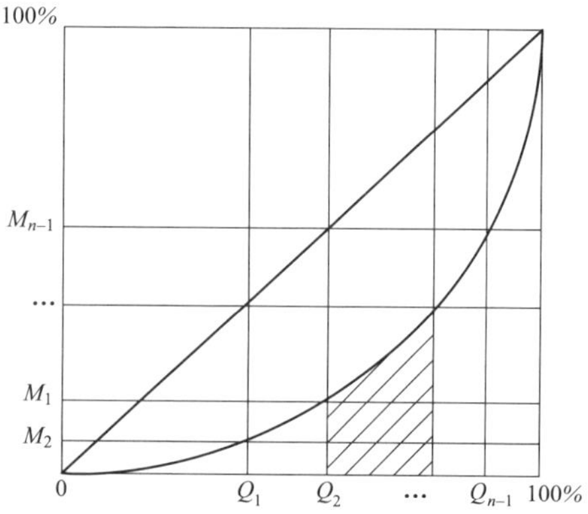

图 3-5 区位基尼系数计算

基尼系数的取值范围为 0～1，数值越大，表明一国或地区收入分配越不平均。国际上通常认为，基尼系数在 0.20 以下表示绝对平均，0.20～0.30 比较平均，0.30～0.40 比较合理，0.40～0.50 差距过大，0.50 以上为高度不平均。与此相应，区位基尼系数的取值范围也为 0～1，区位基尼系数增加，意味着行业空间集中程度的增强。

区位基尼系数将次级地理单元就业人数与整个区域的就业人数之比作为一个变量纳入公式，实质上是考虑了面积大小对产业集聚程度测算的影响。区位基尼系数将全部产业的地理分布作为比较基准，使得比较不同产业的计算结果成为可能，因此得到了广泛应用。但是该方法并非源于区位选择的理论模型，也没有考虑企业规模的影响，而且没有区分随机集中和源于外部性或自然优势的集中，也就是说没有区分一个企业的内部规模经济引起的产业集中和独立的不同企业相互靠近的外部经济形成的产业集聚。艾里森（Ellison）和格莱泽（Glaeser）、马瑞尔（Maurel）和塞德诺（Sedillot）分别提出的 EG 指数、MS 指数弥补了上述不足。

（4）EG 指数、MS 指数。艾里森（Ellison）和格莱泽（Glaeser）在 1997 年第 5 期的《政治经济学期刊》中发表了《美国制造业的地理集中》一文，指

出了区位基尼系数较大并不一定表明有集聚现象的存在，因为它没有考虑到企业的规模差异。假设一个产业是由分散的少数几家大企业组成的，这个产业的区位基尼系数会比较大，但实际上并无明显的集聚现象出现，这个比较大的区位基尼系数是由产业组织特征所决定的，并不是由企业间相互靠近导致的。正如艾里森和格莱泽打比方所说的，投出去三个飞镖，镖靶上大多数地方会没有飞镖。因此，基尼系数不能很好地区分源于外部性或自然优势的集中和产业组织结构导致的集中。利用空间基尼系数来比较不同产业的集聚程度时，会由于各产业中的企业规模特征或地理区域大小的差异而造成产业间比较上的误差。因此在表示产业集聚程度时往往含有虚假的成分。为了解决这个问题，艾里森和格莱泽提出了一个集聚指数的计算方法（简称为 EG 指数）。其假设前提是他们二人提出的企业区位选择模型，即如果企业间的区位选择是相互依赖的，企业将趋向具有特殊自然优势或能够从行业内其他企业获得溢出效应的地区集中。类似于空间基尼系数，EG 指数也是通过与全部产业的比较来分析某产业的地理分布的。艾里森和格莱泽首先定义了一个总体地理集中度指数 G，其公式为

$$G=\sum_{i}(s_i-x_i)^2 \tag{3-11}$$

式中：各指标的意义与前文所述相同（下同）。艾里森和格莱泽进一步证明了

$$\mathrm{EG}=(1-\sum_{i}x_i^2)[\gamma+(1-\gamma)H] \tag{3-12}$$

因此可以得到衡量产业集聚程度的 EG 指数，用 γ 表示：

$$\hat{\gamma}_{\mathrm{EG}}=\frac{G_{\mathrm{EG}}-H}{1-H}=\frac{\sum_{i}(s_i-x_i)^2/(1-\sum_{i}x_i^2)-H}{1-H} \tag{3-13}$$

EG 指数最大的意义在于区分了随机集中和企业间由于共享外部性或自然优势的集中，比空间基尼系数的地理意义更明确。随后，马瑞尔和塞德诺以 EG 指数为参考，提出了一个相似的计算方法（简称为 MS 指数）。他们从某产业任意两个企业选择在同一个区域的概率 P 的推算入手，假设产业在区域 i 的就业比例 s_i 可以表示为

$$s_i=\sum_{j=1}^{N}z_j u_{ji} \tag{3-14}$$

式中：如果企业 j 位于区域 i，那么 $u_{ji}=1$，否则 $u_{ji}=0$。MS 指数就是参数 $\gamma=\text{cov}(u_{ji},u_{ki})$，$j\neq k$ 的经验估计值。企业 j 和 k 都位于区域 i 的概率为

$$P(i,i)=E(u_{ji}u_{ki})=Cov(u_{ji})+E(u_{ji})E(u_{ki})=\gamma x_i(1-x_i)+x_i^2$$

将上式对 M 个区域加总得到

$$P=\sum_i P(i,i)=y(1-\sum_i x_i^2) \tag{3-15}$$

马瑞尔和塞德诺证明了

$$P=\sum_i \frac{\sum\limits_{\substack{j,k\in i\\ j\neq k}} z_j z_k}{\sum\limits_{\substack{j,k\\ j\neq k}} z_j z_k}=\frac{\sum\limits_i s_i^2-H}{1-H} \tag{3-16}$$

因此，得到 MS 指数为

$$\hat{\gamma}_{\text{MS}}=\frac{\hat{p}-\sum\limits_i x_i^2}{1-\sum\limits_i x_i^2}=\frac{(\sum\limits_i s_i^2-\sum\limits_i x_i^2)/(1-\sum\limits_i x_i^2)-H}{1-H} \tag{3-17}$$

从形式上看，MS 指数与 EG 指数之间的区别在于对总体地理集中度指数（G）的定义不同。实质上，MS 指数直接源于概率选择模型，因此比 EG 指数更有解释力。虽然 MS 指数是从一个更简单的区位概率选择模型推导出来的，但是 EG 指数和 MS 指数都是对参数 y 的无偏估计，可以被解释为超出产业集中之外的地理集中部分，因此可以被用来测算在控制了企业规模之后的产业空间集聚状况。

为了便于国际比较，可沿用马瑞尔和塞德诺以及艾里森和格莱泽提出的产业集聚分类方法，即 0＜MS(EG)＜0.02 为低集聚水平；0.02＜MS(EG)＜0.05 为中等集聚水平；MS(EG)＞0.05 为高集聚水平。

EG 指数和 MS 指数的地理意义比较容易解释，如果企业间是独立随机分布的，参数 γ 的期望值为零。如果某产业的 γ 值大于零，说明该产业的地理分布趋向集中，值越大，集中度越高，产业集聚程度越大。EG 指数和 MS 指数都将企业的规模分布也就是前文所述的赫芬达尔指数作为影响参数之一，避免了“因某产业的就业人数集中在少数相关性小的大型企业而得出该产业的生产具有地方化特点”的片面结论，充分考虑了企业规模及区域差异带来的影响，

弥补了空间基尼系数的缺陷，使人们能够进行跨产业、跨时间，甚至跨国比较。因此，自艾里森和格莱泽、马瑞尔和塞德诺提出了产业集聚程度的测算方法，并据此分别对美国和法国的产业集聚进行了实证研究以后，EG 指数和 MS 指数在国际上得到了广泛应用。艾里森和格莱泽、罗森塔尔和斯特兰奇先后将这两个指数用于美国州级地理单元的制造业产业的空间集聚程度的测算。Henderson 利用 EG 指数分析了美国 317 个都市区 742 个县的三位数机械产业和高新技术产业的地理集中情况。之后，EG 指数又被学者分别用在对瑞典、西班牙、英国、爱尔兰和葡萄牙等国的实证研究中。

在实证研究中，MS 指数与 EG 指数之间也存在一定的区别。它们对要研究的产业的就业和总的产业就业之间的差异的重视程度不同。如果某区域某产业的就业占该区域就业的比例大于该区域就业占总就业的比例，那么这个区域对该产业的 MS 指数的贡献是正的，否则就是负的。更重要的是，在该区域对该产业的 MS 指数的贡献是正的时候，如果该区域就业占总就业的比例较大，那么该区域对该产业的 MS 指数的贡献也较大，如果该区域就业占总就业的比例较小，该区域对该产业的 MS 指数的贡献也较小。

如果产业位于工业化程度较高也就是x_i较大的区域，那么该产业的 MS 指数会较大，反之亦然。但是，EG 指数没有考虑该区域该产业的就业占该区域就业的比例与该区域就业占总就业的比例之间差异的方向性，两者不论谁大谁小，对 EG 指数的贡献都是正的。如果该区域该产业的就业占该区域就业的比例大于该区域就业占总就业的比例，那么该区域对该产业的 EG 指数的贡献要比对 MS 指数的贡献小。MS 指数与 EG 指数之间的这个差异使得 MS 指数更适合用来测算产业集聚程度，因为 MS 指数对工业化程度较高的区域内的企业的空间分布更敏感，而人们对产业集聚的研究，更注重的正是产业经济活动密度较大的区域。

（5）基于距离的多空间尺度方法。从赫芬代尔指数到空间基尼系数再到 EG 指数、MS 指数，产业集聚程度的测度方法有了很大进展，但这些方法只能在单一尺度地理单元（省级、地区级、国家级等）衡量经济活动的空间分布情况。要详细描述经济活动的地理分布，需要分析在不同空间尺度地理单元上的分布特征，而不是受制于人为或已有行政单元的划分。基于距离的多空间尺度方法解决了这一难题，特别是 20 世纪 90 年代后期以来，这种方法备受关注。

基于距离的多空间尺度方法实质是将区域内的企业看作点，通过分析这些点的分布状态来了解区域产业的分布情况。这类方法源于里普利（Ripley）于 1976 年提出的 K 函数，贝赛格（Besag）、迪格尔（Diggle）、马尔孔（Marcon）等在此基础上加以修正，发展成 L 函数、D 函数、M 函数，使之逐渐完善。基于距离的多空间尺度方法有很多优点：第一，它不受地理空间尺度（行政单元）的限制，可以同时解释不同范围内经济活动的空间分布，因此可以更加精确地描述经济活动的空间结构。第二，可以揭示某类经济活动在哪个范围内显著集中或分散。例如，它可以说明某行业在 10km 内是显著集中的，而传统方法只能揭示在某个空间（如省级）尺度上经济活动是集中还是分散，其受限于区域划分的规模尺度。但是，基于距离的多空间尺度方法对数据的质量要求很高，不仅需要每一个企业的统计指标，还需要知道每个企业的空间位置。因此，基于距离的多空间尺度方法虽然精确，但其存在数据难以获得、处理难度大、工作量大、速度慢等实际应用的困难。很多情况下，获取的数据的质量还达不到这些要求，因此这里不再对 K 函数、L 函数、D 函数、M 函数等作更详细的介绍。除此之外，信息熵、锡尔系数、地理联系系数（coefficient of geographical association）、联系指数（index of connectivity）等方法也是较多采用的分析方法。

2. 主导产业的选择方法

以赫希曼为代表的不均衡增长论者和罗斯托等学者提出，区域发展受制于资金、人才等资源限制，往往不能平衡地发展所有产业，而是集中有限资源发展一些重点产业，区域经济的增长必然依赖于一些“主导产业部门”。主导产业的理念提出后，得到理论和实践界的高度认同，并衍生出例如需求—收入弹性法、劳动生产率指数、产业效益指数、区位商、产业联动指数等众多筛选主导产业的理论工具和指标。但是，如何根据区域特点和研究对象选择合适的分析方法，则是正确选择主导产业的关键。

（1）主导产业选择原则和基准。主导产业的特征和作用可以通过选择基准来体现。在产业经济理论史上，许多学者提出了界定和选择主导产业的基准，其中最著名的是罗斯托基准、筱原两基准、赫希曼的产业关联基准等。罗斯托基准是指罗斯托在《主导部门和起飞》中提出的产业扩散效应理论和主导产业的选择基准，其含义是选择具有扩散效应（回顾、旁侧、前瞻）的部门作为主导产业部门，通过将主导产业的产业优势辐射传递到产业链的各个产业中，以带动和促进区域经济的全面发展。日本经济学家筱原三代平提出了选择主导产业的两条基准，即收入弹性基准和生产率上升基准。前者是按照收入弹性大小来选择主导产业，后者是按照技术进步速度、技术要素密集强度和经济效益优劣基准选择主导产业。筱原两基准曾经是20世纪60年代甚至70年代日本政府制定产业政策的依据。赫希曼的产业关联基准认为，应挑选和集中力量发展那些在技术上相互依赖、产业关联效应强烈的“战略部门”作为发展政策的目标，这种产业关联是前向和后向联系的有机结合。总体来看，主要是从产业结构演化规律、主导产业的特点以及本地区瓶颈因素等角度来考虑这些基准的，而在不同的社会经济历史条件下有不同的侧重。区域主导产业的选择，应考虑比较优势原则、综合效益原则、市场需求原则、技术进步原则、产业关联原则、资源有效配置原则、对外依存原则。经验表明，一个部门要成为地区经济发展的主导产业，必须同时具备如下四个条件：①有较高专业化水平，通常要求区位商值在2以上，主要为区外服务；②在地区生产中占有较大比重，一般要求比重在15%以上，能对本地区经济发展产生重大影响；③与区内其他主要产业关联度高，通常二者之间的联系越广泛、越深刻，就越能通过乘数效应带动整个地区经济的发展；④是能够代表区域产业的发展方向，富有生命力。

（2）主导产业选择的分析方法。

1）比较优势指数。主导产业的选择首先要具备比较优势，比较优势指数一般分为比较集中率系数（区位商）和比较市场占有率系数。

比较集中率系数（区位商）表达式为

$$CC=\frac{C_{ik}/C_i}{C_k/C} \tag{3-18}$$

式中：C_{ik}为i地区k产业的产值（或从业人员）；C_i为i地区所有产业的产

值（或从业人员）；C_k 为全国 k 产业的产值（或从业人员）；C 为全国所有产业总产值（或总从业人员）。

比较市场占有率系数的表达式为

$$CX=\frac{X_{ik}/X_i}{X_k/X} \tag{3-19}$$

式中：X_{ik} 为 i 地区 k 产业的产品销售收入；X_i 为 i 地区所有产业的产品销售收入；X_k 为全国 k 产业的产品销售收入；X 为全国所有产业的产品销售收入。

根据主导产业的特点和功能，主导产业应同时具备区内和区际比较优势，应用比较优势指数能够顺利地区分出各个产业的优势大小。比较优势指数用区位商表示，是衡量区域专门化程度的基本指标，作为区主导产业，区位商应该大于 1，而且越大越好。

2）需求—收入弹性系数。产业的市场需求状况一般用需求—收入弹性系数表示。一个产业的需求弹性高，意味着其产品的市场潜力大，具有较大的市场发展机遇，这是大批量生产和技术创新加速的前提。因此，主导产业应当优先发展那些需求弹性高的产业。某一个产业产品的需求弹性，用需求—收入弹性系数 E 表示，表达式为

$$E_i=\frac{\Delta Q_i/Q_i}{\Delta Y_I/Y_I} \tag{3-20}$$

式中：E_i 为产业 i 的产业需求收入弹性；$\Delta Q_i/Q_i$ 为该产业产品的需求增长率；$\Delta Y_I/Y_I$ 为国民收入增长率。

需求—收入弹性系数实质是使产业结构同经济发展和国民收入增加所引起的需求结构相适应。E 的大小，反映了某个产业产品的潜在市场份额的大小，E 越大，该产品潜在市场容量就越大。市场发展的机遇、效益越好，产业发展速度越快，其在国民经济增长中所占的份额也越大。该系数曾是筱原三代平为日本规划产业结构时提出的主导产业选择的两个标准之一。

3）产业联动指数。通常用产业的影响力系数和感应度系数来表示一个产业与其他产业技术经济联系的密切程度。一般利用投入产出逆矩阵系数来定量计算产业之间的关联度。在各产业总产品与最终产品的矩阵关系式中，设

$$\boldsymbol{R}=(1-\boldsymbol{A})^{-1} \tag{3-21}$$

式中：$\boldsymbol{R}$ 被称为投入系数矩阵（又称为列昂惕夫逆矩阵）；A 为直接消耗系数矩阵。

设r_{ij}是列昂惕夫逆矩阵$\boldsymbol{R}$ 中第 i 行、第 j 列的元素，其经济学含义是 j 部门生产每单位最终产品时应有的 i 部门总产品量。产业关联包括产业感应度系数和产业影响力系数两个指标，它们都是投入产出表的重要系数，均是反映产业间经济技术联系的指标。

第一，产业感应度系数。其含义是其他产业对该产业的平均感应程度与各产业感应程度平均值的比值，表达公式为

$$B_i = \frac{\sum_{j=1}^{n} r_{ij}/n}{\sum_{i=1}^{n}\sum_{j=1}^{n} r_{ij}/n} \tag{3-22}$$

第二，产业影响力系数。产业影响力系数是指某一部门增加一个单位最终使用时，对国民经济各部门所产生的生产需求波及程度，其计算公式为

$$F_i = \frac{\sum_{i=1}^{n} r_{ij}/n}{\sum_{j=1}^{n}\sum_{i=1}^{n} r_{ij}/n} \tag{3-23}$$

某产业的上述两个系数B_i和F_i值越大，说明该产业在区域产业结构中的关联度越高，对区域经济发展和产业结构演变所起的作用也越大。根据这一基准，要求所选择的主导产业部门具有较强的带动性和推动性。例如，当影响力系数大于 1 时，表示第 j 部门的生产对其他部门产生的波及影响程度超过各部门影响力的平均水平，反之亦然。影响力系数越大，该部门发展对其他部门的拉动作用也越大。

从产业结构分析来看，一般来讲，具有较大影响力系数的有制造业和深加工工业，例如电子产业、交通运输设备制造业和金属制品业。具有较高感应度系数的主要是基础产业、上游产业，例如化学工业和冶金工业具有最高的感应度系数，说明其他产业的发展需要较多地消耗这些部门的产品。对于地区经济发展来说，影响力系数大的产业比较容易带动其他相关产业的发展。

3. 技术进步指数

技术进步指数包括技术水平和技术进步率两种。

（1）产业技术水平指数。产业技术水平指数表达式为

$$A_i(t)=\frac{Y_i(t)}{K_i^{\alpha i}(t)L_i^{\beta i}(t)} \tag{3-24}$$

式中：$Y_i(t)$为 i 产业第 t 年的总产值；$K_i(t)$为 i 产业第 t 年拥有的资金总额；$L_i(t)$为 i 产业第 t 年平均职工人数；a_i 为 i 产业资金产值弹性；β_i 为 i 产业劳动力产值弹性。

（2）技术进步率。技术进步率表达式为

$$v_i=[\ln A_i(t_n)-\ln A_i(t_0)]/(t_n-t_0) \tag{3-25}$$

式中：$A_i(t_n)$为 i 产业第t_n年的技术水平；$A_i(t_0)$为 i 产业第t_0年的技术水平。

技术进步是区域经济增长的重要因素，是产业结构高级化和社会生产效率提高的主要推动力。主导产业应该是拥有较高的技术水平、较快技术进步率、技术进步对产值增长速度贡献大的产业。因此通过对产业的技术水平和技术进步率进行测算，能够为主导产业的选择基准提供依据。有学者以某市为例综合了以上的主导产业分析方法，根据市场需求、技术进步、比较优势和产业关联等基准进行分析和评价，最终确定了某市的主导产业群。某市主导产业选择评价方法见表 3-2。

表 3-2　　某市主导产业选择评价方法

主导产业选择基准	测算模型	备注
市场需求基准	需求收入弹性系数＝某一产业产品的需求增加率/人均国民收入的增加率。实际测算以产业弹性 E_{it} 衡量： $E_{it}=\frac{Q_t{}'/Q_t}{\sum_{i=1}^{n}Q_{it'}/\sum_{i=1}^{n}Q_{it}}t'>t$ 式中：Q_{it} 为在 t 时点第 i 个产业的产出量，n 为区域产业数量	$E_{it}>1$ 的产业将在总产值中占有更大的份额 $E_{it}<0$ 的产业绝对产出量呈减少的趋势 $0<E_{it}<1$ 的产业其产业比重呈萎缩的趋势

续表

<table>
<tr><th>主导产业选择基准</th><th colspan="2">测算模型</th><th>备注</th></tr>
<tr><td>技术进步基准</td><td colspan="2">（1）技术水平：$A_i(t)=Y_i(t)/K_i^{\alpha i}(t)Li^{\beta i}(t)$。
$Y_i(t)$为 i 产业第 t 年的总产值；$K_i(t)$为 i 产业第 t 年拥有的资金总额；$L_i(t)$为 i 产业第 t 年平均职工人数；αi 为 i 产业资金产值弹性，βi 为 i 产业劳动力产值弹性。
（2）技术进步率：$v_i=[\ln A_i(t_n)-\ln A_i(t_0)]/(t_n-t_0)$。
式中：$A_i(t_n)$为 i 产业第 t_n 年的技术水平；$A_i(t_0)$为 i 产业第 t_0 年的技术水平</td><td>技术进步率同时也是供给基准或效率基准</td></tr>
<tr><td rowspan="2">比较优势基准</td><td colspan="2">比较优势系数（CS）：CS=CC×CX</td><td></td></tr>
<tr><td>（1）比较集中率系数（区位商）。
$$CC=\frac{C_{ik}/C_i}{C_k/C}$$
式中：C_{ik}为 i 地区 k 产业的产值（从业人员）；C_i 为 i 地区所有产业的产值（从业人员）；C_k 为全国 k 产业的产值（从业人员）；C 为全国所有产业总产值（总从业人员）</td><td>（2）比较市场占有率系数
$$CX=\frac{X_{ik}/X_i}{X_k/X}$$
式中：X_{ik}为 i 地区 k 产业产品销售收入；X_i 为 i 地区所有产业的产品销售收入；X_k 为全国 k 产业的产品销售收入；X 为全国所有产业的产品销售收入</td><td>区位商是衡量区域产业专门化程度的基本指标，作为区域主导产业，区位商应该至少大于 1，而且越大越好</td></tr>
<tr><td rowspan="3">产业关联基准</td><td colspan="2">产业关联系数（RS）：$RS=RC\times RX$</td><td rowspan="3">“两高”部门是主导产业的最佳选择，“一高一低”部门存在可能性，“两低”部门则不宜。逆阵指投入产业表中列昂惕夫逆矩阵</td></tr>
<tr><td colspan="2">产业影响力系数（RX）=该产业纵列向逆阵的平均值/全部产业纵列逆阵系数的平均值</td></tr>
<tr><td colspan="2">产业感应度系数（RC）=该产业横行逆阵的平均值/全部产业横行逆阵系数的平均值的平均</td></tr>
</table>

4．其他主导产业测算方法

主导产业测算方法还有经济效益测算法、产业规模指数、产业发展速度指数等其他测算方法。另外，随着可持续发展理论和新发展理念的深入贯彻，除了考虑经济发展指标，主导产业的选择还需要考虑可持续发展、社会、环境保护的需求。所以未来主导产业选择标准还需要考虑区域可持续性、社会发展指标、公众参与评价或环境保护指标等标准的选取。由于这些指标有些难以量化和测算，需要结合定性和定量分析的方法来确定主导产业。

三、内外环境能力的匹配分析

（一）产业基本面分析

产业基本面分析是指对影响产业发展态势的一些基础性因素的研究，这些基础性因素包括宏观经济状况、行业地位、企业发展水平、产业潜力等。产业基本面分析，可以把握决定产业发展的基本要素，是产业发展与规划的基础。

1. 利益主体意见法

利益主体意见法（stakeholder opinion method），不仅常作为重要的调研方法，还是一种重要的规划分析工具，在规划实践中应用广泛。弗里曼（Freeman）对利益主体提出的定义是“（一个组织的）利益主体是指任何可以影响该组织目标的或被该目标影响的群体或个人”。产业发展的利益主体包括产业研究等相关科研人员、地方政府首脑、部门领导、大型企业领导者、员工、本地居民、积极团体（包括 NGO）、外来投资者、游客等，他们是“对于产业发展现状、供应链、投资模式，以及新产品的契机、产业环境影响等情况了如指掌的区域代理人或紧密相关者……”，是进行产业发展与布局判断的重要信息源。根据利益主体的侧重点不同，利益主体意见法一般可以采用政府座谈会、圆桌会议、入企（入户）访问、社会问卷调查、产业发展协调会议、德尔菲（Delphi）专家意见法等形式收集所需关键信息，从而确定地区产业发展与布局的关键。根据不同的利益主体需求，一般采取多种方法组合，例如，有些产业规划会着重选择一些极为重要的利益主体，所以又称为专家意见法、部门调研座谈法等。利益主体意见法针对性强，能够同时收集到丰富的地区信息，对产业基本面分析极为重要。但其也有不足之处：一是对于代表不同类型利益的利益主体意见，研究者在引用的过程中难以准确把握；二是依赖利益主体的主观意见，较难实现数据收集系统化，而且有待验证其数据收集技术的效力。

2. 波士顿矩阵

波士顿矩阵是由美国波士顿咨询集团（boston consulting group）首创，起初主要是应用于规划企业产品组合的管理，后来逐渐被引入到产业基本面分析中，分析地区经济中各个行业及其结构如何适应市场需求的变化，由此将资源有效地分配到合理的产业中，以保证产业发展的优势，成为区域竞争取胜的关键。波士顿矩阵把地区经济中的各个行业单位划分为如图 3-6 所示的四种产业战略类型。

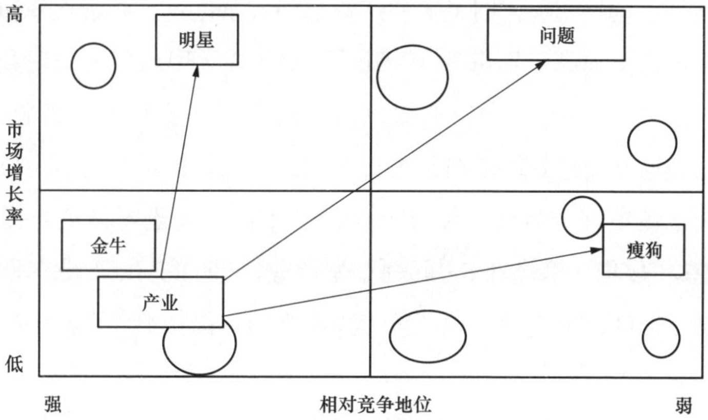

图 3-6　波士顿矩阵

（1）“金牛”型产业。“金牛”型产业具有低产业增长率和高市场份额。由于高市场份额，其利润和资金产生量应当较高。而较低的产业增长率则意味着此产业对资金的需求量也较低。于是，大量的资金余额通常会由此“金牛”创造出来。它们为本地区的资金需求提供来源，因而成为地区产业发展的主要基础。

（2）“瘦狗”型产业。“瘦狗”型产业是指那种具有低市场份额和低产业增长率的产业部门或单位。低市场份额通常暗示着较低的利润。而由于其产业的增长率也较低，故为提高其市场份额而进行投资通常是不允许的。但该部门为维持其现有竞争地位所需要的资金往往大于它所创造的资金量。因此“瘦狗”型单位常常成为资金陷阱。适用于该产业类型的最合乎逻辑的战略方案是清算，调整该产业，逐步退出市场竞争。

(3)“问题”型产业。“问题”型产业部门或单位具有低市场份额和高业务增长率。由于其较高的业务增长率，资金需求量较高，而由于其市场份额所限，他们的资金产量又较低。由于其较高的业务增长率，对“问题”型产业采取的战略之一应当是进行必要的投资以获取增长的市场份额，并促使其成为一颗“明星”。当其业务增长率慢下来之后，该产业就会成为一头“现金牛”。另一种战略是对那些管理部门认为不可能发展成为“明星”的“问题”型产业实施脱身战略。

(4)“明星”型产业。“明星”型产业部门或单位具有高增长率和高市场份额。由于高增长率和高市场份额，“明星”型产业运用和创造的现金数量都很巨大。“明星”型产业一般为企业提供最好的利润增长和投资机会。很明显，对于“明星”型产业最好的战略是进行必需的投资以保持其竞争地位。

利用波士顿矩阵分析法，可将地区经济中的产业进行分类，提取出“金牛”型产业、“瘦狗”型产业、“问题”型产业、“明星”型产业，调整产业发展方向，确定地区经济主导产业和重点发展方向，优化地区产业结构。

3. 区位分析法

一般而言，区域经济的发展很难脱离周边环境，因此区域主导产业的选择会考虑到区域经济的集聚与互补因素，区位分析法将研究对象纳入周边的经济环境中，有利于帮助地区经济与产业发展融入区域经济协作中。依托于经济区位论、中心—边缘理论、点轴理论、城市区域、产业集群等理论基础，区位分析可采用定量与定性分析相结合的方法，分析地区经济的地理区位、交通区位、产业区位、市场区位等区位条件，以动态和发展的眼光判断产业发展的竞争优劣势与未来发展方向。

（二）产业竞争力分析

产业发展与规划研究离不开产业竞争力分析，包括单项指标评价法和综合评价法以及偏离—份额分析（shift-share analysis）法等分析方法。单项指标评价法选取显示性的指标进行测算，综合评价法有 WEF 和 IMD 的国家竞争力评价体系、ICOP 方法、UNIDO 的工业竞争力指数法和基于产业竞争力影响因素构建的综合评价指标体系等。偏离—份额分析法既可评估一个区域或城市产业的增长和竞争优势，还可分析产业发展的主导方向，因此关于产业结构和产业规划分析经常用到该方法。

1. 产业竞争力单项指标评价法

单项指标评价法，是选取能够表示产业竞争力竞争结果或具有显示性的指标，通过计算其在不同产业或地域层次上的比重来确定产业竞争力的大小。国际上一般采用比较优势指数、贸易专业化指数 TSC、相对出口绩效 REP 指数和劳埃德—格鲁贝尔指数等四种计算方法，确定该产业在国际上的产业竞争力。在地区层面上，选取外商投资企业产值比率（%）、经济外向度（%）、产业产出密度（元/km^2）、产业赢利能力、产业市场份额、产业增加值、产业的高级化程度等显示性指标揭示产业竞争力。

2. 产业竞争力综合评价法

综合评价法是将综合影响产业竞争力的各个因素，构建评价指标体系进行评价。一般采用加权求和的方法计算产业竞争力总指数，对于权重的确定，则可以采用主观权重法、层次分析法、主成分分析法、因子分析法来确定权重，也可以采用等权重处理的方法。著名的产业竞争力评价方法有 WEF 和 IMD 的国家竞争力评价体系、UNIDO 的工业竞争力指数法等。

（1）WEF 和 IMD 的国家竞争力评价体系。世界经济论坛（WEF）和瑞士国际管理开发学院（IMD）采用综合指标评价的方法对不同国家和地区的国际竞争力进行评价，已初步形成了一套比较完整的评价体系。此方法是目前国际上比较权威的国际竞争力评价方法。总体来说，IMD 强调竞争力是一国在配合先天资源与后天生产活动，国家所能创造财富的能力，较侧重静态的评比；而 WEF 则较侧重动态的评比，强调竞争力是一国提高其经济增长率和人民生活水准的能力，注重一国 5～10 年的经济增长潜力。

（2）ICOP 方法。产业和生产率国际比较（international comparison of output and productivity，ICOP）方法，是由荷兰格林根大学建立，通过对一个特定地区在相对价格水平、分部门的劳动生产率及全要素生产率等方面与其他地区进行比较，来揭示该地区工业与国内外其他地区差距的评价方法。

（3）UNIDO 的工业竞争力指数法。联合国工业发展组织（UNIDO）运用工业竞争力指数（competitive industrial performance index）来测量国家（地区）生产和出口制成品的竞争能力。它由四个指标构成：人均制造业增加值，人均制成品出口，制造业增加值中的中、高技术产品比重，制成品出口的中、高技术产品的比重。该方法侧重对国家（地区）制造业竞争力的评价。

（4）基于产业竞争力影响因素构建的综合评价指标体系。根据对产业竞争力影响因素的理解以及数据的可获得性，中国学者也构造了产业竞争力指标体系，并加以实证。图 3-7 描述了工业竞争力评价指标体系构建的情况。

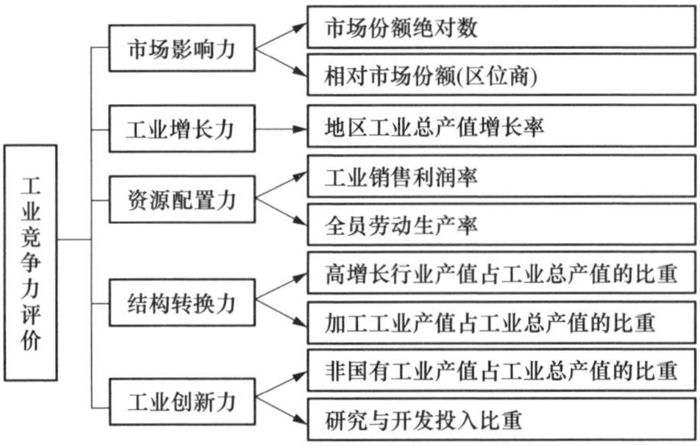

图 3-7　工业竞争力评价指标体系构建

目前产业竞争力评价体系存在着一些不足：评价指标选择随意性较大；有些指标选择过多、过于烦琐；有些指标选择又过于单一，难以反映整个地区产业竞争力的真实情况。因此产业竞争力评价体系的构建，应结合地区产业属性和特点，选择数量合适且具有代表性的指标，使得指标体系既具有可操作性，又能够反映产业的全面信息。对区域产业竞争力测度方法的评价见表 3-3。

表 3-3　对区域产业竞争力测度方法的评价

测度方法		特点	优点	缺点
单指标法	贸易专门化指数、比较优势指数、相对出口绩效、市场占有率	显示性指标	简单、直观、易操作	无法解释原因

续表

测度方法		特点	优点	缺点
综合指数法	主观权数法、层次分析法、主成分分析法、聚类分析法	显示性与分析性相结合	可反映全面信息、可解释原因	操作性差、可信度低需大量统计数据
定性分析法	价值链分析法 SWOT法	分析性 分析性	从价值增值角度说明本质情况，从优势、劣势、机会威胁4方面展开分析	难以定量化分析，可操作性较差，缺乏定量分析，难以说明具体影响程度

3. 偏离—份额分析法

偏离—份额分析法（shift-share analysis）又称双S分析方法，由美国学者邓恩和佩洛夫（Dunn，Perloff）等提出，在国外区域与城市经济结构分析中广泛应用。它可以评价一个区域或城市产业的增长和竞争优势，还可以确定未来产业发展的主导方向。

（1）基本原理。偏离—份额分析法是把一个区域或城市的经济变化看做一个动态过程，以其所在区域或整个国家的经济发展作为参照系，将区域或城市自身经济总量在某一个时期的变动 G 分解为份额分量Ⅳ和偏离分量 S，偏离分量 S 由结构偏离分量 P 和竞争力偏离分量 D 组成。用以说明区域或城市经济发展或衰退的原因，通过评价区域或城市具有相对竞争优势的产业部门，进而合理确定城市未来发展及产业结构调整的方向。其表达方式为

$$G=N+S=N+P+D \tag{3-26}$$

（2）数学模型。选取产业发展的参照系和产业分析的时间段 t，假设某区域（或城市）i 在经历了时间［0，t］之后，其产业经济总量和结构均发生了变化。

设 b_i 为该区域（或城市）i 的工业产值，B 为大区域或全国（参照系）的工业总值，b_{ij} 为区域（或城市）i 工业部门 j 的产值，B_i 为大区域或全国的工业部门 j 的产值，下标0，t 表示初始期和末期情况，$r_{ij}=\frac{b_{ij,t}-b_{ij,0}}{b_{ij,0}}$ 则表示区域（或城市）i 工业部门 J 在［0，t］时段的变化率（$j=1，2，\cdots，a$），大

区域或全国工业部门 j 在 $[0, t]$ 的时段变化率为 z

$$R_j = \frac{B_{ij,t} - B_{ij,0}}{B_{j,0}}, (j = 1, 2, \cdots, n) \tag{3-27}$$

以大区域或全国的各工业部门所占份额将城市各工业部门规模标准化为

$$b'_{ij} = b_{i,0} \frac{B_{j,0}}{B_0} \tag{3-28}$$

由此，在 $[0, t]$ 时段内区域（或城市）i 的工业部门 j 的增长量 G_{ij} 为

$$G_{ij} = N_{ij} + P_{ij} + S_{ij} \tag{3-29}$$

$$N_{ij} = b'_{ij} R_j \tag{3-30}$$

$$S_{ij} = P_{ij} + D_{ij} \tag{3-31}$$

$$P_{ij} = (b_{ij,0} - b'_{ij}) R_j \tag{3-32}$$

$$D_{ij} = b_{ij,0}(r_{ij} - R_{ij}) \tag{3-33}$$

$$R_{ij} = b_{ij,t} - b_{ij,0} \tag{3-34}$$

式中：R_j 为工业部门变化率；S_{ij} 为偏离分量；N_{ij} 为份额分量（或全国平均增长效应），它是指 j 部门的全国（或所在大区）总量按比例分配，区域 i 的 j 部门规模发生的变化，也就是区域标准化的产业部门如果按全国或所在大区域的平均增长水平发展所产生的变化量；P_{ij} 为结构偏离分量（或产业结构效应），它是指区域部门比重与全国（或所在大区）相应部门比重的差异引起的区域 i 的 j 部门增长相对于全国或所在大区标准所产生的偏差，是排除了区域增长速度与全国或所在区域的平均速度差异，在假定两者等同的情况下，单独分析产业部门结构对增长的影响和贡献，所以此值越大，说明部门结构对经济总量增长的贡献愈大；D_{ij} 被称为区域竞争力偏离分量（或区域份额效果），是指区域 i 的 j 部门增长速度与全国或所在大区相应部门增长速度的差别引起的偏差，反映区域 j 部门相对竞争能力，此值越大，说明区域 j 部门竞争力对经济增长的作用越大。

4. 计算过程和结果分析

（1）确定产业分析的时间范围以及产业参照系。偏离—份额分析法首先要确定 t 值，即确定在哪一个时间段上考虑区域产业经济的变化，一般 t 值取值为 5 年或 10 年。产业参照系的选择需要考察研究区域的产业规模及地位，以

此确定选择哪一级区域作为背景和参照系来分析区域经济结构的变化，一般来讲，研究区域在哪一级较大区域有重要地位，就选择那一级的区域为产业参照系。通常选择的产业参照系是省或全国，也可以是一个经济协作区等。

（2）划分产业部门，建立偏离—份额分析表（见表3-4）。根据所研究问题的性质和深度要求，考虑统计资料的可能性，按照某种分类体系，把区域经济划分为若干（n）个完备的部门，然后收集数据，建立偏离—份额分析表（或分析矩阵）见表3-4。

表3-4　　偏离—份额产业结构分析表

序号	产业类型	$b_{ij,0}$	$b_{ij,t}$	b'_{ij}	$b_{ij,0}-b'_{ij}$	r_{ij}	R_j	$r_{ij}-R_j$	G_{ij}	N_{ij}	P_{ij}	D_{ij}	S_{ij}
1													
2													
⋮													
n													

（3）绘制并分析偏离—份额分析图。比较分类产业部门，根据分析表计算数据，为使结论更加清晰直观，绘制偏离—份额分析图，明确各产业部门属于何种产业类型。偏离—份额分析图由两条倾斜度为45°的等分线，把坐标系分为八个扇面，然后标出区域产业各部门所在的位置。根据所在扇面，将其划分为几种类型，判断区域总体结构及竞争力的强弱，确定哪些是具有竞争力的优势部门。同时，还可以用分析图对各区域进行比较，识别各区域结构优劣与竞争力高低。

图3-8中，以区域部门优势 S 为横坐标，以份额分量 N 为纵坐标，将平面划分为八个扇面，这些扇面反映了不同的在总增量、部门增长优势方面几种类型。N 表示研究区域产业在参照系内所具有的份额大小，坐标值越在上面，表示在参照系内的份额越大，在参照系内就可能具有一定行业地位；S 为增长分量，表示的是与参照系比较的增长速度，坐标值越在右边，表示的增长速度越强。一般看来，所占份额大增长优势明显的产业是未来区域可能重点发展的产业，一般落在第一、第二扇面，增长处于劣势的一般落在第四、第五扇面。

图3-9中，以竞争偏离分量 D 为横坐标，以结构偏离分量 P 为纵坐标，

建立坐标系，并将平面划分为八个扇面。在部门偏离分量分析图中，可以分析产业的竞争优势。P 为基础分量，表示在研究的时间范围内该产业在参照系内的产业基础，坐标值越靠上，表示该制造业产业基础越好；D 代表竞争分量，是与参照系内比较产业所具有的竞争力优势大小，越向右其产业所具有的竞争力越强。一般看来，基础好竞争力强的产业是该区域未来重点的产业，一般落在第一、第二扇面，较差的产业落在第七、第八扇面。

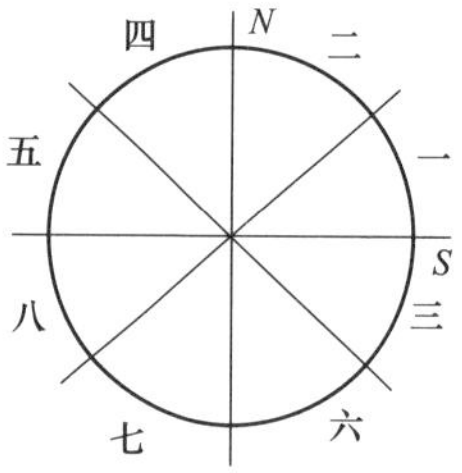

图 3-8 部门优势（增长优势）分析

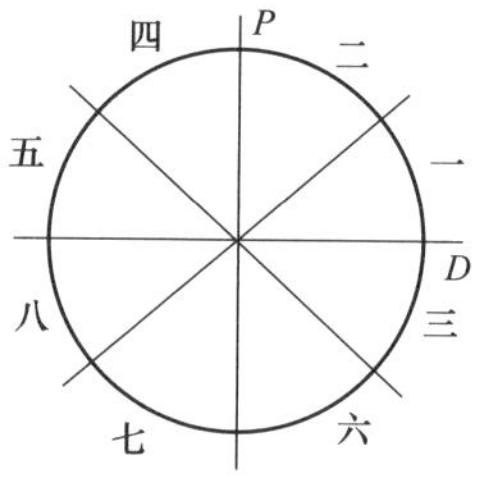

图 3-9 部门偏离分量（竞争优势）分析

（三）核心竞争力分析

1. 核心竞争力的概念

核心竞争力分析属于内部发展能力分析的范畴，是社会经济发展规划对国家或某个地区，乃至某个专项领域进行的深入分析。核心竞争力又称核心竞争优势，指的是组织内部一系列互补的技能和知识的结合，是组织内部经过整合了的知识和技能，它具有使一项或多项业务达到一流水平、具有明显竞争优势的能力。“核心竞争力”最早由美国学者普拉哈拉德和哈默针对企业的发展于1990 年提出。核心竞争力是参与竞争的一个企业、产业、区域、国家乃至个体的人能够长期获得竞争优势的能力。这种能力是参与竞争的个体所特有的、经得起时间考验的、具有延展性，并且是难以被竞争对手模仿的技术或能力。核心竞争力具备的特点包括：一是外延性，即获取更广阔市场的潜力；二是价值性，即客户认知的价值；三是难以模仿性，即必须和竞争对手的竞争力具有差异。用通俗的话说就是偷不去、买不来、拆不开、带不走和流不掉。

2. 产业核心竞争力分析模型

产业竞争模式中明确指出了影响竞争的五种力量，分别是新进入者的威胁、上游供应商的议价能力、购买者的议价能力、替代品的威胁以及不同主体之间的竞争激烈程度。产业核心竞争力主要来源于产业集聚和产业集群，形成产业链条对产业核心竞争力的提升具有至关重要的作用。在某一特定领域内相互联系的、在地理位置上集中、所属行业相近的企业、机构形成产业群。产业群包括由某一具体行业为主导，由上游的资源供应商、下游的产品销售企业、零部件和其他服务供应机构以及研究开发、教育培训机构等共同组成。产业群不仅包括现代产业，还包括传统产业。

3. 区域与国家核心竞争力分析模型

区域与国家核心竞争力可以看作是区域与国家竞争力的深入，而区域与国家竞争力是竞争的延伸。自工业资本主义以来，竞争一直是市场经济的主题，不仅体现在产品、企业层面上，也体现在区域、国家层面。一国的国内经济环境对企业竞争优势的确立有很大影响，其中影响最大、最直接的有四个因素，即生产要素、需求条件、相关产业和支持产业的表现，以及企业战略、结构和竞争对手。一个国家最有可能在国际竞争中取胜的是国内"四因素"环境特别有利的那些行业。因此，"四因素"是一个国家的国际竞争力最重要的来源。除此之外，机遇和政府管制也对一个国家经济的发展起着很重要的作用。据此美国哈佛商学院著名的战略管理学家迈克尔·波特提出了国家核心竞争力分析的"钻石模型"，该模型也逐步被运用到区域层面，分析区域核心竞争力。

4. 核心竞争力的识别

识别就是判断自身的优势、劣势、能力、资源，确定所要培育的核心竞争力及其支持要素，关键是选择和运用识别模型与方法。目前这一领域的研究主要集中于对国家竞争力、区域竞争力和企业核心竞争力的评价研究。最著名的国家竞争力的评价体系有四个：一是瑞士洛桑国际管理学院（IMD），1980 年创立了国际竞争力评价体系。该体系主要包括四大要素，即经济运行、政府效能、企业效益和国家基础结构，这四大要素又包括 314 项指标，旨在全面地对国家或区域竞争力进行评价，2002 年该评价体系被用于实践，取得了一定的成果。二是《全球国际竞争力报告》所采用的体系。该体系包括 195 个指标，其中硬指标 68 个，软指标 127 个，指标体系划分为 8 大要素和主要经济指标

9个部分，其中8大要素分别是开放度、政府管理、金融、基础设施、技术、企业管理、劳动力、法规和社会文明。三是《世界国际竞争力年鉴》（1997）提出的，包括244个指标，其中硬指标160个，软指标84个，指标体系划分为国内经济实力、国际化、政府管理、金融、基础设施、企业管理、科学技术、国民素质8大要素。四是世界经济论坛（WEF）每年向全球公布《全球竞争力报告》，主要竞争力排名为全球竞争力指数（global competitiveness index，GCI），该指数由萨拉-伊-马丁教授为世界经济论坛设计，并与2004年首次使用。GCI由12个竞争力支柱项目构成，其为识别处于不同发展阶段的世界各国竞争力状态提供了全面图景。这些支柱是：制度、基础设施、宏观经济稳定性、健康与初等教育、高等教育与培训、商品市场效率、劳动市场效率、金融市场成熟性、技术设备、市场规模、商务成熟性、创新。

（四）外部环境与内部能力的匹配分析

1. 外部环境与内部能力匹配分析的模型

对于规划而言，很重要的一点是寻求外部环境与内部能力之间的协调和匹配。只有当外部环境与内部能力达到了匹配，才能最有效地促进规划对象的发展。规划对象与其所处的环境不匹配、不协调、不适应，自身就不能得到很好的发展。外部与内部最主要的分析工具和方法是SWOT分析模式。

2. SWOT模型的分析步骤

SWOT分析的主要目的是强调内部环境和外部环境之间的匹配，外部环境决定机遇与限定条件之间的匹配。对外部环境的评价要明确其中存在的机会与威胁，对内部状况的总结要揭示自身的优缺点，即：SWOT分析就是找出外部的机遇与挑战，揭示内部的优势及劣势，从而制定合适的战略和应对策略。

利用SWOT模式分析主要有八个步骤：①列出关键的外部机会；②列出关键的外部威胁；③列出关键的内部优势；④列出关键的内部劣势；⑤将内部优势和外部机会相匹配，形成SO战略；⑥将内部弱点与外部机会相匹配，形成WO战略；⑦将内部优势与外部威胁相匹配，形成ST战略；⑧将内部弱点与外部威胁相匹配，形成WT战略。

SWOT分析的八个步骤可以通过构建矩阵的形式实现，如图3-10所示。

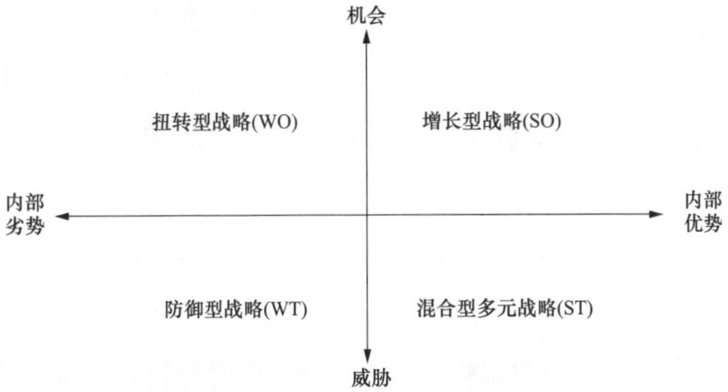

图 3-10　产业竞争力分析模式

利用 SWOT 模式进行外部环境与内部能力之间的匹配分析关键是进行优势与劣势以及机会与威胁的分析，并在此基础上形成应对战略。经过 SWOT 分析，可以形成不同的战略供选择。

3. SWOT 分析的战略选择

SO 战略，又被称为增长型战略，是一种发挥内部优势而利用外部机会的战略。所有的规划主体和规划实施主体都期望充分利用自身的优势，并抓住外部环境提供的机会。

WO 战略，又称为扭转型战略，目标是利用外部机会来弥补内部的不足，从而培植内部的优势，最终达到 SO 的境地。

ST 战略，又称混合多元战略，利用优势回避或减轻外部威胁的影响，从而扭转局面，使外部威胁最终转化为自身发展的机会。

WT 战略，又称防御型战略，该战略是一种旨在减少内部弱点的同时规避外部环境威胁的防御型战略，面对大量外部威胁和许多内部弱点，发展的过程是极其不稳定的。

第三节　规划方案的评价方法

一、规划目标与指标体系建立

（一）规划发展目标的类型

目标是在现状分析以及发展预测的基础上，根据现实的需要而做出的。目标的确定主要依据三个方面：一是现状特点，根据现状分析对目前的状况有全面而完整的认识；二是发展预测，对未来发展环境和发展趋势做出科学的判断；三是各方面的要求，尤其是政府宏观调控管理的期望。一般来讲，行业和专项规划要服从于国民经济和社会发展的总体目标，要服从于总体目标的要求以及特殊发展时期的特殊战略要求，要与其他各类综合性规划和其他形式的规划进行协调和平衡。规划发展的目标多种多样，类型各不相同，涉及不同的方面，由此构成一个完整的目标体系。从不同的角度分析，目标的类型主要有以下五个方面。

1. 总体目标和分项目标

总体目标和分项目标是按照目标的特性和实施的领域不同划分的。总体目标是规划所有目标的集成，是规划目的的集中反映。分项目标是不同领域的目标，有经济发展领域的目标、社会发展领域的目标、环境保护领域的目标、科技发展领域的目标等。总体目标的实现需要分项目标的落实，分项目标是总体目标的支撑。

2. 主要目标和次要目标

主要目标和次要目标是按照目标在规划体系中的重要程度划分的。主要目标是指在整个规划或不同领域中居于主要地位的目标，主要目标的实现对规划总体目标的实现具有至关重要的意义。次要目标是为配合主要目标的实现而设立的目标，虽然次要目标在总体目标中不具有关键意义，但是对于目标的协调、对于社会经济等各个方面的协调发展具有很重要的意义。

3. 预期性目标和约束性目标

预期性目标和约束性目标是按照目标的实现是否具有强制性，是否必须完成而划分的。预期性目标是规划制定者期望达到的目标，主要集中在市场对资源配置和生产活动具有基础性调节作用的领域，尤其是竞争性市场领域。这些领域不需要政府强制调控，建立预期性目标是为了规范和纠正市场失灵造成的损失，政府要创造良好的宏观环境、制度环境和市场环境，并适时调整宏观调控的方向和力度，努力运用各种政策手段，对社会经济发展起引导性的作用，努力争取实现的目标。约束性目标是在预期性基础上进一步明确并强化了政府责任的指标，是政府在公共服务领域和涉及公众利益的领域对地方政府和各部门提出的工作要求。约束性目标是必须要实现的目标，具有强制效力，政府要通过合理配置公共资源和有效运用行政力量，确保实现的指标，尤其是在自然环境和社会发展等需要政府承担更大责任的领域。

4. 定性目标和定量目标

定性目标和定量目标是按照目标表征的特征来划分的。有些目标是不能用数量、数字来描述的，只能用文字描述，这类目标被称为定性目标，例如发展能力等。那些可以用数字和数量化的指标进行描述的目标称为定量目标，例如增长率、出口量、人口规模等。

5. 最终目标和阶段目标

最终目标和阶段目标是按照实施的时间和实施的阶段来划分的。最终目标是规划实施完成时的目标，也称期末目标。阶段目标有近期目标、中期目标和远期目标，甚至还有年度目标和月度目标。规划期限不同规划制定的阶段目标也不同。10 年以上甚至 20 年的长期规划，例如中国制定的科技发展中长期规划，包括 3～5 年的近期目标，10 年左右的中期目标以及 20 年的长期目标。而对于中期规划，例如五年规划，一般仅有最终目标，有的是规定实施 3 年时的中期目标。

（二）规划指标体系的构建

规划目标的进一步具体化就需要以具体的指标来表达。一个目标一般都有一个指标或者更多的指标来表征。在社会主义市场经济条件下，规划的绝大部分指标已经不作为指令性任务分解下达，对微观经济活动没有行政约束力，也不作为考核地方和部门的依据。规划指标从确定性指标转化为预测性指标。规划指标的作用主要是向社会表明政府对规划期发展目标的预期，表明政府规划宏观经济社会政策的基本导向，表明政府宏观调控的基本方针和政策目标，对市场主体起信息导向的作用。随着社会经济日益多元化和复杂化，某一领域的规划会对其他领域产生影响，因此规划目标应该充分体现经济效益、社会效益和环境效益的统一。具体指标选择应该从经济、社会环境和技术多个方面、不同层面着眼，建立完整的、能够全面反映总体目标和不同分项目标的综合性指标体系。

从指标本身的表现形式来看，有三类指标：第一类是速度指标，指在规划期内各类指标的增长变化速度，其中包括价格变化，一般用百分数来表示；第二类是规模指标，指各类指标的规模变化状况，除了包括投资、产值等经济规模以外，还应该包括就业以及污染排放物的控制规模等；第三类是结构指标，包括多个方面，具体根据领域的性质来选取，主要有城乡结构、人口结构、技术结构、产品结构、市场结构、地区结构，进出口结构等，一般用比例指标来表示。指标的选取主要包括以上三个方面，但依据发展规划、区域规划和专项规划的内容不同，具体选择应该有所差异和取舍。此外，要尽量使用不同形式的指标来表征目标，速度指标不能反映规模，而规模指标也不能反映速度和结构，只有三者结合起来才能完整体现所设立的目标。对于定量化指标而言，由于在市场经济条件下，市场对资源配置和生产活动的进行具有基础性的调节作用，而对市场变化的预测不可能完全正确。因此设定的指标，即使是预测性的、不具有约束力的指标也应该是可变化的，可以随时调整，数量指标不是固定数值的确定性指标，应该是区间性的、范围性的指标。具体来看，规划目标的指标体系构建有以下几个特征：

1. 全面性

指标体系应该涵盖该规划领域的所有方面，能够完全表达规划目标所涉及的程度。除发展规划目标的指标体系的全面性是应有之义外，专项规划目标的指标体系应该涵盖该专项领域的所有方面，区域规划目标的指标体系应该反映区域规划所设定的发展目标。

2. 层次性

规划的指标体系由不同层次的内容构成，同一个目标下有不同的分目标，一个分目标由不同方面的指标来表征，同一个指标也有不同形式的指标来诠释。低层面的指标是对更高层面指标的进一步展开和具体化。

3. 可测性

规划的指标是可以被测量的，不能被测量的指标是没有意义的。指标的可测性是衡量指标体系的科学性和实用性的关键要素。只有指标可测量了，才能对规划期限内发展的程度、发展的方向，对发展的目标进行比较、分析和评价。

（三）不同类型规划的目标体系

1. 发展规划的目标体系

发展规划几乎涵盖了社会经济发展所有方面，因此发展规划的目标体系是综合的、全面的，也涵盖社会经济发展的方方面面。发展规划的目标主要涉及政治领域、经济领域、社会文化领域、资源环境领域、技术领域以及国际合作领域等。

（1）政治发展目标：维护稳定的政治环境，提高民主化和法制化水平，包括政治稳定、政治操作公开透明、政府廉洁公正、政治行为法制化、公民的政治参与及表达途径多元。

（2）经济发展目标：提高经济发展水平，转变经济增长方式，优化产业结构，包括经济增长方式的转变、经济成长、产业结构优化、就业结构、经济增长率、人均国内生产总值、投资增长率、消费增长率、进出口增长率、银行存贷款规模及增长、城镇化率、通货膨胀率、高新技术产业产值比重。

（3）社会发展目标：以人为本，提高人民生活水平，促进社会公正，构建和谐社会，包括人均预期寿命、国民平均受教育年限、义务教育阶段入学率、万人医院床位数、医疗保险参保率、养老保险参保率、增加就业规模、失业率、居民人均可支配收入、重大生产安全事故发生数、社会犯罪率等。

（4）资源环境目标：减少资源消耗，优化自然环境，包括森林覆盖率、沙漠化土地面积变化、水土流失面积变化、自然保护区面积、主要城市优良天气数、主要矿产资源探明储量、生物资源的种类和数量、建设用地变化量、耕地面积变化、主要污染物排放、工业固体废物综合利用率、单位产值能源消耗、单位产值水资源消耗、不同用地类型单位土地面积产出规模、主要耗能设备的能效。

（5）技术发展目标：提高科研开发能力、自主创新能力和消化吸收能力，包括科学技术开发费用增长率及其占 GDP 的比重、发明专利申请注册率、重大科技创新数量、研发人员数量、年均科技论文数量。

（6）国际合作目标：提高在国际上的影响力和国际竞争力，包括对外投资规模、吸引外资规模、进出口总额、国际往来人员数、参加重大国际会议数、承办重大国际会议和赛事的数量、重大国际合作项目数、对外援助规模等。

2. 专项规划的目标体系

专项规划的目标比发展规划和区域规划的目标相对单一，集中于所规划的专项领域。但是，专项规划的目标要与发展规划对于该专项领域规定的目标相一致，相协调，不能与发展规划的相关目标冲突和矛盾。

3. 区域规划的目标体系

（1）区域协调发展目标：缩小区域经济发展差距、缩小区域社会发展差距、加强区域间的交流与合作、提高发达地区对相对落后地区的发展带动。

（2）城乡协调发展目标：缩小城乡发展差距、促进城乡的交流、以工补农、以城市带动农村发展、提高城市的集聚和扩散能力。

（3）基础设施建设目标：提高基础设施建设水平、完善基础设施体系、提高基础设施的覆盖范围、提高基础设施惠及的人口数量、提高基础设施利用的效率等。

（4）资源环境利用和保护目标：提高森林覆盖率，减少沙漠化土地面积和水土流失面积，提高水资源的保障程度，控制建设用地过快增长、确保耕地面积不见少、控制主要污染物的排放，提高工业固体废物综合利用率，降低单位产值能源消耗和单位产值水资源消耗、提高不同用地类型单位土地面积产出率。

（5）空间结构和功能优化目标：形成合理的城镇体系，形成完善的城乡结构，促进产业布局的空间优化、优化地域分工，促进不同功能区的功能优化，促进用地结构的合理化。

（四）规划布局分析

1. 规划功能组织和布局的根本目的

规划布局是社会经济规划的重要内容和组成部分，从根本上讲是对于资源在不同地区、不同领域、不同部门、不同群体、不同行业、不同组织之间配置的问题，包括规模、结构等一系列战略层面的操作。规划功能组织和布局的根本目的在于以人为本，促进社会经济全面、协调、可持续发展，促进社会主义和谐社会的构建。

（1）促进社会经济的快速、稳定发展和效率的稳步提高。对于中国这样一个经济社会发展水平还比较低，生产力不发达的发展中大国，发展是硬道理，发展是第一要务。功能布局和优化有利于提高发展的效率和质量，有利于使经济保持快速、稳定的发展。

（2）促进经济与社会的协调发展。规划布局就是要把有限的资源统筹安排，科学合理地在社会领域和经济领域进行配置，在促进经济发展的同时促进社会的发展。因为，只有经济的发展，社会发展不足，最终不仅会妨碍经济的进一步发展，还会对整个经济社会体系产生不利影响，不利于以人为本，维护广大人民群众的根本利益。

（3）促进地区的协调发展。规划功能组织和布局的一个重要方面是对不同区域之间在产业、人口、资源利用等方面做出合理的统筹安排，以缩小不同地区之间的发展差距，促进地区之间的联系和交流，以发达地区带动欠发达地区的发展，达到区域协调发展的目标。

（4）促进城乡的协调发展。城乡统筹规划布局也是规划的重要功能之一，也是规划的重要内容。布局就是合理分配和统筹资源在城乡之间的配置，以此缩小城乡发展差距，扩大群众富裕的基础，通过以工促农、以城市带乡村的方式解决农村的发展问题，达到城乡协调发展。

（5）促进人与自然的协调发展。规划布局要在促进社会经济发展和自然环境的保护之间做出平衡和协调，要在保护自然环境的基础上促进社会经济的发展，社会经济的发展不能以破坏自然环境的质量为代价，为人类的生存和发展提供一个优良的自然环境。

2. 规划布局的基本原则

（1）有利于功能的优化原则。规划布局必须有利于功能的优化，能够最大限度地提高各类主体、各利益相关者的积极性和创造力，达到功能优化、结构合理，充分发挥各主体的效力和能力。

（2）有利于节约资源原则。规划布局要有利于资源的节约，在有限的资源约束下，合理安排各类生产要素和资源的配置，不仅要促进发展，而且要集约发展和节约发展。

（3）有利于提高效率原则。通过规划布局，达到资源在空间和时间上的合理配置，达到配置的最优化，以最小的资源投入，达到产出最大的效果。

（4）有利于协调发展的原则。通过规划布局达到经济与社会发展之间、不同区域之间、城市与乡村之间、人与自然之间的协调发展，在保证发展的速度和质量的同时，力争各个方面协调推进。

3. 规划布局分析的主要内容

（1）领域间的布局安排。要在经济领域与社会和文化领域之间，在经济和自然资源领域之间、在社会和文化领域与自然领域之间，以及在经济领域内部不同产业之间，社会领域不同部门之间、自然领域不同方面之间进行空间上、时间上和资源投入等方面的布局安排。

（2）战略间的布局安排。要在不同的发展战略之间进行时间上、顺序上和空间上的安排，确定各个战略之间的联系，各个战略主体之间的职责。

（3）时段间的布局安排。从近期、中期和远期等不同的阶段上对规划内容和规划目标进行总体的布局安排，达到互相之间协调一致，互为依托。

（4）区域间的布局安排。在不同主体功能区之间，在中国东部发达地区、中部地区、东北老工业基地、西部地区之间进行区域上的统筹安排和布局。区域间的布局安排还包括城乡之间的布局、城镇内部不同规模等级城市之间以及大中城市与小城镇之间的布局安排。

二、资源条件分析评价

（一）可调控资源的主要类型

可调控资源，是指在市场经济条件下，在生产要素构成中政府可以直接管理、支配、转让、出售或能够控制并转化为投资的市场资源。这既包括政府拥有所有权的那一部分资源，又包括政府虽然没有所有权，但牢牢掌握其配置权的那一部分资源。在市场经济条件下，政府组织并实施空间规划、实现政府发展思路和规划导向的最主要手段，就是通过利用各种可调控资源、特别是各类引导性的政策措施，明确指导性、引导性、强制性等不同规划发展内容与可调控资源的对应关系，有效地调控社会资源配置，引导包括政府在内的各类发展群体的活动行为，使规划从过去的被动执行转变为主动参考和积极执行，避免规划的空心化和虚设化。

1. 可调控资源的主要特点

（1）垄断性。例如，政策法规、授权、审批、证照等行政性资源、财政性资金、国有资产等，是政府独有的资源。

（2）稀缺性。由于资源有限性和总量控制等原因，相对于社会需求而言，政府可调控资源表现出一定的稀缺性，例如土地使用权、特许经营权、排污许可证等。

（3）动态性。随着经济社会的发展，特别是政府行政管理体制改革步伐加快，政府可调控资源的数量和质量都会发生相应的变化，例如政府采购、项目审批权、政府信息资源等。

（4）引导性。政府掌握可调控资源是为了履行政府职能的需要，特别是在一些关系国家经济全局、市场机制不能或不易发挥作用的领域，政府利用可调控资源，通过鼓励、限制等方式引导企业或其他社会组织朝着政府规划设计的方向运行。

2. 可调控资源的主要类型

从资源所有权状况和可转化性看，当前中国政府可调控资源主要包括：①政府以收入形式支配的资源；②政府以行政手段支配的非国有资源；③政府信息资源；④土地、水、矿产等自然资源；⑤国有资产存量。另外，根据研究对象的性质和可计量的难易程度，将政府可调控资源分为政府以货币形式支配的资源量、以行政手段支配的资源量和其他资源量。

（二）资源特征分析

在进行规划资源的综合配置和整体调控过程中，各种可调控资源的资源量和变动趋势呈现以下特征：

1. 政府以货币形式支配的资源量

政府以货币形式支配的资源量主要包括政府通过各种收入形式支配的资源量和通过金融机构支配的资源量。

（1）政府以收入形式支配的资源量。政府以收入形式支配的资源量（R）包括政府财政收入（G_r）、预算外收入（E_r）、非预算收入（N_r）、企业亏损补贴（S_e）和债务收入（G_d）五项。计算公式为

$$R = G_r + E_r + N_r + S_e + G_d \tag{3-35}$$

（2）政府通过金融机构支配的非国有资源量。在政府可调控资源类型中，政府以货币形式支配的资源（包括政府以收入形式支配的资源和政府通过金融机构支配的非国有资源）是一项重要的组成部分。从研究需要以及数据可获得性出发，这里采用了国家预算内资金和国内贷款作为研究对象。在国家预算内资金管理方面，政府主要通过有限的资金实现对全社会资金的引导和调控作用。按照市场化、社会化的方向，根据不同项目的特点和投资领域，采取了不同的运作方式。对具有稳定收益的基础设施和其他经营性项目，实行“政府引导、市场运作”的方式，主要是运用政府产业性投资，采取资本金注入、参股、贴息、前期费投入和贷款扶持等投资方式；对没有收益或收益很少的公益性项目，实行“政府主导、市场运作”的方式，主要运用政府公共投资，采取直接投资、特许经营和投资补助等方式，并积极推行企业化运作的模式。此外，为了保证这一部分可调控资源的良性循环和使用效率，政府决策建设项目时采取先编规划，后审项目的办法。这是政府职能从项目管理转向规划管理，从微观管理转向宏观管理的体现，有利于政府宏观调控体系的完善。政府通过金融机构支配的非国有资源（这里主要指国内贷款），在调控方式上主要采取了信贷政策，例如控制货币发行量、规定和调整存款准备金率、调整贷款基金额度、规定和调整存款额度增长率、调整信贷资金结构、调整存款利息等办法。此外，还包括公开市场业务、再贴现率等方法。

2. 政府以行政手段支配的非国有资源量

新中国成立后，以投资项目审批、发放生产经营许可证等行政手段配置资源一直是中国政府进行宏观调控的重要手段，在这里仅从中国具有代表性的物资调配和项目审批出发对此问题做一研究，分析其数量变化特征以及未来发展趋势。

（1）物资调配。改革开放前，中国实行高度集权的计划经济体制，在全国“一盘棋”的要求下，政府对生产资料实行集中、统一管理，并将全部物资分

为统配物资、部管物资和地方管理物资三大类，在社会经济活动中处于绝对支配地位。国家直接通过计划机制配置资源，包括物资分配权和投资决策权。行政管理学理论认为，经济、法律、行政是构成市场经济条件下政府宏观调控的主要手段，三者各具特色，相互补充。一般理论研究认为，经济、法律手段大多是带有市场经济特征的，因而在市场经济发达国家被广泛采用，而行政手段更多地具有计划经济的色彩和强制性。但这样的区分并不等于说市场经济发达国家不采用行政手段管理社会经济事务，经济、法律、行政是管理经济的手段，而不是区分社会制度的主要依据。

（2）投资项目行政审批。行政审批在中国始于 1970 年代，是行政审批机关根据自然人、法人或者其他组织提出的申请，依法审查，准予其从事特定活动、认可其资格资质等的行为。作为一种制度安排，是国家干预和调控经济的一种有效手段。根据国务院行政审批制度改革领导小组办公室的统计，2002 年国务院各部门共清理出审批项目 4159 项。2002—2004 年，国务院分三批取消和调整了 1795 项行政审批项目，截至 2004 年 9 月国务院部门审批项目共计 3670 项，其中法律、行政法规以外设定、确需保留的项目 500 项。目前，国家行政审批项目的内容主要是直接涉及国家安全、宏观经济调控、生态环境保护以及有限自然资源开发、公共资源配置以及其他关系公共利益的事项等，例如铬化学物生产建设项目审批（国家发展改革委）、京都议定书清洁发展机制合作项目审批（国家发展改革委）、电力建设基金投资项目审批（国家发改委）、举办全国性人才交流会审批（人事部）、公路和水运投资项目立项审批（原交通部）等。2003 年国家出台了《行政许可法》，对行政许可设定的范围与原则等进行了明确规定。凡是通过市场机制、中介机构或行业组织能够有效解决的，政府原则上不再设定行政审批，只进行间接管理。此外，通过实施事后监督与其他行政管理方式能够解决的也不再设定行政审批。政府只对那些涉及环境保护、人身安全和人体健康、城乡规划、资源使用等与社会利益、公共利益有重大关系，事后又难以得到有效救济的行业和领域才设定事前行政审批加以控制。除此之外的其他投资项目改为核准制和备案制。根据中国行政审批制度改革和完善市场经济体制的总体要求，政府对投资项目的行政审批种类、数量等将会进一步缩小，而行政管理的范围和领域将会更加集中，总体上将朝着“经济调节、市场监管、社会管理、公共服务”等职能方向转变，将更有利于发挥宏观调控和公共管理的作用。

3. 其他资源量

其他资源主要包括政府信息资源以及土地、水、矿产等自然资源。

（1）政府信息资源。政府信息主要包括政务信息、市场信息、服务信息和决策信息等，是社会信息资源的一个重要组成部分，具有社会基础性、公益性、重复利用性的特点。据统计，目前中国各级政府部门大约集聚了全社会信息资源总量的80%。以自然资源部为例，所发布的信息主要包括国土资源计划信息和建设用地信息，后者主要包括土地供给总量信息、已供给土地宗地信息、已供给土地综合信息、土地使用权市场交易信息、市场预测信息和政府供地限制目录等。政府信息资源管理，提高了宏观调控的时效性和准确性。现实生活中，信息是国家建设和企业发展的重要资源，它与物质、能量一起构成现代社会经济发展的三大支柱。而在理论界，普莱德等行为主义学者将信息变量引入区位决策中，对解释区位决策行为的宏观规律和发展变化具有重要意义。政府信息资源作为社会信息资源的重要组成部分，在区域发展和区域规划中的作用主要表现为以下三个方面：

第一，引导政策实施的功能。政府通过信息引导，贯彻、实施国家发展战略和经济政策。在此过程中，信息引导将起到两个方面的作用。一方面，将政府的意图信息直接传达给市场各行为主体；另一方面，政府利用信息渠道及时掌握经济运行情况，为制定各类经济决策获得翔实可靠的依据。政府实现经济计划和宏观管理目标，一般可以利用各种手段进行信息引导，即对各种经济政策的出台、执行、反馈情况进行系统收集，不断完善各类经济政策。特别是针对政策空白点的信息、政策脱节点的信息、政策交叉点的信息以及政策梗阻点的信息，通过及时收集、加工和处理，努力使政策更加完善，使政策能更好贯彻和落实。

第二，引导市场运行的功能。市场经济条件下，一方面，信息是政府制定宏观经济政策的重要依据。政府需要通过政策信息、金融信息、价格信息等的引导来影响市场走向，进而达到引导和约束企业生产经营的目的，推进产业布局优化，实现经济效益、社会效益和生态效益的统一；另一方面，企业的生产经营活动更强烈地依赖于对各类信息的收集、加工和处理能力以及所拥有的信息质量和数量状况。

第三，引导协调监控的功能。信息的协调功能不仅表现在政府与企业关系的协调上，更突出地表现为政府各行政主管部门之间以及中央与地方、地方与地方之间的协调上。政府拥有的信息资源除一部分涉及国家安全、重大社会问题、商业秘密等外，必须确保能向社会公众开放，这既有利于避免条块分割、市场封锁、重复建设等行政区经济的痼疾，又有利于促进行政区内部国民经济和社会发展规划、城乡规划、土地利用总体规划等之间的衔接和协调。同时，信息的监控作用也有利于提高政府宏观经济决策的透明度和公平性，对规范政府行为，坚持依法行政具有重要的现实意义。

（2）水、土、矿产等自然资源。政府可调控资源，特别是水、土、能源、矿产等自然资源与区域规划有着密切的联系。这主要表现为：①自然资源是区域发展的物质基础，其数量、质量、分布及其开发利用条件等，决定着区域类型的划分和区域发展方向的选择；②自然资源的空间配置过程，如水资源、能源资源的空间配置等，既是调整区际关系的重要方面，也是区域发展的重要内容，并对区域发展的空间格局具有重要影响；③自然资源与环境和生态问题密切相关。在一定程度上，环境和生态问题主要源于自然资源开发利用中的不当行为。自然资源是经济社会发展和全面建成小康社会的重要物质基础，直接关系到经济社会发展的水平、速度和质量，既是宏观调控的对象，也是宏观调控的手段。自然资源具有稀缺性、有用性和可控性的特点，其中稀缺性对于区域发展的影响是不可替代的。因此，世界各国都加强了对自然资源的管理，并利用它来实现对本国经济社会的有效调控。当前，中国对自然资源采取了法律、经济、行政、社会、科技等综合管理措施。确立“十分珍惜、合理利用土地和切实保护耕地”为基本国策；颁布并实施了《土地管理法》《矿产资源法》《环境保护法》等法律法规；对国有土地实行招标拍卖，征收矿产资源补偿费、探矿权采矿权使用费等经济措施；对土地利用实行年度计划管理、建设项目用地预审和土地利用项目规划审查制度；推广应用“3S”系统，加强规划管理信息系统建设，对规划实施、管理进行动态监测。

第一，土地资源。土地作为政府宏观调控的对象和手段，在区域均衡发展中具有重要作用。中国人多地少的基本国情，特别是经济社会发展对土地需求的增加，导致土地供给与需求的矛盾日益尖锐，而区域发展差异在空间结构上表现出的“过疏过密”现象依然是中国今后一段时间必须重点解决的问题。在对土地资源实行强制性调控手段的同时，必须有效地结合指导性和引导性措施。通过招标拍卖、挂牌出让等经济手段以及科学的评价体系，例如制定和完善建设用地定额指标和土地集约利用评价指标等，推行单位土地面积的投资强度、土地利用强度、投入产出率等指标控制制度，尽快建立土地市场动态监测分析制度，促进土地市场的健康发展以及国土空间有序、协调、可持续发展。

第二，矿产资源。目前，中国对矿产资源管理主要采取了法律、规划和经济等手段。在法律制度上，颁布了《矿产资源法》《矿产资源法实施细则》《矿产资源规划管理暂行办法》等法律法规，对矿产资源实行勘查开采登记制度、限采禁采制度等；在规划制定上，要求已批准的矿产资源规划具有法律效力，必须严格执行。对不符合规划要求的探矿权、采矿权的设置、申请审批、招标拍卖、挂牌出让项目，不予批准发证；通过划定规划分区，设立“鼓励开采区、限制开采区、禁止开采区”，明确鼓励、限制和禁止开采矿种，对一些特殊矿产和特殊矿区实行强制性、保护性开采；征收矿产资源补偿费、探矿权采矿权使用费等。积极探索推进矿产资源有偿使用，加强探矿权采矿权市场建设。

第三，水资源。中国是一个严重缺水的国家，人均水资源量仅为世界平均水平的1/4。长期以来，受传统资源观的影响，水资源的价值无法通过市场价格信号表现出来，导致水资源短缺和浪费的现象并存。而区域间，特别是跨流域间水资源开发利用以及由此产生的环境污染、生态治理、价值补偿等问题日益成为区域统筹的重要内容。因此，必须将水资源的开发利用逐步纳入市场化、法制化的轨道，重视水资源在区域发展和规划中的重要地位。目前，理论界和实际工作中对水资源的管理和调控，大多采取了以下方式：①编制水资源综合规划，提出水资源功能区划，明确鼓励开发、限制开发等地区以及开发中需要考虑的条件和因素等；②界定和明晰水权。明确水权归属和取得水权的条件；③发放取水许可证和征收水资源费；④建立水权分配、转让、登记制度；⑤建立水权交易机制，促进水权的有偿转让；⑥实行总量控制和定额管理；⑦水环境综合整治。建立水质管理档案、水质信息发布系统和实时监控系统，以及水质发展规划；⑧建立水资源有偿使用的价格体系和水价形成机制。

（三）可调控资源的使用原则和运行机制

1. 中国规划可调控资源实践

根据不同规划的具体情况和各种规划发展目标的具体属性，对规划可调控资源的运用应有不同的原则和机制。在这些社会关系中，有些是带有引导性和指导性的，例如编制各种规划、实行招标拍卖、挂牌出让等，有些关系则从法律上进行了严格界定，具有强制性的特点，例如土地税收、勘查开采登记制度、取水许可证等。一般来说，为了在各种制度安排之间形成一种激励有效的结果，必须同时兼顾上述三种特点，实现公平与效率的统一。政府使用可调控资源的核心目的不是直接去实施规划，而应该是通过这些资源的使用，引导社会资源更广泛地投入，引导社会资源更有效、更合理地配置，从而发挥调控职能，推动规划的顺利实施和规划发展目标的实现。因此，对规划可调控资源的使用应区分引导型投入、激励型投入、控制型投入和惩罚型投入，政府资源渠道、金融资源渠道、企业资源渠道、社会（民间）资源渠道和国外资源渠道，应采取不同类型的资源手段配套运用，而不是靠单一的措施。政府可调控资源的管理与调控方式见表 3-5。

表 3-5　　政府可调控资源的管理与调控方式

资源类型		管理与调控方式	特点与功能
财政资金	财政投资	审计监督、评审等	引导性
银行信贷	银行贷款	利率、信贷	指导性
自然资源	土地资源	土地税收（增值税、使用税等）	强制性
		招标拍卖、挂牌出让等	指导性
	矿产资源	矿产资源补偿费等	强制性
		采矿权等招标拍卖、挂牌出让	指导性
	水资源	取水许可证、水资源费	强制性
		水质信息发布、治理规划	引导性

续表

资源类型		管理与调控方式	特点与功能
基础设施与公共设施	基础设施	政府投资	引导性
	生态环境	排污许可证、税收	强制性
	科教文卫体等社会事业	产业政策、税收	引导性
产业	重大、战略性产业发展与布局	政府投资	引导性
信息资源	政务、市场、服务、决策信息等	信息公开与发布	引导性
政策法规	政策法规、行政许可	环境保护法、矿产资源法等	强制性
	规（计）划	土地利用规划、区域规划等	指导性

2. 国外经验借鉴

市场经济发达国家非常重视政府可调控资源在规划中的引导作用，特别是对政府财政资金、土地等资源采取了灵活多样的调控方式。在中央一级，美国1964年颁布了《城市公共交通法案》，拨款数十亿美元用于公共交通系统，但是申请者必须证明这笔资金是用于与区域规划相一致的用途。在地方一级，为了鼓励特定地区的发展，地方政府可以通过多种方式资助开发。一种措施是减税。由于地方政府使用的主要税种是财产税，减税多数情况下是采取降低新的商业或工业开发的财产税的形式。一些地方会建立循环贷款基金或者其他信用许可方法来加速商业增长。如果市政府征收营业税、存库税、商业占地税或者商业税，它们可以减少这些税种的纳税额。在城市、城镇、县或者州划定的企业区内，地方政府会对新投资者提供各种各样的减税政策，其中包括降低财产税、销售税、公司收入税等。此外，还可以提供直接资金援助；另一种措施是在已经荒废的中心城市地区，不采纳一些土地利用法规从而允许有更高的建筑密度。

在瑞典，市政府通常拥有管辖区内相当大份额的土地。事实上，中央政府鼓励市政府拥有储备十年的可开发土地，即土地银行。立法允许市政府取得私人拥有的土地存入土地银行。公共土地使用权使政府有能力控制开发过程，通过适时地将土地出售或出租就可以控制开发的时间进程。

在西欧国家，为了实现区域规划目标，政府主要采取引导的办法，通常是对在开发地区建设的新工业提供建筑和设备的拨款或贷款，并提供国营的基础设施，尤其是对外交通。为了促进开发地区的经济发展，各国还试行了一项政策，即向开发地区中位置有利的城镇提供帮助，例如法国规模巨大的平衡性大都市，德国在偏僻乡村地区设立的建设村（Bundesbauorte）等。

此外，国外规划中还非常重视环境保护。而对环境的保护可能是限制在湿地、陡坡地或者其他具有较高生态价值或生态脆弱的土地上进行建设，也可能是保护户外空间、制定禁止向水体排放污水的条例、禁止或限制降低空气质量的工商业活动等。

（四）资源配置能力分析

1. 资源配置的职能范围分析

作为规划主体的政府配置资源的能力受到法律赋予的政府职能范围的限制和约束。政府资源配置能力必须在其职能范围内行使。政府公共职能是政府依法对国家社会经济活动领域管理所具有的职责和作用，是国家行政体系及其行政机构依法实施所具有的职能，是为实现国家职能、促进社会福利、谋求全体人民利益而依法从事的管理国家公共事务的活动和工作。其范围如下：一是在政治方面，包括军事保卫、司法治安、民主建设、外交等；二是经济职能，包括政策导向和宏观调控、组织协调和培育市场、对国有资产的监管、组织保障公共产品和公共服务的生产和供给；三是文化职能，包括对科学、教育、文化、卫生、体育等事业进行管理，提高国民的整体文化素质和身体素质；四是社会职能，主要是社会保障职能，政府要为低收入者、残疾人等提供最基本的生活保障，进行二次分配，从而使所有的人获得良好的社会安全和生活保障。

2. 配置资源的手段分析

拥有资源是一回事，对资源的配置是另一回事。拥有资源并不代表能够让资源发挥其应有的作用。作为规划主体的政府所拥有的资源是有局限的，又是独特的，受到法律赋予的政府职能的限制和影响。资源的配置能力与政府可利用的手段密切相关。政府配置资源的手段主要有以下几种：

（1）行政手段。行政手段是依靠行政组织的权威，采取行政命令、指示、规定及规章制度等行政方式，按照行政系统、行政层次和行政区域来实施的方法。行政手段配置资源的优点在于：一是权威性，二是强制性，三是对象的有限性和有效性。但行政手段在规划的应用中有很大的局限性，随机性大，容易受人为因素的影响；执行过程中的无偿性和下级的被动地位不利于充分发挥下级的积极性和创造性；表面上顺利，但实际支持度不一定高，会留下严重的隐患。

（2）经济手段。经济手段是指根据客观经济规律和物质利益原则，利用各种积极杠杆，调整执行过程中的各种不同利益主体之间的关系，调动利益主体的积极性，以促进规划顺利实施。其特点有三个，即间接性、有偿性和关联性。随着中国社会主义市场经济越来越完善，经济手段在规划资源配置中会越来越重要。

（3）法律手段。法律手段是指通过各种法律、法令、法规、司法、仲裁等工作，特别是通过行政立法和司法的方法来调整规划执行过程中各种关系的方法。法律手段是规划执行活动进行的根本保障，它有助于消除阻碍规划目标实现的各种干扰，规划的执行必须在一定的法律规范体系下进行。

（4）科学技术手段。科学技术手段是指在其他手段无能为力而只能通过科学技术的进步突破才能解决问题时所采用的方法。

（5）思想诱导手段。思想诱导手段是一种以人为本的规划管理和资源配置的方法，通过运用非强制性手段，使资源配置者和对象自觉自愿去贯彻执行政策。通常采用的手段有宣传、制造舆论、说服教育、协商对话、奖功罚过等。

3. 提高政府资源配置能力规划分析

政府资源规划是以实行政府部门内部和外部的资源优化配置，消除公共行政过程中一切无效的劳动和资源，实现信息流、物流、资金流和业务流的有机集成，以提高行政效能为目的，以政府职能为主线，以信息系统为平台的现代公共管理思想和方法。在资源分析和资源配置能力分析的基础上要对政府资源进行规划。目的是提高政府部门的办事效率、监管水平、公共服务能力、科学决策能力，降低政府部门的行政成本。通过政府资源规划，可以规范行政管理流程、提高公共行政水平，有利于推进行政管理体制改革，促进政府职能转变。政府资源规划的一般步骤如下：首先通过调查研究，梳理政府部门掌握的内外资源；对政府资源分类，建立政府资源分层分类体系；然后建立政府资源描述标准，规范化描述所有政府资源；建立政府资源编码体系，编码所有政府资源；最后开发政府资源规划信息平台（GRP 系统），通过该系统有效管理和配置政府资源。

三、规划的社会环境影响分析及方案比选

（一）规划的利益相关者分析

规划的实施必然会对不同的利益主体产生不同的影响。时间及资源的有限性要求在规划中必须考虑利益相关者，对利益相关者进行分析。利益相关者分析，包括对受损者、得益者、赞成者、反对者等的影响分析。

1. 规划利益相关者分析的目的

管理学意义上的利益相关者（stakeholder）是组织外部环境中受组织决策和行动影响的任何相关者。利益相关者能够影响组织，作决策时一定要考虑他们的意见。但是，所有利益相关者不可能对所有问题保持一致意见，其中一些群体要比另一些群体的影响力更大，这是如何平衡各方利益的关键问题。利益相关者分析的目的在于：通过分析在事件、系统、项目中涉及的所有的人、群体和机构所起到的积极作用和消极作用、规划形成后所受到的正面和负面影响，从而尽可能地考虑各利益相关群体的利益，充分发挥他们在规划制定与实施中的积极作用，克服消极作用。最终，使规划的制定和实施得到最广泛支持，取得最好的效果。

2. 对受损者的分析

首先，要找出利益受损者，并对利益受损者进行分类；其次，分析不同类型利益受损者的受损程度；第三，分析利益受损者受损的原因，并分析不同利益受损者可能对规划的实施和规划的作用产生的影响。

3. 对得益者的分析

首先，要找出利益获得者，并对利益获得者进行分类；其次，分析不同类型利益获得者受益的程度；第三，分析利益获得者获益的原因、方向和范围，并分析不同利益获得者可能对规划的实施和规划的作用以及规划目标的实现产生的影响。

4. 对赞成者的分析

首先，要找出赞成者，并对赞成者进行分类；其次，分析不同类型赞成者赞成的原因；第三，分析不同利益受损者可能对规划的实施和规划的作用产生的影响。

5. 对反对者的分析

首先，要找出规划反对者，并对规划反对者进行分类；其次，分析不同类型规划反对者反对的原因；第三，分析不同反对者可能对规划的实施和规划的作用产生的影响；第四，提出应对反对者的方案和措施。

（二）规划的社会影响评价

规划会对社会产生重要的不同的影响，这种影响会对规划目标的实现产生影响。因此分析规划对社会影响的评价也是规划必须具有的功能。评价规划的社会影响的内容主要包括以下几个方面：

1. 影响的范围和领域

规划影响的范围从人的组成来看包括地域范围、群体范围、种族范围、年龄范围、性别范围等；从经济来看包括不同的行业范围、产业范围。不同的规划对社会范围的影响是不同的。有的规划的影响范围主要局限于城市，有的局限于乡村，有的集中于某个行业，有的面对的是社会的若干群体，而有的则主要对某一类人产生影响。

2. 影响的程度

规划影响的程度有大有小，而且和影响的范围有一定的关系。按照影响程度的大小，可以分为强烈影响、强影响、较强影响、中度影响、较弱影响、弱影响和无影响等几类。影响程度的分析是评价的重要内容。

3. 影响产生的机制和方式

影响是如何产生的、如何发生的也是社会影响评价的主要内容。影响产生的机制和方式比较难判断，需要追根溯源，分析来龙去脉。社会影响的机制和方式对影响程度大小会产生作用，并会反作用于规划本身。

4. 影响发生作用的方向和性质

社会影响发生的作用方向包括正面影响、负面影响和中性影响，或者是有利的影响和不利的影响等不同的方向。社会影响分析要判断影响的方向和性质。

（三）规划方案的环境影响评价

1. 规划环评的目的

规划环评是规划环境影响评价的简称，是指分析、预测和评价规划实施后可能造成的环境影响，综合考虑所拟议的规划可能涉及的环境问题，预防规划实施可能对各种环境要素及其所构成的生态系统造成的影响，提出预防或者减轻不良环境影响的对策和措施，为科学决策提供依据。中国过去只注重对建设项目开展环境影响评价，但建设项目只处于整个决策链（战略、政策、规划、项目）的末端，其环评只能补救小范围的环境损害，无法从源头上保护环境，也不能指导政策或规划的发展方向，更不能解决开发建设活动中产生的宏观影响、间接影响、二次影响、累积影响。因此，在 2003 年 9 月 1 日开始实施的“环评法”中确定了规划环评的地位，明确要求对土地利用规划，区域、流域、海域开发规划和工业、农业、畜牧业、林业、能源、水利、交通、城市建设、旅游、自然资源开发等 10 类专项规划进行环评。这是对中国环境影响评价制度的重大完善。具体来看，规划环评的意义和目的主要有以下几点：

（1）规划环评是指将环境因素置于重大宏观经济决策链的前端，通过分析环境资源承载能力，对各类重大开发、生产力布局、资源配置等提出更为合理的战略安排，从而达到从开发建设活动源头预防环境问题的目的。

（2）规划环评为控制快速工业化、城市化过程中环境风险提供了有力的预防工具。其关键在于不仅要对单个项目，还要对发展规划进行环评；不仅对工业规划，还要对城乡规划进行环评，因此实现从更大的范围、更广的空间上预防和降低环境风险和环境问题。

（3）规划环评把环境因素纳入到国民经济与社会发展的综合决策之中，可以按照环境资源的承载能力和容量要求，对区域、流域、海域的重大开发活动、生产力布局、资源配置，提出更加科学合理的建议，以保证经济社会健康有序发展，降低社会经济发展的负面影响。同时，也能保证规划与环境政策、法规的协调性。

（4）规划环境影响评价有利于促进环境友好型和资源节约型社会的建设。规划环评从很大程度上改变了过去规划不考虑环境影响的状况，在规划还未实施之前就对规划可能产生的环境影响进行评估，将会极大地促进环境建设，为群众生活提供一个良好的生态环境，促进经济、社会和环境的协调发展。

2. 规划环评的内容

不同类型规划的环境影响评价的内容不同，规划的范围和具体步骤也有所差异。任何类型的规划环评都会根据规划类型所造成的环境问题的不同而在内容上有自己的特色。但是，总体来看，一般规划环境影响评价的内容主要有以下几点：一是规划实施对环境可能造成影响的分析、预测和评估。主要包括环境承载能力分析、不良环境影响的分析和预测以及与相关规划的环境协调性分析。二是预防或者减轻不良环境影响的对策和措施。主要包括预防或者减轻不良环境影响的政策、管理或者工程技术等措施。三是环境影响评价结论。主要包括规划草案的环境可行性，预防或者减轻不良环境影响的对策和措施的有效性，以及规划草案的调整建议。

规划环评的步骤主要包括：①规划分析，即分析拟议的规划目标、指标、规划方案与相关的其他发展规划的关系；②环境现状调查与分析，包括调查、分析环境现状和历史演变，识别敏感的环境问题等；③环境影响识别与确定环境目标和评价指标，包括识别规划目标、指标、方案（含替代方案）的主要环境问题和环境影响，按照有关的环境保护政策、法规和标准，拟定或确认环境目标，选择量化和非量化的评价指标；④环境影响分析与评价，包括预测和评价不同规划方案对环境保护目标、环境质量及可持续性的影响；⑤针对各规划方案，拟定环境保护对策和措施，提出规划调整和修改的意见；⑥开展公众参与。规划环境影响评价中的公众参与工作量很大、形式单调、分布范围广，因此，需要投入的人力、物力多、费用高，加之要收集的信息量大，公众一般不具备完整的知识背景、足够的时间和精力参与，其中很难发挥真正的作用。针对这些问题，要让不同的公众代表参与评价的不同阶段，采用不同的形式，实现信息的畅通无阻，切实发挥公众的作用。⑦拟定监测、跟踪评价计划；⑧编写规划环境影响报告书、篇章或说明。

（四）规划方案比选

1. 规划方案的形成

规划一般由不同的规划小组完成，每个小组完成自身的规划方案，或者一个小组完成不同的规划方案，以供决策者从中选择最优的方案组织实施。规划方案形成的方法有以下几种类型：

（1）自上而下的方法。该方法先由规划领导部门制定方案形成的原则，然后由下属部门根据自身实际情况严格将原则具体化，形成系统的完整方案。这一方法的显著优点是规划的领导者能够牢牢把握规划的方向，缺点是束缚了下属部门以及社会参与的积极性。

（2）自下而上的方法。首先要下属部门和基层部门提交各自所辖领域的方案，上级部门只是在各部门提交方案的基础上加以协调和平衡，对各部门的方案进行必要的修改后加以确认。该方法能充分反映各个部门乃至社会的态度，调动各个部门和社会的参与积极性，由于有广泛的群众基础，所以容易实施。但是各部门的方案较难协调，影响了规划的系统性和完整性，而且容易产生部门利益与总体利益的冲突。

（3）上下结合的方法。由上下级部门和社会各界共同参与，通过上下各层管理人员、社会机构、科研单位和群众的沟通和磋商，制定合宜的方案。其优点是发挥了所有不同阶层的积极性，方案的实施难度在很大程度上降低，但是缺点在于耗时耗力，一般所需要的时间比较长，花费大量人力物力，效率不高，甚至方案还没有完成规划实施的最佳时间已经过去。

2. 规划方案比选目的

备选方案提出后，要进行方案的比较和选择。规划方案比选的目的是从众多的方案中选择最好的方案，最能体现战略目标的方案和能够实施的方案。规划方案比选要受到大量因素的影响。首先是过去规划的影响，规划在制定之时要回顾过去所制定的规划。一个很自然的结果是进入考虑范围的规划方案的数量要受到部门等过去规划的限制。由于对过去规划投入过大量的时间和精力，会自然倾向与过去规划相类似的规划。其次是权威网络的反应，公共部门是由立法机关、各种监督机构以及各种指令组成的权威网络。因此规划方案的选择必须回应权威网络的要求。权威网络往往控制着财政来源。第三，规划制定部门的环境。规划部门常常处于群众、立法机关、监督机关、媒体以及利益相关者影响的环境中，这都会影响方案比选的自主性和灵活性；第四，权限，方案比选组织者的权限也是影响方案比选的重要因素。一般而言，方案比选组织者自主性和灵活性比较小，在改变和重构组织系统方面，全力基础不足。因此，方案比选要考虑这些因素。

3. 规划方案比选原则

进行规划方案的比选就是要找出最有可能完成规划目标的方案。由于可供选择的方案有若干个，在众多的方案中最终选择哪个或哪几个进行组合需要进行评价和选择。理想的方案应当能够充分考虑外部因素，又能结合自身的优劣势。方案比选应遵循以下原则。

（1）一致性原则。规划方案必须提出相互一致的目标和策略。一致性包括目标和内容的一致性以及目标和行动的一致性，还包括目标内在的一致性，即规划目标之间所包含的不同目标，以及目标所涉及的政策不能相互冲突，再有就是规划不能与已经出台的法律、政策相冲突，应该与国家战略相一致。

（2）协调性原则。首先方案是否与整个经济社会环境相协调；其次，方案内部达成方案目标间的各政策手段、工具、策略形成网络而相互协调；第三，涉及规划的各利益相关者的意见交易是否考虑充分，沟通是否灵活，周全而快速的协调是方案成功的一大因素。第三，规划方案是否能够对外部环境和组织内部的重要变化做出适当的反应。

（3）发展性原则。规划必须有助于在选择的活动领域内建立和/或保持竞争优势，能够促进发展。首先，要分析促进哪个领域的发展，对什么样的组织和群体最有利；其次，促进发展的程度和效果如何，其负面影响如何避免等。

（4）可行性原则。规划的执行既不能造成可用资源的紧张，也不允许带来新的难以解决的问题。研究和分析是否有能力和资源来执行规划。好的方案不仅要前景吸引人，而且要有时是的条件和可行性。可行性分析不仅要进行经济可行性分析，同时要进行政治可行性分析，确定方案在政治上的支持度和合法性等。

第四章

总体发展规划咨询

国家总体发展规划和地方总体发展规划通常指规划时段为五年或更长时期的一个国家或地区的国民经济和社会总体发展规划，是对未来国民经济和社会发展活动所做的总体设计和战略部署，是国民经济和社会发展的战略性、纲领性、综合性规划，是编制专项规划、区域规划以及制定有关重大政策措施和年度计划的基本依据，其他各类规划都要符合总体发展规划的原则要求。新中国成立 70 多年来，国家组织各级政府自上而下地制定了 13 个五年规划。这些计划或规划的制定和实施对推进中国工业化和现代化建设发挥了重要作用，尤其是作为规划体系中枢的总体发展规划，更以其独具的纲领性受到举国上下高度重视和海内外广泛关注。

第一节　总体发展规划概述

一、总体发展规划的作用和特点

（一）总体发展规划的地位与作用

1. 地位

总体发展规划不但在经济社会发展的过程中居于指导引领的地位，在规划体系中也是处于统领核心的位置。总体发展规划的性质和内容，决定了专项规划和区域规划的研究编制必须围绕总体发展规划所确定的原则、方向、目标和任务。总体发展规划是专项规划和区域规划的总纲和依据，专项规划和区域规划是总体发展规划的主要内容在特定领域和某些地区中的细化、延伸和落实。专项规划和区域规划必须服从于本级和上级发展规划，下级政府规划服从于上级政府规划，专项规划之间不得相互矛盾。在社会主义市场经济体制初步建立并逐步健全完善的条件下，总体发展规划在国民经济和社会发展中的战略地位更加突出。为了适应市场经济和政府管理体制变革的新要求，各级政府在编制经济社会发展总体规划的时候，更加突出规划的战略性、宏观性和指导性。各级政府的规划总体上是指导性的，主要通过制定经济社会发展战略，为国民经济和社会发展指出明确的方向，通过确定宏观经济调控目标，指导宏观经济政策和相应的重大经济调节方案的制定，合理确定国家社会资源的适用范围，发挥市场机制对资源配置的决定性作用。

2. 作用

通过规划引导和调控经济社会发展是社会主义市场经济的重要特征。国家总体发展规划的重要作用体现在：

（1）总体发展规划是经济社会发展的宏伟蓝图和行动纲领。规划编制过程是统一思想、集中智慧的过程，也是凝聚人心、振奋精神的过程。通过规划，明确未来发展的目标和重点，有助于调动广大人民群众开展社会主义现代化建设的积极性、主动性和创造性。通过规划，向社会公布各级政府的发展战略，有助于社会各界了解政府引导的发展方向和目标，积极支持和参与建设发展。以规划的形式，把政府的战略意图和工作重点确定下来，既是政府对人民的庄严承诺，也是社会各方面共同遵循的行动指南。规划一经各级人民代表大会批准，各级政府、各部门都应依照执行，企业和社会公众也负有响应规划号召的义务。

（2）总体发展规划是集中力量办大事的有效方式。中国地域辽阔，发展不平衡，各地自然禀赋和区位条件差别较大，不同经济主体之间利益差别也较大，生产要素还不能完全做到在不同行业、不同地区之间顺畅流转。在这种情况下，解决产业结构不合理、区域发展不平衡、国际竞争力不强等问题，单靠市场有时难以奏效。因此，在深化经济体制改革、加快建立统一市场的同时，必须搞好政府调控，在重大结构调整、区域经济开发、前沿科技攻关以及关系全局的重点工程建设等方面，加强统筹规划，协调组织实施，发挥社会主义制度的优越性，集中力量办成一些大事。

(3) 总体发展规划是政府履行职责的重要依据。发展社会主义市场经济，要加快转变政府职能，在搞好经济调节、市场监管的同时，更多地履行社会管理、公共服务的职责。特别是义务教育、公共卫生、基层文化、扶贫开发等公益性事业，多属于市场失灵的领域或市场调节的盲点，对企业资金缺乏吸引力。这些方面公共产品的短缺，不仅影响人民生活，还影响投资环境，制约经济发展。因此，必须发挥政府的作用，做好总体发展规划，合理配置公共资源，加强公共服务，逐步解决经济社会发展不平衡的问题。

(4) 总体发展规划是加强和改善宏观调控的重要手段。市场机制有利于增强经济活力、优化配置资源、提高经济效益。随着社会主义市场经济体制的初步建立和不断完善，中国经济发展加快，其中市场机制发挥了重要作用。但市场不是万能的，有其自身的弱点和消极方面。近年来，部分行业出现盲目投资、过度竞争等现象，反映了中国市场体系不完善、信息失真以及存在不合理行政干预的情况。因此，必须加强和改善宏观调控，综合运用经济手段、法律手段以及必要的行政手段，发挥国家规划、财政政策、货币政策和产业政策等杠杆的作用，引导市场配置资源，保持供求平衡，防止大起大落。要加强规划工作，规范政府行为，弥补市场缺陷，引导企业行为，调节市场运行，促进经济健康发展。通过公布总体发展规划，向全社会明确经济社会发展的方向，展示政府引导宏观经济和社会发展走势的意图，对社会预期进行调解。

(5) 总体发展规划对实现资源合理配置发挥宏观指导作用。总体发展规划在解决宏观性的、全社会性的重大问题中发挥着主导作用，主要体现在公共产品的需求预测和供应、重要产业的扶植与发展、重大生产力布局和区域经济协调发展等方面。

(二) 总体发展规划的特点

随着社会主义市场经济体制的逐步建立，总体发展规划从内容到形式，从编制到实施都发生了重大转变，主要表现是：从以直接管理为主的指令性计划，转变为以间接管理为主的指导性规划；从主要面向国有经济和公有制经济的规划，转变为面向全社会和各种所有制经济的规划；从主要考虑国内平衡与循环的计划，转变为充分利用国际国内两个市场、两种资源的规划；从主要安排经济发展的计划，转变为统筹兼顾经济发展和社会进步的规划；从主要促进发展的计划，转变为发展和改革紧密结合的规划。在社会主义市场经济体制初步建立的情况下，总体发展规划具有鲜明的战略性、宏观性、政策性和综合性。

1. 战略性

总体发展规划阐述的是政府的战略意图，部署国民经济和社会发展全局的战略重点和战略举措，提出未来五年发展战略。例如 2020 年全面建成小康社会战略目标，提出了结构调整、科教兴国、对外开放、可持续发展等重大发展战略。

2. 宏观性

总体发展规划从经济和社会发展的全局出发，提出了政府宏观调控的预期目标、一些具有全局意义的重大建设项目以及体制机制创新、科技创新等方面的总体部署。

3. 政策性

总体发展规划不但研究提出了规划期间一系列重大经济和社会发展任务及相关措施，使规划纲要具有较强的指导性和可操作性，也披露政府的产业政策，主要为制定规划期内国民经济和社会发展一系列政策措施明确方向。

4. 综合性

总体发展规划关注全部产业活动和全社会进步状况，既要考虑物质生产领域的发展，又要顾及精神文明建设；既要加大经济建设投入力度，又要兼顾人民生活水平的提高；既要立足国内供求关系，又要审视国际市场变化；既要规划长远发展的大政方针，又要解决当前面临的实际问题。总之，必须统筹兼顾，远近结合，协调发展。

二、总体发展规划的主要内容

（一）总体发展规划的等级类型和规划范围

我国经济发展规划体系已经初步形成由国家级、省级、市县级“三级”，总体发展规划、国土空间规划、专项规划、区域规划“四类”组成的“三级四类”规划管理体系。总体发展规划按照行政层级分为国家级规划，省（自治区、直辖市）级规划，市（地、州、盟）、县（区、旗）级规划，分别由各级人民政府组织编制，由规划主管部门会同有关部门负责研究起草。其中，国家层面的国民经济和社会发展规划是根据《宪法》和中共中央关于制定国民经济和社会发展规划的建议，以全国国民经济和社会发展为编制对象，由国务院提交全国人民代表大会审议批准的规划，是编制省、市、县级总体发展规划的基本依据；省级总体发展规划是依据中共中央关于制定国民经济和社会发展总体规划的建议和国家发展总体规划，以省域国民经济和社会发展为编制对象，由省级政府提交本级人民代表大会审议批准的规划，是编制市、县级发展总体规划的基本依据；市、县级总体发展规划是依据国家级、省级经济和社会发展总体规划，以市县域国民经济和社会发展为编制对象，由市、县政府提交本级人民代表大会审议批准的规划。

（二）总体发展规划的内容和重点

1. 总体发展规划的内容

总体发展规划的基本内容主要包括：①阐述政府的战略意图；②明确政府的工作重点；③引导市场主体行为方向。具体内容包括分析中长期发展所面临的国际国内环境、阶段性特征及发展趋势；提出规划期国民经济和社会发展的指导方针、主要目标；提出对经济结构调整、重大生产力布局和科技、教育及社会发展重点领域发展的政策措施。具体说明如下：

（1）发展评价和形势分析。编制总体发展规划必须正确把握两个基点：一是当前的发展基础，二是未来发展所面临的形势。这是编制规划的出发点，也是确定规划目标、明确发展任务、制定政策措施的依据。对过去的特定时段经济社会发展进行总体评价，重点是经济增长、结构优化、制度创新、区域协调发展、人民生活改善、可持续发展等方面的情况。既要通过重要指标来反映总体发展规划目标完成情况，例如生产总值、全社会固定资产投资总额、社会消费品零售总额、进出口贸易总额、外商直接投资额、财政收入、人均可支配收入、农民人均纯收入、就业等指标；也要通过经济和社会发展重点领域取得的主要成绩，对经济社会总体水平进行定位，如全面深化改革、扩大开放、科技进步、产业结构调整、区域发展状况、基础设施建设、生态环境改善、社会事业发展、人民生活水平提高、民主法制建设等。对未来发展面临形势的分析，一是要把握面临的发展机遇，如国际市场需求对本地区投资、出口等供给的拉动，国际市场供给对本地区消费、进口等需求的刺激，国际产业转移对本地区承接产业转移、优化产业结构的推动，国际资本、人才、技术等要素流动对本地区生产要素需求的补充，国际区域合作为本地区拓展市场空间带来的机遇，国际政治形势稳定为本地区扩大开放提供的机遇等。国内宏观调控政策为本地区利用政策优势、寻求合作伙伴、集聚域外各类生产要素提供的条件，国内重大战略，包括区域战略布局、体制机制创新、重大基础设施建设等提供的有利条件。本地区在国际、国内统一市场中的可比较优势，未开发的资源潜力优势。二是要把握面临的不利因素和当前存在的主要问题，例如国际政治不稳定因素、国际市场竞争的激烈程度对本地区市场的冲击、本地区幼稚产业发育受全球市场一体化影响，国内资源、技术、环境“瓶颈”对经济社会发展的制约等。影响经济持续快速健康发展的因素，主要包括产业规模、产业结构、技术水平、市场化程度、制度建设、政策环境等。影响社会和谐发展的矛盾，主要包括就业、社会保障、分配收入状况、公共服务水平等。

（2）指导思想和基本原则。指导思想是根据所处时代和发展阶段的要求，提出经济社会发展在规划期内应遵循的根本方针和基本要求，是统领发展规划的灵魂。在规划研究编制中，要准确把握国内外形势，充分认识中国经济社会发展的阶段性特征以及面临的突出矛盾和主要问题，增强责任心和大局观，把总体发展规划编制好，使总体发展规划真正成为全面贯彻落实新发展理念的规划，成为符合实际情况、顺应时代要求、凝聚人民意志的规划，促进国民经济持续快速协调健康发展和社会全面进步。从中国经济和社会发展实际出发，按照全面建设社会主义现代化强国步伐的要求，以新发展理念和高质量发展统领经济和社会发展全局是指导思想的核心内容。必须提高对贯彻落实新发展理念和高质量发展重要性、紧迫性的认识，以邓小平理论和“三个代表”重要思想、科学发展观和习近平新时代中国特色社会主义思想为指导，全面贯彻落实新发展理念。坚持发展是硬道理，坚持抓好发展这个党执政兴国的第一要务，坚持以经济建设为中心，坚持用发展和改革的办法解决前进中的问题。发展必须是科学发展和高质量发展，要坚持以人为本、转变发展观念、创新发展模式、提高发展质量，把经济社会发展切实转入全面协调可持续发展的轨道。制定基本原则既要针对现实中的重大问题，又要体现规划期的发展要求，通常需要考虑以下因素。

第一，如何保持国民经济平稳而且既快又好地发展。平稳发展就是既要防止经济增长趋冷，又要防止经济增长过热，避免发展中出现大起大落。为此，需要合理解决经济增长快慢两难问题，处理好积累和消费的关系、内需和外需的关系、经济周期和调控的方向与力度关系。既快又好则需要研究和处理好经济增长与结构优化的关系，经济增长速度与质量和效益的关系、外延增长与内涵增长的关系、社会再生产中生产、分配、交换、消费的关系，从中探索规划期内各种关系的变化趋势，研究提出正确的指导原则。

第二，如何实现全面协调可持续发展。实现全面协调发展重点是搞好城乡协调、区域协调、经济社会协调，建设和谐社会。为此，要找准城乡、区域、经济社会发展中的薄弱环节，认清实现协调发展的关键和难点，有针对性地提出方向正确而且可行性强的基本原则。实现可持续发展是一项永恒的方针，涉及发展循环经济，建设资源节约型、环境友好型社会，与加快转变经济增长方式，走新型工业化道路也紧密相关。应该把握好全面、协调、可持续三者间的内在关系，把握好当前的主要矛盾和规划期的主要任务，体现出阶段性特点和区域性特点。

第三，如何充分体现以人为本的发展宗旨。保持国民经济平稳发展、既快又好地发展、全面协调可持续发展，归根结底是为了实现人的全面发展。因此，以人为本不仅要体现在指导思想中，也要体现在基本原则上，还要落实到目标任务和政策措施里。在指导思想中主要是强调发展目的，在目标任务和政策措施里它主要表明具体要求，在基本原则上应该介于二者之间，承上启下地指出需要明确的一些带有方针性、原则性的重大问题，针对相关矛盾提出指导性意见，例如特定时期内国民收入分配原则，生存、发展、享受关系，人的政治、经济、文化权益等。

第四，如何增强发展动力和核心竞争力。改革开放和科技进步是经济社会发展的动力，自主创新能力直接体现着一个国家和地区的核心竞争力。总体发展规划中提出的基本原则，应该体现规划期全面深化改革、扩大开放的方向和重点，体现形成新的经济增长机制的目标和路径，体现建设更具活力和更加开放的经济体系的要求。科教兴国、人才强国、提高自主创新能力是增强发展动力和核心竞争力的根本所在，基本原则必须明确提出特定时期内的基本要求，例如科教兴国、人才强国的突破口和主攻方向，原始创新、集成创新、消化吸收再创新的关系和重点等。

规划还可以从其他的角度和需要提出其他方面的基本原则，例如在政治背景、经济形势、社会结构、思想观念可能出现重大变化，在预测到会发生重大突发事件的时候，应该也必须研究制定相应的原则。如上所述，规划中的基本原则介于指导思想和主要任务措施之间。指导思想高屋建瓴、言简意赅地指明基本方针和基本要求，主要任务从定性和定量的结合上对规划内容做具体阐述，基本原则如果挖掘提炼得不深入不精确，很容易与指导思想、任务目标、政策措施互相重复，或者成为一堆空话、套话、废话。定位于承上启下，着眼于矛盾研判，可使基本原则具有重要价值，成为总体发展规划不可或缺的内容，这是规划实践的一条重要启示，也应该是规划理论的一个研究要点。

（3）主要发展目标。规划必须有发展目标，包括一些具体的指标。作为人民代表大会审议批准的、体现国家意志和战略意图的规划，不能停留在难以考核评估的一般号召。在社会主义市场经济条件下，规划指标的结构和性质都有了很大变化。在改革开放以来几个五年规划的编制工作中，逐步改变了计划经济时期大量罗列产品产量指标的做法，减少了作为市场主体行为结果的指标，这是正确的，但也不能走极端，认为指标越少越好，关键是指标的设置要符合社会主义市场经济的原则，符合规划本身定位，符合落实新发展理念的要求。

选择发展目标应该坚持以下原则：

第一，导向明确。目标的选择要有助于转变发展理念，体现与时俱进的要求。以新发展理念统领经济社会发展全局，要求在规划目标的选择上必须做到“五个突出”，就是突出人文的指标、社会的指标、生态环境的指标、城乡和区域协调的指标、公共事业和公共服务的指标。

第二，目标有限。规划目标既要与长远目标相衔接，又要体现规划期目标的有限性和阶段性；既要积极向上，鼓舞人心，给市场良好的预期，给人民以希望，又要实事求是；要切实可行，充分看到发展阶段的各种制约条件，充分估计各种不确定性因素，明确阶段性目标的有限性，使确定的目标能够实现或基本实现。

第三，尽力量化。目标要体现定性和定量相结合，不仅要提出一些描述未来发展前景的定性的目标，还要有一定的量化指标，体现规划的可操作性和可评估性，便于对规划进行检查和评估。特别是需要政府履行职责的领域，能量化的应尽可能量化，应该量化的必须量化，以合理分配政府掌握的公共资源，以及评价政府工作绩效。

（4）发展任务。总体发展规划中的发展任务，主要是围绕发展战略和总目标，提出经济社会各主要领域的发展方向、任务和重点。这里主要包括：

第一，产业结构调整和优化。产业发展水平是经济发展实力的象征，加快产业结构调整和优化是提升产业发展水平、提高国民经济竞争能力的重要途径。重点突出农业、工业、服务业、高新技术产业等领域。

第二，城乡、区域协调发展。促进城乡、区域协调发展，是全面建设社会主义现代化强国的重要任务。要从城乡居民、不同区域人民都享有均等化的公共服务，都享有大体相当的生活水平，以及增强可持续发展能力出发，促进城乡、区域协调发展。

第三，经济社会可持续发展。落实节约资源和保护环境基本国策，推动资源节约，保护生态环境，加强资源管理，建设低投入、高产出，低消耗、少排放，能循环、可持续的国民经济体系和资源节约型、环境友好型社会，保证经济社会实现可持续发展。

第四，科教兴国战略和人才强国战略。规划内容必须体现科教兴国和人才强国战略。科技方面要加快科学技术创新和跨越，大力推进自主创新，加强自主创新能力建设，强化企业技术创新主体地位，加大知识产权保护力度，深化科技体制改革。优先发展教育，普及和巩固义务教育，大力发展职业教育，提高高等教育质量，加大教育投入，深化教育体制改革。推进人才强国战略，壮大人才队伍，创新人才工作机制。

第五，深化经济体制改革。深化经济体制改革是完善社会主义市场经济体制、转变增长方式、增强国民经济内在活力的必然要求。也是今后一个时期中国规划的一项重要内容。经济体制改革的主要内容包括：着力推进行政管理体制改革，推进政府职能转变，健全政府决策机制，深化投资体制改革；坚持和完善基本经济制度，优化公有制经济布局和结构，健全国有资产监管体制，鼓励非公有制经济发展，深化垄断行业改革；推进财政税收体制改革，完善财政体制，完善税收制度；加快金融体制改革；完善现代市场体系，健全全国统一开放市场，完善价格形成机制，规范市场秩序。

第六，扩大对外开放。规划要体现“一带一路”建设、统筹国内发展和对外开放的要求，包括促进对外贸易和利用外资由数量增加为主向质量提高为主转变，在扩大开放中切实维护国家经济安全。加快转变对外贸易增长方式，优化进出口结构，完善公平贸易政策；提高利用外资的质量，优化外商直接投资结构，促进利用外资方式多样化；积极开展国际经济合作，实施“走出去”战略，推进国际区域经济合作。

第七，社会发展。促进社会发展是总体发展规划不可缺少的内容。应该按照以人为本的要求，更加注重促进人的全面发展，更加注重经济社会协调发展，更加注重社会公平，更加注重民主法制建设，认真解决人民群众最关心、最直接、最现实的利益问题，促进社会和谐进步。其中包括全面做好人口工作，保障妇女儿童和残疾人权益，提高人民生活水平，千方百计扩大就业，合理调节收入分配，健全社会保障体系，提高人民健康水平，加强公共安全建设，加强法制建设，加强社会主义精神文明建设等。

此外，关于加强国防和军队建设以及国际交往等问题是国家发展规划纲要必须予以体现的重点内容，主要体现在加强军队现代化建设，调整优化国防科技工业，完善国防动员体系。同时，提出国家对外联系交流的总体方针和具体要求。

（5）保障规划实施的政策措施。保障经济社会发展总体规划顺利实施的政策措施是综合性的、多方面的。在社会主义市场经济体制初步建立的条件下，实现规划目标和任务，主要依靠发挥市场配置资源的决定性作用。同时，政府要依法履行职责，加强和改善宏观调控，有效引导社会资源，合理配置公共资源，保障规划有效实施。

2. 总体发展规划体系

总体发展规划编制的体系涵盖行政体系、内容体系和产业体系等，如图 4-1 所示。其中行政体系反映在从上到下的管理和编制体系，从国家到地方省、市、县逐级进行规划编制。内容体系涵盖：①发展背景。重点阐述编制阶段国民经济和社会发展规划面临的各种机遇和挑战，发展目标和战略等；②经济发展。重点依据经济发展中面临问题和特点，规划转变经济增长的方式，如何调整和优化产业结构等；③区域协调发展。推进全国东部沿海和西部山区的协调发展，城镇、农村和农业空间。城市和农村教育、医疗和公共服务设施一体化的发展；④科技教育和人才。中国人力资本积累不足，从人才的总量、结构和素质等方面如何适应发展的需要；提升综合国力、实现持续、全面建成小康社会目标依赖于科技创新的支撑；⑤人口资源和环境。面对资源越来越贫乏和短缺，生态环境越来越恶化，处理好发展与保护之间的关系，改变能源结构，利

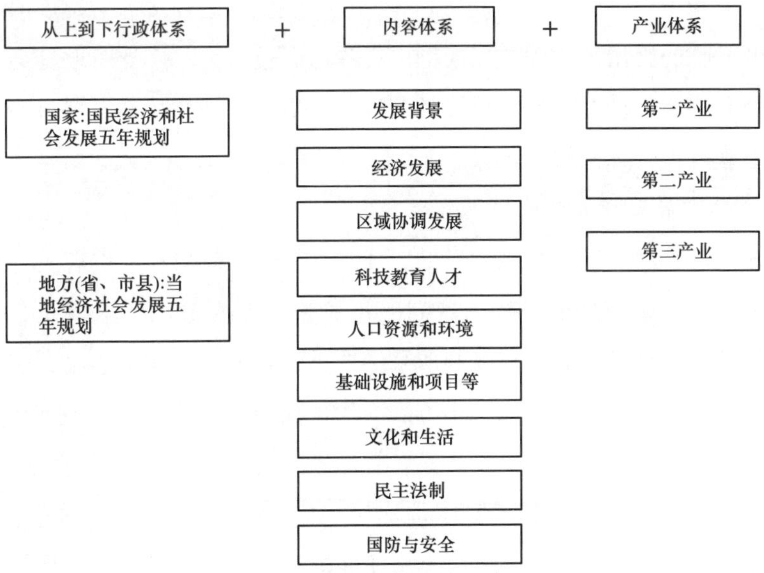

图 4-1　总体规划体系框架

用新能源，提高资源利用效率；⑥基础设施和项目建设，为实现规划的目标和发展战略，需要交通、电网、互联网等基础设施建设和重点项目支撑；⑦文化和生活；⑧民主和法制；⑨国防与安全等内容体系。

第二节 总体发展规划的编制

一、总体发展规划编制的原则及步骤

（一）总体发展规划编制的原则及方法

1. 总体发展规划编制的依据和原则

总体发展规划的编制，必须坚持以党的基本路线、基本方针为指导；坚持从实际出发，遵循自然、经济和社会发展规律；坚持科学化、民主化，广泛听取社会各界和人民群众的意见；坚持统筹兼顾，加强各级各类规划之间的衔接和协调；坚持社会主义市场经济体制的改革方向，充分发挥市场配置资源的决定性作用。

在研究编制总体发展规划的过程中，全面估量、正确判断、科学预测国内外经济环境和宏观经济形势及发展趋势，充分认识中国经济社会发展的阶段性特征以及面临的突出矛盾和主要问题，在深入调查研究、广泛听取社会各方面意见、综合协调各种经济调节手段的基础上，提出经济和社会发展战略、主要任务、宏观调控目标和政策措施。

2. 总体发展规划编制的重点分析方法

规划编制方法的选用与规划目的、任务、工作的时限和经费有关。规划编制工作者必须了解规划的特性、规划的目的和任务要求，采用相宜的规划方法。传统的经济社会发展规划编制所采用的方法主要有定性描述法、区域比较分析法、区划方法以及计量地理学方法。随着社会经济发展的需要，规划编制的方法也有了新的变化。不仅是专家，管理者和公众也参与到了规划的编制过程，新的理念和技术也被越来越多地应用，如 SWOT 分析法、情景分析法、Visioning Session 法、目标—战略—路径分析法，以及地理信息系统与多目标决策支持系统等。

（1）调查研究法。通过深入的实际调查研究，能够增加对规划对象的感性认识，搜集到大量翔实的相关基础资料。

（2）综合平衡法。所谓平衡，就是各种关系的处理，综合平衡法是传统综合方法中的一种，也是国际上规划编制方法中最基本、使用得最广泛的一种。工作平衡法工作步骤一般是：确定综合平衡的内容和指标体系；预测发展需求，确定各自的需求量；综合平衡，通过比较供需双方，反复调整，最后确定规划方案。

（3）区域分析法。区域分析法即对区域发展的自然条件和社会经济背景特征及其对区域社会经济发展的意义进行分析，探讨区域内部各自然及人文要素间和区域间相互联系的规律，主要体现为经济学投入—产出分析法以及地理学的区域系统分析法的应用。

（4）数学模拟法。在搜集了有关量化指标或对有关指标量化后，根据事物的特征及其运动规划模拟，最后对模型进行检验。

（二）总体发展规划的编制步骤

根据中国制定中长期发展规划的实践，特别是改革开放以来制定规划的实践，总体发展规划的编制程序一般包括如下几个主要阶段。

1. 总体发展规划的前期研究

总体发展规划的前期研究，一般从新规划期的前两年时间开始。前期研究的主要任务是：①评价和总结正在实施的规划，包括预测规划目标和任务完成情况，分析总结当期国民经济和社会发展的成绩、经验和问题等；②对下一个规划期面临的主要矛盾、国内外政治经济环境的变化、进一步发展的基本条件、需要解决的主要问题、需要采取的重大措施等进行研究，提出中长期发展规划的基本思路和设想。

2. 总体规划草案的编制

国务院各部门和各地区及有关企业集团在接到国家规划部门编制规划的通知后，应结合自身的实际情况，提出规划建议。在此基础上，国家规划部门首先研究编制分项规划草案，经过反复协调和综合平衡后，研究编制国民经济和社会发展主要规划指标草案和总体政策框架。对于重大规划的起草工作，可抽调一部分研究人员参与起草或协商定稿。在征求各主要综合部门意见后上报国务院。然后，根据国务院的指示精神，规划部门再遵循工作流程进一步修改规划。由于经济现实情况处在不断变化的过程之中，一旦出现新情况，应对规划进行必要的调整。

3. 总体发展规划的审核、批准与调整

按照一般做法，全国中长期发展规划完成内部编制之后，首先要举行各种会议，充分听取各地区、各部门和有关企业集团的意见；然后将调整后的规划草案提交国务院内部审议，经调整后再交党中央全体委员会审议。经过这两次重要的实质性审议和修改后，最后正式提交全国人民代表大会审议。在得到全国最高权力机构的批准后，中长期发展规划就完成了必要的法律审批程序，成为具有法律效力的文件。规划草案编制后，应检查规划是否存在与客观实际的偏差，如果存在较大的偏差就应采取适当的纠正措施，包括调整草案和目标。在规划审核调整阶段，召开全国性的规划会议是非常必要的，只有让大家都知道这一时期规划的有关问题，考虑他们的利益要求，充分让各地、各部门、各单位发表不同的意见，才能减少规划执行过程中的盲目性和困难。在听取了各方面的意见之后，规划起草委员会对规划草案作出调整、修改和补充。

4. 总体发展规划的公布实施

国民经济和社会发展规划草案经全国人民代表大会批准后，由国务院负责组织各级政府、经济管理机关和企业贯彻执行。规划的下达和落实，是把国家总规划分解到各部门和各省（自治区、直辖市），并逐级采取不同形式下达到实施规划的各个单位。组织规划实施是国民经济规划管理工作的关键阶段。保证国民经济和社会发展规划任务的顺利实现，是政府、企业和广大劳动者的共同义务。组织国民经济规划实施工作的内容包括规划下达的形式、运用的社会机制、协调工作、信息管理及规划实施中的调控等。

5. 总体发展规划实施中的检查、监督、评估与考核

规划实施的检查，是规划管理机构为了及时发现规划实施过程中存在的问题而对跟踪观察规划实施的重要环节。规划实施的评估，是规划管理机构通过检查、分析和总结等活动，对经济和社会活动的状况、结果以及规划工作本身

做出客观的评价、估量和结论。规划实施的考核，是规划管理机构对执行规划的地区、部门、单位完成指标情况的考查。检查、监督、评估和考核规划实施情况必须遵循一定的原则，否则适得其反。首先是理论联系实际的原则；其次是全面检查与重点深入相结合，统筹兼顾、全面分析、综合评估的原则；最后是评估规划的科学性原则。对规划进行检查、监督、评估、考核的内容主要包括检查国家规划落实情况，规划执行单位与国家规划的衔接，规划执行单位保证规划实施的办法和措施等。规划方案的制定、规划草案的编制、规划的审核调整、规划的公布实施以及规划实施中的检查、监督、评估与考核是密切联系、不可分割的一个统一过程，是规划制定和实施的必需的科学程序。

二、总体发展规划编制的研究重点

从当前中国经济社会发展水平和发展形势看，总体发展规划需要着重研究以下几个方面问题。

（一）确定发展定位及战略方向

1. 确定发展定位

由于当地资源环境承载能力不同，未来的空间开发强度和发展潜力不同，在未来发展过程中面临不同的矛盾和任务。因此，编制总体发展规划首先应明确战略定位及发展远景。找准战略定位就是做好顶层设计，就是做一个立意、谋划，使一个区域成为一个关注点、经济增长点，向上争取政策和资金支持，向下给民众以信心和希望，对外吸引投资商关注。规划期期间，规划发展的外部环境和发展理念都会有重大变化，需要重新审视和确定自身的战略定位。

2. 研究确定当地发展战略方向

战略是对区域经济、社会、环境发展所做的全局的、长期的、决定全局的谋划和规划，包括战略目标、发展思路和战略任务等，发展战略和总体思路是实现战略定位的方式和路径，也是顶层设计的重要内容。

3. 合理确定当地发展指标

未来经济社会发展规划不再单纯追求 GDP 和税收，更强调产业经济、城镇建设、公共服务、社会治理、资源环境以及民生均衡发展，并在此基础上提出国民经济和社会发展的各项指标。国家发改委在《关于“十三五”市县经济社会发展规划改革创新的指导意见》（以下简称《指导意见》）中明确提出优化开发区域要淡化增长速度、规模总量等方面的指标；重点开发区域要体现新型工业化城镇化的要求；重点生态功能区和农产品主产区要突出增强生态服务功能和农产品供给能力等方面的指标。增加城镇化、空间开发强度、耕地保有量、生态红线等空间管控方面的指标，为相关规划、配套政策的制定提供依据。

（二）明确当地产业转型发展方向及布局

1. 明确主要产业及转型升级方向

产业是当地经济发展的灵魂，对于政府而言，研究产业、规划产业必须遵循产业自身的发展规律（例如产业集群）。在全球一体化、区域竞争日趋激烈的背景下，如何筛选产业，进而重组要素资源、做强主导产业、完善产业链、培育产业集群，最终培育区域的产业发展能力并建设产业高地，是一个大课题，也是地方党政领导的第一要务。国家发改委《指导意见》指出“二、三产业发展，要按照集中集聚的原则，着眼于培育产业链、产业集群，集中布局在城镇空间，促进产城融合”。

产业结构不合理是中国资源消耗多、污染重、经济整体素质不高和经济不稳定运行的重要原因。当前，中国产业结构存在的主要问题是：农业基础薄弱、工业大而不强、服务业发展滞后。主要是两个因素共同作用导致农业基础薄弱：一是水土资源短缺，二是农民数量过多。这导致农业劳动生产率难以提高，农民收入必然增长乏力，并导致无力改善农村落后面貌。工业的根本性问题是技术水平不高、核心技术受制于人，且屡屡出现盲目投资和低水平扩张部分热点行业。服务业带动增长的能力不强，不得不依靠工业实现快速增长，这既加大了资源环境的压力，又增加了交易成本，影响经济整体质量和效益的改善，也不利于缓解就业矛盾。针对产业结构存在的问题，必须加大产业结构调整的力度。

2. 合理确定三大空间边界

国家发改委的《指导意见》中强调，一张将空间开发与保护融为一体的布局总图是编制市县经济社会发展规划的关键，也是衔接协调相关规划的重要平台。区域规划应按照主体功能区战略的要求，做好国土空间的分析评价，将市县全域划分为城镇、农业、生态三类空间，通过合理布局三类空间，形成统领市县发展全局的规划蓝图、布局总图。要依据资源环境承载力倒推一个地区的人口、产业和城市规模，科学划定城市增长边界、产业区块边界、生态保护和永久基本农田 4 条红线，增强市县政府的空间管控能力。要抓住研究编制当地总体发展规划的契机，探索形成当地空间区划办法，编制当地空间功能区划图，为“多规合一”奠定基础。

3. 引导城镇农业生态空间合理布局

城镇、农业、生态三类空间，是对区域空间开发与保护的总体部署，是未来经济社会发展的空间载体。各市县可在三类空间布局的基础上，研究细化城镇组织、产业发展、公共服务、基础设施、生态环境保护等的空间布局，进一步优化空间结构。特别要强化引导和约束产业布局。要按照三类空间的功能特点，改变产业以往分散开发、无序布点的弊端，有机结合政府的规划引导和完善市场机制的决定性作用。

4. 合理确定规划编制的重大项目

重大项目是落实规划建设任务的重要载体，是实现规划目标的重要手段，也是确保规划顺利完成的重要支撑。市县政府谋划储备一批关系全局、意义深远、带动作用强、具有可持续发展能力的重大项目，争取更多的重大工程、重大项目纳入国家和省级发展规划体系，借此争取更多的国家和省战略资源和项目资源，力争在新一轮发展中抢占先机。市县政府要建立发展规划重大项目库，主要涉及基础设施、社会公益、生态环保、社会管理和产业发展等重点领域。其中，重大基础设施项目涵盖交通、通信、能源、水利及城市基础设施等；产业发展项目涵盖农业、制造业、战略新兴产业、现代服务业以及特色产业等；社会公益项目涵盖文体广电、教育医疗、就业保障、民政事务等；生态环保项目涵盖生态建设、环境保护、节能和循环经济等；社会管理项目主要涵盖社会治理和应急救灾体系建设等。

（三）有针对性提出体制机制和政策保障

总体发展规划不仅是单方面的发展规划，而且应当是统筹全局的发展、改革、法治的规划。市县总体发展规划要提出经济社会发展政策方向，加大部门间政策制定和实施的协调配合力度，完善相关专项规划、行动方案和专项政策，形成具体操作性措施。改革开放以来，中国各领域的改革都取得了重大进展，社会主义市场经济体制初步建立。但体制障碍依然不同程度地制约着发展，不少深层次矛盾难以解决或缓解的根源很大程度上都在于体制还不够完善。因此，在规划中把改革与发展紧密结合起来，通过全面深化改革扫除发展中的体制性障碍，是规划制定者必须关注的重要问题。进一步重点突破，规范推进体制机制改革创新。一般应关注如下内容。

1. 深化国有企业改革

要着眼于增强企业活力和竞争力，突出规范化、整体性和实效性。调整国有经济布局和结构，完善国有资本有进有退、合理流动的机制；完善国有资产监管体制，积极探索国有资产监管和运营的有效形式；通过鼓励其他所有制经济发展，建立公平竞争的市场环境。

2. 改革财税体制

合理界定各级政府之间的财政责任，并相应调整中央与地方以及各级地方政府之间的收支关系；完善中央财政转移支付制度，建立按照客观因素测定标准支出并参照区域主体功能的财政转移支付制度；进一步完善税制，合理划分各级政府的税收征收、管理和分享权限。

3. 加快金融体制改革

金融体制改革要着眼于化解风险，创新品种，完善功能，把银行体系改革和资本市场发育结合起来。要加快国有商业银行的股份制改造，不断完善金融企业治理结构；全面推进农村信用社改革，稳步发展多种所有制金融企业；大力发展金融市场，优化金融结构；稳步推进利率市场化；进一步健全金融监管体制，建立防范和化解金融系统性风险的长效机制。

4. 继续深化投资体制改革

进一步缩小企业投资项目的核准范围，规范政府投资行为，提高投资决策的科学化和民主化水平，建立严格有效的投资责任追究制度和社会监督机制；改进投资调控方式，健全以规划为依据，以土地和环保为约束，与金融、财政、税收等密切配合的投资宏观调控体系。

5. 深化价格改革

进一步完善价格形成机制，发挥价格机制对资源开发和使用的调节作用。加快推进电价改革，完善水价形成机制，适时放开石油、天然气价格，严格界定公益性用地和经营性用地，改革土地补偿办法，完善基准地价确定及公布办法。

6. 加快推进教育卫生体制改革

改革过于集中的政府办学体制，营造民办教育和公办教育公平竞争的环境，深化教育管理体制改革，逐步形成义务教育由政府负全责，高中阶段教育以政府投入为主，高等教育以社会投入为主，政府对困难学生给予资助的教育投入机制。加快医疗卫生体制改革，逐步建立投资主体多元化、投资方式多样化的办医体制和投入机制，推进医疗资源优化配置；尽快建立农村新型合作医疗制度和农村医疗救助制度。

7. 继续推进行政管理体制改革

加快推进政府职能转变，进一步健全国家计划规划和财政政策、货币政策相互配合的宏观调控体系，政府经济工作的重心要转移到制度建设、规划编制、政策制定以及统筹协调、维护竞争秩序上，完善民主化、规范化的决策机制，实行政府行为责任追究制度。

三、总体发展规划与相关规划的衔接

规划编制工作涉及若干个环节，而其中的规划衔接工作是保障各类各级规划相互协调、避免矛盾的关键环节。因此，必须高度重视规划衔接工作，明确衔接的责任主体、基本原则、主要环节和重点内容。

（一）与国家宏观发展战略及政策的衔接

国民经济和社会发展规划是国家加强和改善宏观调控的重要手段，也是政府履行经济调节、市场监管、社会管理和公共服务职责的重要依据。科学编制并组织实施国民经济和社会发展规划，有利于合理有效地配置公共资源，引导市场发挥资源配置基础性作用，促进国民经济持续快速协调健康发展和社会全面进步。

（二）发展规划间的衔接

发展规划间的衔接在各类规划的衔接中具有特别重要的意义，只有搞好发展规划之间的衔接，才能体现保障发展规划的权威性和综合协调性特征。

1. 责任主体

由各级政府发展改革部门负责本级与上下级发展规划的衔接工作。国家发展改革部门负责各省级发展规划与全国发展规划的衔接；各省级发展改革部门既要负责省级发展规划与全国发展规划及其相关专项规划、区域规划的衔接，又要负责与地市级发展规划的衔接。各地市发展改革部门负责地市发展规划与省级发展规划及其相关专项规划、区域规划的衔接，并负责与所属各县级发展规划的衔接。县级发展改革部门负责与地市级发展规划及其相关专项规划、区域规划的衔接。下级政府发展规划中涉及上级政府专项规划、区域规划的内容，必须与上级政府发展改革部门以及其他相关部门进行衔接。

2. 基本原则

（1）坚持服从大局的原则，树立“全国一盘棋”的思想。下级政府发展规划必须服从上级政府发展规划，下级政府发展规划编制单位必须按照上级政府发展规划编制单位的衔接意见进行修改完善。

（2）上下级发展规划的衔接应突出重点，主要是在总体战略思路、重大发展目标、重点建设项目和主要发展政策上的衔接。

（3）省级及其以下各级政府发展规划既要贯彻国家战略意图，也要突出地方特色，克服“上下一般粗”的现象，做到“神同而形异”。省、地市级发展规划通过衔接，要发挥承上启下的作用；县级发展规划通过衔接，要起到将上级各类规划具体落实到位的最终作用。

（4）各级政府发展规划草案在提交人大会议审议之前，必须有上级发展改革部门做出的发展规划衔接意见。

3. 主要环节

（1）在总体发展规划基本思路研究阶段，由国家发展改革委员会在适当时候组织召开研讨会，明确并向各级规划编制单位公布规划期内要着力研究的重大课题。

（2）由国家发展改革委员会负责对全国发展规划的编制工作进行统一部署，明确编制工作的指导思想、工作进度和国家发展规划中将涉及的主要战略构想。

（3）由省、地市和县级政府发展改革部门负责，在规划编制期间主动与上级政府发展改革部门及其他相关部门就本地区发展规划有关内容与上级有关规划进行衔接。

（4）由国家发展改革委负责，在完成全国发展规划编制工作之前的 3 个月，组织召开一次全国总体规划与省级发展规划的衔接会议。由省级发展改革部门负责，在完成省级发展规划编制工作之前的 2 个月，组织一次省级发展规划与地市级发展规划的衔接会议。由地市级发展改革部门负责，在完成地市级发展规划之前的 1 个月，组织地市级发展规划与县级发展规划的衔接工作。各级发展改革部门在进行规划衔接前应向上级发展改革部门报送本级规划草案，今后应根据上级发展改革部门提出的衔接意见进行修改完善。

（5）各级政府可成立规划咨询审议会（或专家咨询委员会）。在各级政府发展规划提交同级人大审议前 2 个月，由同级或者上级规划咨询审议会（或专家咨询委员会）对本级发展规划与上级各类规划是否衔接问题提出专家审查意见。

（6）在省及省以下各级发展规划草案提交同级人大审议之前，上级发展改革部门须签署关于是否衔接的审定意见。

4. 衔接重点内容

根据以上基本原则，总体发展规划必须进行衔接的重点内容包括以下方面。

（1）指导思想。各级发展规划所提出的指导思想，必须贯彻中央提出的规划期内的重要指导方针，例如，国家国民经济和社会发展“十五”计划纲要提出要“坚持把发展作为主题”“坚持把结构调整作为主线”“坚持把改革开放和科技进步作为动力”“坚持把提高人民生活水平作为根本出发点”和“坚持经济和社会协调发展”这五条指导方针，各级必须在各自的发展规划中加以体现，并结合实际加以具体化。在衔接时，要避免两种错误倾向：一是片面强调当地实际情况的特殊性，而漠视对国家大政方针的贯彻执行；二是片面强调遵循国家大政方针，而不顾当地实际对国家的发展方针机械地照搬照套。要符合“既要遵循又要创新”的要求，在贯彻国家大政方针的前提下结合实际加以具体化。

(2) 发展目标。省及省以下各级发展规划所列的发展指标数量，在一般情况下应包括国家发展规划所列的绝大多数指标，同时视当地实际增列若干个体现特色的指标。因此，在发展目标上两者的衔接，首先，国家发展改革委需提出规划期内国家和各级发展规划所要共同体现的发展指标的数目，并规定统一的具体测算方法。这样可以体现可比性和一致性，从而提高规划指标的科学性。在具体指标值的确定上，必须进行很好的衔接，如“GDP 年均增长速度”这一重要指标，在以往的中长期规划编制中，都存在绝大多数省区的计划速度等于或高于全国的平均计划速度，绝大多数地市的计划速度等于或高于全省的平均计划速度，绝大多数县区的计划速度等于或高于全地市的平均速度等下级计划平均速度大于上级计划平均速度的现象，这是有悖常理的。在这方面，国家发改委应负责对各地若干涉及全国性的重大指标提出具体的指导性意见，并制定严格统一的指标测算体系。借鉴其他国家中长期规划编制工作经验，在下级发展规划与上级发展规划发展目标的衔接方面，必须着重衔接的指标有 GDP 年均增长速度及绝对值、失业率、价格总水平、人口自然增长率、主要污染物排放总量和土地利用平衡指标。

(3) 重大发展战略和重大政策。国家发展规划所提出的重大发展战略和重大政策，必须在全国各地特别是直接相关地区中得到进一步延伸和具体化，例如国家“九五”计划提出的“实现经济增长方式和经济体制的两个根本性转变”、“科教兴国战略”和“可持续发展战略”等，“十五”计划提出的“积极主动、全方位地对经济结构进行战略性调整”“大力推进信息化”“实施西部大开发战略”“实施城镇化战略”“实施人才战略”对外贸易“更好地实施以质取胜、市场多元化和科技兴贸战略”“实施走出去战略”和“积极扩大就业，健全社会保障制度”等，这些重大战略和政策都必须在各地区发展规划中得到充分的体现和具体化。当然，各地区的具体情况不同，所体现的国家重大战略和政策的侧重点和具体内容也有所不同。如“实施西部大开发战略”，西部的省份就要比东部沿海省份体现得更充分更具体些；“实施城镇化战略”，应走不同的城镇化发展道路，西部省份与东部沿海省份的重点应不同，例如广东、浙江、福建、山东等东部沿海省份，应强调城市化发展，把重点放在中心城市的发展壮大上。

（4）重大建设项目。省及省以下各级发展规划所体现的重大建设项目，必须与上级发展规划和相关专项规划、区域规划进行衔接，特别是需要上级政府或有关部门审批的重点建设项目和重大利用外资项目，在未立项的情况下原则上不在发展规划中体现。但对这些未立项的重大项目的考虑可采取灵活的表述方式在各级规划中加以体现。

（三）与专项规划的衔接

加强专项规划与总体发展规划的衔接，对于总体发展规划所提出的重大战略方针和战略举措在某一重点领域的实现，具有极其重要的意义。

1. 责任主体

政府审批的重点专项规划由政府确定，由发展改革部门或由发展改革部门会同有关部门负责编制，由发展改革部门负责衔接，报本级政府审定批准。政府部门审批的专项规划，由主管部门自行确定，由主管部门或由主管部门会同有关部门负责编制，由主管部门自行衔接、审定、批准，报本级发展改革部门备案。行业协会组织市场主体自行编制的行业规划，由行业协会负责衔接，并报本级发展改革部门备案。各类专项规划的责任主体对各自承担的衔接、审批职责负有相应的行政和法律责任。

2. 基本原则

总体发展规划指导专项规划编制，专项规划必须与总体发展规划相衔接，并服务于总体发展规划。专项规划在指导思想、发展目标、具体任务和政策措施等方面不得与总体发展规划相矛盾，其内容必须是总体发展规划在某一特定发展领域的具体化和延伸。承担衔接工作的责任主体应严格按照要求，做到责任明确，衔接环节符合程序要求。

3. 主要环节

（1）专项规划编制单位提出编制专项规划的名称及必要性说明，报本级发展改革部门；编制专项规划的必要性说明，主要是对专项规划领域在整个国民经济发展过程中所处的特殊地位、重要性进行分析，阐述编制和实施本专项规划与解决总体发展规划中的薄弱环节、关键领域所能起到的作用。

（2）发展改革部门根据专项规划编制的重要性及其重要程度，汇总并筛选本地区所需编制的专项规划及其分类方案，报本级人民政府审定。

（3）本级人民政府审定，下文部署编制本地区各类专项规划，并按专项规划的必要性和重点程度划分为政府批准的重点专项规划、政府部门批准的专项规划和行业协会组织市场主体自行编制的行业专项规划等三类，明确各类专项规划的责任主体。

（4）各类专项规划编制单位将专项规划基本思路报本级发展改革部门衔接，发展改革部门提出意见和建议。

（5）需报政府审批的重点专项规划，由本级发展改革部门组织论证，并与总体发展规划衔接后报政府审批。需由政府主管部门审批的专项规划，由政府行业主管部门组织论证，并负责与总体发展规划衔接后，由行业主管部门自行审批发文实施，同时报本级发展改革部门备案。不需要政府或政府部门审批的专项规划，由编制单位负责与总体发展规划衔接，报发展改革部门备案，并由发展改革部门审定后，由编制单位自行发文实施。

4. 衔接重点内容

专项规划与总体发展规划衔接的主要内容，因专项规划的责任主体不同而有所差别。

（1）由政府审批的重点专项规划与总体发展规划衔接的主要内容。首先，在指导思想上，各专项规划的指导思想必须与总体发展规划提出的指导思想、指导方针和发展战略相一致，特别是必须与总体发展规划中对本专项规划领域所提出的发展指导方针相一致，使专项规划能不折不扣地贯彻落实总体发展规划的发展思路。各重点专项规划的发展指导思想都是建立在总体发展规划指导思想、指导方针、目标任务上的，是总体发展规划指导思想、目标任务的具体化、专业化。在衔接专项规划与总体发展规划的指导思想时，应避免出现两种情况：一是将总体发展规划的指导思想简单地照搬照套，毫无专项特色；二是对总体发展规划的指导思想和发展战略没有很好地领会贯通，而是断章取义，脱离总体发展规划的发展思路，自编自造专项规划指导思想。其次，在发展目标上，各专项规划发展目标及其指标都必须与总体发展规划的目标及指标保持一致。在指标数量上，在保持主要指标与总体发展规划针对本领域提出的指标等一致的前提下，可以对主要指标进行细分，也可以提出服从主要指标并对实现主要指标起到说明、辅助作用的指标。在衔接发展目标时，应纠正专项规划的指标出现三种现象：一是提出与总体发展规划的要求相矛盾的指标；二是对总体发展规划的发展目标及指标照搬照套，不做专业性展开和说明；三是不抓重点，不分主次，不管需要不需要，凡是有关系或关系甚微的指标大量罗列。再次，在主要措施衔接上，专项规划的主要措施必须对总体发展规划的相关发展战略、发展布局和重大政策做全面的、具体的、可行性强的落实和细化，并根据本行业特点，创造性地制定与总体发展规划发展战略、发展布局、政策法规相一致的实施办法。在重点项目衔接上，总体发展规划上有的，专项规划必须体现；总体发展规划上没有的，专项规划可以根据本专项规划期内的财力、物力、人力可能，有重点地安排。

（2）由政府部门审批的专项规划和由行业协会组织市场主体自行编制的行业规划与总体发展规划衔接的主要内容。首先，在指导思想与发展战略上，虽然这两类专项规划不列入政府直接审批，而由政府部门和市场主体自行决策，但其发展指导思想和战略任务仍然要与总体发展规划的相吻合，不能违背总体发展规划甚至与总体发展规划相对立矛盾。其次，在发展重点上，这两类专项规划（包括重点领域、重点项目、重点产品等）必须与总体发展规划的发展方向相一致，严格制止发展与总体发展规划要求相抵触的、总体发展规划所提出的限制、禁止发展的产业、项目和产品，保障专项规划的发展重点真正成为总体发展规划的重要组成部分和有益的补充。

（四）与区域规划的衔接

总体发展规划与区域规划在质的规定性上的不同及他们之间的紧密联系、彼此相关，要求高度重视三者之间的相互衔接。

1. 责任主体

区域规划与总体发展规划衔接的责任主体，一般为该区域规划编制的主体即各级政府发展改革部门。国家区域规划的编制衔接主体一般是国家发展改革委员会，具体编制工作可由国家发展改革委员会会同国家有关部门和相关地区地方政府；开展省级区域规划的编制衔接主体一般为所在省级政府发展改革部门，具体编制工作可由省级发展改革部门会同省级政府有关部门及地方政府；开展地市级区域规划的编制衔接主体一般是所在地地市级政府的发展改革部门，具体编制工作可由发展改革部门会同地方政府的有关部门及相关县级政府。开展区域规划的衔接责任主体政府发展改革部门，必须切实担负起衔接的责任，认真做好区域规划与相关发展规划的具体衔接工作。未经衔接的规划不得发布实施。衔接工作中出现重大工作失误，对该区域的开发建设和经济社会发展造成重大不良影响的，发展改革部门必须承担相应的行政责任或法律责任。

2. 基本原则

首先，区域规划作为所属行政区发展规划的局部规划，应坚持局部规划服从总体发展规划的原则，区域规划必须与本行政区所制定的总体发展规划相衔接。其次，区域规划必须与该区域内各地方政府制定的总体发展规划相衔接，区域规划统帅规划所属区域内各行政区的各类规划。在区域规划涉及的各行政区政府制定的各类规划均应与区域规划的基本要求相一致。

3. 主要环节

区域规划分为国家级区域规划、省级区域规划、地市级区域规划三类，由于各类区域规划的衔接主体和涉及领域不同，其衔接主要环节有所差别。

(1) 国家级区域规划与总体发展规划的衔接环节：根据国家级区域规划的内容要求，由区域规划编制单位确定并向国家发展改革委员会上报与其相衔接的国家总体发展规划和相关省级各类规划的衔接工作方案。由国家发展改革委员会组织国家相关专项规划主管部门、相关省区的规划主管部门逐个开展具体衔接工作，形成衔接意见。由国家发展改革委员会将衔接意见通知区域规划编制单位和相关省区发展改革部门；并按衔接意见要求，由规划编制单位对国家级区域规划进行修改；由省区发展改革部门按照“下级各类规划服从上级区域规划”的原则对本省区各类规划进行修改。将修改后的区域规划委托国家规划咨询审议会（或专家咨询委员会）进行咨询，并出具咨询意见。将衔接咨询后的区域规划上报国家发展改革委员会审定，并由国家发展改革委员会转报国务院审批。

（2）省级区域规划与总体发展规划、专项规划的衔接环节。根据区域规划的内容要求，由区域规划编制单位确定并向省发展改革部门上报与其相衔接的省级总体发展规划、相关专项规划和相关地市级政府编制的各类规划的衔接工作方案。由省级发展改革部门组织相关专项规划主管部门、相关地市发展改革部门逐个开展具体衔接工作，形成衔接意见。由省级发展改革部门将衔接意见通知区域规划编制单位和相关地市发展改革部门；并按衔接意见要求，分别由规划编制单位和地市发展改革部门分别对省级区域规划和地市级各类规划进行修改。将修改后的区域规划上报省咨询审议会（或专家咨询委员会）进行咨询并出具咨询意见。将衔接咨询后的区域规划上报省发展改革部门审定，并由省发展改革部门报省政府审批。如有条件提升规划级次的，可由省政府转报国家发展改革委员会综合平衡，由国家发改委报国务院审批，列为国家级区域规划。

4. 衔接主要内容

（1）在指导思想上，区域规划的指导思想必须是在综合各种相关发展规划的指导思想、指导方针和发展战略的基础上，突出体现区域规划的空间性、资源优化配置性特征，是相关发展规划中提出的区域发展战略的具体化和细化，也是相关专项规划中提出的发展思路的优化。

（2）发展布局和重点领域上，区域规划应是相关发展规划发展战略和布局在区域空间上的具体化，而不能与总体发展规划提出的区域发展战略与布局背道而驰，制定相互矛盾、相互对立的规划方案。同时，区域规划的发展布局也应包容相关专项规划的战略布局及重点领域，对相关专项规划中涉及该区域的战略和布局进行充分吸收。

（3）主要任务和发展目标上，首先是保持与总体发展规划中的主要任务和发展目标基本精神上的一致；其次是按照资源区域化优化配置原则，将总体发展规划的任务和目标进行更具体、更详细、更具可操作性的分解。要将相关专项规划中确定的有关本区域发展的主要目标和任务进行充分综合平衡。

（4）重点项目和主要政策措施上，凡是相关的总体发展规划、专项规划提出的有关该区域的重点项目和政策都可以作为区域规划的重点项目和主要政策措施；区域规划可以以突破行政区划界限、优化整合资源为目的，以总体发展规划为依据，提出一些跨区域、跨行业、跨部门的综合性重点项目和更具操作性的政策措施，但这些项目和政策措施必须是不能与总体发展规划项目和政策相冲突、相矛盾。

在与重大工程项目的衔接方面，经济社会发展总体规划的制定中，首先要保证国家的重点建设需要，要与国家有关部委做好项目衔接，其次要合理组织地方项目建设，根据当地经济社会发展急需和财政经济承受能力，按照轻重缓急进行系统谋划，确保量力而行。

第五章

区域发展及国土空间规划咨询

区域发展规划是为了适应经济社会和空间布局的协调发展，合理有效地配置各类资源，尤其是空间资源和土地资源，解决经济社会发展中的空间布局矛盾，促进资源合理布局和总体功能优化的战略部署。跨省（区、市）发展规划又是区域内省（区、市）发展规划和专项规划的依据。国土空间规划对区域发展规划及各类专项规划具有重要指导和约束作用。我国积极推动区域经济社会协调发展，区域发展及国土空间规划在经济社会发展规划体系中的地位日益重要。

第一节　区域规划体系及特点

一、区域规划的作用和特点

（一）区域规划的作用

区域规划是经济社会发展总体规划与城乡规划的中间环节，是使地区生产力合理布局、各项建设事业协调发展的重要手段与步骤。积极开展区域规划工作，对于加速中国特色社会主义现代化建设，无论从理论上还是实践上都具有十分重要的意义和作用。

1. 合理配置生产要素，提高布局的经济效益

区域规划的目的是科学配置生产力，进行重点产业空间引导，形成合理的产业空间格局。中国幅员辽阔，经济发展的资源、自然、经济技术、社会历史等条件千差万别。同一部门在不同地区发展会产生截然不同的经济效果，合理布局，发挥优势，才能取得良好的经济效益。更重要的是，区域规划通过对区

域优势资源的综合开发利用，避免了专项规划中可能存在的项目布局不协调等问题。专项规划由于性质的约束，往往仅从专业部门的角度出发利用区域优势资源，因此，不同专项规划往往会存在资源利用上的矛盾，如某区域具有水资源的优势，钢铁专项规划以此为基础，设计产能规模，石油化工专项规划也可以水资源为基础，设计产能规模，相互之间产生资源争夺问题，专项规划之间不协调。而区域规划中综合考虑资源利用方式，可以有效避免这些问题。

2. 推动基本公共服务均等化，提高布局的社会效益

实现基本公共服务均等化是中国区域规划中的重要目标。改革开放四十多年来，中国区域经济获得了迅猛发展，但城乡、区域之间的差距越来越大，这种差距不仅表现在经济发展水平上，更重要的是体现在人均享有的基本公共服务方面，如京津冀都市圈内部经济发达的地区与欠发达的张北地区之间在教育、医疗、卫生、社会保障等方面存在很大差异，即使北京市内也存在城乡公共服务不均衡的状况。中国区域发展的历程表明，通过改变区域经济发展差距促使区域协调发展的方式成本巨大，而区域规划可通过对公共服务设施项目的空间配置，改善区域、城乡之间的服务设施配置现状，形成良好的区域发展格局，集中力量提高布局的社会效益。

3. 合理开发利用资源，提高布局的生态效益

通过开展区域规划，正确处理人和自然的关系，尤其是在区域规划中进行生态承载力的区域划分和绿色空间配置工作，将各地区的经济发展、城镇建设、基础设施完善置于区域环境容量之内，一方面可以最大限度地发挥地区潜能，另一方面也可以保护和改善生态环境，使生态达到平衡并向良性循环方向发展。总之，区域规划是战略性、综合性、地区性很强的一项工作。通过对区域内工业、农业、服务设施、交通运输、城镇居民点等的合理布局、综合部署，区域规划使区内各项事业协调发展，提高综合效益，为区域的生产和生活创造良好的环境。因此，区域规划在国民经济建设中具有十分重要的意义和作用。

（二）区域规划的特点

各项规划工作具有如下的共同特点：目的性（为解决某一问题或明确未来

目标而编制规划），前瞻性（规划是为未来工作做出的安排，必须以预测未来发展趋势为基础），动态性（随着实践发展变化而不断调整规划内容）。除此之外，区域规划还有自身独特的特点。

1. 区域性

与其他类型的规划相比，区域规划更注重空间布局、区域差异性、经济发展及其依赖的自然资源条件的关系、区际协调平衡的问题，注意人与自然、资源、环境的协调。此外，中国每个阶段开展的区域规划工作的目标、重点是有差异的，区域规划充分反映了时代需求和时代特点，包括规划区的发展阶段所面临的重大问题和战略需求、开展规划工作所处的政策法规环境、政府职能等。由此选择的工作目标和规划重点，通常不是涉及资源环境和社会经济的方方面面，解决的问题是有限的，从而确保了规划方案实施阶段的可操作性。

2. 综合性

区域规划涉及区域内的各个部门、各个方面：区域规划涉及自然、经济、社会、生态等不同系统，涉及城镇、乡村、工业、农业、商业网点、基础设施等社会经济的各个方面。区域规划的思维方法，着重综合评价、综合分析论证，为弥补单一部门、专项论证的不足而强调各部门之间、各地区之间的相互协调。区域规划方案的决策，是多方向、多目标、多方案比选的结果。区域规划工作队伍中，成员一般来自多个专业、部门。

3. 战略性

区域规划的时间跨度长，相比而言，区域规划的规划期一般为十年，可以展望到二十年；规划关注的问题是宏观的、全局性的、地区与地区之间需要协调的关键性的重大问题。规划还需要考虑到宏观环境的长期变化趋势，以及这种变化对区域各方的影响。

（三）区域规划与其他规划之间的关系

1. 区域规划与国民经济和社会发展总体规划的关系

中国目前以五年规划为主体的国民经济和社会发展规划体系，内容涵盖广泛，包括工业、农业、服务业、空间布局、环境保护、社会事业、行政管理体制等领域，一般由部门规划体系和地区的综合规划体系交织而成。与区域规划关系最密切的是地区经济和社会发展长期规划中有关生产力布局、人口、城乡建设以及环境保护等部分的发展规划。通过地区的综合平衡，落实到地区发展的建设布局中。由于地区经济和社会发展规划的重点放在了本地区该怎样发展上，对安排生产力布局和居民生活，只做了一个轮廓性的考虑。而区域规划则将这些考虑落实，并且使它们各得其所，以更好地促进该地区的生产发展，以满足城镇居民物质和文化生活的需要。通过区域规划，在全面调查与综合评价地区资源与建设条件的基础上，就有可能科学地预测合理的地区经济结构和远景发展方向，从而为编制地区经济和社会发展规划反馈信息。

2. 区域规划与主体功能区规划、国土规划的关系

区域规划要依据主体功能区规划进行编制，按照主体功能区规划明确的功能定位、开发框架等，明确跨行政区的空间布局，城镇体系及城市的功能定位，基础设施、生态环境及其他重大工程的安排。市县级空间发展规划是国家级和省级各类规划在市县范围内的具体落实，是市县范围内经济社会发展和国土空间开发的依据。市县级空间发展规划要依据主体功能区规划对本辖区的主体功能定位，前瞻性地安排市县域内城市空间、农业空间、生态空间的布局和范围，明确各类用途土地的空间布局原则和方向，并将经济社会发展的重点融入具体空间予以落实，为土地利用规划、城乡规划的编制提供依据。国土规划涉及的内容、范围比区域规划更为广大，考虑的问题更为长远。而区域规划则着重于一个地区建设的空间部署。国土规划全面规划国土资源的开发、利用、治理和保护，内容包括：开发利用土地、水、矿产、生物等自然资源；布局工业、交通运输业和地区组合与发展；保护环境以及解决影响地区经济发展的要害问题等。国土规划与区域规划的关系是，两者均以国土开发利用和建设布局为中心，从战略高度进行地域性的综合规划。区域性的国土规划，就是区域规划。因此，二者的关系是整体与局部的关系，区域规划是国土规划的组成部分。

3. 区域规划与专项规划的关系

区域规划是特定地域综合性规划，以本地域的专项规划为基础。专项规划属于部门或行业规划，二者的关系是综合与专业的关系，是地区与部门、横的

系统与纵的系统之间的关系。因此，在研究制定专业发展规划时要有整体观念和全局意识。

综上所述，国民经济和社会发展规划、主体功能区规划、国土规划、城乡规划和专项规划都与区域规划有紧密的联系，它们共同构成了一个完整的规划体系。在不同国家、不同的社会制度、历史发展阶段、地区特定情况下，各规划的任务、程序、操作方式存在差别。

二、区域规划的主要经验和存在问题

（一）世界主要国家区域规划的经验借鉴

1. 国外区域规划理论与实践的发展历程

1898年，英国学者霍华德在《明日的田园城市》中首次提出了“城市应与乡村结合”的现代空间规划思想。1915年，盖迪斯在《进化中的城市》中第一次明确了区域规划的地域范围、目的要求和规划的大致程序。20世纪20～30年代，区域规划在城乡规划和工矿区规划的基础上得到进一步发展，例如英国开展的1923年当卡斯特煤矿区规划、美国开展的1929年纽约城市规划等。20世纪1930年以来，美国学者芒福德更加明确地提出区域整体发展理论——真正的城市规划必须是区域规划。1933年，国际现代建筑师协会在雅典通过了《都市计划大纲》（雅典宪章），明确了城市要与其周围地区作为整体研究。1944年，英国学者艾伯克隆比（P. Abercrombie）主持编制了大伦敦区域规划，成为以大城市为中心进行区域规划的先行者。20世纪40年代末至50年代，许多欧洲国家为了国内经济复苏和重建，先后在大城市地区和重要工矿地区开展了以工业和城镇建设的空间协调为主体内容的区域规划工作。20世纪60～80年代，区域规划理论例如区位论、中心地理论、增长极理论、集聚理论等在一些国家得到进一步发展，研究的地域范围从大城市、大经济区、工矿区扩展到自然地理单元、流域区和整个国家，例如日本从战后到现在以整个国家为对象进行了5次全国综合开发规划纲要（简称“五全综”），荷兰从1960年至今先后编制了4次全国国土规划，法国和德国把全国分成若干相互联系的区域进行全面规划等。1990年以来，为解决日益突出的全球性人口、资源、环境与社会经济发展问题，联合国环境与发展会议于1994年颁布了

《21世纪议程》，将可持续发展作为核心内容形成国际共识。德国等国家以编制《21世纪议程》代替国土规划。德国学者 A. Schmidt 曾于 1995 年撰文指出，国土规划必须立足于可持续发展的可能性和必要性，针对地区的固有特点来制定国土发展目标，并对自然资源加以重视。

国外区域规划范围的演变历史如图 5-1 所示。

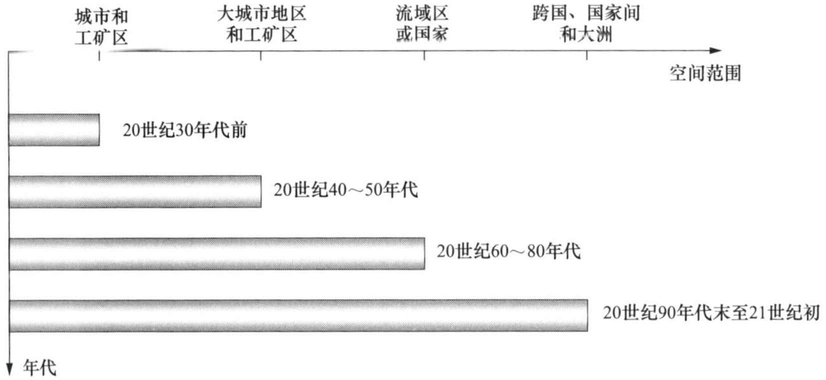

图 5-1 国外区域规划范围的演变历史

进入 21 世纪，世界上许多国家的区域规划内容开始由物质建设规划转向社会发展规划，规划中的社会、生态和文化因素越来越受到重视，例如日本在规划中非常注重提高包括美学、人性、地方性以及历史传统在内的文化含量，重视文化性与艺术性的统一。在规划范围上，甚至开始制定跨国、国家之间或以大洲为对象的区域规划，例如欧洲空间展望计划、东盟 8 国空间规划等。

2. 国外区域规划的基本特点

国外区域规划实践始于 20 世纪 30 年代，以美国田纳西河流域进行的与水资源综合开发利用有关的工程与经济建设规划为代表。第二次世界大战后，由于社会恢复和重建的需要，区域规划在欧美国家得到迅速发展。由于政治制度、经济体制、历史文化背景、自然地理状况等的差异性，世界各国的区域规划实践各具特点，但中心目标离不开解决本国、本地区当前和未来一段时期面临的重大问题，特别是伴随世界范围内的工业化和城市化，大城市规模不断扩大，导致人口和经济高度集聚、贫富差距悬殊、生态环境恶化等问题。

（1）突出规划的阶段性和连续性。日本从 20 世纪 40 年代末 50 年代初开始着手进行国土整理和开发，1952 年颁布的《国土综合开发法》标志着日本国土规划走上正轨，先后经历五个发展阶段：①一全综（1962～1970 年）：以据点开发方式为特征，在考虑防止城市规模过大和缩小地区差别的同时，谋求地区间的协调发展；②二全综（1969～1985 年）：建立高度福利化的社会、改善和美化生活环境；③三全综（1977～1987 年）：有计划地建设一个人与自然协调的、安全的、健康舒适的居住环境；④四全综（1987～2000 年）：建立有特色的机能极，形成多极分散型的国土；⑤五全综（1998～2010 年）：改变东京一级集中型模式，创造多轴型国土结构的基础。此外，韩国、荷兰等国家也分别先后开展了四次国土（区域）规划工作，突出了区域规划的阶段性和连续性特征。

（2）规划内容的侧重点有所不同。例如目前韩国第四次国土建设综合规划重点解决以下四个问题：①地区间均衡发展，特别是首都圈集中问题；②环境保护问题；③提高国家竞争力；④防治自然灾害，建立完善的防灾体系。德国国土规划内容包括：①提出空间整治面临的问题和任务；②制定促进经济发展、地区均衡发展和增加就业岗位等区域政策；③确定区域整治的目标、原则和有关规定，例如人口流动、土地利用结构、环境保护和基础设施的最低标准；④提出建设全国性大型基础设施项目的总体要求。在州一级国土规划中则主要包括人口和劳动力市场、经济政策、空地和土地政策、城市发展和住宅政策、交通政策、环境政策、国民与国家等。

（3）注重区域规划的层次性。例如，①美国国土规划是一种“自下而上”的区域规划，具有相对完善的规划体系，不同层次的规划功能明确，便于实施。县域国土规划最具体详细，州级规划次之，到联邦一级则只有政策性指导意见。②德国的区域规划体系可分为联邦、州、大行政区、地方四级。联邦政府根据其法定职能，编制联邦政府的规划，州政府、大行政区和地方政府根据其法定职能编制所辖行政区的规划。一般来说，上一级的规划原则性较强，主要起导向作用。越是下一级的规划，越具有操作性和约束力。因而地方政府具有很大的法定权限保证规划的制定与实施。③在奥地利，区域规划体系分为联邦、州和市镇三级，越基层的规划越详细，甚至对某些建筑物的建筑风格也做出具体规定。而且越基层的规划越具有指令性，操作性和约束力就越强，要求企业、民众等行为主体必须严格执行。这一点同德国规划一脉相承。此外，英国、荷兰等国家也采取类似做法编制了空间发展规划。

（4）区域规划被用来作为解决区域发展差距的重要手段。苏联区域规划工作早在20世纪30年代就已经开始，但直到二战前仍主要集中在欧洲地区，例如对顿巴斯煤炭冶金基地的规划、伏尔加—乌拉尔油田地区等重点工业地区的规划。20世纪60年代后随着苏联经济的恢复和发展，区域规划的重点从经济基础较好的欧洲部分转入新的重点开发的东部地区，先后建立了煤炭、冶金、油气、木材、动力等各类综合体20余个，例如西西伯利亚油田的开发等，苏联的区域规划工作有利地促进了地区经济的协调发展。此外，德国、荷兰等国在区域规划中也一直谋求地区间的均衡发展，消除区域发展差距，保证国民在接受知识和各种服务时的机会均等。

（5）强调部门间的协调。荷兰区域规划始于第二次世界大战后，其突出特点是体现部门间的协调，既包括同级政府不同部门之间的水平协调，也包括各级政府间的垂直协调。采取的主要手段是在国家一级建立国土规划委员会、荷兰内阁国土规划和环境委员会；在省一级也设立国土规划委员会和兰斯塔德国土规划协调委员会。另外，实行广泛的公众参与、建立国土规划检查员制度、加强中央对地方的宏观调控等措施，保证了各级规划间的衔接和顺利实施。

3. 世界主要国家区域规划体系及其性质、理念和实施体制的比较

世界主要国家区域规划体系及其性质、理念和实施体制比较见表5-1。

4. 主要经验与启示

西方发达国家在开展区域规划的过程中，普遍建立了比较健全的规划编制和管理体系，具有完善的规划法律框架和广泛的公众参与。这些保障因素保证了规划的编制和执行，很好地体现了规划制定的连续性、动态性等特点。

（1）较好地协调区域规划与国民经济发展规划之间的关系。马来西亚的住宅与地方自治部负责制定国家空间规划，经济开发厅负责制定五年经济计划和十年长期规划。为了有效地协调国家空间规划与经济发展规划的关系，国家

表 5-1　世界主要国家区域规划体系及其性质、理念和实施体制比较

国家	规划体系	背景、基本法及理念	实施体制和方式
德国	（1）联邦规划； （2）州发展规划； （3）大行政区规划； （4）市镇村规划。 包括： 1）市镇村发展规划； 2）土地利用规划（F规划）； 3）地区详细规划（B规划）	（1）背景：鲁尔区工业过密和二战期间国土功能分散等国防上的需要； （2）基本法：《联邦空间发展法》；《联邦建设法》侧面支持。 （3）理念： 1）通过综合的、上位的州规划，促进全国和各地区的开发、建设、保护； 2）协调社会经济发展目标与生态功能目标，在大范围内保持地区的均衡且可持续发展； 3）在全国提供同等生活环境	（1）州与联邦组成国土规划内阁会议； （2）联邦政府内部设立部长级会议； （3）联邦级的审议会； （4）以中心城市为主体的各州独立制定规划； （5）规划与中央各部委的公共投资和各市的城市规划联动，例如联邦交通道路规划； （6）联邦与州每年组成计划委员会，决定振兴地区发展规划
英国	国家规划政策方针（PPG）：5个领域； 地方圈规划方针（RDG）：9个地方圈； 地方自治体发展规划	（1）背景：北部工业区衰退和失业，伦敦地区人口过密。 （2）基本法：工业配置法、新都市法、城乡规划法等。 （3）理念： 1）解决失业和地区差距； 2）根据可持续发展的原则，提供住宅和建筑，促进投资和创造更多的就业机会； 3）在追求保护环境和地方特性的同时，积极促进地方竞争； 4）促进可持续发展，强化中心市区的功能	（1）在各地区设立国家规划协议会，国家与地方政府共同制定； （2）向欠发达地区投资，通过增长极开发方式，建设新城市和扶持地方城市； （3）与各地区的城市规划、共同基础设施投资计划相联动； （4）开发公社、国有企业厅为主体，实施开发计划； （5）金融、财政、税收政策也同时启动

续表

国家	规划体系	背景、基本法及理念	实施体制和方式
法国	（1）国家综合公共服务规划； （2）大区发展规划（中央与大区的项目规划合同）； （3）特定地区建设方针； （4）地方自治体土地利用规划： 1）地区综合规划； 2）地方城市规划	（1）背景：缩小首都巴黎和地方农村地区的差距。 （2）基本法：《国土建设开发基本法》（1995 制定，1999 修改），《地区协作法》（1999），《协作和城市再生法》（2000）。 （3）理念： 1）协调社会发展、经济效率和环境保护，实现国土的整体均衡发展； 2）提供能带来更多雇用机会和增强国力的条件和环境； 3）为下一代把自然环境的质量和多样性保存下来，缩小地区差距； 4）保证国民在接受知识和各种服务时的机会平等	（1）国土区域开发厅统一管理体制； （2）中央各部委之间成立协调委员会和作业小组； （3）中央部委的常设委员会； （4）大区制定规划，实施公共投资项目； （5）国家通过与大区签订综合服务合同的方式，在促进地方分权的同时，掌握财政预算指导地方； （6）模仿英国的规划进行产业配置
美国	（1）独立的州综合规划； （2）州中的区域规划； （3）地方政府综合规划： 1）公共基础设施建设计划； 2）土地利用总体规划和详细规划	（1）背景：地区差距不断拉大，地方经济萧条，环境问题。 （2）基本法：区域发展法案，如《田纳西河流域法案》（1933）、《住宅法》（1954）、《地区再开发法》（1961）、《经济机会均等法》（1964）、《阿巴拉契亚地区开发法》（1965）、《联邦环境保护法案》（1970）、《农村发展法》（1972）。 （3）联邦的政策理念： 1）提供合适住宅和居住环境，防止贫民窟出现/扩大； 2）城市中心区再开发； 3）保护环境。 （4）州规划理念： 1）促进州的发展和管理； 2）防止城市膨胀； 3）保护环境； 4）合理进行土地利用	（1）国家在 1933 年设立联邦规划委员会，大多数州设立州规划委员会。 （2）州规划机构对州内的地区规划和地方自治体规划进行审议。也有的州采取相互承认制度或协调委员会进行整合和协调。 （3）各地方自治体（市和郡）制定综合规划时，必须与州规划目标衔接，制定与综合规划相衔接的土地利用规划条例

续表

国家	规划体系	背景、基本法及理念	实施体制和方式
欧盟	（1）欧洲空间开发展望（ESDP，1999），欧洲结构基金； （2）地区和部门规划： 1）促进跨国境地区协作的援助项目； 2）欧洲交通网络规划（TEN）； 3）欧洲环境规划	（1）马斯赫特条约（1992）规定加强社会经济凝聚力，阿姆斯特丹条约（1997）提出促进地区均衡可持续发展。 （2）ESDP组建空间开发委员会，各成员国国土主管部长参加并达成协议。 （3）ESDP基本目标：加强欧盟社会经济凝聚力，实现均衡、可持续发展。 （4）ESDP基本方针： 1）形成多核心、均衡国土和区域开发，构筑新的城市与农村关系； 2）接近基础设施和知识的机会均等； 3）贤明地管理自然和文化遗产	（1）TEN规划、环境政策等EU部门规划与ESDP相衔接； （2）在EU主导框架下的结构基金补助； （3）ESDP基本方针和理念与成员国的各个地方的需求一致
韩国	（1）国土建设综合规划； （2）国土利用规划；首都圈建设规划； （3）特定地区建设综合规划； （4）郡建设综合规划； （5）道建设综合规划	（1）背景：缩小人口集中的东南圈与其他地区、首都汉城与地方的差距。 （2）法律体系：宪法、国土建设综合规划法、都市规划法、农地法	（1）《国土建设综合规划法》规定国土建设综合规划为国土开发领域的最高规划，现为第四次国土建设综合规划； （2）1961年建设部与经济企划院分开，建设部主管国土规划的制定； （3）1994年由建设交通运输部主管； （4）实行先规划后开发原则

续表

国家	规划体系	背景、基本法及理念	实施体制和方式
日本	（1）全国综合开发规划； （2）全国国土利用规划； （3）三大都市圈建设规划，七大地区开发规划，岛屿、山村、欠发达地区等特殊地区振兴和开发规划；（4）都道府县综合发展规划； （5）市村町综合发展规划	（1）背景：消除东京与地方、沿太平洋地区与其他地区的差距。 （2）1950年颁布《国土综合开发法》。 （3）理念： 1）缩小地区间差距； 2）国土均衡发展； 3）促进经济发展； 4）保护自然环境。 （4）规划涉及领域： 1）土地、水和其他自然资源的利用； 2）水灾、风灾以及其他灾害的防治； 3）调整城市和农村的规模以及布局； 4）产业的合理布局； 5）电力、运输、通信和其他重要基础设施的规模和配置； 6）文化、福利、观光资源的保护，设施的规模和配置	（1）中央设立国土厅（2001年改组为国土交通省），负责制定国家规划； （2）经国土规划审议会审议，由内阁会议通过； （3）与全国规划配套，国家各部门制定14个公共投资建设长期计划，对国家负责的领域进行公共投资和对地方进行补助和政策诱导； （4）都道府县也经审议会审议，制定实施总体规划、部门规划、地区规划并得到议会同意； （5）市村町为同样程序

成立了规划编制协调委员会，与国家计划运营委员会协调。受传统计划经济的影响，中国对区域规划没有给予足够的重视，区域规划和国民经济计划没有能够很好地衔接，目标冲突、内容重复的现象使规划目标不能得到很好落实。20世纪80～90年代，在所编制的区域规划中，产业和产业内部各行业规划占相当大比重，通常在省级区域规划中占25%～30%，在地市和县域区域规划中占35%～40%，主要内容包括发展条件分析、现状特点、发展方向、规划目标等，这些内容严格来看属于国民经济发展规划的范畴。区域规划，特别是县

域区域规划重点不明确，规划内容大而全，缺乏针对性。

（2）合理界定中央和地方的规划领域，增强区域规划的层次感和针对性。在德国和奥地利两国，各级政府之间在规划编制上有明确的分工。联邦政府主要负责跨区域的交通规划，提出空间结构改善的原则；州政府负责落实联邦政府的交通规划和行政区域内的轨道交通等方面的规划，负责制定空间规划法和编制州的空间规划，负责审查大行政区空间规划编制程序的合法性；大行政区的空间规划，则是根据联邦和州的空间规划原则，具体划定行政区内各类空间功能区；县镇等地方政府负责建筑物或其他基础设施的具体布点。中国各级政府的规划，有许多存在同类规划上行下效、简单重复，甚至政策，规划体系缺乏层次性，规划内容缺乏针对性的问题。因此，应逐步理清中央和地方各级政府在规划方面的职能分工。全国性的交通基础设施、调水以及中央政府安排投资的重要领域等，中央政府应编制规划；主要由地方政府负责的领域，例如各地城镇体系规划、城乡规划等，中央政府不应再编。但是中央政府可以通过必要的法律或行政法规手段约束地方政府，规定地方规划在什么领域、什么情况下，不能与中央政府的规划有冲突。在此基础上，赋予地方政府特别是基层市县政府更大的规划权限。

（3）加强区域规划立法，依法规划、依法实施。市场经济发达国家普遍重视区域规划的立法工作，并逐步走上了制度化和法制化的轨道，国家有区域规划的专职机构和保证其顺利实施的法律和政策。在机构建设上，例如日本的国土交通省、美国的联邦规划委员会、英国的国家规划协议会、韩国的建设交通部等；在法律法规建设上，如德国的《联邦空间发展法》、英国的《新都市法》和《城乡规划法》、法国的《国土建设开发基本法》、日本的《国土综合开发法》，等等。主要市场经济发达国家的区域规划立法如图 5-2 所示。在机构建设上，中国规划管理机构几经变迁，先后经历了国家建委、国家发展和改革委员会、国家发展和改革委员会与建设部、自然资源部/国家发改委的领导。

（4）在区域规划中注意对文化和历史的保护和利用。发达国家在制定区域规划时，不仅涉及经济方面的内容，而且包括各地方特别是落后地方的社会基础设施，生活、文化设施的建设，以及自然、历史环境的保护等内容。开发建

- 市场经济发达国家的区域规划法律条例
  - 德国
    - 《联邦空间发展法》，1992
    - 《国土整治法》，1950
    - 《国土规划法》，1965
  - 英国
    - 《城乡规划法》，1990
  - 美国
    - 《田纳西河流域法案》，1933
    - 《领土整治与开发指导法》，1950
    - 《地区再开发法》，1961
    - 《农村发展法》，1972
  - 法国
    - 《国土规划法》，1941
    - 《领土整治与开发指导法》，1995
    - 《国土建设开发基本法》，1995～1999
  - 日本
    - 《国土综合开发法》，1950

图 5-2　主要市场经济发达国家的区域规划立法

设中非常注重提高包括美学、人性、地方性以及历史传统在内的文化含量。长期以来，中国在介绍西方或前联规划理论的同时，都未对自己的传统文化和历史积淀给予必要的重视。实际上，区域规划内容主要限定在物质方面的领域。1992 年《中国 21 世纪议程》的发表，使区域规划向可持续发展的方向前进了一大步，开始关注资源、环境的可持续开发利用与保护等问题，但文化、历史等内容仍未引起足够的重视。田野风光、自然环境、历史文化是区域不可或缺的要素，要通过规划在保护有形的、物质实体的生活环境的同时，保护与居民精神生活、文化传统有密切联系的历史环境。返璞归真、回归自然将成为 21 世纪人类追求的精神依托和未来区域规划的方向。

（5）真正引入公众参与机制，体现社会公平。美国、日本、德国、加拿大等国在规划制定的各个阶段允许各方人士参与，使规划保持了较高的透明度和公众参与度。例如英国法律规定，在规划编制过程中，必须有为期三个月的公众参与的阶段。德国的法律规定任一地区的规划方案在定案前，必须有一个月的时间用于公告市民。而日本在新国土规划中融入了许多地方规划的思想，克服了从“一全综”到“五全综”的“自上而下”即对地方采取命令式的规划方式，为公众和地方的自主性和创造性的发挥提供了政策上的支持。根据美国学者阿恩斯坦（Arnstein）的研究，公众参与规划的程度可以分 3 个层次、8 种形态，如图 5-3 所示。

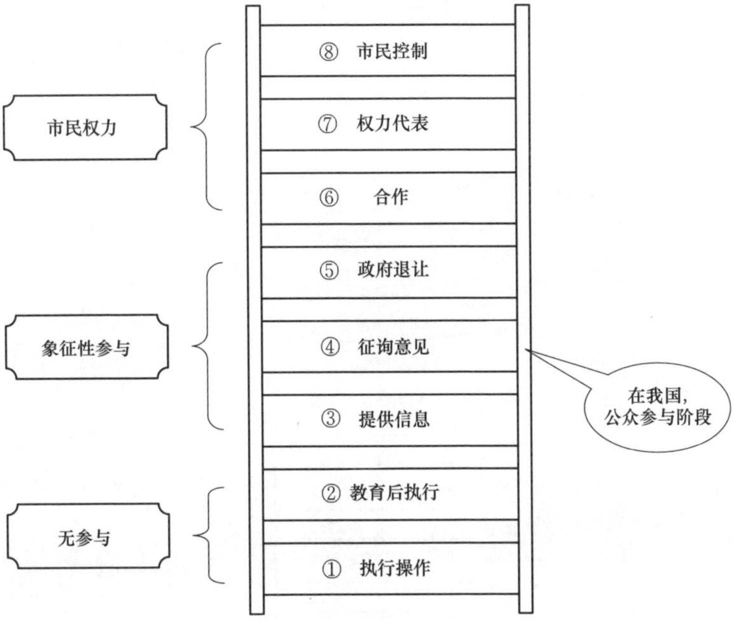

图 5-3　公众参与规划程度示意图

当前中国公众参与仍主要停留在规划编制完成后的公示阶段，相当于象征性参与的“征询意见”层次，公众对政府规划的参与程度和影响力还十分有限。而在西方发达国家，公众参与已经成为一种不可替代的工作方式贯穿于规划始终，成为政府决策、提高规划管理水平和保证规划执行效果的重要依据。美国城市规划中向公众开放的各阶段示意图如图 5-4 所示。未来中国的区域规划应当逐步实现公众参与从第二层次向第三层次的转变，使规划成为一种“我们的规划”，即得到公众认可的内生型规划，而不仅仅是政府强加的，以减小规划实施中的阻力，提高规划执行的自觉性和实施效果。在规划的目标设定、准备可选择的规划方案、对所选择规划方案的评价、规划审批、实施等全过程开展公众参与，必须明确谁应该参与以及参与的程度，真正提供了解人民的观点、愿望和兴趣的机会。

（6）措施得力而周详，特别是对区域开发的资金保障问题十分重视。以德

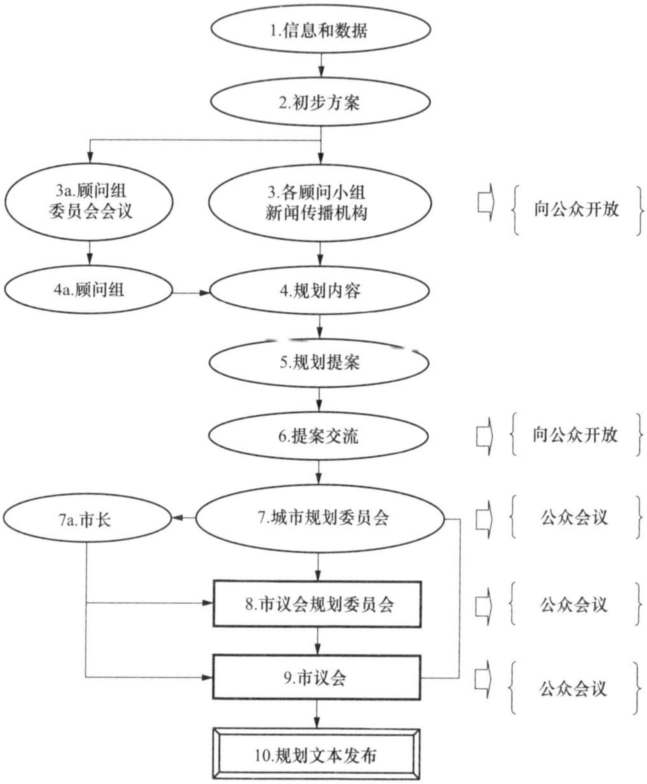

图 5-4　美国城市规划中向公众开放的各阶段示意图

国为例：①明确划分联邦、州、地方的事权和财权，《基本法》规定各级政府承担实现各自任务的支出；②实行横向和纵向的拨款，保证各州财政平衡。《基本法》规定，通过横向拨款，人均收入高的州帮助人均收入低的州，通过纵向拨款，联邦政府补助财政不足的州；③国家投资政策方面，联邦政府财政预算中一直保持20%的社会基础设施建设投资。由于大部分的基础设施建设都是通过地方进行，各州和地方的财政预算中政府投资高达80%以上；④使用诱导资金和减免部分税率的办法。德国各级国土主管部门历年均储备一部分对企业的补贴资金，用以引导企业按国土规划的要求进行建设。中国中央政府的资金是按产业、领域或专项安排的，要加强某一方面，全国各地区都“一刀切”地加强这一方面。结果导致有些地区尽管已经有了满足目前需要的高等级公路，但由于修公路有钱，不要白不要，结果本地最应该加强的领域却可能无资金支持，有限的资金难以更好地用在刀刃上。

市场经济发达国家的区域规划工作在取得巨大成绩的同时，也暴露出一些问题，例如：在日本国土规划中，没有很好地把握基础设施建设中生产性设施和生活性设施建设的关系，走了极端；计划变动频繁，企业无所适从；编制过程太长等导致实施效果不理想等。在英国，①由于缺乏区域政府机构，同时中央政府不愿在预算和政策上让步于地方，因而使规划的实施缺乏有力的保证机制；②中央政府以及其他机构对于区域总体规划和发展战略的热情变化不定；③区域规划师经常质疑中央和地方政府的政策假设；④区域政策和规划体系本身一成不变。

5. 国外区域规划发展的新动向

（1）规划理念更加强调以人为本，新理论和新方法不断涌现。在人类迈入新纪元的时刻，在各种地方力量、非政府力量日渐成长的社会环境里，全球化和信息化时代的来临深刻地影响着世界范围内区域空间的发展，反映在空间结构和区域经济结构的变异上，一些不同于传统的区域规划新理念、新方法、新理论层出不穷，例如以人为本理念、整体协调发展理念、城乡一体化理念、可持续发展理念等，区域规划理论也出现了许多新流派，例如理性的科学、倡导式、渐进主义、新马克思主义、新人文主义、实用主义等规划理论。理性的科学规划理论以卡尔・曼海姆为代表，相信科学技术而非政府是谋求公众利益的手段，强调社会公平与和谐，政府只有借助于规划才能更好地服务于社会，也叫作程序式规划理论。倡导式规划理论以保罗·达维多夫为代表，主张规划不能仅仅为政府服务，更重要的是为各种不同的社会利益群体服务。渐进主义规划理论认为科学的理性规划与现实中的规划有很大差距，经验优势更重要，主张政治力量全过程参与规划。新马克思主义规划理论主张，规划是国家行为，用于保证社会再生产和资金积累，属客观的中性规划和科学规划。新人文主义规划理论以约翰・弗里德曼为代表，强调公民在规划中应扮演重要角色，主张规划应来自基层，深入社区，为公众谋利，不依赖国家指导。实用主义规划理论注重规划的实施与行动，只要是可行的规划，哪怕是伪科学的，也是正确的和实用的。

(2) 区域规划内容逐步由物质建设规划转向社会发展规划。规划中的社会、文化、生态等因素越来越受到重视，在一些国家甚至出现了以可持续发展规划替代区域规划的趋势。

(3) 国家基础设施建设的重点从硬件方面转向了软件方面。以法国国家综合服务合同为代表，区域规划开始重视国家为国民提供高质量的公共服务等软件方面的服务，以确保国民均等获得公共服务和知识教育的机会。

(4) 规划范围超越一国界限。以前的区域规划仅限于国内的领土范围，考虑在一国内如何有效利用、开发和保护国土资源，追求国土均衡发展。但是，随着经济全球化和可持续发展理念的确立，出现了跨国、跨州或多国联合制定和实施的区域规划，例如中国已开展的“澜沧江—湄公河流域区域发展规划”，涉及周边的柬埔寨、老挝、缅甸、泰国、越南等国家。

(5) 规划制定方式进一步向公众参与和社会合作方向转变。改变了以往由政府行政部门制定并负责区域规划的方式，政府、企业、国民、非政府组织、非营利性组织（NPO）共同参与和分担责任，中央政府的作用倾向事务协调。在城乡规划中甚至出现了政府与居民以合作伙伴方式进行的街区开发规划。

(6) 新的技术手段和分析方法不断引入，规划过程更加现代化。GIS 技术、遥感技术、机助制图技术等现代科技手段和灰色控制系统、层次分析法（AHP）、系统动力学模型、决策支持系统、多目标决策规划等现代方法的使用，使区域规划从野外调查、资料收集、信息处理、计算模拟、目标决策、规划成图到监督实施全过程逐步向现代化方向发展。

（二）中国区域规划工作的实践及问题

1. 中国空间发展布局与区域规划实践的回顾

根据国内外政治经济背景、国内经济管理体制、国家宏观发展战略以及区域发展政策等的差异性，中国区域规划的发展历程可以划分为表 5-2 所示的四个阶段。

2. 中国区域规划工作发挥的主要作用

中国自 20 世纪 50 年代以来所开展的区域规划工作，无论从工作过程的系统性，还是规划内容的全面性，都是空前的。区域规划对于促进中国的规划内容、方式以及转变规划理念，发挥了重要的作用。

表 5-2　　中国区域规划发展历程阶段划分

阶段划分	时间段	宏观发展战略和区域政策	区域规划实践地区
传统计划经济阶段	1949～1978 年	重工业优先发展战略、国防安全、均衡发展、三线建设	东北、黄河中下游、长江中下游、东南、西南和西北六大经济区，贵州、四川等省份以及茂名、个旧、兰州、包头、昆明等地区
有计划商品经济阶段	1978～1992 年，即“六五”“七五”时期	非均衡发展战略，沿海发展战略，东、中、西三大地带	长江三角洲地区、京津唐地区、山西能源重化工基地、东北能源交通规划、豫西地区、宜昌地区、宁波滨海地区、松花湖地区、巴音郭楞蒙古族自治州、金沙江下游地区等
向市场经济过渡阶段	1992～2000 年，即“八五”“九五”时期	地区经济协调发展、效率优先、兼顾公平	西南和华南部分省区、长三角和长江沿江地区、西北地区、环渤海地区、东北地区、中部五省及京九铁路沿线地区以及东南沿海地区等七大区域
市场经济逐步完善阶段	2000 年至今，即“十五”以来	西部大开发战略、振兴东北老工业基地、东部率先实现现代化	西部“两带一区”重点规划、东北老工业基地，以及长三角地区、京津冀、长江产业带、粤港澳大湾区等

（1）改变了国家发展中区域经济家底不清的状况。改革开放之前，由于非常薄弱的区域经济，地方计划部门的主要任务是落实中央的计划方案，完成中央的计划指标。这样一来，导致对于自身的发展条件、区域状况甚至基本的资源情况并不清楚。改革开放之后，区域经济发展客观要求不同地区能够正确认识自身的优劣势，合理制定区域发展目标和规划。开展国土规划工作，正是从国土资源状况的调查入手，系统总结了区域经济发展的各种自然与经济资源状况，并初步评价了区域发展的国土资源条件，从而为国土规划以及地区发展规划制定奠定了基础。

（2）提出了长远发展的观点，丰富和强化了规划的战略内容和目标。中国的规划体系长期以来以“年度”与“五年”规划为主体内容，虽然中央在每个发展阶段也提出全国的发展战略目标，但目标多变、更多地强调近期规划指标的完成，使得在实际经济规划中国家发展战略并没有发挥应有的作用。特别是各级决策部门薄弱的战略意识，严重地阻碍了经济的合理与持续发展。区域规划则是以确定长远战略为核心内容，在战略指导下进行空间布局规划。这种操作提高了决策层的战略意识，其意义是极其深远的。

（3）从生产力布局的角度，突出了区域规划中空间研究的价值。注重分区开发建设、进行合理的生产力布局是区域规划的主体内容，这在很大程度上弥补了过去计划经济体制下重视行业规划、实行产品经济模式、轻视区域经济布局的缺陷。人们开始关注如何利用不同区域的条件，构筑不同类型的产业结构，注重通过发挥不同区域的比较优势，达到区域经济协调发展与整体开发的目标。特别是通过布局手段，扶持重点地区或开发轴线区域经济的重点建设，在区域非均衡增长中实现最大化的经济整体增长速度。在国民经济规划中区域经济布局的地位越来越重要。

（4）树立了可持续发展的观点，提高了区域发展的质量。国民缺乏资源与环境意识，是中国社会经济发展水平低下的一个重要标志。区域规划的实践，改变了传统计划经济形态下只注重经济增长，忽略经济发展与生态建设、环境保护、资源合理开发利用、人口增长以及社会事业发展关系协调的状况。在区域规划编制过程中，特别强调从宏观、长远和统筹的视角，认识和规划资源开发、经济社会发展、环境保护，协调它们之间的关系。区域规划的理论和实践，为后来中国可持续发展战略——《中国 21 世纪议程》的编制和实施以及地区协调发展战略打下了坚实的基础，促进了中国可持续发展战略和地区协调发展战略的实施。

（5）为国家总体空间布局发挥了导向作用。国家宏观部门在区域规划中确立的区域发展布局战略、资源开发、环境整治等重大设想，指导了国民经济和社会发展，例如提出的东、中、西三大地带的划分和由东部沿海地区向中西部推进的发展战略，以及 19 个重点区域发展的构想，都为其后的国家发展总体战略产生了巨大的导向作用。

（6）促进了跨省区的分工与合作，加快了区域经济一体化步伐。区域规划打破了行政的、省区的界限，按照市场经济的要求，以市场配置资源为基础，贯彻统筹规划、合理分工、发挥比较优势、互惠互利、共同发展等原则，研究解决地区间的重大问题。区域规划的制定和实施，促进了地区产业结构的调整，也促进了跨省区重大基础设施的建设、统一市场的形成以及横向经济的联合与协作。

3. 中国区域规划工作面临的问题与原因

新中国成立以来，中国的区域规划在经济建设中发挥了重大的作用，也取得了丰硕的成果。但是，区域规划工作与建设中国特色社会主义市场经济体制的要求还有较大差距，还存在许多问题和困难。主要表现：①区域规划的范围确定还存在一定的主观性，经济规划区的划分还缺乏科学的依据和系统研究；②区域规划的方法、手段的现代化还有待进一步提高，先进的科学手段在区域规划编制过程中使用还比较少；③区域规划的理论建设还处于较为落后的阶段，规划还缺乏科学的理论指导，规划内容有时与国家和地区经济社会发展的需要还存在一定的差距；④区域规划的地位、性质、编制程序等还缺乏法律的保障，规划的贯彻执行还有待进一步强化等。

分析问题产生的原因，有以下几点：①市场经济发育极不成熟，尤其是规划者更多地沿用计划经济的思维定势进行区域规划工作，“穿新鞋走老路”；②中国社会经济发展尚处于超高速增长阶段，短缺经济驱使下的区域经济异常活跃，涉及的“区域协调发展、区域发展与资源环境相互协调、区域合作”等一系列区域规划所应解决的关键问题，都还没有成为当务之急，没有成为各级政府的客观需要；③区域规划内容庞杂，既没有在中国社会与经济发展规划体系中合理地定位，也缺乏必要的操作手段和支撑体系来保障规划的实施，大量成果流于形式。

第二节　区域规划的研究编制

一、区域规划体系及其主要内容

（一）区域发展与区域规划

区域发展的概念脱胎于“经济发展”，特指一定地域范围内的经济发展，地域范围小于国家宏观经济范围。随着发展观的演化，区域发展的内涵也从单纯的经济领域发展扩展到经济社会领域的发展。中国区域发展领域的著名学者陆大道院士将区域发展定义为，在宏观经济增长的背景下，区域经济总量获得增长，人均收入水平提高，物质性和社会性的基础设施不断改善，地区间建立合理的经济关系，逐步缩小地区间社会经济发展水平的差距，以及为此目标而制定区域政策。

区域规划是指以跨行政区的特定经济区域为对象编制的规划。它以国家和地区的国民经济和社会发展中长期规划为指导，以区内的自然资源、社会资源和现有的技术经济构成为依据，考虑地区发展的潜力和优势，在掌握工农业、交通运输、水利、能源和城镇等物质要素的基础上，研究确定经济的发展方向、规模和结构，合理配置产业和城镇居民点，统一安排经济发展、城镇服务的区域性交通运输、能源供应、水利建设、绿色空间和环境保护等设施，使之各得其所，协调发展，获得最佳的经济效益、社会效益和生态效益，为生产和生活创造最有利的环境。区域规划包括国家区域规划和省级区域规划。国家区域规划是指以跨省（自治区、直辖市）级行政区的特定经济区域为对象编制的规划。省级区域规划是指以省域内跨县级以上行政区的特定经济区域为对象编制的规划。区域规划的规划期一般为十年，可以展望到二十年。区域规划既不是国民经济和社会发展计划、规划在区域上的细化，也不是专项计划、规划在区域上的汇总，是为了解决区域内特定的问题和实现特定的目标而编制的战略步骤和对策措施。编制和实施区域规划的主要目的，在于打破地区行政分割，发挥各自优势，统筹安排重大基础设施，引导产业空间布局，修复、保护生态环境，形成分工合理、优势互补、利益兼顾、协调发展的区域格局，进而提升区域整体竞争力。区域规划是编制下一级空间性规划如城乡规划的依据。区域规划为制定国民经济和社会发展长期规划奠定基础，为城乡规划和专业工程规划提供宏观的技术经济依据，它也是基本建设前期工作的一个重要组成部分。

（二）区域规划的类型和范围

1. 区域规划的类型

区域规划以一定地区的经济社会发展布局为规划对象。而地区是指某一地域整体的组成部分，即地域单元。区域类型是多种多样的。为了简便研究或者容易掌握规划要领，常从观察和分析地域单元的角度将地域划分成若干类型。一般而言，下列情况需要编制区域规划：经济联系紧密的城镇密集地区、以中心城市为依托的都市经济圈地区（中心城市是指对区域经济发展有较强辐射能力和带动作用的特大型城市）、发展规划确定拟开发的重点地区、国务院或者省级人民政府确定的其他地区。

区域规划按建设地区的经济地理特征来划分，一般包括以下类型：

（1）城市地区区域规划。主要指以大城市或特大城市为中心，包括周围若干小城镇和郊区、县的大城市地区，例如上海、北京、天津、武汉、重庆等，和大中小城市集聚地区的区域规划，例如苏州、无锡、常州地区，湘中（长沙、湘潭、株洲）地区等。这类地区一般都是地理位置优越，交通方便，综合性加工工业发达，是全国或全省的经济核心地区。规划的重点是要解决城市之间的合理分工与协作，调整与改善工业布局，控制大城市市区规模，发展与建设中小城镇，加强基础设施，治理与保护区域性的环境，以及安排副食品供应基地等主要问题。

（2）工矿地区区域规划。工矿地区主要指在开发利用自然资源的基础上形成和发展的地区。这类地区，在规划上要着重解决以下问题：自然资源的合理开发利用，发展何种加工工业及其位置，矿区开发、工业建设与农业生产之间矛盾的合理解决、三废治理和环境质量提高的措施，以及布置对外交通和居民点等。工矿区区域规划，又可按主导工业部门再行划分：煤炭燃料动力工业地区规划，例如山西、两淮、鲁西南等煤矿地区规划；石油及石油化工工业地区规划，例如大庆、胜利等油田与石油化工地区规划；冶金工业地区规划，例如鞍山、攀枝花等冶金工业地区规划；森林及其加工工业地区规划等。

（3）农业地区区域规划。农业地区指农牧业基础较好，或发展潜力较大，工业以农产品加工为主的地区，例如黑龙江三江平原地区、江汉平原地区等。这类地区要解决的问题有开发和利用土地，建设交通运输网和排灌系统，安排农机具修配站、农产品加工以及居民点，合理布局农林牧等。

（4）风景旅游及休疗养地区区域规划，如桂林、峨眉山等旅游地区的规划。这类地区规划的重点是保护山水自然风景、防止工业和旅游业对环境的污染、改善交通联系、增辟新的休息与游览地、调整工农业生产布局使其为旅游业服务等。

(5) 大中河流综合开发利用的流域规划，如红水河流域梯级开发水资源综合利用规划。这类规划的重点，侧重于河流的整治，综合开发利用水资源，综合论证防洪、灌溉、发电、航运、渔业、旅游等经济效益，流域范围内其他各种资源的开发，水库淹没地区的征地和迁移，以及合理布局工农业生产和城乡居民点等。

按照中国各级行政管理的区域来划分，区域规划还可划分成省区、地区和县区三级。中国在20世纪50年代进行的区域规划，不少是属于省下经济区的区域规划。此外，还有按地区开发程度为标志，划分为新开发地区规划和已开发地区规划等。

上述第一大类的划分，是以区域形成的基本因素为基础的地域单元，同时，每种类型各有其若干相同规划特点的部门，集中反映了该地域类型单元的发展，以及布局的实质和特点。特别是在没有全面开展经济区划的情况下，为了适应某一地区经济和社会发展的需要，开展这类规划较为有利。第二大类则是以整个地区的综合发展规划为基础，欲解决整个地区的生产力综合配置问题。由于与现行行政管理体制一致，易于实施，因此有较大的现实意义。但是规划涉及的各项内容往往受现行行政区的局限，最好是从大到小逐级进行。同时，应根据区域经济上的联系性，允许打破现行不合理的区界，对区域范围进行适当的调整。

2. 区域规划的范围和期限

(1) 区域规划范围。区域规划是以跨行政区的经济区域为主体的，它可以是国内几个省、市、区的组合，也可以是省级行政区内若干个重点地区的组合等形式。一般而言，根据区域范围的大小可将中国正在开展的区域规划分为三类：一是跨省市的，如东北地区振兴规划，由国家发改委牵头组织编制，国家有关部委和黑、吉、辽三省积极参与；二是跨地市的，如环杭州湾地区规划、中原城市群规划，由省发改委牵头组织编制，省级有关厅局和有关地市积极参与；实践中还有跨县市的区域规划，由市发改委牵头组织编制，市级有关部门和有关县市积极参与。而且，随着世界经济一体化和区域化的加快，区域规划也可能涉及中国部分地区和周边国家，如已开展的“澜沧江—湄公河流域区域发展规划”，其涉及的范围就是中国云南省以及周边的柬埔寨、老挝、缅甸、泰国、越南等国家。

（2）区域规划期限。区域规划展望的时限多为长期性的，有与国民经济和社会发展五年、十年规划相配套的区域中长期规划，但更多的应是年限更长（如十年至二十年）的战略规划。同时，也由于大部分区域规划展望期比较长，因而可以成为编制年度计划、中长期规划的基础和参考依据。

（三）中国区域规划体系的构成

国民经济和社会发展总体规划、主体功能区规划、国土规划、城乡规划与专项规划、区域规划紧密联系，共同构成完整的经济社会发展规划体系。随着中国从计划经济向市场经济的纵深发展，规划作为政府调控经济社会发展的重要手段，从中央到地方各级政府越来越重视，中国的规划事业正面临着前所未有的大好发展时机。中国空间规划体系正处于剧烈变动时期，空间规划体系主要包括主体功能区规划、国土规划、区域规划、土地利用规划和城乡规划等类。从规划内容来看，这些规划之间既有相同的地方，也有不同的地方。例如区域规划包括一部分土地利用规划和城镇体系规划的内容，土地利用规划也涉及区域规划、城镇体系规划及城镇规划的内容，这些规划在很大程度上都相互依赖、相互联系，彼此之间互为依据。此外，其他很多专项规划都和空间规划有关，涉及空间规划的内容，例如区域交通规划、基础设施规划、旅游规划、物流规划等。

1. 国土规划、区域规划从城乡规划发展而来，属于不同层次的空间规划

国内外规划发展历程表明，是先有城乡规划，后有区域规划和国土规划，后者是在城乡规划的基础上逐渐发展而来的，而且二者的联系非常密切，不是能够截然分割和彼此独立的。例如，1933 年制定的《雅典宪章》指出：“每个城市应该制定一个与国家规划、区域规划相一致的城市规划方案。”西方国家的区域规划出现于 1920～1930 年，主要目的是要从大的空间范围协调解决城

市以及区域发展中的一些问题，例如城市就业、区域均衡发展等。与此同时，在城乡规划中，也日益强调城市与周围地区的整体性或不可分割性，例如著名的“大伦敦规划”“巴黎区域指导性规划”都突出体现了这一点。中国近年来的城乡规划实践，也越来越重视区域分析工作，注重从区域范围把握一个城市的发展。1990 年开始的城镇体系规划，就是根据中国城乡规划对区域背景分析的客观要求而产生的。国土规划的概念源自日本，而日本的国土规划是在西方国家区域规划的影响下形成和发展起来的。日本在 1950 年就颁布了《国土综合开发法》，经过十多年的区域规划实践和经验积累之后，1962 年才编制完成了第一个全国综合开发规划。发展中国家的区域规划起源于为解决区域发展中的诸多问题，例如失业率高、税收少、经济发展缓慢等情况，为了解决区域问题而产生的区域规划，其核心是发挥城市、交通基础设施的带动作用，促进区域快速发展。

国土规划、区域规划和城乡规划是三种不同层次的空间规划。国土规划是最高层次的规划，区域规划次之，接下来是城乡规划；在规划内容上，三者各有不同侧重，但彼此衔接，共同构成一个统一的空间规划体系。国土规划、区域规划、城乡规划是三个大的空间层次，每个层次分若干子层次，例如中国城乡规划分为总体规划、分区规划、详细规划等层次。

2. 不同的部门主管不同类型的规划，相互之间的关系有待厘清

中国目前的国土规划、区域规划、城乡规划等空间规划由三个部门分头管理，国土规划、区域规划、城乡规划分别是自然资源部、国家发改委、住房和城乡建设部的行政职能。

（1）住房和城乡建设部主管的城乡规划。中国的城乡规划经过了 50 多年的发展，在城乡规划技术及其实施管理上都积累了一定的经验，形成了相对规范的管理体制，打下了一定的专业教育基础，建立了一支数万人的规划师队伍。20 世纪 90 年代中期，受快速城市化发展进程的推动，为适应城市与周围地区整体协调发展的要求，建设部开始主抓城镇体系规划的编制工作，近几年又开始推进城市群和都市圈规划。2006 年以来，住房和城乡建设部开始编制涉及城市、城镇、乡镇等的城乡规划，空间涵盖范围较以往有所拓展，而且国

家同步颁布了《城乡规划法》，成为编制城乡规划的法制依据。

（2）国家发展改革委主管的区域规划和主体功能区规划。区域规划在中国开展得并不算晚，20 世纪 50 年代，中国学习、引进苏联的区域规划经验，为了推动新工业城市的建设，1956 年国家建委就发布了《关于开展区域规划工作的决定》。在 1978 年的全国城市工作会议上，又一次决定要开展区域规划工作。但是，由于多方面的原因，中国在区域规划及其管理方面一直没有形成体系，也没有很好地建立起与城乡规划之间的衔接关系，尤其是 20 世纪 80 年代引入国土规划以后，国土规划与区域规划概念的关系比较模糊。在行政管理职能的划分上，并没有明确国土规划与区域规划的关系，二者仍然是当时国家发展和改革委员会的两项职能。1998 年国土规划职能划归新成立的国土资源部时，区域规划的职能仍然留在国家发改委。主体功能区规划是中国“十一五”时期开展的一项空间类基础性规划，根据地区资源环境承载能力、现有开发密度和发展潜力，统筹考虑未来人口分布、经济布局、国土利用和城镇化格局，将国土空间划分为优化开发、重点开发、限制开发和禁止开发四类主体功能区，并按照主体功能定位调整完善区域政策和绩效评价，规范空间开发秩序。中国《国民经济和社会发展第十一个五年规划纲要》明确提出，在“十一五”期间编制主体功能区规划，由国家发展改革委担任编制组长单位。

（3）国土资源部主管的国土规划和土地利用规划。从 20 世纪 80 年代初开始，中国就开始了第一轮国土规划工作。党的十一届三中全会以后，在新的发展形势下，人们关注的热点是资源的合理开发和有效利用。经过考察学习日本的国土规划、联邦德国的空间规划等，中国提出了开展以国土资源开发、利用、整治为核心的国土规划工作。1981 年，国家建委成立了国土局，不久因国家建委撤销，国土局被划归到原国家计委。随后，国土规划工作从松花湖地区、京津唐地区等国土规划试点开始，迅速向全国各省区推广；原国家计委还组织力量编写了《全国国土总体规划纲要》。20 世纪 90 年代初，全国多数省区都编制了省区级国土规划，有些还编制了省内经济区、地区或县域国土规划。20 世纪 90 年代中期以后，国土规划工作基本上处于停滞状态。2001 年，国土资源部相继在天津、辽宁等地开展了国土规划试点工作。2005 年，国土资源部与广东省合作开展广东省国土规划试点，技术支撑组由中国科学院地理科学与资源研究所承担。国土规划及土地利用规划由国土资源部负责组织实施。

（四）区域规划的内容和重点

1. 区域规划的内容

区域规划一般包括下列内容：人口、资源、经济增长等的分析预测，发展轴、中心区和区域发展框架，城镇体系及主要城市的功能定位，产业聚集区等各类功能区的划分及其定位，统筹建设的重大工程，区域协调机制等规划实施的保障措施，其他需要统筹规划的事项。

中国区域规划的基本框架由三大部分构成：①具有指导性的规划内容。主要包括功能定位、总体格局中涉及原则和目标导向的引导性内容。指导性的规划内容是柔性的，主要对相关规划以及具体规划内容发挥引导功能。②具有指令性的规划内容。既包括总体布局中具有刚性的内容，又包括专项规划中具有约束性的规划内容。③设计政策框架，例如引导工业配置空间、资源利用和环境保护等，这部分内容可以直接转换为区域综合规划实施的具体措施，或者在国家、地方政府制定区域政策和地方发展战略中作为保障政策被采用。

区域规划的基本框架如图 5-5 所示。

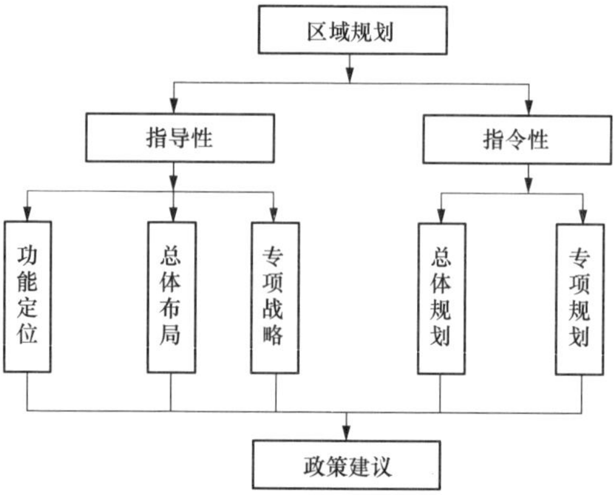

图 5-5　区域规划的基本框架

2. 区域规划的重点

中国目前开展的区域规划的重点一般包括以下部分。

（1）区域发展具体定位与发展目标，包括发展性质与功能定位、经济增长与发展阶段定位和经济竞争力的综合评估与目标定位。其中最主要的是总体发展性质与功能定位。定位的主要依据是该区域在全国或大的地域单元劳动地域分工中的地位、区域比较优势、区域发展中的潜在优势以及与周边地区的区域分工等。

（2）产业分工与产业布局规划。产业分工与产业布局规划包括：提出产业发展的总体思路与目标；设计针对区域优势产业（支柱产业和重点产业）相对应的产业链；协调好各产业部门的空间布局；提出优化区域产业空间结构的模式，以促进区域产业的协调发展。

（3）城镇体系建设规划。在预测规划期内区域城市化水平的基础上，提出区域城镇体系建设的总体框架，构建区域城镇体系的等级规模结构、空间结构与功能结构，协调城镇建设用地，提出统筹城乡协调发展的途径。

（4）基础设施建设与布局规划。主要包括交通、通信、电力与水利基础设施建设和布局。规划重点：预测各类基础设施的需求，建设布局交通基础设施中的公路、铁路、水运、管道及航空运输网，各种运输方式的衔接，运输枢纽与综合运输体系；电力基础设施中的电网与变电站；通信基础设施中的公共信息平台；水利基础设施中的防洪、排涝与供水基础设施等。基础设施建设布局要同城乡规划、开发区建设规划以及土地利用总体规划搞好协调与衔接。

（5）资源的开发利用与保护规划。资源主要包括水、土、矿产资源，是区域发展不可缺少的支撑条件。资源的开发利用与保护规划重点研究区域水、土、矿产资源的现状及对经济社会发展的保障程度，现状的承载力；未来资源可持续（合理）的开发利用模式；区域经济社会发展对上述自然资源的需求量及其满足程度、未来的承载状况；解决区域水、土、矿产资源问题的途径和对策。

（6）环境保护与生态建设规划。该规划重点研究：生态环境状况的综合评价及存在问题、区域环境保护与生态建设的目标、生态环境承载力的预测分析、生态景观系统的建设、生态功能区的划分与生态示范区建设、加快环境保护与生态建设的对策措施。

（7）区域空间管治。区域空间管治重点研究：区域空间管治的主要领域与重点内容、空间管治的分工、区域协调发展的分级管治方案。

(8) 区域政策建议。区域政策是实施区域规划的保障条件。区域政策包括产业政策、投融资政策、财政税收政策、价格政策、环保政策和土地政策等。上述政策多数尚未区域化，对区域发展的积极干预与调节作用尚未充分发挥，而且有些经济政策同人口、资源开发利用、环境保护之间缺乏内在的有机联系，甚至相互抵触，政策作用效果低、约束力差。

二、区域规划编制的主要内容

区域规划的编制，不仅仅是技术过程，更重要的是一个协调不同利益主体的过程；既是政府行为，也是公众和企业积极参与的行为。总结过去和现在中国各种规划的编制经验，基本程序包括五个部分，见图 5-6，其中第一部分中的“前期研究”和第三部分的“全面协调”是最关键的环节，前期研究是促使规划编制科学化的主要工具，全面协调是不同利益主体对规划方案进行讨论、修改、完善达成共识，促使规划方案更加贴近实际、减少执行阻力的基本手段，是促使规划决策民主化的主要工具。具体内容如下。

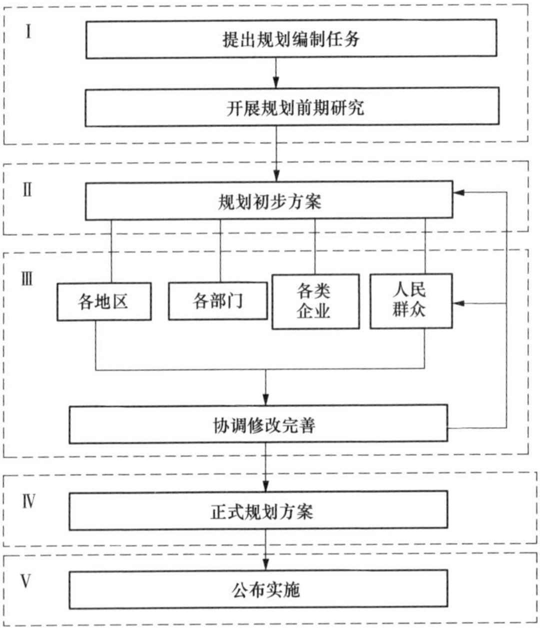

图 5-6 规划编制程序的五个步骤

（一）前期工作

1. 组织领导机构

如果区域规划的对象是一个行政区，规划领导机构必须有行政区的主要负责人。如果是跨行政区的规划，规划领导机构必须有它们上级行政区的主要负责人或主管部门的领导者参加。领导机构主要起组织、协调、决策的作用。

2. 筹建实际参与规划方案设计的工作班子

工作班子应该有负责综合规划方案编制的规划人员和负责各个专项规划编制的专业人员。此外，要成立由富有经验的各领域专家学者组成的专家组。

3. 制定规划工作计划

初步拟订规划工作阶段或进度要求。各阶段的工作任务、内容和成果要求应十分明确。

4. 进行前期研究

主要包括以下内容：

（1）区域发展的现状调查与资料收集。收集基础资料，调查区域经济社会发展的现状，并加以分析研究。这是整个规划的工作基础，目的在于认清区域的本质特征、发展演变过程，明确区域发展的优势和劣势，找出发展中的关键问题和潜力，为研究区域发展战略、制定区域发展目标及设计规划方案提供依据。

（2）确定区域发展目标。这是区域发展战略的核心部分，必须在区域建设蓝图和土地利用总体轮廓设计之前完成。为确定发展目标，需要根据经济社会发展的总趋势、区域内外的条件和资源状况，对区域未来的发展变化做出大量的预测工作。

（3）区域发展的课题与对策研究。课题研究实际是对区域各经济部门和重大建设项目或重点开发领域、不许开发的保护区域的深化研究，这是生产力布局的工作基础。区域发展的研究课题一般是根据自然环境、历史背景、未来的发展目标、重大建设项目而提出来的，通常的课题有水、土、矿产、林业资源的开发利用，人口增长，就业问题，主导产业，经济结构，交通运输系统，自然保护区，生态与环境保护，重点开发区域，科技园等。

（二）区域规划方案的编制工作

1. 方案设计

根据区域发展战略和课题研究的对策，规划工作者综合各种各样的设想和方案，拟订区域发展的总体方案。规划设计时既要有部门发展的专项规划方案，也要有综合的总体规划方案。它们通常是以规划图来表示，同时编写规划报告或附上规划说明，往往还同时附上其他有关的图表和研究资料。

2. 全面协调

在规划方案初步拟定后，请当地政府的负责人、业务主管部门和各方面的专家，对规划方案进行评估、论证或评审。规划工作者根据评估、论证或评审意见，认真研究，做出必要的修改，最后形成规划文件，包括文本、图件和说明书。

3. 报批定案

规划成果应按有关规定程序，报上级主管机构或政府权力部门审批。全国性的区域规划、跨省区的大区规划和大江大河流域的规划，应报国务院批准。省、自治区级的规划，报同级人民政府批准。

（三）区域规划与相关规划的衔接

区域规划的衔接就是要将区域规划与各种战略、规划进行协调，主动落实国家宏观发展战略及政策，符合发展规划确定的方向和要求，落实上级区域规划的战略与目标等。区域规划与其他规划衔接的主体一般为该区域规划编制的主体即各级政府发展改革部门。国家区域规划的编制衔接主体一般是国家发改委，具体编制工作可由国家发改委会同国家有关部门和相关地区地方政府，省级区域规划的编制衔接主体一般为所在省级政府发展改革部门，具体编制工作可由省级发展改革部门会同省级政府有关部门及地方政府区域规划的衔接责任主体政府发展改革部门，必须切实担负起衔接的责任，认真做好区域规划与相关发展规划、专项规划的具体衔接工作。未经衔接的规划不得发布实施。衔接工作中出现重大工作失误，对该区域的开发建设和经济社会发展造成重大不良影响的，发展改革部门必须承担相应的行政责任或法律责任。

1. 与国家宏观发展战略及政策的衔接

区域规划应主动落实国家宏观发展战略及政策，规划内容体现宏观战略及政策。在规划编制过程中，应就国家宏观发展战略对本区域的功能定位、发展方向，以及未来发展趋势有关问题进行深入研究，对于涉及区域的相关政策应有把握，充分考虑到这些战略和政策对区域发展思路的影响。规划审批部门在审定规划过程中，对于该方面也应做重点考察。

2. 与发展规划的衔接

各级区域规划应主动与本级发展规划进行衔接，衔接的具体程序是（以国家级区域规划为例）：根据国家级区域规划的内容要求，由区域规划编制单位确定并向国家发改委上报与其相衔接的国家发展规划、相关专项规划和相关省级各类规划的衔接工作方案；由国家发改委将衔接意见通知区域规划编制单位和相关省区发展改革部门；并按衔接意见要求，由规划编制单位对国家级区域规划进行修改；由省区发展改革部门按照“下级各类规划服从上级区域规划”的原则对本省区各类规划进行修改；将修改后的区域规划委托国家规划咨询审议会（或专家咨询委员会）进行咨询，并出具咨询意见；将衔接咨询后的区域规划上报国家发改委审定，并由国家发改委转报国务院审批。

区域规划与发展规划衔接的内容重点：①指导思想。区域规划应首先保证落实发展规划的指导思想，是对发展规划指导思想的深化和具体化，还应考虑到区域空间发展的实际情况，提出区域空间发展的指导思想。②发展布局和重点领域。区域规划的发展布局和发展重点领域应是相关发展规划发展战略和布局在区域空间上的具体化，而不能与发展规划提出的区域发展战略与布局背道而驰，制定相互矛盾、相互对立的规划方案。③主要任务和发展目标。首先是保持与发展规划中的主要任务和发展目标基本精神上的一致；其次是按照资源区域化优化配置原则，将发展规划的任务和目标进行更具体、更详细、更具可操作性的分解；最后在重点项目和主要政策措施上进行衔接。

3. 与专项规划的衔接

区域规划与同级的专项规划衔接最为困难，也最为关键。国家级区域规划应由国家发改委组织国家相关专项规划主管部门逐个开展具体衔接工作，形成衔接意见；省级区域规划应由省级发改委组织省级相关专项规划主管部门逐个开展具体衔接工作，形成衔接意见。区域规划的指导思想必须是在综合各种相关专项规划的指导思想、指导方针和发展战略的基础上，突出体现区域规划的空间性、资源优化配置性特征，是相关专项规划中提出的发展思路的优化融合。区域规划的发展布局应包容相关专项规划的战略布局及重点领域，对相关专项规划中涉及该区域的战略和布局进行充分吸收。区域规划应将相关专项规划中确定的有关本区域发展的主要目标和任务进行充分综合平衡。

4. 与其他区域规划的衔接

与其他区域规划的衔接包括与同级的相邻地区的区域规划进行衔接和与不同级的上下层级的区域规划进行衔接。首先，与相邻地区的区域规划进行衔接的主体是两地区的规划编制单位，或请国家发展改革委主持召开衔接协调会议，涉及地区的规划编制单位进行充分衔接。衔接重点是发展方向、重要工程项目的衔接，区域总体发展方向应相互协调，接壤地区往往应保持主体功能定位上的一致性，重要工程项目必须衔接，尤其是跨界工程。其次，全国性区域规划具有最高的约束力，省级区域规划和地方规划必须依据全国规划，与其保持一致；地方规划在依据全国规划的基础上，结合各地的实际情况进行编制；区域规划的编制，应当结合全国的各类规划和各地规划，在与区域内各地区进行相互协调的基础上进行编制和实施。最后，在协调过程中，既要保证全国规划的统一性，又要兼顾区域和地方规划的灵活性，调动地方的积极性。因此，在协调过程中，应当明确中央和地方的职责权限，确定中央与地方规划的协调依据，特别是区域规划与地方规划协调的依据。在区域规划的执行中，当区域与地方利益一致时，区域规划会在地区发展中被很好地执行；当二者存在冲突时，区域规划往往成为“空话”。为了改变这种状况，除了强化整体利益外，还要建立区域规划执行的制度保障，特别是法律保障，以确保区域规划执行的权威性。同时，规划协调的组织保证也是确保规划之间协调一致的重要保障。

5. 与重大工程项目的衔接

区域规划中必须包括支撑战略目标实现的具体工程项目和政策，适宜的空间发展战略只有与实现战略的行动方案、政策和投资措施相结合才能起到应有的作用。这些工程项目可能会包括交通、能源、水利、生态环保等基础设施建设，这些工程项目必须与其他规划做好衔接。区域规划制定中，首先要保证国家的重点建设需要，要与国家有关部门做好项目衔接，其次，要合理组织地方项目建设，根据地方经济社会发展需要和财政经济承受能力，按轻重缓急区分，量力而行。凡是相关的发展规划、专项规划提出的有关该区域的重点项目和政策都可以作为区域规划的重点项目和主要政策措施；区域规划可以以突破行政区划界限、优化整合资源为目的，以发展规划为依据，提出一些跨区域、跨行业、跨部门的综合性重点项目和更具操作性的政策措施，但这些项目和政策措施一定不能与发展规划项目和政策相冲突、相矛盾。

（四）实施、评价与反馈

经过审批的区域规划应具有法律效力，以保证规划内容的贯彻和实施。另一方面，由于区域规划的规划期比较长，规划区域的内外部环境与自身资源等因素的变化，将在一定程度上影响规划的内容及其实施过程。因此，规划的实施过程也应是一个动态的过程，应适时地评价和修正规划，建立规划实施过程中的反馈机制，以确保规划更科学、更实用，充分发挥规划的效益。

第三节　国土空间规划咨询

各级各类空间规划在支撑城镇化快速发展、促进国土空间合理利用和有效保护方面发挥了积极作用，但也存在规划类型过多、内容重叠冲突、审批流程复杂、周期过长、地方规划朝令夕改等问题。建立全国统一、责权清晰、科学高效的国土空间规划体系，整体谋划新时代国土空间开发保护格局，综合考虑人口分布、经济布局、国土利用、生态环境保护等因素，科学布局生产空间、生活空间、生态空间，是加快形成绿色生产方式和生活方式、推进生态文明建设、建设美丽中国的关键举措，是坚持以人民为中心、实现高质量发展和高品质生活、建设美好家园的重要手段，是保障国家战略有效实施、促进国家治理体系和治理能力现代化、实现“两个一百年”奋斗目标和中华民族伟大复兴中国梦的必然要求。

一、空间规划的基本内涵及编制要求

（一）空间规划的概念及地位

1.“三生空间”的概念

“三生空间”是对生产空间、生活空间、生态空间三类空间的总称，这三类空间构成了不同空间尺度的主体要素。其中，生产空间是以提供农产品、工业品以及服务产品为主要功能的区域，是生活空间和生态空间的物质保障基础，在国土空间规划中，应在环境承载力和环境容量下，进行生产活动；生活空间是以提供人类居住和公共活动为主要功能的区域，是人类社会、文化活动的承载场所，形成人口集聚的城镇区域、乡村社区空间；生态空间是以提供生态产品和生态服务为主要功能的区域，是支撑生产空间和生活空间实现自身功能的基础，以林、草、湖、田等不同自然保护区为主。

2. 国土空间规划的概念

国土空间规划是对一定区域国土空间开发保护在空间和时间上做出的安排，是国家空间发展的指南、可持续发展的空间蓝图，是各类开发保护建设活动的基本依据。我国国土空间规划包括总体规划、详细规划和相关专项规划。国家级空间规划要细化落实国家发展规划提出的国土空间开发保护要求，由国务院有关部门编制，报国务院审批。国家级空间规划对国家级专项规划具有空间性指导和约束作用。2019 年 5 月，中共中央国务院就建立国土空间规划体系做出部署；同年 6 月，自然资源部发布《关于全面开展国土空间规划工作的通知》，全面启动国土空间规划编制审批和实施管理工作，要求按照自上而下、上下联动、协调推进的原则，抓紧启动编制全国、省级、市县和乡镇国土空间规划（规划期至 2035 年，展望至 2050 年），尽快形成规划成果。同时，各地不再新编和报批主体功能区规划、土地利用总体规划、城镇体系规划、城市（镇）总体规划、海洋功能区划等。已批准的规划期至 2020 年后的省级国土规划、城镇体系规划、主体功能区规划，城市（镇）总体规划，以及原省级空间规划试点和地方“多规合一”试点等，要按照新的规划编制要求，将既有规划成果融入新编制的同级国土空间规划中。

3. 国土空间规划的地位

在2018年发布的《中共中央国务院关于统一规划体系，更好发挥国家发展规划战略导向作用的意见》中明确指出要“建立以国家发展规划为统领，以空间规划为基础，以专项规划、区域规划为支撑，由国家、省、市县各级规划共同组成，定位准确、边界清晰、功能互补、统一衔接的国家规划体系”。其中，国土空间规划占据重要的基础地位，提出要强化空间规划的基础作用。国家级空间规划要聚焦空间开发强度管控和主要控制线落地，全面摸清并分析国土空间本底条件，划定城镇、农业、生态空间以及生态保护红线、永久基本农田、城镇开发边界，并以此为载体统筹协调各类空间管控手段，整合形成“多规合一”的空间规划。强化国家级空间规划在空间开发保护方面的基础和平台功能，为国家发展规划确定的重大战略任务落地实施提供空间保障，对其他规划提出的基础设施、城镇建设、资源能源、生态环保等开发保护活动提供指导和约束。

（二）国土空间规划总体要求

1. 指导思想

以习近平新时代中国特色社会主义思想为指导，全面贯彻党的十九大和十九届二中、三中全会精神，紧紧围绕统筹推进“五位一体”总体布局和协调推进“四个全面”战略布局，坚持新发展理念，坚持以人民为中心，坚持一切从实际出发，按照高质量发展要求，做好国土空间规划顶层设计，发挥国土空间规划在国家规划体系中的基础性作用，为国家发展规划落地实施提供空间保障。健全国土空间开发保护制度，体现战略性、提高科学性、强化权威性、加强协调性、注重操作性，实现国土空间开发保护更高质量、更有效率、更加公平、更可持续。

2. 主要目标

我国正积极推进建立国土空间规划体系，逐步建立“多规合一”的规划编制审批体系、实施监督体系、法规政策体系和技术标准体系；基本完成市县以上各级国土空间总体规划编制，初步形成全国国土空间开发保护“一张图”。到2025年，健全国土空间规划法规政策和技术标准体系；全面实施国土空间监测预警和绩效考核机制；形成以国土空间规划为基础，以统一用途管制为手段的国土空间开发保护制度。到 2035 年，全面提升国土空间治理体系和治理能力现代化水平，基本形成生产空间集约高效、生活空间宜居适度、生态空间山清水秀，安全和谐、富有竞争力和可持续发展的国土空间格局。

（三）国土空间规划基本框架

1. 分级分类建立国土空间规划

国土空间规划是对一定区域国土空间开发保护在空间和时间上做出的安排，包括总体规划、详细规划和相关专项规划。国家、省、市县编制国土空间总体规划，各地结合实际编制乡镇国土空间规划。相关专项规划是指在特定区域（流域）、特定领域，为体现特定功能，对空间开发保护利用做出的专门安排，是涉及空间利用的专项规划。国土空间总体规划是详细规划的依据、相关专项规划的基础，相关专项规划要相互协同，并与详细规划做好衔接。

2. 明确各级国土空间总体规划编制重点

全国国土空间规划是对全国国土空间做出的全局安排，是全国国土空间保护、开发、利用、修复的政策和总纲，侧重战略性，由自然资源部会同相关部门组织编制，由党中央、国务院审定后印发。省级国土空间规划是对全国国土空间规划的落实，指导当地国土空间规划编制，侧重协调性，由省级政府组织编制，经同级人大常委会审议后报国务院审批。市县和乡镇国土空间规划是本级政府对上级国土空间规划要求的细化落实，是对本行政区域开发保护做出的具体安排，侧重实施性。需报国务院审批的城市国土空间总体规划，由市政府组织编制，经同级人大常委会审议后，由省级政府报国务院审批；其他市县及乡镇国土空间规划由省级政府根据当地实际，明确规划编制审批内容和程序要求。各地可因地制宜，将市县与乡镇国土空间规划合并编制，也可以几个乡镇为单元编制乡镇级国土空间规划。

3. 强化对专项规划的指导约束作用

海岸带、自然保护地等专项规划及跨行政区域或流域的国土空间规划，由所在区域或上一级自然资源主管部门牵头组织编制，报同级政府审批；涉及空间利用的某一领域专项规划，例如交通、能源、水利、农业、信息、市政等基础设施，公共服务设施，军事设施，以及生态环境保护、文物保护、林业草原等专项规划，由相关主管部门组织编制。相关专项规划可在国家、省和市县层级编制，不同层级、不同地区的专项规划可结合实际选择编制的类型和精度。

4. 在市县及以下编制详细规划

详细规划是对具体地块用途和开发建设强度等做出的实施性安排，是开展国土空间开发保护活动、实施国土空间用途管制、核发城乡建设项目规划许可、进行各项建设等的法定依据。在城镇开发边界内的详细规划，由当地自然资源主管部门组织编制，报同级政府审批；在城镇开发边界外的乡村地区，以一个或几个行政村为单元，由乡镇政府组织编制“多规合一”的实用性村庄规划，作为详细规划，报上一级政府审批。

二、国土空间规划编制要求

（一）编制原则

1. 底线约束、绿色发展

坚持保护优先、集约节约的原则，在资源环境承载能力与国土空间开发适宜性评价的基础上，优先划定不能进行开发建设的空间范围，严格落实上级规划的管控性要求和约束性指标，严守生态安全、国土安全、粮食安全和历史文化保护线，推动形成绿色发展方式和生活方式。

2. 以人为本、提升品质

坚持以人民为中心，优化国土空间功能和布局，统筹生产、生活、生态空间，增加开敞空间和公共活动空间，改善人居环境，实现高质量发展、高品质生活。把群众满意度作为衡量规划水平的标准。

3. 同步推进、统筹协同

各级规划编制应同步推进，自上而下、上下联动；可根据实际，与乡镇国土空间规划合并编制，协同划定生态保护红线、永久基本农田、城镇开发边界（简称“三条控制线”）。坚持陆海统筹，确定海洋保护利用相关控制线；坚持城乡协同，推进城乡基本公共服务均等化；坚持区域联动，控制全域国土空间总体开发强度，促进都市圈、城市群有序发展。

4. 多规合一、全域管控

落实主体功能区战略和制度，将各类空间性规划融合为统一的国土空间规划，实现海陆和城乡空间规划全域覆盖、全要素管控。将各相关专项规划叠加到统一的国土空间基础信息平台上，形成当地全域“一张图”。

5. 因地制宜、分类指导

尊重规律，前瞻谋划，科学分析，根据自然禀赋、人文特色、不同地区发展阶段特征和需求，有针对性地开展规划编制工作。坚持问题导向和目标导向，鼓励规划“留白”，给地方留有弹性空间，确保规划能用、管用、好用。

6. 多方参与、科学决策

按照“政府组织、专家领衔、部门合作、公众参与、科学决策”的工作组织方式，坚持落实责任、部门协同，坚持“开门编规划”，强化规划全过程公众参与，扩大公众和社会各界参与程度，不断完善公众参与制度，建立专家咨询机制，发挥不同领域专家的作用，提高规划科学决策水平。

（二）总体要求

1. 体现战略性

全面落实党中央、国务院重大决策部署，体现国家意志和国家发展规划的战略性，自上而下编制各级国土空间规划，对空间发展做出战略性、系统性安排。落实国家安全战略、区域协调发展战略和主体功能区战略，明确空间发展目标，优化城镇化格局、农业生产格局、生态保护格局，确定空间发展策略，转变国土空间开发保护方式，提升国土空间开发保护质量和效率。

2. 提高科学性

坚持生态优先、绿色发展，尊重自然规律、经济规律、社会规律和城乡发展规律，因地制宜开展规划编制工作；坚持节约优先、保护优先、自然恢复为主的方针，在资源环境承载能力和国土空间开发适宜性评价的基础上，科学有序地统筹布局生态、农业、城镇等功能空间，划定生态保护红线、永久基本农田、城镇开发边界等空间管控边界以及各类海域保护线，强化底线约束，为可持续发展预留空间。坚持“山水林田湖草”生命共同体理念，加强生态环境分区管治，量力而行，保护生态屏障，构建生态廊道和生态网络，推进生态系统保护和修复，依法开展环境影响评价。坚持陆海统筹、区域协调、城乡融合，优化国土空间结构和布局，统筹地上地下空间综合利用，着力完善交通、水利等基础设施和公共服务设施，延续历史文脉，加强风貌管控，突出地域特色。坚持上下结合、社会协同，完善公众参与制度，发挥不同领域专家的作用。运用城市设计、乡村营造、大数据等手段，改进规划方法，提高规划编制水平。

3. 加强协调性

强化国家发展规划的统领作用，强化国土空间规划的基础作用。国土空间总体规划要统筹和综合平衡各相关专项领域的空间需求。详细规划要依据批准的国土空间总体规划进行编制和修改。相关专项规划要遵循国土空间总体规划，不得违背总体规划强制性内容，其主要内容要纳入详细规划。

4. 注重操作性

按照谁组织编制、谁负责实施的原则，明确各级各类国土空间规划编制和管理的要点。明确规划约束性指标和刚性管控要求，同时提出指导性要求。制定实施规划的政策措施，提出下级国土空间总体规划和相关专项规划、详细规划的分解落实要求，健全规划实施传导机制，确保规划能用、管用、好用。

（三）编制任务及步骤

1. 规划任务

主要任务包括：落实上级规划要求；提出规划战略、目标、重要指标；明确国土空间开发保护格局；划定用地分区，制定管制规则；进行国土空间要素统筹配置；明确基础设施等建设项目安排；划定城镇开发边界，加强中心城区管控；明确国土整治修复安排；指导下位规划，协调相关规划；制定近期规划及行动计划；制定规划实施政策、措施。

2. 编制步骤

（1）组织准备。

1）成立领导小组。当地人民政府应成立规划编制领导小组，主要领导为组长、相关部门负责人为成员，负责审定工作方案、落实工作经费、协调重大事宜、论证规划成果，对规划重大问题进行协商决策。

2）成立工作小组。由自然资源主管部门牵头，联合发展改革、财政、生态环境、城乡建设、工业和信息化、农业农村、水利、交通、能源、文化旅游、卫生健康等部门，组建规划编制专班，负责具体工作，建立协作联动机制，协调解决各类问题。

3）组建技术团队。注重专业化与综合性相结合，选择具有空间规划、土地管理、城乡规划、生态环境等专业背景的技术单位，组建规划编制技术团队，承担规划编制技术工作。同步建立和完善专家智库。

4）制定工作方案。明确工作组织、责任分工、任务内容、阶段目标、进度安排、决策机制、经费保障等内容，确保编制工作顺利开展。

5）建立公众参与机制。建立健全多方协商机制，扩大公众和社会各界参与程度，确保规划方案形成过程中以多种方式广纳民意、集中民智、凝聚共识。

（2）技术准备。

1）编制技术方案。明确指导思想、编制原则、技术路线、主要任务和内容、专题设置、方案论证、成果形式与要求等。

2）整理分析基础资料。收集基础测绘、土地、水、海洋、林草、地质、矿产、生态、环境、灾害、人口、经济、社会、文化、基础设施、城乡建设、航运岸线等方面的基础数据和资料，以及相关部门规划成果、管理数据等，对基础资料进行分类整理和初步分析。

3）调研重点地区和部门。结合重要专题设置，开展专题调研，通过研讨座谈、问卷调查、国土空间用途管制、国土整治与生态修复安排等方面，为规划方案提供技术与策略支撑。

（3）规划分析与评估。

1）现状分析。结合基期用地、用海底数底图，分析国土空间开发利用的趋势变化、结构布局、程度效益，总结国土空间开发利用的特点和问题，提出优化完善建议。

2）规划实施评估。全面评估现行城乡规划、土地利用规划以及海洋功能区划的实施情况，总结成效、分析问题，明确本次规划的重点，提出国土空间开发保护格局优化的建议。

3）风险评估。科学评判国土安全、气候安全、生态环境安全、粮食安全、水安全、能源安全等对地方带来的潜在风险和隐患，提出规划应对措施。

（4）重大问题研究。空间规划应结合实际，开展以下重大问题研究。主要包括国土空间开发保护战略、产业布局、公共服务保障、自然资源保护利用、土地资源节约集约利用、水资源合理利用与配置、生态保护修复、区域协调发展、城乡融合发展、乡村振兴、耕地和永久基本农田保护、国土综合整治、地方治理与规划运行保障等。

（5）方案编制。明确规划层级。当地空间规划按照全域、城镇功能控制区两个层次，分别编制规划方案。设区市、未设区的市（地、州、盟）和县级行政单元的城镇功能区按照“管什么就批什么”的原则，与城市批次用地报批范围保持一致，确定规划控制范围。

确定战略目标。确定战略目标包括依据上级国土空间规划和区域总体定位，遵循自然资源集约高效利用、城镇化健康有序推进的原则，贯彻落实主体功能区战略和制度，合理确定全域保护与发展的总体定位；设定国土空间开发保护目标、国土空间开发保护战略；城市性质、指标体系等。

提出区域协同发展策略。加强与周边地区在生态治理、自然与文化资源的开发保护等方面的衔接，在重大产业发展、城镇功能布局、重要基础设施特别是交通及邻避设施等方面的协调。大城市、特大城市、超大城市要加强城镇圈、都市圈等跨行政区域的规划研究，以强化对国土空间开发保护格局的支撑。

提出国土空间格局优化、城镇功能结构优化、乡村振兴发展、土地利用控制（国土空间用途管制）、交通设施、城市文化与风貌保护、安全韧性与基础设施、国土空间生态修复的具体举措。

提出分区管制、规划传导等实施举措并制定分期实施与行动计划，明确规划实施保障措施。

（6）成果要求。规划成果包括规划文本、规划图件、规划说明、信息平台及数据库、专题研究报告、其他材料等。其中：

规划文本应当以法条化的格式表述规划结论，包括文本条文、必要的表格。表述准确规范，简明扼要。

规划图件应包含全域、城镇功能控制区的现状图、规划图。各地可结合实际，在满足深度要求的条件下，可将城镇功能控制区与相关区域（市辖区、县市域）范围合并表达。

地方国土空间规划说明主要阐述规划决策的编制基础、技术分析和编制内容，是规划实施中配合规划文本和图件使用的重要参考。

国土空间基础信息平台和“一张图”实施监督信息系统，以自然资源调查监测数据为基础，统一采用“2000 国家大地坐标系”作为空间基准，以陆域优于 1∶10 000、海域 1∶50 000 的精度纳入第三次全国国土调查现状数据和其他基础数据。并及时将国土空间规划成果数据纳入国土空间规划“一张图”，确保“发展目标、用地指标、空间坐标”一致。同步建设规划实施监督信息系统，为规划实施、监督、评估、预警提供数据支撑。

规划编制中研究形成的有关专题研究报告应汇集成册。

其他材料包括人大审议意见、部门意见、会议纪要、专家论证意见、公众参与记录等。

（7）成果报批与应用。规划成果由规划编制工作小组组织专家论证、征求相关部门意见后，报本级人民政府审议。规划成果经同级人民代表大会审议通过后，逐级上报至省级人民政府审查批准；直辖市、计划单列市、省会城市及国务院指定城市的国土空间总体规划报国务院审批。规划成果中需上级政府审批的内容，由总体规划审批机关批准并监督实施；其他内容由当地人民政府批准，报上一级自然资源主管部门备查。规划成果经批准后，应对规划目标、规划期限、规划范围、规划批准机关和批准时间、违反规划的法律责任等内容，依法公告。

评估监测和预警。自然资源管理部门会同有关部门，定期对地方空间规划成果实施状况进行动态评估、监测和预警，构建出市、县域国土空间开发利用监测指标体系，评估当地规划主要目标、空间布局、重大工程等执行情况，以及下级总体规划、专项规划、详细规划的落实情况。

根据规划评估结果，依法对当地规划进行调整修改。对规划战略目标、空间布局、功能分区等有重大修改的，需按规定程序报原规划审批机关批准；对不涉及规划主要目标及强制性内容修改的，可由本级人民代表大会审议批准，并报原规划审批机关备案。

第六章

专项发展规划咨询

专项规划是国民经济和社会发展规划体系的重要组成部分，主要包括产业发展规划、基础设施建设规划、社会事业发展规划、资源开发与保护规划、生态环境保护规划等专项规划。针对特定领域的专项规划针对性强，对规划咨询的专业性提出了更高的要求。

第一节　专项规划的内容及基本框架

一、专项规划的内容及特征

（一）专项规划的类型

专项规划指以政府履行公共职能或需要政府扶持、调控和引导的国民经济和社会发展特定领域为对象编制的规划。按照规划涉及的领域，我国的专项规划主要包括产业类、基础设施类、可持续发展类、社会事业类和其他类专项规划。

1. 产业类专项规划

产业类专项规划主要包括农业、工业和服务业发展专项规划。工业发展专项规划又包括机械工业、化学工业、煤炭工业、钢铁工业、汽车工业等规划。服务业专项规划可以设置金融业发展、旅游业发展等专项规划。

2. 基础设施类专项规划

基础设施类专项规划主要包括交通、水利、供水供电、通信、能源等专项规划等。

3. 可持续发展类专项规划

可持续发展类专项规划主要包括生态环境建设、资源开发与保护、循环经济发展、水土保持与荒漠化防治等专项规划。

4. 社会事业类专项规划

社会事业类专项规划主要包括体育事业、社会福利事业、老龄事业、教育发展、科技创新事业、医疗卫生事业、信息化建设、人才发展等专项规划。

5. 其他类专项规划

其他类专项规划主要包括食品安全、安全生产、防灾减灾、气象灾害防治、农村人口转移等专项规划。

（二）专项规划的作用

1. 专项规划是国民经济和社会发展五年规划纲要在特定领域的细化

发展规划明确总体方向、发展目标与发展战略，例如在《中华人民共和国国民经济和社会发展第十三个五年规划纲要》中对于信息产业发展的规划是要加快构建高速、移动、安全、泛在的新一代信息基础设施，推进信息网络技术广泛运用，形成万物互联、人机交互、天地一体的网络空间。实施“互联网＋”行动计划，促进互联网深度广泛应用，带动生产模式和组织方式变革，形成网络化、智能化、服务化、协同化的产业发展新形态。把大数据作为基础性战略资源，全面实施促进大数据发展的行动，加快推动数据资源共享开放和开发应用，助力产业转型升级和社会治理创新。统筹网络安全和信息化发展，完善国家网络安全保障体系，强化重要信息系统和数据资源保护，提高网络治理能力，保障国家信息安全。而专项规划则确定了该领域发展的具体目标、主要任务和保障措施，例如在《“十三五”国家信息化规划》中规定了信息产业发展的具体目标：到2020年，“数字中国”建设取得显著成效，信息化发展水平大幅跃升，信息化能力跻身国际前列，具有国际竞争力、安全可控的信息产业生态体系基本建立。“宽带中国”战略目标全面实现，建成高速、移动、安全、泛在的新一代信息基础设施。固定宽带家庭普及率达到中等发达国家水平，城镇地区提供1000Mb/s（兆比特/秒）以上接入服务能力，大中城市家庭用户带宽实现100Mb/s以上灵活选择；98%的行政村实现光纤通达，有条件的地区提供100Mb/s以上接入服务能力，半数以上农村家庭用户带宽实现50Mb/s以上灵活选择；4G网络覆盖城乡，网络提速降费取得显著成效。信息经济新产业、新业态不断成长，信息消费规模达到6万亿元人民币，电子商务交易规模超过38万亿元人民币，宽带网络覆盖90%以上的贫困村。同时，该专项规划明确了具体的保障措施。

2. 专项规划是政府指导该领域发展的纲领性文件

专项规划是指导相关领域发展、审批核准重大项目及安排政府投资、编制财政支出预算和制定相关政策的依据，例如《"十三五"国家信息化规划》中提出了信息产业发展的主要任务和重点工程，主要任务包括着力增强以信息基础设施体系为支撑、信息技术产业生态体系为牵引、数据资源体系为核心的国家信息化发展能力，着力提高信息化在驱动经济转型升级、推进国家治理体系和治理能力现代化、推动信息惠民、促进军民深度融合发展等重点领域的应用水平，着力优化支持网信企业全球化发展、网络空间治理、网络安全保障等的发展环境，加快推动我国信息化水平和安全支撑能力大幅提升。信息产业专项规划成为指导信息产业发展的纲领性文件。

（三）专项规划的主要特征

1. 层次性

层次性主要体现在两个方面：一是某一特定地域的专项规划，其上有高一级层次的专项规划，其下有若干个低一级层次的专项规划。专项规划的层次性要求低层次的专项规划需要服从高层次的专项规划，高层次专项规划指导低层次专项规划。二是专项规划是一个复杂的系统，具体包括许多子系统，例如旅游系统包括旅游资源系统、设施系统、客源系统、服务系统、环境系统、保障系统等方面。专项规划内容必须具有系统性，才能处理好各个子系统之间的关系。

2. 预测性

专项规划不仅需要对当前出现的问题提出综合解决方案，同时需要对未来发展目标与状态以及可能出现的问题做出科学预测，并提出相关的解决方案。因此，专项规划对未来的准确预测非常重要，也成为专项规划成败的关键。

3. 可操作性

专项规划的最终目的是应用与服务实践，指导特定领域的发展，使该领域发展与建设有章可循、有据可依。因此要求专项规划必须符合实际，具备可操作性。

4. 动态性

专项规划具有较强的时效性，其影响因素都在不断发生变化。基于特定条件下（现状或预测水平）编制的专项规划，需要根据社会经济发展方向、政策以及环境状况的变化进行相应的调整以适应新情况与新变化。因此，从理论、方法、原则、工作程序、支撑手段和工具等方面要逐步建立起相应的管理系统以适应专项规划不断更新调整与修订的需求。

二、各类专项规划的基本框架

（一）专项规划基本框架

1. 编制依据

明确专项规划编制的规划依据、政策依据和法律依据。

2. 现状问题

加强前期的规划调研工作，积极收集各方面、各层次、各渠道的资料，建立专项规划基础资料库与综合分析数据库。对现状与历史资料、数据进行深入分析，总结现状特征与存在问题，理清规划重点与规划编制思路。加强对已有规划的评估工作，指出规划实施中存在的问题及其与现实、目标的差距，并分析成因。

3. 目标策略

根据对宏观环境以及区域发展新态势的深入分析，结合对发展现状及问题的剖析，明确规划发展目标，并设定规划指标体系。通常规划目标既包含定量描述，也包含定性描述。规划目标的确定必须实事求是，既不能制定不切实际的高指标，也不能制定过低的指标降低发展预期导致挫伤各方面发展的积极性。规划目标本身应该是既有压力又有激励，既要体现科学性，又要体现积极进取的精神。同时，规划指标之间要相互协调，既要有主要指标和次要指标，也要有约束性指标与预期性指标，既要有近期目标也要有长远目标等。

4. 重点任务

根据规划目标与策略，提出规划期内要完成的重大项目和重大工程。明确专项规划实施的方向、重点和技术经济标准，并对提出的重点建设项目进行布局安排。鉴于经济社会发展存在的极大不确定性，可对重点项目的实施进行多因素分析与多方案设计，进行方案比选。同时，还要对实现规划目标的重点任务、可能遇到哪些问题提出相应的解决途径与策略。

5. 政策措施

专项规划的措施应突出针对性，避免面面俱到与缺失可操作性。其中，关键措施要切中要害，避免流于形式。同时，规划措施要有预见性，能够对宏观环境及区域环境的发展变化提早谋划与布局。规划措施必须精心设计全面架构，不能与规划目标方案相脱节，否则某一环节出问题就会出现系统性风险。

（二）基础设施类专项规划

1. 一般要求

该类规划主要针对交通、水利、能源等重大基础设施进行总体谋划与引导，具有约束性。该规划重点在对规划期内基础设施供需情况进行综合分析与评价的基础上，根据社会经济发展需求与现实基础，提出建设重点、建设时序及布局要求。同时，要注意与上级及周边地区相关规划的充分衔接。

2. 主要内容

（1）问题剖析。对已有规划进行评价，总结存在的问题。以交通基础设施规划为例，问题剖析的重点在于分析现状道路的交通条件，客、货运交通结构与特征，交通线网布局，车辆发展规模与水平等，剖析制约交通发展的问题及根源。

（2）明确目标。针对社会经济发展需求以及发展基础，明确规划期内基础设施规划的发展目标，包括定性目标和可度量的定量目标，例如交通基础设施规划中的线路数和线网密度、服务水平、场站规模。规划目标的预测要科学合理，通常的预测方法有情景分析法、时间序列外推法、产值单耗法、弹性系数法、年均增长率法等。不同规划要结合实际情况选择合适方法进行预测。

（3）实施路径。根据规划目标，提出规划期内基础设施建设的主要任务与重点工程。以交通基础设施规划为例，其主要任务通常包括加快交通运输网络的建设、提高服务质量和效率等，例如《“十三五”现代综合交通运输体系发展规划》确定的主要任务：准确把握经济发展新常态下的新形势、新要求，切实转变发展思路、方式和路径，优化结构、转换动能、补齐短板、提质增效，更好满足多元、舒适、便捷等客运需求和经济、可靠、高效等货运需求；突出对“一带一路”建设、京津冀协同发展、长江经济带发展三大战略和新型城镇化、脱贫攻坚的支撑保障，着力消除瓶颈制约，提升运输服务的协同性和均等化水平；更加注重提高交通安全和应急保障能力，提升绿色、低碳、集约发展水平；适应国际发展新环境，提高国际通道保障能力和互联互通水平，有效支撑全方位对外开放。在主要任务的基础上拟定实现主要任务的重点工程。

（4）布局规划。布局规划是基础设施专项规划的重要内容。基础设施通常分为线状和点状基础设施两类，线状基础设施如公路网络、铁路网络、天然气管道、输油管道等，点状基础设施如场站、物流枢纽、防洪堤坝等。以交通基础设施规划为例，交通网的布局应充分考虑居民的需求和经济性，结合居民出行习惯、道路条件、客流走向布设交通线路，交通场站的布局应根据场站的功能、服务车辆数、线路数、用地条件等，合理确定场站的等级和规模。

（5）保障措施。为保障基础设施规划付诸实施，需要一系列相应的配套措施予以支撑。以资金保障措施为例，基础设施的建设投资巨大，其资金来源主要来自政府直接投资和民间投资两种，前者主要来自政府财政支出，后者则是政府通过特许经营等方式允许企业提供基础设施产品和服务。

（6）近期建设重点。为保证规划的有序实施，需要与相关规划进行衔接，明确近期建设的主要任务和重点工程。

（三）可持续发展类专项规划

可持续发展类专项规划主要包括矿产资源保护与利用规划、环境保护与治理规划和循环经济规划等，具有一定的约束性。该类规划编制的基本思路是在对规划期内资源供需情况进行深入分析的基础上，根据经济社会发展目标提出规划期内资源供需平衡或解决问题的方案，同时提出资源保护与集约利用、环境保护与综合治理等方面的具体措施。

1. 资源保护与利用专项规划

该类规划编制的重点是科学预测规划期内资源的供需状态、确定资源利用的主要任务及相应的保障措施。

（1）资源供需平衡预测。资源需求状况的预测是正确制定资源开发利用目标的基础。资源的需求预测必须充分考虑区域经济社会发展环境，工业化、城镇化的快速发展和人均资源消费水平的提高等因素必然会增加资源的需求。另一方面，要充分考虑外部环境的变化对资源供给的影响。

（2）主要任务与重点工程。按照经济发展规律，对资源开发规模、空间布局、结构调整、保护与合理利用等重点方面进行统筹安排，合理引导符合市场需求的资源品种的开发，提出资源保护与利用的具体措施。矿山生态环境保护规划的主要任务是对矿山开发利用的“三废”处理、矿山地区土地复垦与土地保护利用、矿山开发造成的生态破坏与环境污染以及矿区地质灾害监测与防治等进行统筹规划，并提出相应的保障实施措施。

（3）资源开发区划。资源开发区划应尽量保证行政区划的完整性，以便于管理。通常可划分为鼓励、限制和禁止开采区三种类型，鼓励开采区指易于开采并且开采造成的环境影响较小的资源赋存区；限制开采区指主要城镇、铁路、高速公路、重要公路等重要基础设施、重大工程设施及其周围 500m 范围内的区域；禁止开采区指国家和省划定的自然保护区、重要地质遗迹保护区、重要风景区、重点保护的历史文物和名胜古迹所在地以及军事禁区。

（4）保障措施。为保障规划的顺利实施，通常要根据实际情况提出针对性的保障措施，如：增强法制、规划意识；完善规划体系，加强规划管理；强化监督管理；建立和规范矿业权市场，推进资源有偿使用；改善投资环境，拓宽矿业融资渠道；坚持科技创新，提高资源利用水平等。

2. 环境保护类专项规划

（1）制定规划指标体系。环境保护类规划指标大多具有强制性，通常包括环境质量指标、污染防治指标、环保管理能力指标和能耗、污染物排放强度指标。环境质量指标包括集中式饮用水水源地水质达标率、地下水监测点水质标准、空气污染 API 指数、环境噪声达标率、城市人均公共绿地面积等；污染防治指标包括工业二氧化硫排放量、烟尘和工业粉尘排放量、化学耗氧量和氨氮排放量、污水处理率、中水回用率、固体废物处理率等；环保管理能力指标包括重点污染源自动在线监控率、辐射工作单位安全许可证发放率等；能耗、污染物排放强度指标包括万元国内生产总值综合能耗、万元工业增加值耗水量等。

（2）确定规划方案。重点提出环境污染防治的主要工程、大气污染削减计划和大气污染防治的主要措施，水环境容量及纳污量、主要水污染物排序及水污染控制措施，固体废弃物的处理处置与综合利用方案，城市、小区、道路和企业的噪声污染防治方案。同时应根据实际情况，制定多个备选方案，进行方案比选。

（3）环境功能区划。环境功能区划是环境保护分类管理的科学依据。在环境现状调查的基础上，依据生态环境敏感性和生态功能重要性进行环境功能区的划设。科学确定不同区域的主导生态功能类型，划定对区域生态安全具有重要意义的重点生态功能保护区，如重点保护区、污染控制区和重点污染控制区等。同时以功能区为单元，提出生活和生产目标以及相应的环境目标和社会标准的建议。

（4）保障措施。保障措施通常分为几类，一是预防措施，重点是消除规划的环境缺陷；二是最小化措施，重点是确定限制和约束行为的规格、强度或范围使环境影响最小化；三是减量化措施，重点是通过行政措施、经济手段、技术方法等降低不良环境影响；四是修复补救措施，重点对受到影响的环境进行修复或补救；五是重建措施，重点对无法恢复的环境明确重建方式以改变原有环境。

3. 循环经济类专项规划

（1）制定规划目标。重点从产业发展、物质代谢与循环、污染控制、保障体系等方面构建循环经济发展规划的总体目标及指标体系。根据国家发改委颁布的《循环经济发展评价指标体系》，循环经济发展指标可以分为资源产出指标、资源消耗指标、资源综合利用指标和废弃物排放指标四大类。其中，资源产出指标包括主要矿产资源产出率、能源产出率；资源消耗指标包括单位国内生产总值能耗、单位工业增加值能耗、重点行业主要产品单位综合能耗、单位国内生产总值需水量、单位工业增加值用水量、重点行业单位产品水耗、农业灌溉水有效利用系数；资源综合利用指标包括工业固体废物综合利用率、工业用水重复利用率、城市污水再生利用率、城市生活垃圾无害化处理率、废钢铁回收利用率、废有色金属回收利用率、废纸回收利用率、废塑料回收利用率、废橡胶回收利用率；废弃物排放指标包括工业固体废物处置量、工业废水排放量、二氧化硫排放量、化学需氧量（COD）排放量等。

（2）制定清洁生产方案。企业的清洁生产主要指生产中减少资源的消耗和提高资源的利用效率。清洁生产的方案包括不断采取改进设计、使用清洁的能源和原料、采用先进的工艺技术与设备、改善管理、综合利用等措施，从源头减少或者避免生产、服务和产品使用过程中污染物的产生和排放，提高资源利用效率。

（3）制定资源循环利用方案。例如提出水资源循环利用方案，将排放的废水进行处理后用于某些水单元或将废水直接用于某些水单元，减少新鲜水的使用量。提出固体废弃物的循环利用方案，构筑企业内部、企业之间和整个园区废物资源化利用的循环网络。提出能量梯级利用与节能方案，建立热电联产项目，并平衡冷量、热量和电量需求。资源的循环利用可以根据地理范围分为厂区和区域两个层次。园区层面的资源循环利用应通过分析企业生产需求，培育和建立园区废物资源化利用的网络体系。在循环利用的同时，要注意二次污染的防治。

（4）明确循环经济产业链架构。从园区层面看，首先，是分析主导行业之间的生态工业关系，构建行业内的物质循环和代谢模式，提出园区行业共生网络设计方案。其次，要提出静脉产业发展方案，通过构建废弃物的回收体系、垃圾热电厂等废物资源化中心或者培育资源再生类的企业等方法，推进废弃物的综合利用，建立以各种废弃物开展循环经济为主要特征的新的经济增长机制。

（5）制定保障措施。重点提出循环经济体系建设的管理办法和相关的实施细则。法律、法规和政策体系应做到体系化、系统化，政策要以法规做依据，法规要有政策做引导。同时制定相关经济政策，保障循环经济规划建设的顺利实施。政策应主要包括产业准入和限制政策、投资和融资政策、信贷和土地使用优先政策、税收政策、财务补贴政策等。鼓励和发展环保产业，扶持生态工业。

（四）社会事业类专项规划

该类规划主要针对科技服务、义务教育、公共卫生、社会保障等领域。编制要求是根据规划期内本级财政可提供的资金规模，确定需完成的目标和任务，明确资金使用方向、目标和重点，明确各相关职能部门的任务及时序要求，提出其他的资金筹集方式、渠道，并测算资金筹集规模。

1. 发展目标

社会事业发展目标应与地区经济发展水平和发展阶段相适应，同时应坚持以人为本的原则，加强社会事业的管理，全面提升社会事业发展水平。

2. 主要任务和重点工程

主要任务应概括社会事业规划要解决的核心问题和具体措施，例如在《少数民族事业“十一五”规划》中提出了大力改善民族自治地方经济发展基础条件、着力解决少数民族群众特困和特需问题、努力提高少数民族教育科技水平、扎实推进少数民族医疗卫生事业、大力发展少数民族文化事业等十一项主要任务。重点工程是实现主要任务的具体形式，如《少数民族事业“十一五”规划》中的重点工程包括特困少数民族群众解困工程、民族基础教育帮扶工程、民族高等院校建设工程、少数民族传统医药发展工程、少数民族文化发展工程、少数民族人才队伍培养工程、民族法制体系建设工程、少数民族对外交流合作工程、民族事务管理信息化建设工程、少数民族现状调查工程、民族事务服务体系建设工程。

3. 产业化运作

产业化运作是增加社会服务供给数量和提高社会服务质量的重要途径，社会事业发展规划应提出社会事业产业化运作的方案，例如《中国老龄事业发展“十一五”规划》中提出，要制定引导老龄产业发展的税收、信贷、投资等政策，采取税收优惠、减免费用、信贷支持等措施，大力扶植尚在起步阶段的老龄产业，积极鼓励、引导和规范个体私营和外资等非公有资本参与老龄产业的发展，鼓励吸引社会力量投资兴办不同档次的养老服务机构，引导企业生产满足老年人各种需求的门类齐全、品种多样、经济适用的老年用品。

4. 政策措施

紧紧围绕构建和谐社会这一主题，制定切实可行的政策措施，努力解决社会事业发展中存在的问题，为社会事业发展提供良好的政策环境。政策主要包括：转变政府职能，加强公共服务和社会管理；加大投入力度，提高社会公共产品供给能力；改革社会事业管理体制，促进社会事业全面发展；鼓励发展非基本公共服务，满足多层次需求；建立社会发展评估体系，加强对社会发展的评价与监测。

第二节　专项规划的研究编制

一、专项规划编制的依据与方法

（一）专项规划编制的依据和原则

专项规划编制的依据包括：国家经济与社会发展的长期规划，部门、地区发展规划，经济建设的方针、任务、产业政策和投资政策等；相关的自然地理、气象气候、水文地质、经济社会、生态环境等基础资料；有关行业的工程技术，经济社会发展方面的规范、标准以及国家正式颁发的技术法规和技术标准等。专项规划编制的原则如下。

1. 坚持政府主导的原则

专项规划是政府向社会提供的公共产品，因此凡政府履行公共职能的领域和起主导作用的领域应编制专项规划，凡市场起主导作用的领域原则上不编制专项规划。

2. 坚持解决重大问题的原则

关系经济社会发展的重大和深层次问题，都应编制专项规划，提出相应的解决方案。

3. 坚持符合公共财政改革要求的原则

凡是财政有较大投入的领域都应编制专项规划，以明确财政资金使用方向、任务和重点以及产生的绩效等。

4. 坚持规划的外部性原则

规划是规范和引导政府及社会行为的“第二准则”，因此部门内部的工作计划等不属于规划范畴，不需要编制专项规划。

（二）专项规划编制的方法

1. 立足实际

例如产业发展专项规划，需要从产业发展条件的独特性出发，识别产业发展的核心要素，围绕区域的核心竞争要素组织产业规划。规划要从区域的发展基础出发，同时要有长期性和动态性的观念，不能好高骛远。

2. 明确目标

围绕专项规划的目标和方向，所有的基础性研究、专题研究、案例研究均对准专项规划的基本命题。通过对基础事实的调查研究，形成一系列围绕基本命题的假设，然后进行证实和证伪的专题研究。

3. 反复论证

专项规划结论观点的得出，需要综合包括资源条件、市场需求、竞争协同、理论案例等在内的多种视角的考虑、佐证，进行前后贯通、分层分类的循环论证。

4. 综合统筹

例如产业发展专项规划，其功能定位、产业定位、产业策略、重点项目、实施策略都应围绕整体目标系统展开，统筹谋划，不应因专业阻隔、职能权限而割裂。各部分内容应维持内在一致性，避免相互冲突。

二、专项规划编制的程序

专项规划的编制工作通常包括启动、编制、决策、跟踪四个环节，各环节的具体任务如下：

（一）规划启动

1. 立项

由政府或所属部门根据实际情况提出编制专项规划的决定，并确定专项规划编制的范围、质量进度要求与责任单位等具体情况。

2. 组织专项规划编制队伍

通常专项规划涉及多个部门，需要多个领域的专家相互配合。因此，专项规划编制队伍应由多部门、多领域专家组成。

（二）规划编制

1. 搜集相关资料

根据专项规划编制的内容及深度要求，对规划涉及的经济社会统计资料、现场勘查资料、图片资料等进行详细搜集，应既包括现状资料也包括历史方面的资料。

2. 对原有专项规划进行评价

编制新的专项规划通常基于几个原因，一是原有规划已经到期，二是原有规划在实施中发现存在问题，三是原有规划在执行过程中内部发展条件与外界环境发生重大变化。因此，编制新的专项规划需要对原有规划进行评价，既要对其不足进行评价，也要对其合理部分进行吸收。

3. 编制专项规划初稿

专项规划的编制工作不可能在一个环节完成，需要经过若干回合且需要经过一些专家的研究讨论才能完成。

4. 与相关规划衔接

首先要做好专项规划与发展规划之间的衔接，衔接的重点是发展规划所提出的重大战略方针、战略举措以及重点项目在专项规划中是否得到很好的延伸和细化。专项规划的指导思想、发展目标、重点任务与保障措施等内容不得与总体发展规划矛盾，必须是总体发展规划在该领域的具体化和延伸。同时，要做好上下级专项规划以及与相关专项规划内容的衔接。

5. 征求意见

专项规划编制方案需要进行多部门和多领域专家的专题讨论，征求意见进行修改完善。方案的修改要尽可能吸收专家合理的意见。

6. 修改完善

根据各方意见对专项规划初稿进行认真细致的修改。

（三）规划决策

1. 论证

专项规划应当在送审之前进行深入严密的论证，该论证可以委托同级规划咨询委员会组织，也可以由规划编制单位自行组织，并由组织论证的单位提出论证报告。未经论证的规划不得报请批准并公布实施。

2. 批准

专项规划由规划编制单位提出规划草案，经规划主管部门审核后会同编制单位上报人民政府批准。

3. 发布

专项规划由人民政府或者由人民政府授权的部门批准，除法律、行政法规另有规定外，政府批准的专项规划由政府负责人签署命令公布，政府有关部门批准的专项规划由部门主要负责人签署命令公布。

（四）规划跟踪

1. 评估

专项规划要在规划实施的中期阶段组织开展评估工作，并将评估结果报送同级政府。

2. 修订和废止

经中期评估或其他原因需要对专项规划进行修订和废止的，规划编制单位应当提出规划修订和废止方案，并按规划的程序报批和公布。

三、与相关规划的衔接

（一）与国家宏观发展战略及政策的衔接

专项规划必须贯彻国家和地区制定的宏观政策，这些宏观政策构成了专项规划的制度环境。与产业规划密切相关的规划实施部门、政策法令部门及投资部门的意见包括：《产业结构调整指导目录》《中华人民共和国科学技术进步法》《汽车产业发展政策》《水泥工业产业发展政策》《钢铁产业发展政策》《铝行业准入条件》《煤炭产业政策》《造纸产业发展政策》《淘汰落后生产能力、工艺和产品的目录》《国务院关于加快发展循环经济的若干意见》《国务院关于印发节能减排综合性工作方案的通知》《国务院关于加强节能工作的决定》《国务院关于落实科学发展观加强环境保护的决定》等。

（二）与发展规划的衔接

专项规划必须做好与发展规划的衔接。按照遵循下级规划服从上级规划、行业规划服从发展规划的原则，加强专项规划同国民经济和社会发展规划、城乡规划、土地利用总体规划的衔接。衔接的重点是发展目标、重点发展任务、区域空间布局、基础设施建设、生态环境保护、重要资源开发、重大项目建设和财政资金平衡等。

（三）与区域规划的衔接

专项规划与区域规划的协调，实质上是专项规划中重点项目布局与区域规划中确定空间开发次序相协调。重点项目布局的内容是规划的产业或基础设施在空间的分布与组合，重点是大型骨干企业的区位选择。区域规划的作用是划定主要功能区的红线，主要内容是把经济中心、城镇体系、产业聚集区、基础设施以及限制开发地区等落实到具体的地域空间。重点项目布局应集中在区域规划确定的重点开发地区。

（四）与相关专项规划的衔接

相关规划之间对发展趋势的判断、需求预测、主要指标和政策措施要相互衔接，例如，产业规划应做好与其他同级专项规划如基础设施规划、生态保护规划、资源开发利用规划等的互相协调。专项规划是国民经济和社会发展规划纲要在特定领域的细化。专项规划之间相互衔接、支撑条件相互配套，才能形成发展的合力。

（五）与重大工程项目的衔接

重大项目将会对规划区域产生重要影响，例如，随着杭州湾跨海大桥、乍嘉苏与杭浦高速公路的相继建成，海盐县在长三角中的区位优势发生了戏剧性的变化，从原来的交通末端，一跃变成处于上海、杭州、苏州、宁波之间由高速公路连成的“十”字形交通结点上，与四大城市的运距都在100km以内，均能在1h内到达。专项规划制定过程中必须充分考虑重大项目的影响，对于海盐县而言，在产业专项规划中应把临港产业作为重要的研究内容。

四、专项规划中的重点工程和重大项目建议

（一）重点工程

重点工程是指符合产业政策，对专项规划方案的顺利实施和主要规划任务的实现产生重要影响的项目，例如产业关联度高、能带动产业结构调整和升级的骨干项目，关键领域的重大高新技术项目，利用外资及其他社会资本产生重

大影响及示范作用的项目，体现社会发展和精神文明建设的标志性项目等。规划文本中应将有关重点工程与投资方案的内容进行汇总，并作为规划的重要内容之一加以明确。

（二）重大项目建议

在专项规划中凡涉及带有全局性的而且影响深远的重点工程为重大项目。重大项目应作为专题提出专项建议。作为专题的重大项目建议不仅要论述其必要性，还要分析其可能性，包括自然条件、技术条件、社会经济条件和资金来源，同时对于项目的选址要做出方案建议。重大项目规划应该包括以下内容。

1. 项目背景及其产业群链效应

阐述项目提出的理由和主要依据，一般应包括项目建设的产业群链效应及其对产业结构优化、开发利用矿产资源、培育壮大主导产业、提高科技含量，从而增强龙头企业的辐射带动能力、改善生态环境和增加居民收入、提高企业效益方面产生的积极作用。

2. 项目资源条件评价

描述项目区概况，包括地理位置及区域范围。评价项目的自然资源条件，例如矿产资源、能源资源、水资源状况，以及气象、土壤、大气环境等。评价项目的社会经济状况，例如项目所在地区的产业结构、国内生产总值、财政收入、农民人均收入情况等，以及项目关联产业的发展现状。

3. 市场前景预测

主要从四个方面阐述：国内外市场相关产品的供求状况，重点调查目前国内同类企业的布局及生产销售情况；预测项目产品未来的市场需求量；项目产品的市场竞争优势，例如项目产品成本、价格、行业标准、质量要求和项目产品供需对同类产品价格变化的影响程度等；根据市场前景分析，提出项目产品的市场定位、生产规模、预期销售目标以及销售策略和营销模式。

4. 拟建内容、建设规模及建设周期

拟建项目要对建设内容、建设规模和建设周期等做出详细的描述。建设内容应明确主要产品品种、生产工艺及生产能力，应提出分年度建设计划；建设规模应明确项目的投资规模、占地规模，应提出分年度的投资计划及资金来源；建设周期指施工项目全部建成平均需要的时间。

5. 技术路线选择

项目的建设规模和产品方案确定后，应进行技术方案和设备方案的具体研究论证。技术方案论证的内容要包括：研究拟采用的生产方法和工艺流程是否符合技术的发展趋势、研究拟采用的生产方法和工艺流程是否与原有的工艺流程合理衔接以及对产品质量的保证程度、研究拟采用的生产方法和工艺流程是否符合节能和清洁生产要求。设备方案选择论证的内容包括：通过对国内外有关制造企业的调查和初步询价，提出项目所需主要设备的来源与投资方案；拟引进国外设备的项目，应提出设备供应方式；选用超大、超重、超高设备，应提出相应的运输和安装的技术措施。

6. 建设地点选择

项目建设地点选择必须服从产业总体布局的基本要求，而且要对备选地区的社会经济条件、自然资源赋存、自然条件特点以及环境保护方面的要求等问题做详细的调查了解。在此基础上结合项目具体生产条件与厂区总平面布局要求，提出不同区位或不同布置的厂址建设方案。经过多种方案的技术、经济等方面的对比分析，最后确定一个比较合理的位置。

7. 项目组织或承办企业分析

应对企业承担项目的能力进行评价。评价内容主要包括承办企业概况、财务状况和研发能力三部分。其中，承办企业概况包括现有产品类型、主营业务、管理模式、人员结构等，企业财务状况包括企业的资产负债及损益情况、银行信用等级，研发能力包括企业自身及其技术依托单位的科研开发能力等。

8. 投资规模估算

主要从以下几个方面说明项目的投资情况：项目建设投资估算包括：土建投资及构成、设备投资及构成、流动资金、其他投资及构成；按照国家有关规定，说明资金来源和筹措方式；资金使用和管理，包括资金的分年度使用安排、有偿资金和银行贷款归还措施与归还计划，等等。

9. 项目的经济和社会效益分析

经济效益分析的内容为产业规模的扩大带来的直接经济效益；产业的发展扩

大对上游产品的引致需求及为下游产业的发展提供原料，将带动上游和下游产业的发展；产业的发展改善区域的协作配套条件，导致吸引区域投资力度的加强。社会效益分析包括：扩大社会就业，提高区域教、科、文、卫等软硬件水平；改善人居环境，促进居民生活质量的全面提高；增强区域活力，提高区域的综合竞争力。

10. 项目的环境影响评价

建设项目可能对生态和环境产生影响。例如，建工厂可能会排放污染物，矿山开采需要剥离植被等。为了在项目建设的同时保护生态和环境，《中华人民共和国环境影响评价法》规定，必须对建设项目进行环境影响评价。国家各级环境保护行政主管部门是具有审批权的执法监管部门。建设单位应依法按国家规定，对建设项目进行环境影响评价，编制环境影响评价文件并报请环境保护行政主管部门审批。建设项目环境影响评价的主要工作包括：委托具有环境影响评价资质的机构承担评价工作；受委托评价机构开展环境评价工作、提交评价结果；建设单位向环境保护行政主管部门提交建设项目的环境影响评价文件，并申请审核；获得环境保护行政主管部门的批准文件。

11. 保障体系建设

实行多元化筹资办法，通过银行贷款、企业出资、项目争取、财政补贴等多种途径筹集产业发展资金。本着节约用地的要求，每年应预留一定额度的土地利用计划指标，支持重点项目建设用地需要。生产活动需要大量原料、燃料或其他材料，或生产大量成品需外运的工业，例如冶金工业、煤矿等，必须满足其运输要求，其中具有决定意义的就是靠近公路干线、铁路线和专用码头。在产业发展能源需求预测的基础上，建立健全能源安全机制，保障能源供应。建立省重点项目协调机制和督导制度，加强计划执行情况的跟踪和管理，及时解决项目实施中存在的困难和问题。

第三节　跨国投资区位规划专题研究

经济全球化背景下，资本在全球范围内流动，随着跨国公司投资的规模大幅增加，跨国公司对全球和国家、地区的经济影响力不断加强。经济全球化的发展与国际范围内的产业转移相伴而生。因此，经济全球化的发展，伴随中国“一带一路”及对外合作园区建设、产能合作的深入推进，对外投融资发展已经并且正在强烈地影响着全球范围和国家、地区层面上的产业发展和空间重组。本节以跨国投资区位专项规划的编制为例，阐释如何开展专项规划所涉及的专题研究工作。

一、对外投资的区位选择

跨国公司投资的区位选择是一个复杂的过程，从投资动机到资料搜集、国别选择、投资城市选取、厂址确定等，均受到多种因素的影响，这些因素包括市场规模及其增长、相对劳动力成本、货币汇率及其稳定性、贸易壁垒、交通成本、自然资源供给、基础设施、外资政策、税收水平、文化距离、政治稳定和风险、外资存量、贸易依存等。这里从跨国公司的投资动机，以及投资地的经济、制度、区位等方面对影响跨国公司投资区位选择的因素进行分析。

（一）跨国公司投资动机

跨国公司投资区位选择首先受公司投资动机的影响，在不同投资动机下，公司区位选择考虑的影响因素是不同的，因而造成了投资区位选择的差异。

1. 市场导向型投资

企业进行对外直接投资是为了开辟和保护国外市场，这类投资可分为四种类型：①迫于竞争者压力，采取跟随战略，跟随竞争者在东道国投资，保持与竞争者在全球竞争中的实力均衡；②保护和扩大原有市场，企业在对出口市场的开辟达到某种程度之后，通过对外直接投资在当地进行生产和销售；③克服贸易壁垒，企业通过向进口国或第三国直接投资，在进口国当地或第三国生产再出口到进口国，以避开进口国的贸易壁垒和限制；④规避国内市场竞争，企业母国市场饱和、竞争激烈，为了保持高额利润的获取，有效地规避国内市场竞争，采取对外直接投资，开辟和寻求新的市场空间。

2. 生产要素导向型投资

该类投资指跨国公司为获取稳定、廉价或特殊的生产要素供给而对满足要求的生产要素集聚地进行直接投资。这类投资又可分为三种情况：①寻求自然资源。跨国公司对外直接投资的目的是为了获得国内稀缺或是价格较高的自然资源，例如石油、有色金属矿产资源等，对于自然资源匮乏的国家，自然资源导向型投资显得更为重要；②寻求劳动力。跨国公司为了获得丰富廉价或高素质的劳动力供给而对东道国进行直接投资；③获取高技术。通过对外直接投资，跨国公司可以在发达国家并购当地高新技术公司，或者建立高新技术研究开发机构，并以此作为开发与引进高新技术的平台。

3. 效率导向型投资

该类投资是指企业进行对外直接投资的目的在于降低成本，提高效率。这类投资主要有两种情况：降低生产成本，如果跨国公司在国内生产出口产品，其生产成本高于国外生产时，可通过对外直接投资的方式在国外设厂生产，以降低生产成本及运输成本，提高生产效率；获取规模经济效益，既包括内部规模经济效益也包括外部规模经济效益。当国内市场出现规模不经济时，跨国公司通过对外直接投资，在东道国选择经济活动适当集聚的地区布局，获取外部规模经济效益。或是跨国公司将相对闲置的生产力转移到国外，以提高生产效率，实现内部规模经济效益。

4. 全球战略型投资

该类投资是指跨国公司在全球范围内配置生产要素，从事生产经营活动，从全球角度安排投资。当企业从跨国公司发展到全球公司时，其对外投资所考虑的不再是部分子公司盈亏，而是从长远、整体角度出发，考虑企业能否获得最大利益，对外投资必须符合其全球战略目标和整体利益的实现。

（二）经济因素

跨国公司对外投资是以获取经济利益为目的的，经济因素成为影响跨国公司投资区位选择的重要因素。

1. 市场规模

市场规模是影响跨国公司直接投资的首要因素。如果没有市场的吸引，成本再低也是没有意义的。但是，如果市场潜力大，企业往往可以通过经营手段来降低生产成本获得利益。诸多学者研究发现，市场规模与潜力是影响跨国公司投资的重要因素，尤其是欧美日资企业。张文忠认为，日资企业更看重我国潜在的市场容量，“市场指向性”区位行为更为突出；*UNCTAD* 对爱立信公司的研究发现，市场规模是影响企业投资的首要因素。市场规模直接影响企业经营的持续性与合理性。企业在某一地区投资，从事生产经营，需要达到由市场规模决定的所谓需求门槛。相对于本地企业来说，跨国直接投资要付出更高的成本，面临更大的风险，因此东道国市场规模显得更为重要。对于跨国公司尤其是追求低成本的企业来说，利用资金、技术等优势通过规模经营，提高生产效率和劳动效率，降低生产成本，是实现企业本地经营的重要手段，而能否实现规模经营则受到本地市场需求和市场规模的制约。

2. 集聚因素

传统的区位理论认为，集聚因子是影响企业区位的重要因素。对于跨国投资而言，集聚因素同样重要。跨国投资在东道国面临诸多不利因素，如信息不对称、不了解当地环境、不熟悉当地商业文化、没有固定的生产要素供给渠道等，增加了跨国投资经营的不确定性，使企业面临较高的成本和风险。通过空间上集聚或进入产业集聚区，可以有效地降低跨国投资经营的成本和风险。首先，可以共享集聚区内的基础设施以及生产要素。一般来说，产业集聚区的各种基础设施相对完善，同时也是劳动力、资金等生产要素的集聚地，从而可以降低跨国投资企业的生产成本以及生产要素的搜寻成本。其次，降低信息获取成本。由于信息溢出效应，跨国投资企业可以从集聚区内企业尤其是先行进入的外资企业，通过非正式渠道获得诸如劳动力管理、外资政策执行情况等信息。最后，企业在产业集聚区内投资，有利于企业融入当地企业网络，与当地企业建立稳定的上下游联系，降低企业产品的市场交易成本和风险。

3. 劳动力因素

根据弗农的“产品生命周期理论”，当产品进入标准化阶段，企业会趋向于把生产和装配业务转移到劳动力成本较低的发展中国家和地区。李小建在我国香港公司问卷调查的基础上，研究发现生产成本是影响我国香港地区企业在内地投资的最重要因素；张文忠在日韩资企业调查的基础上，认为韩资企业“劳动成本指向性”的投资区位行为较为明显，其投资动机也是降低生产成本。由于发达国家劳动力成本较高，从事传统劳动密集型产业的跨国公司会在全球范围内寻找劳动力成本低、劳动力资源丰富的国家和地区进行投资，劳动力成本则成为这一类型跨国公司投资区位选择的重要影响因素。另外，处在知识密集型产业或产业链顶端的跨国公司对劳动力素质要求较高，倾向在大学、科研机构等高素质劳动力集中的区位投资。

（三）制度因素

制度是跨国公司海外子公司正常运营的重要保证，也是影响跨国公司对外投资区位选择的重要因素。

1. 投资政策

各国为了各自经济、社会发展的需要，会通过经济、法律、行政等手段引导跨国投资，形成各自的投资政策，主要有行业限制政策以及税收优惠、用地、财政扶持等“超国民待遇”政策。从行业政策看，国家尤其是发展中国家，为了促进民族企业发展或保证本国经济安全，会通过法律或行政手段限制跨国资本进入本国敏感行业，例如我国长期以来对金融、通信、电力、航空、传媒等行业的外资准入有一定限制。另外，国家或地区会通过减免跨国公司税收，低价出让土地和减免租金、财政扶持、费用减免等各种投资优惠政策，吸引跨国公司投资，拉动当地经济的发展。效率导向型跨国公司往往会选择投资政策优惠的地区投资，从而降低企业生产成本，提高企业运营效率。

2. 贸易政策

对外贸易开放度是一个国家或地区经济开放度和自由度的重要标志，其对外国投资者的信心会产生较大的影响。贸易政策对跨国公司投资区位的影响主要表现在以下两个方面：①从进口来看，传统跨国公司投资理论认为，当一国采取高贸易壁垒时，会限制其进口产品的流入，客观上会鼓励跨国公司选择直接投资而不是出口方式进入本国，从而推动跨国公司对本国的直接投资。但换言之，进口往往是直接投资的先导，高贸易壁垒阻止了进口，从而也阻止了与进口相关联的跨国投资。同时，高贸易壁垒也不利于跨国公司进口机器设备、原材料和零部件等，除非国家对这类进口品另行规定税率。贸易壁垒还限制了追求效率型跨国公司在全球范围内进行合理布局和统筹安排。概括来说，高贸易壁垒只有利于追求市场型的跨国公司，不利于生产要素、效率导向型的跨国投资。②从出口来看，跨国公司尤其是利用本地丰富资源或较低成本从事生产、产品出口到第三国的跨国公司，受国家出口政策的影响最为明显。当国家或地区采取鼓励出口的政策时，可能会成为利用本地优势从事产品出口跨国投资的热点。当国家或地区受国际政治因素、国内产业调整压力等因素影响，采取紧缩出口政策时，将会限制从事产品出口的跨国公司的本地投资。

（四）区位因素

跨国公司对外投资必须在特定地点实现，即要落实到实体空间上，实体空间的自然资源、地理位置等因素都会对跨国公司投资区位选择产生重要影响。

1. 自然资源

自然资源是社会经济发展的物质基础，是进行各种生产活动的基本要素，其数量、质量和分布情况都会对社会经济活动产生重要影响。但是自然资源的地区分布不均衡，不同区域自然资源的丰富度存在差异。除通过地区贸易弥补地区间自然资源的差异外，地区直接投资也是重要的方式，反映在国家层面上，则是通过国际贸易和跨国直接投资来弥补自然资源区域差异。对于自然资源开采和加工行业来说，对自然资源丰度较高的地区直接投资显得尤为重要，通过对东道国自然资源的投资，不但可以获得开采自然资源的超额利润，可对资源的销售、价格等方面施加影响，还可以依靠稳定的原料供给向下游加工业发展，形成上下游一体化产业链，推动企业自身的发展。由于自然资源的敏感性强，跨国公司对他国自然资源进行投资，存在着潜在的政治风险，同时资源类行业投资额大、投资周期长，投资的经济风险也大。

2. 地理位置

这里所称的地理位置主要是指，在自然地理位置基础上结合人文因素作用而形成的某区域具有经济意义的与其他事物的空间关系。地理位置对跨国公司投资区位选择的影响主要表现在以下两个方面：一是交通通信条件。交通通信条件是影响企业布局的重要区位因素，跨国公司进行对外直接投资可行性研究和区位选择时，十分重视投资地的交通通信条件。交通通信条件优越的地区，不但能够降低跨国公司全球产业链产品流动的运输成本，保证产品及时运输，还能够方便地与总部、地区总部、上下游供应企业进行信息交流，及时方便地获取公司的指令。二是与母国的距离。在相同条件下，跨国公司更倾向在离母国较近的国家和地区投资。这不但可以降低运输成本、缩短运输时间，而且近距离往往意味着语言相同、习俗相近、文化和历史渊源相似，为跨国公司的企业管理、了解当地市场、熟悉文化习俗与消费习惯等提供方便。

二、跨国公司不同职能的区位选择

跨国公司是在两个以上国家从事生产或实际性经营活动的公司，是由不同的功能部门组成的，包括生产部门、研发机构、公司总部、区域性总部等。不同部门因对生产要素的要求不同，也有着不同的区位选择要求。

（一）生产部门的区位选择

跨国公司的生产部门较其他部门要分散，影响生产机构布局的因素较为复杂，不同技术经济水平的生产活动的区位条件要求不同，例如劳动密集型产业倾向接近廉价劳动力地区，资源密集型产业倾向接近原料产地等。此外，跨国公司也会从其全球战略角度考虑布局生产机构。彼得·迪肯（Dicken）将生产部门分为四种类型，不同类型生产部门的区位选择存在一定的差异。

1. 全球集中型

全球集中型指跨国公司所有生产集中在一个地理区位，产品通过跨国公司市场和销售网络出口到其他国家和地区。这一类型的生产部门，受国际贸易政策的影响较大，贸易壁垒等限制性贸易政策会严重影响其发展，因此这种生产部门多在贸易政策稳定、贸易壁垒小的区域贸易经济体内布局。

2. 东道国市场集中型

东道国市场集中型指跨国公司在目标市场建立生产企业，从事生产活动，产品主要在目标市场销售，不发生跨国界的销售。这一类型生产部门在布局时，会从收益和成本两方面综合考虑，如目标市场的规模及潜力、投资成本（获取信息、适应东道国环境、市场进入壁垒等）、贸易壁垒等。

3. 专业化生产型

专业化生产型指一个生产部门只生产一种专门销售于几个国家或区域市场的产品。这类部门主要考虑规模经济效益、产品运输成本及贸易壁垒等。

4. 跨国垂直一体化生产型

跨国垂直一体化生产型指跨国公司将生产链上的独立生产环节分解，利用生产成本的空间差异优势，将独立生产环节布局到不同的国家和地区，每个区位负责最终产品的一个生产环节。这种类型的生产部门多为发达国家的劳动密集型产业，生产过程达到较高程度的标准化，并且距离对运输成本的影响不大。

（二）研发机构的区位选择

拥有技术领先优势是跨国公司保持国际竞争力的重要手段，因而研发机构成为跨国公司的重要组成部门。一般来说，研发活动是一个复杂的过程，研究与开发职能的区位要接近大学、研究所等科研机构，接近高素质劳动力的供应地、接近决策者等。但是不同投资动机的研发机构其区位选择的影响因素不同，选择的区位特点也存在差异，主要有以下三种类型。

1. 海外生产支撑型

研发投资的目的是实现技术的本地化，以支撑其在东道国的生产企业。这类研发投资倾向主要随母公司对外直接投资而流动，多布局于跨国公司投资规模大的国家，外商直接投资（FDI）规模与东道国市场规模呈正相关的关系。因此，这类研发机构多布局在市场规模大的国家，并且为了能提供便捷、实时的技术支撑而多趋向于布局在跨国公司在东道国的生产基地。

2. 技术跟踪或获取型

跨国公司进行海外研发投资的动机是获取或跟踪东道国的先进技术，从当地研发的技术外溢中获利。这类研发投资区位选择主要受东道国、竞争对手生产和技术水平的影响，因此多布局在所从事行业专业技术化程度较高的国家，以跟踪东道国的技术发展。微观看，这类投资倾向布局在东道国研究开发实力较强的地区，尤其是东道国中竞争对手的研发机构周围。

3. 资源寻求型

研发投资以挖掘科技人才和利用技术资源为主要动机。其区位选择主要考虑东道国科技人才数量、质量、工资水平、科研基础设施状况、从事研发活动的政策法律环境等（如知识产权保护力度等）。因此，这类研发投资倾向科技人才丰富、价格低廉、政策环境宽松的国家和地区，并且选择东道国科技人才集中的科学研究中心布局。

（三）公司总部的区位选择

1. 公司总部的区位指向

公司总部是整个公司的核心，负责制定影响公司发展方向的战略决策，决定公司组成单元的资金分配等。公司总部也是重要的信息收集、处理与传输中心，是商业服务以及国内外部门的管理中心。这些功能要求公司总部布局的区位必须具有便利的交通通信条件，能及时地获取信息，并且便于与政府官员、其他公司首脑等关键人员随时接触。因此，跨国公司总部大多位于发达国家的主要大都市区，例如纽约、伦敦、东京等地。

2. 区域性总部的区位指向

跨国公司为了便于管理，也会将一些管理功能从公司总部分离出去，建立一些区域性总部。这些区域性总部享有重要的行政与组织功能，是跨国公司的重要协调机构，负责协调与管理公司在几个国家的分公司的生产经营活动，是公司总部与分公司间沟通的渠道，同时也是公司信息收集的重要机构。因此，区域性总部通常布局在大区域内的经济中心。

三、国际直接投资和区位选择对东道国发展的影响

随着全球经济的一体化，外资的流动和外贸的联系进一步加强，全球工业重心正从传统的发达地区转移到其他新兴工业化国家，它们在全球产业布局中的地位愈加重要。跨国直接投资对东道国产业发展的影响是多方面的，既有正向的作用，也会带来负面的影响。

（一）国际直接投资的促进作用

国际直接投资会增加东道国的资本供给，为东道国新兴产业的发展提供资金支持，并通过产业联系和产业带动作用推动东道国关联产业的发展，促进东道国产业结构的升级。

1. 资本供给效应

在封闭环境内，一国的投资仅取决于该国的储蓄水平，当投资额高于实际可利用的储蓄水平时，该国会出现资金缺口。投资水平不够，使经济增长乏力，关键产业得不到快速发展，从而导致产业结构水平日趋不合理，并形成恶性循环。在开放环境下，当发展中国家实现其经济发展目标所需要的资本数量

与国内最大有效供给之间存在缺口时，外国资本的流入会弥补发展中国家的“外汇缺口”和“储蓄缺口”。伴随着国际投资，会有大量的资本流入东道国，增加东道国的资本积累，包括提供资金支持、新建工厂、购置机器以及基础设施等，提高资本形成率，有效缓解东道国隐性的投资不足，发挥重要的造血功能。同时，作为国际直接投资的主要表现形式——外商投资，对国内无法获得或质量难以保证的中间产品甚至最终产品的需求，往往引导母国相关企业的追加或辅助投资，将可能在东道国产生某种“乘数效应”的投资扩张。

2. 技术溢出效应

随着国际直接投资的深化，人力资本、研发等因素通过各种渠道促使技术的非自愿扩散，国内企业通过向跨国企业学习，逐步积累了丰富的知识和创新技术以及先进的管理经验。技术溢出效应表现在以下三个方面。

（1）技术波及效应。外资企业一般具有技术或信息上的优势，通过与东道国企业间的产业合作，使东道国企业有了向跨国公司学习的机会，在与外资企业进行产业合作、为其做配套生产的过程中不断地学习和吸收外资企业的技术，从而提高企业的技术创新能力。

（2）竞争激励效应。外资企业凭借其拥有的先进技术和管理经验等优势，参与东道国的市场竞争，迫使东道国企业改善经营管理，努力提高技术水平和充分利用本地资源。在此过程中，一部分效率低下、竞争力不强的企业被淘汰出局，最终使资源流向高效率的企业，使整个行业竞争力得以提高。

（3）示范和模仿效应。外资企业在东道国经营时会不可避免地给东道国企业起到示范作用。东道国企业通过对产品进行“逆向工程”的研究和开发、雇用在外资企业或研究机构工作过的员工等方式获得外资企业技术、生产工艺和管理方式，而获得技术的溢出。此外，通过人才、信息等的交流，尤其是雇用外资研发人员可以较快地提高自身的技术创新能力。

（二）国际直接投资的负面效应

国际直接投资是发展中国家实现经济起飞的推动器，但也要清醒地认识到跨国公司直接投资的目的是追求利润的最大化，而不是帮助东道国发展经济，因此跨国公司直接投资会给发展中国家带来负面效应。

1. 产业级差的固化

发达国家进行跨国投资，一方面是国内产业结构调整的需要，另一方面是开发使用过时技术、实现最后增值的需要。发达国家不可能转让高新技术来培植自己竞争的对手，从而出现技术转移中的固有级差，导致发达国家和发展中国家之间产业结构等级差距的固化。例如当发达国家向发展中国家转移劳动密集型产业时，往往形成发达国家从事资本、技术密集型产业或高价值环节的生产，而发展中国家从事劳动密集型产业或低价值环节的生产的国际分工格局。根据日本经济学家小岛清（Kiyoshi Kojima）的研究，日本对外直接投资集中在日本国内已失去比较优势，但在东道国仍拥有比较优势的产业。

2. 产业自主权受损

一方面，外资企业进入东道国某一行业后，通过其竞争优势不断扩大规模，采取各种手段对行业实行垄断，同时会向相关行业渗透，最终获取东道国产业的控制权，威胁东道国产业安全。另一方面，外资企业在兼并或收购本地企业后可能会削弱原有企业的研发机构，而利用本企业的研发机构提供技术，削弱东道国产业的自主创新能力，增加东道国技术的外部依赖性。

3. 本土企业发展受阻

通常情况下，外资企业在规模、产品技术及市场开发等方面比本地企业更有优势，其会利用相关优势提高东道国产业的市场集中度，本土企业将面临较高的进入壁垒，致使产业垄断性增强。尤其是外资企业采取收购或兼并方式，获取本行业大型企业的控制权，会快速地增加该产业部门的垄断程度，当然，这种行为也通常会受到东道国政府的高度重视。

第四节　城乡发展专项规划咨询

专项规划的内容十分广泛。我国新型城镇化强调以城乡统筹、城乡一体、产业互动、节约集约、生态宜居、和谐发展为基本，更加重视城镇发展的质量，低碳生态城市、智慧城市、海绵城市日益引起重视。有关城镇化及城乡发展领域的专项规划更加受到重视。

一、低碳生态城乡规划咨询

（一）低碳生态试点城乡规划纲要

体现资源节约和环境友好的发展理念，明确试点城市发展定位，提出交通、市政基础设施、建筑节能、生态环境保护等方面的发展目标、发展策略和控制指标。纲要确定的总体和人均碳排放应低于同一区域同等规模城市的平均水平。

（二）低碳生态城市建设实施方案的主要内容

低碳生态城镇产业发展、绿色建筑推广、交通和市政基础设施建设、环境治理和生态保护等方面的行动计划和创新示范工程。

（三）低碳生态城乡规划与建设标准

生态城市的建设标准包括紧凑混合用地模式、资源节约和循环利用、绿色建筑、生物多样性、绿色交通、拒绝高耗能高排放的工业等方面的标准。

1. 紧凑混合用地模式

主要包括：新城建设用地人口密度不小于 1 万人/km^2；建成区毛容积率不小于 1.1；职住（就业住房）平衡指数不小于 50%；平均通勤距离不大于 3km（自行车不大于 10min，步行不大于 30min）。

2. 资源节约和循环利用

主要包括：可再生能源占比不小于 20%；再生水利用率不小于 20%；城市污水处理率 100%；人均综合用水量低于同类地区国家标准的下限；城市生活垃圾无害化处理率 100%。

3. 绿色建筑

主要评价指标时绿色建筑比例不小于 80%，其中：公共建筑中的绿色建筑比例不小于 100%。

4. 生物多样性

主要包括：建成后自然湿地等生态保育区净损失不大于 10%；本地植物指数不小于 0.7；综合物种指数不小于 0.5；绿地率不小于 30%。

5. 绿色交通

主要包括：绿色出行比例（步行＋自行车＋公共交通出行分担率）不小于

65%；路网密度合理，每个街区长度不大于180m；方便自行车安全出行的三块板道路不小于60%。

6. 拒绝“两高”产业

拒绝高耗能、高排放的工业，主要包括：禁止三类工业的具体政策；二类工业用地占工业用地的比例不大于30%；工业用水重复利用率不小于90%。

二、智慧城市规划咨询

智慧城市是在新一代信息技术和知识经济加速发展的背景下，以互联网为基础，以物联网为核心，信息技术高度集成、信息资源综合运用，以智慧技术、智慧产业、智慧服务、智慧管理、智慧生活等为主要内容的新型城市发展模式。

（一）世界主要智慧城市的建设经验

国外智慧城市建设起步较早，已积累了一定的经验。欧洲智慧城市建设更加关注城市的生态环境和智能经济，2009年10月，欧盟公布的新能源研究投资方向中将投资110亿欧元用于“智慧城市”项目，在25～30个城市中重点发展低碳住宅和低碳交通。在建设理念和发展主题上，欧洲智慧城市以绿色、低碳、环保的智慧应用示范和局部试点为主。

日本和韩国致力于建设基于U-City（ubiquitous city）的智慧城市，即在任何时间、地点，电子设备都可以随时获取信息和服务。随着智慧城市的建设，日本近几年将智慧城市建设重点转移到环境保护上，核心是建设生态智慧城市，例如横滨的智慧城市规划就是通过大量引入可再生能源、电动汽车、家电及建筑物、社区智能能源管理实现生态智慧城市。而新加坡、马来西亚等东南亚城市则将智慧城市的重点放在高科技产业的发展上，新加坡提出通过建立无处不在的信息网和发展通信产业打造“智慧国”。马来西亚通过建设“多媒体超级走廊”（multimedia super corridor），即从马来西亚首都吉隆坡南郊新吉隆坡国际机场延伸至市区边缘的国油双峰塔的走廊地带，打造一个长50km，宽15km，总面积750km^{2}的大型科技园区，建设12个智慧城市。亚洲地区的智慧城市建设以政府推动为主，相对较为体系化。新加坡启动“智慧国2015”计划，建立无处不在的信息网络，大力发展通信和信息服务等高新技术产业。

北美地区以市场化机制来推动智慧城市，更加注重数据开放和建设实效。北美地区采用“企业推动为主，政府引导促进为辅”的发展方式，该地区政府重视公共数据的开放与共享，强调信息化建设的顶层规划，城市管理者并不在意其发展的是智慧城市还是数字城市，而更加注重技术应用效果和项目所发挥的效益，但是其发展理念、应用范围均很超前。

世界主要智慧城市的建设经验及启示见表6-1。

表6-1　　世界主要智慧城市的建设经验及启示

区域	城市	经　验
西欧	奥地利维也纳	在智慧城市的建设过程中，维也纳制定一系列的规划文件，包括“智慧能源愿景2050”“道路地图”以及“行动计划2012—2015”等，明确智慧城市的目标。维也纳试图联合各利益相关方共同磋商，致力于碳减排、交通以及土地规划变更等。希望在欧洲的智慧城市技术方面占有一席之地
	法国巴黎	欧洲城市中，巴黎在可持续发展方面表现突出。在智慧城市的应用方面，巴黎的公共自行车、自行车出租系统以及“汽车图书馆”成效显著。其中，汽车图书馆与自行车出租的模式相似，由巴黎市长发起，出租站点已达到250个
	英国伦敦	伦敦以其在某些可持续性方面的创新（如拥堵税）以及强大的交通系统而获得好评。伦敦的帝国理工学院将建设一个智慧城市研究中心，该中心通过对交通、政府、商业、学术以及客户数据的研究，致力于提高城市效率和创造力，计划搭建欧洲最大的免费Wi-Fi网络
	德国柏林	在与瑞典大瀑布电力公司、宝马汽车公司以及其他公司的合作中，柏林正测试汽车电网技术，希望通过电动汽车创造一个虚拟的发电机组
	丹麦哥本哈根	哥本哈根在可持续创新方面成绩卓著：哥本哈根承诺到2025年实现碳中和，40%的市民骑自行车上下班。哥本哈根市长弗兰克·延森（Frank Jensen）明确表示，要将清洁技术创新作为刺激经济增长的引擎
	西班牙巴塞罗那	巴塞罗那拥有低碳解决方案，是智慧城市的先锋。大约10年前，巴塞罗那在世界范围内首次提出了“太阳能条例”。巴塞罗那启动“生活电动汽车”项目，希望推动电动汽车和充电基础设施的应用。此外，该城市还以合作的模式为智慧城市创新建设生活实验室

续表

区域	城市	经验
北美	美国纽约	智慧城市建设过程中，纽约于2009年创建业务分析解决方案中心，用以满足复杂功能需求的增长，帮助用户优化业务流程和业务决策方式。此外，纽约目前已经在城市防止火灾、保护第一反应者以及识别可疑的退税主张等方面取得了一些成效，预计此举在5年内有望为纽约节省1亿美元
	加拿大多伦多	多伦多是智慧城市榜单上排名最靠前的北美城市。在智慧城市建设的过程中，多伦多的私营部门以合作的形式自发创建“智慧通勤多伦多”组织，致力于提高大都会区的运输效率。此外，多伦多利用填埋垃圾得到的天然气为城市垃圾车提供动力，初步探索智慧的闭环城市思维
东亚	中国香港	在智慧城市的实践探索中，中国香港将射频识别（RFID）技术试验于飞机场，并贯穿于整个农业供应链。此外，中国香港还是智慧卡应用的领军城市。有数以百万的居民通过智慧卡享受城市提供的公共交通、图书馆、访问接入、购物以及停车场等服务
	日本东京	东京宣布在郊区建立智慧城镇计划，该智慧城镇将使所有家庭的集成太阳能电池板、蓄电池、节能电器等都连接到一个智能电网上。此外，东京还致力于智慧移动解决方案的研究

（二）智慧城市规划与建设标准

1. 建设内容

智慧城市建设内容包括基础平台、体验系统、示范应用工程和关键技术等，见表6-2。

表6-2　智慧城市建设内容

类别	建设内容
基础平台	构建基于云计算的智慧城市基础设施及智能处理基础平台
体验系统	创建智慧城市决策展示系统，打造服务民生工程的用户体验系统
示范应用工程	建设智能交通、城市基础设施、公共应急决策、能源与资源管理等示范应用工程等
关键技术	突破智能感知、泛在互联、数据活化、安全可信和服务发布等关键技术

2. 建设标准

智慧城市建设标准包括宽带网络、广播电视网络、城市基础空间数据库、建筑物基础数据库、城市公共信息平台、信息安全、城乡规划、道路交通规划、历史文化保护规划、城市景观风貌、城市地理空间、数字化城市管理、建筑市场管理、园林绿化、建筑节能、绿色建筑、城市供水、城市排水、节水应用、城市燃气、垃圾处理、城市供热、城市照明、住房保障、公共交通、能源管理、建筑智能化等内容。其中宽带网络、信息安全等方面的标准见表 6-3。

表 6-3 智慧城市建设标准（部分）

宽带网络	《信息技术 系统间远程通信和信息交换 局域网和城域网 特定要求 第 15 部分：低速无线个域网（WPAN）媒体访问控制和物理层规范》	GB/T 15629.15—2010
	《信息技术 系统间远程通信和信息交换 无线高速率超宽带媒体访问控制和物理层规范》	GB/T 26229—2010
	《信息技术 系统间远程通信和信息交换 无线高速率超宽带媒体访问控制和物理层接口规范 》	GB/T 26230—2010
	《基于公用电信网的宽带客户网络总体技术要求》	GB/T 28508—2012
城市公共信息平台	《房地产市场信息系统技术规范》	CJJ 115—2007
	《城市遥感信息应用技术规范》	CJJ/T 151—2010
信息安全	《信息安全技术 信息安全管理体系审核指南》	GB/T 28450—2012
	《信息安全技术 信息系统安全管理评估要求》	GB/T 28453—2012
	《信息安全技术 引入可信第三方的实体鉴别及接入架构规范》	GB/T 28455—2012
数字化城市管理	《建筑市场监督管理信息系统数据标准》	JGJ 148—2005
	《民用建筑能耗数据采集标准》	JGJ/T 154—2007
	《合同能源管理技术通则》	GB/T 24915—2010
建筑智能化	《智能建筑设计标准》	GB/T 50314—2006
	《智能建筑工程质量验收规范》	GB 50339—2003
	《智能建筑工程施工规范》	GB 50606—2010

三、海绵城市规划咨询

推广和应用低影响开发建设模式，加大城市径流雨水源头减排的刚性约束，优先利用自然排水系统，建设生态排水设施，充分发挥城市绿地、道路、水系等对雨水的吸纳、蓄渗和缓释作用，有效缓解城市内涝、削减城市径流污染负荷、节约水资源、保护和改善城市生态环境，为建设具有自然积存、自然渗透、自然净化功能的海绵城市提供重要保障。

（一）海绵城市建设途径

1. 保护城市原有生态系统

最大限度地保护原有的河流、湖泊、湿地、坑塘、沟渠等水生态敏感区，留有足够涵养水源，应对较大强度降雨的林地、草地、湖泊、湿地，维持城市开发前的自然水文特征，这是海绵城市建设的基本要求。

2. 生态恢复和修复

对传统粗放式城市建设模式下，已经受到破坏的水体和其他自然环境，运用生态的手段进行恢复和修复，并维持一定比例的生态空间。

3. 低影响开发

按照对城市生态环境影响最低的开发建设理念，合理控制开发强度，在城市中保留足够的生态用地，控制城市不透水面积比例，最大限度地减少对城市原有水生态环境的破坏，同时，根据需求适当开挖河湖沟渠、增加水域面积，促进雨水的积存、渗透和净化。

（二）海绵城市雨水系统构建规划

1. 低影响开发雨水系统构建

低影响开发雨水系统构建需统筹协调城市开发建设各个环节。在城市各层级、各相关规划中均应遵循低影响开发理念，明确低影响开发控制目标，结合城市开发区域或项目特点确定相应的规划控制指标，落实低影响开发设施建设的主要内容。设计阶段应对不同低影响开发设施及其组合进行科学合理的平面与竖向设计，在建筑与小区、城市道路、绿地与广场、水系等规划建设中，应统筹考虑景观水体、滨水带等开放空间，建设低影响开发设施，构建低影响开发雨水系统。低影响开发雨水系统的构建与所在区域的规划控制目标、水文、气象、土地利用条件等关系密切，因此选择低影响开发雨水系统的流程、单项设施或其组合系统时，需要进行技术经济分析和比较，优化设计方案。低影响开发设施建成后应明确维护管理责任单位，落实设施管理人员，细化日常维护管理内容，确保低影响开发设施运行正常。低影响开发雨水系统构建途径示意图如图 6-1 所示。

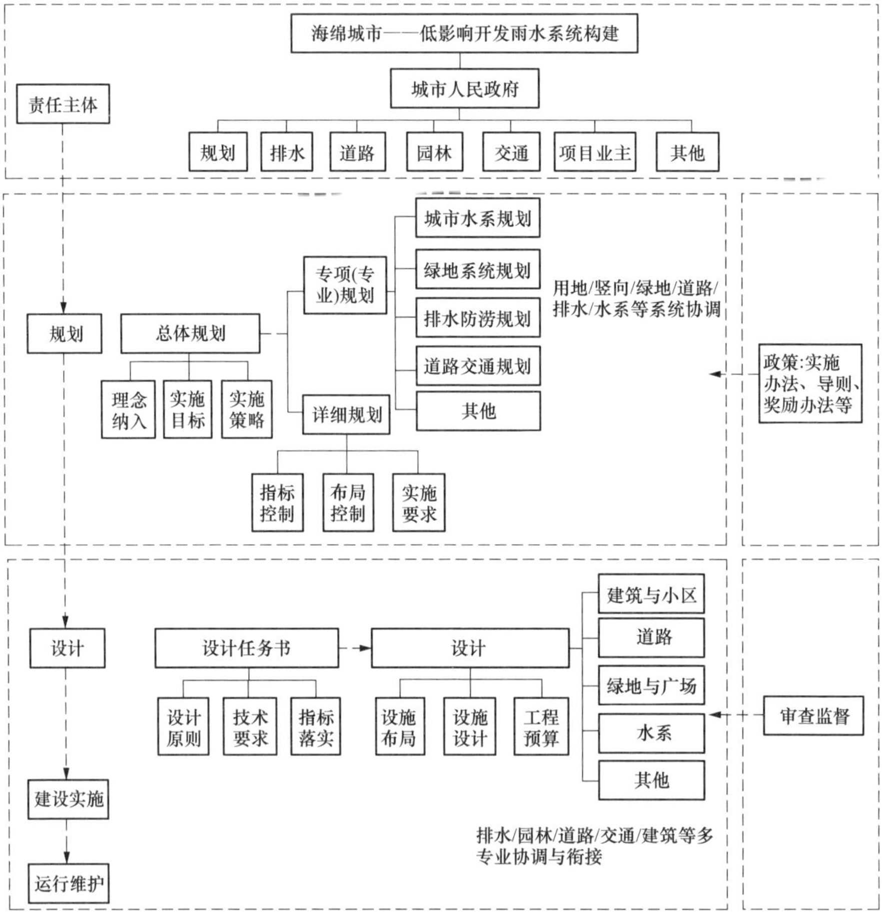

图 6-1　海绵城市——低影响开发雨水系统构建途径示意图

2. 规划控制目标

规划控制目标一般包括径流总量控制、径流峰值控制、径流污染控制、雨水资源化利用等，如图 6-2 所示。各地应结合水环境现状、水文地质条件等，合理选择其中一项或多项目标作为规划控制目标。鉴于径流污染控制目标、雨水资源化利用目标大多可通过径流总量控制实现，各地低影响开发雨水系统构建可选择径流总量控制作为首要的规划控制目标。

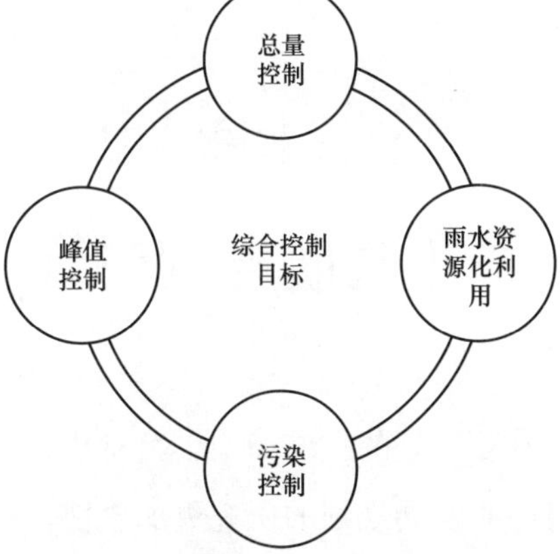

图 6-2　低影响开发控制目标示意图

第七章

产业发展规划咨询

产业发展规划属于专项规划的重要类型。新时代在产业高质量发展和绿色发展的宏观背景下，对产业发展规划的研究更加重视。对于关系国计民生的重要产业部门，国家应加强宏观调控和空间合理布局。对于外部效应较大的产业部门，例如污染严重的行业，政府部门要在发展规模和空间布局上加以引导。产业规划既要考虑充分发挥政府的宏观调节与引导作用，又要发挥市场机制在资源配置中的决定性作用。

第一节　产业规划概述

一、产业规划的概念和类型

人们无法预知未来，但可以通过理性分析和经验总结来预测未来。一个好的规划，可以对产业发展形成较大的促进作用。

（一）产业发展及产业规划

1. 产业发展

产业发展不同于产业增长，产业发展既包括产业量的增长和质的变化，也包括产业整体或不同产业量的增长。古典经济学认为，产业发展主要取决于一个国家或地区具备相对优势的生产要素的开发。发展经济学家认为，产业发展是经济发展的必然结果，工业化是带动一个国家或地区经济发展的主要原因，并会带来经济结构的持续转变，在这个过程中，适应和促进工业化的政府政策对产业发展至关重要。而现代经济学则认为，与自然资源相比，人力资源更能决定一国或地区的产业发展，传统生产要素对经济实际增长的作用在降低，而技术创新和新的科学知识的应用对经济发展的推动力越来越明显。

2. 产业规划

产业规划对一个国家或地区经济发展的影响意义深远，科学合理、符合国情和当地实情的产业规划会促进优势产业和相关产业发展，进而扩大就业，增加税收，带动国民经济和地区经济的发展。产业规划是对一个国家或地区未来产业发展的预见和预想，是建立在对一个国家或地区产业发展现状、产业发展的要素禀赋、国际和国内产业发展态势和市场潜力等理性分析和经验判断基础上的。产业规划包括部门规划和空间规划两个方面。成功的产业规划不仅要反映规划者和实施者的理念，也要最大限度地体现政府、企业及人民群众等不同利益群体的诉求。规划不仅要解决不同背景、价值、期望及需求之间的矛盾，还要解决不同利益集团之间的冲突。

3. 产业空间规划

产业活动必定要落实到具体的地域空间，并形成不同的分布形态、空间联系和组合方式。产业在地域空间上形成和发展的过程中，更多的是按照产业发展的自身规律，寻求能够带来最大利益的空间进行布局。产业空间规划是对一个国家或地区内各产业的空间部署和调控，包括对各产业部分的空间安排、调整和控制，以及各产业部门的空间组合。科学合理的产业空间规划需要从一个国家的国民经济发展的全局出发，根据国际产业发展态势，以及国民经济和社会发展的中长期规划要求，结合国家或地区的具体情况编制。产业空间规划要遵循产业在空间上发展的自身规律，从宏观视角把握各产业活动的区位特征、产业的空间转移规律、产业集聚与扩散的机制等，从微观角度了解企业区位的决策过程、企业的空间组织和空间扩张等。产业空间规划通常分为三个层次，一是大尺度的空间规划，一般指跨地区或跨行政区单元的区域，重点是要确立具有国际竞争力和全国带动力的重点产业与产业集群，明确不同区域产业发展定位与合作方向，并对产业的空间布局进行总体引导，例如长江三角洲地区、珠江三角洲地区产业规划等。二是中观尺度的空间规划，一般指省域尺度，重点是发展和壮大地区的优势产业，培植和形成具有地区特色的优势产业链或产业集群，限制与区域其他功能相冲突的产业发展等。三是微观尺度的空间规划，一般指城市内部，重点从产业用地的角度对产业用地的性质和规模、开发时序和空间管治等进行规划。

（二）产业结构及其分类

产业结构是指一个国家或地区各产业间的比例关系，但由于对产业类型的划分标准不同，表述产业结构的方式也不同。

1. 产业的分类

在产业经济学中，通常使用的产业分类方法主要有两分法、三次产业分类法、生产要素集约度分类法和国际标准产业分类法等。

（1）两分法。两分法是指按生产活动的性质及其产品属性对产业进行分类。按生产活动性质，产业部门可分为物质资料生产部门和非物质资料生产部门两大领域。前者是指从事物质资料生产并创造物质产品的部门，包括农业、工业、建筑业、运输邮电业、商业等部门；后者是指不从事物质资料生产而只提供非物质性服务的部门，包括科学、文化、教育、卫生、金融、保险、咨询等部门。

（2）三次产业分类法。三次产业分类法是根据社会生产活动的历史发展过程对产业结构进行划分。产品直接取自自然界的部门称为第一产业，对初级产品进行再加工的部门称为第二产业，为生产和消费提供各种服务的部门称为第三产业。三次产业分类法是国际上较为通用的产业结构分类方法。其中，第一产业是指与人类初级生产阶段相对应的农业和畜牧业，包括种植业、林业、水产业、畜牧业、捕猎业等直接利用自然资源进行生产活动的部门；第二产业指与工业的大规模发展阶段相对应，以对原材料进行加工并提供物质资料的制造业为主，包括采掘业，制造业，电力、煤气、水的生产和供应业以及建筑业等；第三产业指以非物质产品为主要特征的服务业，是指除第一、第二产业以外的其他各行业。三次产业结构的划分为研究、比较各国和世界产业结构的变化提供了可供借鉴的统一标准。但随着科学技术的迅速进步及人类经济活动日益多元化和复杂化，传统的三次产业分类已越来越不适应经济内容的现有范畴。

中国使用的三次产业分类：第一产业是广义的农业，包括种植业、林业、牧业、渔业；第二产业是工业（包括采矿业，制造业，电力、燃气和水的生产和供应业）和建筑业；第三产业包括流通部门（含交通运输业、邮电通信业、商业、饮食业、物资供销和仓储业），为生产和生活服务的部门（含金融、保险业，地质普查业，房地产业，公用事业，居民服务业，咨询服务业和综合技术服务业，农、林、牧、渔、水利服务业和水利工程，公路、内河航道养护业等），为提高科学文化水平和居民素质服务的部门（含教育、文化、广播电视、科学研究、卫生、体育和社会福利事业等），为社会公共需要服务的部门（含国家机关、政党机关、社会团体以及军队和警察等）。

（3）生产要素集约度分类法。这种产业分类方法是按照各产业所投入的、占主要地位的资源的不同为标准来划分的。根据劳动力、资本和技术三种生产要素在各产业中的相对密集度，产业可划分为劳动密集型、资本密集型和技术密集型产业。具体来讲：①劳动密集型产业是指在生产活动过程中，投入大量的劳动力，而对技术和设备的依赖程度相对较低的产业。其衡量的标准是在生产成本中工资与设备折旧和研究开发支出相比所占比重较大。一般来说，劳动密集型产业主要是指农业、林业及纺织、服装、玩具、皮革、家具等制造业。随着技术进步和新工艺设备的应用，发达国家的一些劳动密集型产业的技术、资本密集度也在提高，并逐步从劳动密集型产业中分化出去。②资本密集型产业是指在单位产品成本中，资本成本与劳动成本相比所占比重较大，每个劳动者所占用的固定资本和流动资本金额较高的产业。资本密集型产业一般是指钢铁业、石油化工业、电子与通信设备制造业、运输设备制造业、重型机械工业、电力工业等。资本密集型工业主要集中在基础工业和重化工业，这类产业是国民经济的重要基础。③技术密集型产业是指在生产活动过程中，对技术和智力要素的依赖大大超过对其他生产要素依赖的产业。技术密集型产业一般是指高新技术产业，包括微电子与信息产品制造业、航空航天工业、原子能工业、生物技术和现代制药工业、新材料工业等。技术密集型产业已经成为带动国家经济增长的主导产业，也是反映一个国家或地区产业竞争力和经济发展水平的产业。

（4）霍夫曼产业分类法。德国经济学家霍夫曼在 1931 年出版的《工业化阶段和类型》一书中，把工业分为三类，即消费资料工业、资本资料工业和其他工业。消费资料工业包括食品、纺织、皮革、家具制造等；资本资料工业包括冶金、机械、化工、金属制品等；其他工业包括橡胶、木材、造纸、印刷等。

（5）轻、重、化工业分类法。工业结构的三分法中，把工业分为轻工业、重工业和化学工业，但通常把重工业和化学工业合在一起，称为重化工业，因此，轻、重工业的比例关系也是反映产业结构的重要指标。

2. 产业结构的内涵

产业结构是指各产业之间按照一定经济技术联系构成的比例关系。它包括三个方面的内容：①产业发展水平，即各产业在国民经济中所占份额，通常用产值或就业人口两类指标表示；②产业结构组成，即社会经济资源在产业或地区间的配置状态；③产业间的技术经济联系，即在生产过程中各产业间存在的相互制约与相互依存关系。在经济发展过程中，随着产业分工的细化，新出现的产业部门越来越多。不同的产业部门，受到各种因素的影响和制约，会在增长速度、就业人数、在经济总量中的比重、对经济增长的推动作用等方面表现出很大的差异。因此，不同区域在不同的经济发展阶段和发展过程中，其产业部门的组成是不同的。换言之，产业结构是一个动态的、相对的概念。但是，一个区域的产业结构的变化，一般不是一个突变的过程，而是经历一定时期的逐渐演变。因此，产业结构表征的是不同区域单元在一定时期内各产业部门的构成及相互间的联系，以及在国民经济中所发挥的作用。

3. 产业结构演变的影响因素

产业结构的变化是区域经济发展动态过程的有机组成部分，它是经济长期动态变化的结果。产业结构是一国资源禀赋与现实经济实力之间的联结机制和转换器，产业结构的组合状况和变化趋势直接反映了国家或地区经济运行状况的方式和潜能，并直接与该国家或地区的经济竞争力和创新力密切相关。产业结构的形成及其变化，受很多因素的影响和制约。其中，科学技术的进步、社会最终需求的变化、供给状况以及国际贸易的发展等因素对产业结构演变的影响较大。

(1) 科技进步对产业结构演变的影响。首先，科技进步促使众多新兴产业部门形成。随着人类社会经济的发展，科技进步逐渐成为产业结构演变的关键性影响因素。科技水平的高低决定了一个国家或地区经济发展的基本特征、产业结构的组织方式与内容，也直接决定了该国家或地区产业竞争力的高低。因此，提升科技水平是增强产业竞争力的关键。科技进步是产业结构变动的引爆剂，在科技进步的作用下，新技术、新产品、新工艺、新材料、新能源的发明和利用，进一步扩大了社会分工的广度和深度。一批新的生产门类和生产部门不断地形成和发展，例如第一次产业革命期间，蒸汽机和纺纱机的发明，带动了纺织、冶金、采掘、机械、交通运输等产业的形成和革命性变革；第二次产业革命期间，能源革命引发了电机电器产业、通信产业、汽车产业、飞机产业、精细化工产业的形成，产业结构因而发生巨变；以微电子技术、原子能技术、光学技术、新材料技术为基础的第三次产业革命使得电子计算机工业、核能及核工业、航天工业迅速崛起，产业结构被赋予了新的内容。

其次，科技进步加速了产业结构调整演进的速度。发达国家经济发展史表明，产业技术的更新和发展对产业结构升级具有巨大的作用。技术发明和创新的周期越长，产业结构升级越慢；技术发明和创新的周期越短，产业结构升级速度就越快。在生产力发展水平较低时，产业结构升级速度较缓慢；而在生产力较发达时，其升级速度则加快。英国完成由劳动密集型产业为主导到资本密集型产业为主导、进而进入技术密集型为主导的产业结构升级过程，大约经历了 100 年的时间，而第二次世界大战后，日本完成上述同样的产业升级过程只用了 30 年。其中最重要的是日本采取了技术跟进和跨越的发展战略，升级过程靠的不是大量的技术发明，而是技术的引进、消化、吸收和再创新，结果大大加速了日本的产业结构升级过程。在科学技术革命的作用下，产业结构变化和改造的速度明显加快，“科学—技术—生产”的周期日益缩短，科学技术转化为生产力的速度明显加快，产品更新速度也在加快，全社会劳动力就业结构尤其是体力劳动者和脑力劳动者的比例发生明显变化。科技进步的这种作用，使得经济发展阶段与产业结构的对应关系不是绝对的，处于经济弱势和产业结构弱势的后发国家能够利用先进技术实现经济发展和产业结构的超越。例如，

18世纪中叶，英国产业革命的成功，使其取代了荷兰成为世界经济和科学技术强国，20世纪的日本和韩国通过学习先进技术缩短了其产业结构现代化的进程。

最后，科技进步改变了产业分工的格局。世界经济发展史表明，科技水平较高的国家一般在国际市场中也拥有较高的竞争实力。同时，随着科技的发展，产业部门合作得以在更广的范围内开展。在那些高技术发源地的国家中，主要发展高附加值的新兴产业，一部分产业尤其是劳动密集型产业向发展中国家转移；科技水平高的国家一般在区域性劳动分工中起着主导和协调的作用。20世纪初期，美国福特汽车生产技术的发明，使美国汽车工业迅速超越欧洲的英国、法国、德国等国的生产规模。此后70多年间，美国成为世界上最大的汽车生产国和消费国，并成为世界汽车生产技术、设备的最大输出国，一直占据着世界汽车劳动地域分工的霸主地位。20世纪70年代以来，受世界能源危机的直接影响，日本的小型、节能型汽车生产技术日益成熟，日本迅速取代了美国在汽车生产、销售领域的霸主地位，成为世界上最大的汽车生产国和对外出口国，美国在世界各国的渗透势力被明显削弱。

（2）供给因素对产业结构变动的影响。从广义上来说，供给因素从自然条件和资源禀赋、提供劳动力的人口、技术进步、市场竞争、社会经济发展水平等方面影响产业结构的形成和演变。一般而言，那些资源丰富的国家，其产业结构在一定程度上具有资源开发型的特性；而资源匮乏的国家不可能形成资源开发型的产业结构，最多只能形成资源加工型的产业结构。劳动力丰富且价格低廉、资金又缺乏的国家多发展劳动密集型产业，劳动力不足而资金又比较充裕的国家多发展资本密集型产业。另外，资源稀缺，可导致价格上涨，造成企业生产成本上升，供需平衡被打破，会迫使相关国家进行产业结构调整；而技术进步，可降低在生产过程中有关资源的消耗水平并能提高其替代程度，使生产的相对成本下降，从而促进特定产业的快速发展；技术进步还可缩短新产品的开发周期，形成新产业；市场竞争可促进优胜劣汰机制的形成，有利于产业的更替。随着经济的发展，人均国民收入水平提高，劳动力首先由第一产业向第二产业转移；人均国民收入水平进一步提高时，劳动力便向第三产业转移；

劳动力在第一产业的分布将减少，而在第二、第三产业中的分布将增加。人均收入水平越高的国家和地区，农业劳动力所占比重相对越小，而第二、第三产业劳动力所占比重相对越大；反之，人均收入水平越低的国家和地区，农业劳动力所占比重相对越大，而第二、第三产业劳动力所占比重则相对越小。

（3）社会需求结构的变化对产业结构演变的作用。需求结构的变化是产业结构变化与技术进步之间的一个中间环节，需求结构对产业结构具有直接而基本的影响，社会需求结构的变化受到科技进步的直接影响。科技进步对需求结构的影响是通过其促使劳动生产率提高、产品生产成本下降、资源消耗强度下降和消费品升级换代等方式来实现的。产业结构升级需要需求支撑，随着一国经济发展和收入水平的提高，其需求层次也随之提高。需求结构从解决温饱为主向耐用消费品需求，进而再向现代服务需求的升级，拉动了产业结构的不断优化升级。统计研究表明，当前可支配收入水平是决定一国消费的核心因素。收入的提高将会极大地刺激消费需求的增加和消费结构的变化，进而带动产业结构的改变和升级。但是新兴消费品的需求在短期内快速增长和超前发展，可能导致产业结构与需求结构的断裂、供求的脱节，也可能使行业在未达到规模效益之前就提前萎缩等。发达国家经济发展的过程表明，在从低收入向中等收入水平过渡的阶段，其产业结构升级加快，投资与消费需求都会大幅度提高，拉动重化工业的快速发展。中国目前正处于这样的阶段，但由于中国城市化落后于工业化进程，第三产业比重过低，影响了需求结构的升级。近 20 年来，中国快速的城市化进程，促进了城镇基础设施建设、通信与信息化的发展，城市化对基础设施建设的需求大大地带动了中国重化工业的发展，城镇化为重化工业发展提供了重要的支撑作用。

（4）国际贸易对产业结构变动的影响。资源、商品、劳务的出口，对国内相关产业的发展起到推动作用，国内紧缺资源、劳务的进口，则可以弥补本国生产该类商品的产业的不足。同时，进口某些新产品、新技术还可以开拓本国市场，有利于本国产业结构的高度化。对外投资会导致本国产业的对外转移，外国投资则促使国外产业的对内转移，例如中国东部沿海地区产业结构的变化与外资投入行业重点的变化有直接的关系。

（三）产业集群

1. 产业集群的概念

产业集群是经济活动的一种空间表现现象，是经济地理学研究的重要内容之一。集群本意为相同或相似的事物在一个地区的集中呈现。1990 年，美国学者波特在《国家竞争优势》一书中正式提出“产业集群”的概念，他把“产业集群”定义为在某一特定领域内互相联系的、在地理位置上集中的公司和机构的集合。产业集群包括对竞争起重要作用的、相互联系的产业和其他实体。产业集群经常向下延伸至销售渠道和客户，并从侧面扩展到辅助性产品的制造商，以及技能技术或投入相关的产业公司。另外，产业集群还包括提供专业化培训、教育、信息研究和技术支持的政府和其他机构。国内外学者从不同学科和不同视角对产业集群概念进行了详细的论述，但其本质基本相同。国外学者普遍认为，产业集群指一个产业中大量企业位于同一地理区域，是一群营利或非营利的组织，对于集群内的个体成员来说，产业集群是竞争力的重要因素。而将产业集群联系起来的是顾客和供应商关系，或共同的技术、共同的顾客或通路，或共同的劳动力市场。国内学者对产业集群概念的研究可以归纳为以下几点：产业集群是一种新的产业组织形式，产业集群是在一定区域内形成的企业网络，产业集群是相同产业在某一地区的成长现象，产业集群是具有共同的产业文化和价值的企业在一定地域空间内的集聚，产业集群是具有高度创新能力的社会生产系统。

国内外学者对产业集群概念的界定见表 7-1。

表 7-1　　国内外学者对产业集群概念的界定

国外代表学者	概　　念	国内代表学者	概　　念
波特（Porter）	集群为特定产业中相互关联的公司或机构集聚在特定的地理位置的一种现象	曾忠禄	产业集群指同一产业的企业以及该产业的相关产业和支持产业的企业在地理位置上的集中
安德逊（Anderson）	集群是一群公司或企业以地理接近性为必要条件依赖彼此互动的关系来增进各自的生产效率或竞争能力	魏江	集群为某一特定领域内相互联系的企业及机构在地理上的集聚体，该集聚体内部存在产业链上的企业的纵向联系和竞争企业与互补企业之间的横向联系

续表

国外代表学者	概　念	国内代表学者	概　念
雷德曼(Redman)	集群是一种或一系列相似产品生产链上企业的地理集中	王缉慈	集群是一组在地理上靠近的相互联系的公司和关联的机构，它们同处在一个特定的产业领域，由于具有共性和互补性而联系在一起
露丝菲尔(Rosefield)	集群是相似、相近的企业集中在一个地理区域的彼此之间，可以共同达到协调的效果，而企业基于相互合作而自动选择加入集群以增加经济活动及彼此之间的交易	徐康宁	产业集群是指相同的产业高度集中于某个特定地区的一种产业成长现象
马库森(Markusen)	在一个开放的产业环境内部存在某些特点而吸引产业活动在此地集聚，并形成产业集群		

总的来看，产业集群至少应有如下内涵：①与某一产业领域相关。一般而言，产业集群内的企业和其他机构往往都与某一产业领域相关，这是产业集群的形成基础。②产业集群内的企业与其他机构之间具有密切联系。产业集群内的企业与相关机构不是孤立存在的，而是整个联系网络中的一个个结点，这是产业集群形成的关键。③产业集群是一个复杂的有机整体。产业集群内部不仅包括企业，还包括相关的商会、协会、银行、中介机构等，是一个复杂的有机整体，这是产业集群的实体构成。

2. 产业集群的结构及其主要特征

产业集群是在一定的地域范围内，大量专业化的产业及与其相关的支撑机构形成的柔性集聚网络，它根植于当地不断更新的社会经济文化环境，具有特殊的结构和特征。产业集群的结构包括两个层次的要素：核心层次要素、辅助层次要素。核心层次要素包括供应商企业、竞争企业、用户企业以及相关企业；辅助层次是支撑体系，包括硬件基础设施、集群代理机构、政府、公共服务机构和外部市场关联者，见表 7-2。

表 7-2　　　　产业集群的要素构成

层　次	构成要素	要　素　变　量
核心层次	供应商企业	生产要素的内部提供者
	竞争企业	产品竞争或互补企业
	用户企业	产品（中间产品）需求者
	相关企业	资源、生产要素、基础设施等方面关联企业
辅助层次	硬件基础设施	道路、港口、管道、通信、水电等
	集群代理机构	行业协会、企业家协会等
	公共服务机构	研究开发和服务机构、实验室和大学，人力资源与培训机构、金融机构等
	政府	政府有关机构，如科委、经委、发展和改革委员会等
	外部市场关联者	外埠资源供应者、外埠产品需求者

产业集群在特征方面主要表现为专业化集聚、企业网络、企业根植性以及其所在区域具有很强的学习和创新能力等。

（1）专业化集聚。大量专业化企业在地理上高度集中，使区域实现规模生产，获得规模效益；相应地，集群将创造一个较大的市场需求空间，使分工更细、专业化更强的产品和服务的潜在需求量相应增加，从而提高区域的生产能力和市场需求规模。

（2）企业网络。集群内企业通过生产系统形成本地网络，这种网络关系包括区内各行为主体之间通过各种合同形成的正式关系，以及在长期交往中形成的非合同性关系（如面对面谈判、信息和新思想的交流等）中所结成的相对稳定关系。企业间通过网络关系，可以加强同一生产层次企业间的合作，提高生产效率，并利用地理接近性提高企业特有的学习、信息交流、技术变化和技术创新能力。

（3）企业根植性。根植性是指经济行为深深嵌入社会关系之中。公司—供应商—客商三位一体，在地理上的接近有利于研究开发、生产、销售的信息交流和及时反馈，减少交易费用，同时生产者与用户的接近也加快了新产品开发的速度，并降低了开发成本。集群内的行为主体具有很强的地方联系，这种联系包括社会、经济、文化、政治等各方面，集群和当地的社会网络密切联系在一起。产业集群中的企业在互相学习、互相促进的过程中，逐渐形成区域性发展环境，使本地企业，尤其是中小企业在区域社会文化环境中获得资源。

（4）学习型区域。地方产业集群所在区域一般是具有很强的学习和创新能力的区域，即学习型区域。学习型区域内各行为主体在能动地响应各种机遇和挑战的过程中，形成了柔性化网络组织。它强调区域是否对外界环境变化做出整体、快速与柔性反应，以及区域内现代企业、市场、政府、相关机构及其他主体之间是否具有互动与协同的关系，更强调区域获得上述能力与关系的关键是学习。学习型区域的形成途径是以企业、地方与国家为核心，通过营建各自的关系网络，加强网络互动，持续获得社会、文化、经济、科技、制度、管理等方面的学习与创新能力。

事实上，对于产业集群特征的诸多方面，学者们在不同集群形成的研究中或多或少都有所体现，只是在具体问题上的侧重点不一而已，见表 7-3。

表 7-3　不同学科对产业集群特征的分析

研究视角	产业集群的特征
经济学	产业集群的特征主要表现：由于不同企业分享公共基础设施并伴随垂直一体化与水平一体化利润，大大降低了生产成本，从而形成产业集群价格竞争的基础
社会学	产业集群的特征主要表现：基于降低交易费用的角度，认为建立在共同产业文化背景下人与人之间的信任基础上的经济网络关系，可以维持老顾客，吸引新顾客和生产者
经济地理学	产业集群的特征主要表现：集群式的产业发展模式，既有利于企业在不断竞合的过程中提升技术实力和创新能力，也有利于区域产业竞争力的构建，有利于实现产业发展和区域发展的互动双赢
技术进步与创新	产业集群的特征主要表现：促进知识和技术的创新和扩散，实现产业和产品创新等，从而使集群内的产业、企业要比非集群的产业、企业发展得更好，经济效率更高

3. 产业集群效应

在当代区域经济发展过程中，产业集群的形成和演进已经成为区域经济一体化的显著特性。从区域经济学的角度分析，产业集群依靠内部联系网络与国际生产网络的有效结合，提高了区域竞争力，有力推动了当地经济迅速发展。产业集群对区域经济发展能够产生多重效应。

（1）产业集群的集聚与分工效应。产业集群通过分工专业化与交易便利性，有效地把产业发展与区域经济结合起来，从而有效地组织生产，成为推动地方区域经济增长的重要手段。

首先，产业集群具有集聚效应。由于产业集群具有专业化的特征，因而其内部企业与上游、下游的生产和服务业建立起有效的网络关系。因此，产业内的企业在地理上的集中，能够使得厂商更有效率地得到供应商的服务，招聘到符合企业要求的员工，及时得到本行业竞争所需要的信息，这些都使集群区内的企业能以更高的生产效率来生产产品或提供服务，有利于其获得相对于集群区域以外的企业更多的竞争优势。

其次，产业集群具有分工效应。由于集群企业组成的生产网络可形成规模性、专业化的生产和服务，从而产生了外部规模经济效应。产业集群的企业可以通过分工的外部化而负责部分任务，节省生产成本，从而使生产更加专业化，使集群作为一个整体能比以前取得更高的集群效能。

所以，产业集群通过集聚效应和分工效应可以提高区域生产效率，促进区域产业结构的优化。集聚于一定区域的大量中小企业，可以进一步促进区域内生产分工与协作。企业在这种产业集群内发展，不但可以分享因分工细化而带来的高效率，而且在现代产业集聚体内，集聚本身产生的外部经济可以吸引外部企业进入。产业集群一旦形成雏形，便开始了内部自我强化的良性循环过程，即吸引更多的相关企业与单位，而新增的企业与单位又增大了集群效应，如此产生累积效应，推动区域经济快速发展。

(2) 产业集群的空间临近效应。产业集群内部的空间临近性，有效降低了频繁交易的企业间的交通运输成本。此外，在现代产业集群内，经济活动主体的合作交易往往在社会文化背景和价值观念上能够达成共识。这种基于社会网络信任基础的合作分工，可以减少企业之间的不信任，有助于维持集群稳定并提高生产效率。因此，产业集群内部的空间临近性将使得集群内企业之间形成一种富有弹性的经济社会综合体。而产业弹性集聚体与区域竞争力理论与实践表明，一个国家或地区的竞争优势源自产业在其内部集聚过程中所获得的优势。以弹性专业化为典型特点的产业集聚网络，彼此之间通过分工与合作而结成稠密的区域网络组织，共同面对快速变化的外部市场环境和技术条件，有利于提高生产效率，节省单个企业的交易成本，从而有效地增强区域竞争力，并通过循环累积效应最终促进整个区域经济的持续增长。

（3）产业集群的创新效应。产业集群是增强企业创新能力的有效保障，而创新是区域经济发展的原动力。因为创新活动的复杂性，企业很难单独开展创新活动，创新往往需要多个相关企业及科研部门的共同参与，才可能获得成功，这恰好是产业集群网络特性的优势。首先，在产业集群内部，容易累积专业知识、生产技能、市场信息等。同时，集聚着数量众多的相关生产企业、科研机构、商会、协会、中介机构等的产业集群内同行业企业的聚集导致的竞争，为企业带来了发展动力，并通过竞争促进企业之间的需求，提高产业知名度，最终提高产业整体的竞争力，这一方面为企业提供了实现创新的知识和信息来源以及所需的物质基础，另一方面也促使产业集群内的企业不断创新。其次，不同企业或产业之间紧密的网络关系，使得各主体之间更容易形成一个相互学习的整体，推动了集体学习，降低了学习成本，促进发生更多有创新价值的活动。比如，不同公司员工之间面对面的接触、工作之余的聊天等，可使不同的思想在不断交流中相互碰撞并产生新的火花。尤其是隐含经验类知识的交流，更能激发新思想、新方法的应用，促进学科交叉和产业融合，使得新产业和新产品不断出现。

综上所述，在经济全球化的时代，交通技术的进步削弱了地理空间对区域经济联系的影响，资源、技术、信息、人才的全球性流动增强，促进了产业集群的形成和发展，也进一步促使企业的创新能力不断增强，形成了更为紧密联系的产业集群，并成为促进区域经济增长的核心动力。

（四）产业规划类型

产业规划按照规划性质、目标、内容和空间层次可分为不同的规划类型。

1. 行业规划

行业规划是对各个行业进行的全国性或地方性规划，包括农业规划、工业规划、服务业规划等。农业规划可进一步细分为粮棉油等规划，牧业、渔业和林业规划等；工业规划可分为新能源和新材料工业、绿色冶金工业、现代装备制造业等行业规划；服务业规划包括商贸流通业和物流规划、旅游业规划等。

行业规划主要从行业部门的发展现状和问题出发，根据行业总体发展趋势，确定行业的发展目标、发展重点和空间布局等。

2. 产业区（带、轴）规划

产业区（带、轴）规划主要是从区域角度出发，部署和调控不同区域的产业发展和空间组合。

（1）综合性产业区（带、轴）规划。综合性产业区（带、轴）是在区位条件、自然资源、历史基础及交通、劳动力、技术、资金、国内外市场等多种自然和社会经济要素的影响下形成的。在不同发展水平下，产业区（带、轴）的产业发展水平、主导产业、产业内外联系、产业分工、产业空间转移趋势等特征明显不同。产业区（带、轴）的形成和发展对国家或大区域的社会经济可持续发展发挥着重要的作用。按照发展水平、影响力和区域范围等可分为不同等级类型，一是具有国际意义的产业区（带、轴），如长江三角洲产业集聚区处于全国产业发展水平之首，产业发展主要以先进制造业、高新技术产业和现代服务业为主，其产业影响范围辐射全国，是引领我国产业融入国际产业分工和合作，形成具有世界水平的制造业中心的核心产业区。二是全国意义的产业区（带、轴），例如辽中南产业集聚区，是我国重要的装备制造业和基础原材料产业基地，这两大行业对全国具有重要的影响。三是区际意义的产业区（带、轴），例如关中产业集聚区不仅影响着陕西省产业的发展水平与产业的空间联系和分工，也对西北地区其他省区具有一定的影响和辐射作用。四是地方意义的产业区（带、轴），例如黔中产业集聚区的影响和作用范围主要集中在贵州省，以省区内为主。不同等级类型的产业区（带）在不同层次的区域空间所发挥的作用不同，因此其规划目标、重点和内容等也有所不同，但其基本原则相似，就是最大限度地发挥产业区（带）的作用，促进区域的可持续发展。

（2）专业性产业区（带、基地）规划。专业性产业区是在全国或地区专业化程度较高的产业部门基础上形成的某类产业部门集聚区，包括矿产资源型产业区、能源富集区、资源加工区、旅游发展区、商贸物流区等。专业性产业区的规划要突出产业区的特色，围绕核心产业可实时适当拓展区域内的产业门类，逐渐形成以专业为核心，多种行业相互依存、相互发展的格局。但对相对细化的专业区而言，仍然要重点突出其专业化的特色。对全国或大区域经济发展影响较大的专业性产业区主要是大型商品粮基地、大型能源基地、大型原材料基地等关系到国计民生的重要产业基地。

（3）政策性产业区规划。政策性产业区是由各级政府划定的、实施特殊政策的产业区，一般多与行政区管辖相一致或分属行政区管辖并设有相应的管理机构。按其不同的政策目标，又大致被分为以下几种类型：一是为了利用外资、引进技术和扩大出口，国家有重点、有步骤地选择某些地区实行对外开放的特殊政策而建立的保税区或自由经济贸易区；二是为了加速某些地区的经济发展，由政府划出一片土地，集中开发建设，为投资者提供优惠政策和较好的投资环境，吸引投资者开发土地、发展产业或开发当地优势资源的产业区，例如经济技术开发区、高新技术产业园区等；三是某些已开发的地区因存在结构性矛盾而面临经济增长缓慢、就业安排困难、人才外流、技术滞后、环境恶化等各种问题，政府对其采取相应的整治政策，以求振兴经济，改善环境，例如资源枯竭型区域的产业振兴等。这类产业区的发展和规划要最大限度地落实和体现政策优势，但由于三种产业类型面临的问题、发展和调整的内容不同，因此其规划目标和内容相差较大。

二、产业规划目标和原则

产业规划属于专业规划。但由于产业规划存在行业性规划和区域性产业规划，两者又各具有全国层次的和地方层次的规划，因此，不同层次和不同类型的产业规划所发挥的作用和所处的地位也不同，其目标导向也有所差别。

（一）产业规划目标

产业规划目标是根据产业发展的基础条件、现状水平、发展潜力、产业和区域政策导向等，科学预测产业未来发展情景，为一个行业或一个地区不同产业的可持续发展所设定的一个未来发展方向和远景。产业规划目标包括以下内容：①合理设定产业未来发展的规模和增长速度；②提出产业结构未来调整的比例关系；③设计和构造未来产业空间发展格局；④提出产业发展可能对资源、环境和生态产业的影响程度和相应的指标，例如能耗指标、资源利用水平等；⑤提出各产业在不同空间层次所处的地位和发挥的作用等。

（二）产业规划原则

一个国家或地区未来要发展的产业应具有良好的成长性和扩张性，对市场和技术的发展方向把握较好，代表着国家或地区产业结构调整的总体方向。

1. 市场导向原则

市场是衡量一个产业是否具有发展前景和竞争力的重要指标，因此，要培育产业就应该按照市场规律加以实现。通过市场竞争来决定产业的进入与退出，要避免区域内部产业自成体系、自我服务的封闭式产业循环方式。

2. 比较优势原则

要培育和发展的产业应具有明显的比较优势，在区域劳动地域分工中处于领先地位，具有较高专业化程度和产业集聚性，能够代表本地区产业的发展方向。因此，要集中力量发展地区具有比较优势的产业，构筑具有竞争力的产业结构体系，形成分工协作、差异化竞争的格局。尽量避免地区间产业雷同、恶性竞争，充分发挥区域优势，大力发展特色优势产业，这是加快地区经济和产业发展的重要途径。

3. 高成长性原则

要培育和发展的产业应具有良好的发展潜力、较好的增长能力和相对广阔的市场发展空间，并有可能成为引领行业未来发展方向的产业。所选择的产业应内部关联程度大、联系紧密，易于形成产业链，具有较强的影响力，并对地区其他产业具有较大的带动作用。目前即便不属于行业或地区的龙头或核心，但经过培育和发展完全可能成为未来行业或地区产业发展的重点。

4. 自主创新原则

要发挥科技进步的支撑作用，推动产业结构升级，提升产业竞争力，减少资源消耗，改善环境。着重提高产业自主创新能力，加快建设创新载体，确立企业在创新中的主体地位，促进创新人才的集聚。

5. 环境保护原则

以资源节约、环境友好为基本出发点，积极推行清洁生产和绿色制造，把节能降耗减排工作作为产业发展的重要指标，保护土地、水资源和我们的生存环境。以产业链延伸为手段推动发展循环经济，建设生态型工业园区。根据生态和环境保护的要求，制定产业准入门槛和限制性产业名录，倡导生态化、绿色化、资源减量化等产业发展理念，走新型工业化发展的道路。

（三）产业规划与其他规划的关系

从规划体系来看，产业规划属于专项规划，因此应该以综合规划的基本要求、发展目标等为依据，具体细化、落实综合规划中关于产业规划的内容。

1. 产业规划与发展规划

国民经济和社会发展总体规划阐明了国家战略意图，明确政府工作重点，引导市场主体行为，是未来五年经济社会发展的宏伟蓝图和行动纲领，是政府履行经济调节、市场监管、社会管理和公共服务职责的重要依据。因此，国民经济社会发展规划是一个指导各类综合和专项规划的统领性、战略性和全局性的综合规划。它对所有的发展规划、行业规划、空间规划等都具有直接或间接的指导性。产业规划是国民经济社会发展规划的一部分，是国民经济社会发展规划在产业发展和空间布局上的具体落实。

2. 产业规划与区域规划

区域规划是一国为了通过促进区域经济发展，控制不合理开发，保护生态环境和国土整治，提高区域的综合福利水平和可持续发展，而对国内某一地区或特定地区实施区别于其他地区的政策和规划。区域规划包括区域发展、产业布局、土地利用、城镇体系等多方面的内容。产业规划是区域规划内容的重要组成部分，产业规划要服从区域规划的基本原则和内容等。

3. 产业规划与城乡规划

不同时代和不同地区，对城市的发展水平和建设要求不同，因此城乡规划的研究重点不尽一致，并随时代的发展而转变。城乡规划是指对城市的空间和实体发展进行的预先考虑。它的对象偏重城市物质形态部分，涉及城市中的产业布局、建筑物布局、道路及运输设施设置、城市工程安排等内容。城乡规划涉及的产业发展和规划内容主要是对产业规划内容在城市中的具体落实，两者应该相互影响、相互作用。城乡规划不应该只是简单地从用地角度对产业布局进行指导，而需要把产业作为城市发展的主要支撑力，以此来考虑产业发展和空间配置，要明确产业的发展和限制区域。

4. 产业规划与主体功能区规划

主体功能区规划是根据资源环境承载能力、现有开发密度和发展潜力，统筹考虑未来我国人口分布、经济布局、国土利用和城镇化格局，将国土空间划分为优化开发、重点开发、限制开发和禁止开发四类主体功能区，按照主体功能定位调整完善区域政策和绩效评价，规范空间开发秩序，形成合理的空间开发结构。产业规划要按照主体功能区的类型进行相应的产业发展和布局。对于优化开发区域的产业发展和规划重点是要限制大量消耗资源和大量排放污染的产业集聚，重点发展高新技术产业、现代服务业等产业，提升区域产业结构，积极参与国际产业分工，增强产业国际竞争力，使其成为领导我国产业发展的核心区。重点开发区域的产业发展和规划重点是要加快工业化进程，积极发展先进制造业，鼓励发展各具特色的产业集聚，使其逐步成为支撑全国产业发展和集聚的重要载体。对于限制开发区域的产业发展和规划是要在坚持保护优先、适度开发、点状发展原则的基础上，严格限制污染严重、资源消耗量大的产业发展，适当发展一些与区域资源环境承载力相适应的特色产业、生态和环境友好型产业。对于禁止开发区域的产业发展和规划的要求是除适当进行旅游发展外，严格禁止各类型产业的发展。

三、产业发展与布局的影响因素

（一）自然因素

自然因素包括自然条件和自然资源两个方面。自然条件指人类赖以生存并对人类的生产活动起巨大影响作用的自然环境的总称，包括大气圈、水圈、生物圈等。自然条件既包含未经人类改造和利用的原始自然环境，也包含被人类活动改造后的自然环境。自然条件的各个要素如地质、地貌、气候、气象、水文、土壤、生物等相互联系、相互作用而形成的自然综合体对产业发展和布局具有较大影响。自然资源是指自然条件中能够被人类利用的部分，例如土地资源、水资源、矿产资源等。

1. 自然因素对农业发展和布局的基础性作用

自然因素对不同产业的发展和布局的影响力度不同。由于农业生产活动直接作用于自然环境，因而自然因素对农业具有主导性和决定性的影响。首先，地貌特征、土壤条件和气候等自然条件对农业的发展具有重要的影响，决定了农业特别是种植业的作物类型和种植特点。例如，我国的水稻种植区主要分布在地势平坦、土壤肥沃、气候湿润、光照充足的亚热带和温带地区，而小麦主产区则分布在纬度较高的温带地区。其次，自然资源决定了各地区的农业发展模式。由于自然资源的禀赋差异，各地区可供利用的自然资源并不相同，因而各地区倾向充分发挥自身的资源优势，形成不同的农业发展模式。例如，东北地区拥有大量的森林，因而林业在农业中的比重较高；内蒙古包头以东地区分布有大面积的草原，促进了畜牧业的发展；而濒临渤海、黄海等海域的地区则充分利用海洋资源，大力发展海洋渔业和水产养殖业。另外，自然因素决定了不同地区农业发展和布局的差异，进而决定了人类活动的集聚特征，并对第二产业、第三产业的发展和布局产生了一定的影响。

2. 自然因素对第二产业内各部门的影响力度不同

（1）对采掘业和原材料工业的重要影响。采掘业直接作用于自然环境，因此自然因素特别是资源赋存状况直接影响到采掘业的发展和布局。例如，大庆油田的发现，直接促进了当地石油采掘业的发展；新疆的克拉玛依市也是在石油采掘业不断发展的基础上兴建起来的。自然资源的赋存状况首先会直接影响采掘业，进而影响原材料工业的发展和布局。在技术落后、交通不便的年代，原材料工业往往在资源富集的区位布局，从而形成原材料采掘—加工的产业链。不过，由于生产技术的进步，自然资源对原材料工业的影响也在不断变化。例如，在工业革命以前，钢铁冶炼的生产技术十分落后，平均每炼 10t 生铁所用的木炭就要消耗 $2hm^2$ 森林，再加上交通运输仍以马车和水运为主，因此钢铁工业都布局在森林附近；后来钢铁工业以煤炭为燃料，煤炭的运输量很大，因此钢铁工业开始向煤炭产地附近布局；而随着冶炼技术的发展，铁矿石在原材料运输中的比重超过了煤，因此，许多钢铁工业开始“移煤就铁”，即靠近铁矿石产地布局。随着交通运输条件的进步，以及市场、政策、关联产业等因素对原材料工业的拉动作用不断加大，自然资源的分布情况对原材料工业的影响力度在逐渐变小。仍以我国的钢铁工业为例，自宝山钢铁公司成为我国第一个布局于沿海地区的钢铁工业点以来，越来越多的钢铁企业都不再选择靠近国内的铁矿石产地布局，而是选择沿海具有优良海运条件的地区。这反映出，钢铁工业的发展和布局逐渐受到自然资源、市场、交通运输等多方面的综合影响。

(2) 自然因素通过影响农业进而间接影响轻工业。大多数轻工业以农产品为主要的原材料，因此自然因素对轻工业的影响是间接的。一般情况下，由于农产品难保存、易腐烂，因而食品工业通常在农业生产地附近布局；而另一些轻工业如纺织、日化等部门受自然因素的影响较小，则倾向靠近市场布局。与原材料工业相似，技术的进步和交通运输条件的改善都对轻工业的发展和布局产生了极大的影响，导致自然因素对轻工业的限制不断减小。轻工业的选址更多地考虑交通通达性、市场以及其关联产业等因素，因而轻工业往往选择在高速公路附近的工业园布局。这样既可以保证原材料和产品的快捷运输，又能够与其他关联产业形成配套，充分发挥产业的集聚效应。

(3) 自然因素对重化工业及高新技术产业的影响。重化工业主要以工业产品为生产对象，对其进行再加工和精细制造，因而自然因素对重化工业发展和布局的影响是间接的，其影响力度较之于农业、轻工业要小。不过，自然因素在某些方面仍然对重化工业的发展具有约束性。由于许多重化工业的发展和扩张都会产生负的外部效应，对自然环境造成污染和破坏，因此环境容量会对重化工业的发展和布局起到一定的制约作用。此外，水资源、土地资源以及能源等矿产资源对重化工业布局也具有一定的影响。这些自然资源的承载力度在很大程度上决定了重化工业的发展规模及其空间布局。由于产业结构的调整和升级，一个国家的产业发展路径会经历轻工业主导、重化工业主导、高新技术产业主导等阶段。在工业化后期，高新技术产业在工业中的比重逐渐加大，促使工业再次呈现出轻型化的特点。此时，自然因素对高新技术产业的影响主要在于环境质量。例如芯片制造、电子元件、高新材料等产业对水质、空气质量、气候等自然条件以及生态环境有很高的要求。因此，在考虑高新技术产业的空间布局时，除去社会经济发展条件是很重要的影响因素外，自然因素也会对其布局起到一定的影响。

自然条件和自然资源作为客观的环境因素，在农业社会和工业化前期对产业的发展和布局具有决定性的作用。农业、采掘业和以农产品为加工对象的轻工业都会根据自然条件以及资源的赋存状况选择区位和发展模式，进而影响原材料工业和某些制造业。随着产业结构的升级，农业和轻工业的比重不断下降，且由于技术、交通等经济社会条件的进步，自然因素对于产业发展和布局的影响力度逐渐弱化。在同样的自然条件和资源状况下，农业可以借助技术进步而实现发展模式和空间布局的微调，而某些工业则可能摆脱自然因素的束缚，在更广的地域空间进行布局，并实现生产规模的提升。此外，虽然自然因素对重化工业及高新技术产业的影响很小，但由于这些产业的某些特性，自然因素仍会对其发展规模和空间布局起到一定的影响。

（二）社会经济因素

自然条件和自然资源会对农业的发展和布局产生基础性影响和制约作用。随着经济社会的发展和进步，农业在三次产业中的比重不断降低，工业和第三产业的主导地位不断加强，因而自然因素对产业的影响力度在逐渐减小，而劳动力、市场、基础设施等经济社会因素对产业发展和布局的影响力度不断增强。

1. 劳动力因素

（1）一定规模的劳动力是产业发展的基础。劳动力是保障产业活动持续发展的重要因素，因而劳动力在不同地域空间的分布对产业发展和布局会产生显著影响。特别是在工业化前期，制造业主要是劳动密集型的产业，因而制造业主要布局在劳动力富集的地区。例如，东部沿海地区属于人口稠密的地区，加上政策、交通、市场等因素影响吸纳了大量来自内陆的劳动力，从而极大地促进了当地制造业的发展。而西北部地区因为劳动力稀少而分散，一定程度上限制了当地制造业的发展。

（2）劳动力质量对产业发展的影响力度不断加强。随着产业结构的调整和升级，劳动力的数量逐渐成为影响产业发展和布局的一般性因素，而劳动力的质量则成为更重要的影响因素。劳动力的质量既表现为劳动力对生产工艺和技术的把握，也表现为劳动力自身的知识技能和创新能力。从这一角度看，劳动力不仅仅是一个参与产业活动的生产要素，还是对产业的优化升级有重要影响的人力资本。随着工业化进入中后期阶段，现代制造业和高新技术产业得到迅速发展。这类产业以深加工化、高技术化为特点，对劳动力的数量要求较低，而对高素质的劳动力的需求较高。因此，集聚大量高质量劳动力的区域就成为最适合现代制造业和高新技术产业发展和布局的区域。例如，我国的珠三角一直以发展外向型的劳动密集型加工业为主导，对一般劳动力形成了巨大的需求。随着产业结构的升级，现代制造业对高素质劳动力的需求迅速上升，结果就出现了一般性劳动力找不到工作，而大量企业又无法雇用到高质量劳动力的局面。另外，虽然服务业对一般劳动力具有巨大的吸纳能力，但这往往限于餐饮、商业等生活性服务业。金融、物流、会展、咨询等生产性服务业对劳动力的质量也有很高的要求。一般地，都市圈或城市群赋存大量的高素质劳动力，因此这些地区往往发展成为现代制造业和生产性服务业发展和布局的区域。

(3) 劳动力成本在产业发展的不同阶段有不同的影响力度。韦伯(Weber)在构筑其“工业区位论”的研究框架时，把劳动力成本作为影响工业布局的重要因素之一。韦伯指出，工业区位的选择首先会考虑使运输费用最小化，若某些行业（如纺织业）的劳动费指数较高，则靠近劳动力集聚地带来的成本节约额会高于运费的增加额，那么，工业区位会向劳动力成本低的区域转移。对于劳动密集型产业而言，劳动力成本在总的生产成本中所占的比重较高，因而劳动力成本是影响这类产业布局的重要因素。这可以解释发达国家的劳动密集型产业向我国沿海转移，进而转向中西部地区布局的产业转移模式。对于现代制造业和生产性服务业而言，虽然其劳动力成本较高，但劳动力成本占总成本的比重较小，并且这些产业的单位劳动力的产出较高，因而成本的影响作用较小，而劳动力的质量对这类产业的布局具有重要的影响作用。

2. 市场因素

(1) 市场需求对产业发展和布局的影响。市场的需求规模会对产业活动的发展设定一个门槛值，即某一产业在某一区域的需求规模必须达到一个最小值，否则该产业就无法实现经济收益；同时，市场需求还会直接影响产业活动的持续发展和扩张，在达到门槛值以后，市场需求的进一步增加有助于该产业实现规模经济，促进该产业的持续发展。此外，市场利润也会对产业的布局形成一定的影响。有最大市场需求的地区往往不是市场利润最高的地区。廖什（Losch）在论述其“市场区位”理论时即指出，产业活动的最佳区位应当是能获得最大利润的地点。而有最大市场需求和最大市场利润的区位往往并不重合，因而决定了不同企业的区位选择。市场的地域范围大小会对产业活动的类型和发展规模形成直接的影响。克里斯塔勒（Christaller）的“中心地理论”考察了商品的属性及其销售范围。他指出，最高等级的中心地（表现为城市中心）具有最高的中心性，其市场的地域范围最大，包括其下几个等级的中心地的市场范围。因此，在高级中心地布局的商品销售业通常是名牌服装、珠宝等行业，而在低级中心地布局的通常是食品、小百货等行业。

（2）市场结构和市场秩序对产业发展的影响。市场结构、市场竞争以及市场体制和秩序等因素都会对产业发展和布局产生一定的影响。一方面，市场结构和竞争会对某产业中的大、中、小企业的配置产生影响。例如，对于零售业等高度竞争的产业，大、中、小企业的数量都很多，不同规模的企业按照其职能和市场范围展开竞争；而对于钢铁、石化等高度垄断性产业，几家超大型的集团就占据了该产业绝大部分的比重，其发展策略是通过兼并做大做强，而中小企业则只能选择专业化的生产策略，并寻求与大型集团的合作。另一方面，市场机制和秩序对产业的影响作用也很大。现代经济和产业的发展要求市场机制自由、健全，并要求较少的政府干预和完善的法制管理体制。例如，一个政府过度干预、市场无序竞争的环境就很难促进产业的持续发展，而一个有较好竞争秩序，并重视法制管理的市场则能极大地促进高新技术产业的发展，并吸引各种产业的集聚。

3. 基础设施因素

（1）一般性基础设施对产业发展起重要的支撑作用。一般性基础设施包括供水、供电以及交通运输设施等。这些基础设施是区域产业发展的基础性条件，对产业的发展起基础性的支撑作用。水、电成本虽然在工业生产中的比重很小，却是一个重要的制约因素。例如，长江三角洲经济区虽然拥有各种优良的发展条件，但由于土地资源和电力的紧缺，某些产业的持续发展和生产规模的扩张都受到了很大程度的制约，导致这些产业开始向用地、用水、供电有充分保障的区位转移。交通运输设施也会对产业布局产生一定的影响，引导产业向综合交通运输条件优越的地区集聚。随着交通运输条件的升级，产业布局在地域空间的选择范围更大。另外，产业发展对运输快捷性、高效性的要求促使众多产业都选择沿交通干线布局，由此形成了交通产业经济带。此外，主要交通运输方式的演变也会对产业布局产生很大的影响。例如，苏北的运河沿线曾经是各种产业高度发展和集聚的区域，但由于公路和铁路运输的迅速发展，运河运输的主导地位被取代，导致该区域的产业逐渐衰退和转移。

（2）高级基础设施日益成为促进产业集聚的重要因素。高级基础设施包括现代化的高速交通以及网络和通信设施等。随着科学技术的发展，交通运输条件日益高速化。高速公路、城际铁路、现代化的空港和海港等高级交通设施不仅对产业的发展具有很大的推动作用，其本身也成为一个吸引产业布局的重要因素，促进各种产业沿高速公路的出入口或临港布局。事实上，国内大多数工业园区和物流园区都选择在高速公路沿线出入口或港口附近布局。此外，随着科学技术、信息等因素对产业活动的影响力度不断加强，网络和通信设施等高级基础设施也成为一个影响产业发展和布局的重要因素。拥有这些高级基础设施的区域逐渐成为物流、人流、资本流、技术流与信息流共同集聚的区位，对产业发展产生了巨大的推动力，并对各种产业形成极强的吸引力，引导产业在这类最优区位集聚。

4. 集聚效应的影响

集聚是指某一产业或多个产业中的众多企业在一定的地域空间范围内聚集。产业的集聚是产业发展过程中的普遍规律。韦伯在其“工业区位论”中即指出，促成工业点从运费指向布局或劳动费指向布局再次转移的即是集聚指向。关联产业的集聚会增强某一区位的产业配套能力，提高生产要素的配置效率和资源的利用率；同时，集聚可以促进企业间的协作、分工，从而带来生产成本的下降。此外，集聚还可以形成基础设施共享、劳动力培训、技术合作、信息传递等一系列正外部性，从而对产业的发展形成极大的带动作用。

（1）基础设施共享。产业集聚有助于共享基础设施，从而减少生产成本。工业集聚的一个主要形式是工业园。各种产业集聚于同一个园区，有助于原料和产品运输的统一调度，有助于供水、供电、污水处理等设施的共建共享，有助于各种资源的循环利用，从而形成巨大的正外部性，降低企业的生产成本，提高经济效益。

(2) 劳动力培训。产业的集聚可以对劳动力的流向起引导作用，从而吸引劳动力的集聚，保证稳定的劳动力供应。同时，各企业可以共同对劳动力进行培训，提高其知识素质和专业技能。此外，劳动力在不同企业间的流动还可以起到技术扩散和信息传播的作用，从而促进各企业的创新，推动产业整体实力的提高。

(3) 企业间合作。同一产业的企业相互集聚可以有效地促进企业间在技术、信息等方面的合作。众多企业都追求双赢式的竞争合作，因而都积极地展开技术合作和信息共享。同时，不同产业的企业或是位于同一条产业链上下游的企业，或是在横向上具有一定产业关联的企业，也都在技术、信息、劳动力等层面进行广泛的合作。企业间的合作有利于获取和利用各种生产要素，可以有效降低企业的生产成本，提高企业的经济效益，进而提高集聚产业的整体实力。

劳动力、市场、基础设施等经济社会发展因素并非单独地对产业发展和布局产生影响。事实上，在我国的发达地区，例如长三角、珠三角等经济区，这些生产要素往往大量集聚，促进该地区形成比较优势。因此，产业集聚效应还可以看作是这些经济社会发展因素的集聚。正是因为这些生产要素的集聚，提升了这些地区对产业发展的支撑力和产业布局的吸引力。各种生产要素以及大量产业的集聚会形成巨大的正外部效应，这种通过集聚而成的溢出效应可以节约企业的经济成本、时间成本，加快各企业科技研发和创新的步伐，提高企业的经济效益，增强产业的整体实力，从而形成"马太效应"，使具有比较优势地区的竞争力持续提高。

(三) 产业发展布局的影响因素

随着我国经济社会的不断发展以及全球化进程的不断深化，自然资源、一般劳动力等传统因素对产业发展和布局的影响力度在不断降低，而全球化、资本、技术、信息等新因素的影响力度不断加强，对产业的发展和布局开始起决定性作用。此外，在高新技术产业和现代服务业逐渐成为主导产业的背景下，环境质量等自然因素也重新成为影响产业发展和布局的因素。

1. 经济全球化对产业发展和布局的作用

自实行改革开放政策起，我国的产业发展就开始逐渐融入经济全球化进程中，对全球范围的生产要素和市场的依赖性不断加大。由于我国已经形成以出口拉动为主要带动力的外向型经济发展模式，制造业的发展受经济全球化的各要素如资本、技术、信息等的影响很人，因此其空间布局通常会选择这些要素大量集聚的区位，从而确保产业充分地融入全球化进程中。由于经济全球化进程不断深化，资本、人才、技术、产品、信息等生产要素的流动性不断加剧。这种有形流和无形流的流动和集聚塑造了对于经济发展至关重要的“门户城市”，即各种“流”的集聚地。在全球化趋势下，由“门户城市”及其腹地组成的、具有有机联系的大都市经济区成为全球经济竞争的基本单元，对产业发展具有极强的推动力，诱导各种产业的高度集聚。经过近 30 年的发展，我国的“T”字形国土开发轴带已经相对成熟。在这两条轴带上，形成了上海、北京等具有国际竞争力的“门户城市”，进而形成了长三角、京津冀、粤港澳大湾区等经济区。这些地区是我国融入全球化最重要的地区，对于全球性的资本、技术和信息等生产要素具有极强的集聚作用，且这些地区内的资本市场较为完善，科技研发与创新能力较强，经济发展的自我支撑力较好。可以预见，未来这些地区将进一步利用经济全球化，引导资本、技术、信息等要素的集聚，进而促进产业特别是高新技术产业和生产性服务业的集聚和优化发展。

2. 制度与法规对产业发展的间接影响

一个地区的自然因素、劳动力、市场、科学技术等要素是影响产业发展和布局的基础条件。但是，要有效地整合这些要素并最大限度地发挥其对产业发展的促进作用，还取决于相应的制度与法规，包括经济体制、法律法规等。制度与法规并不直接影响产业发展和布局，而是通过影响其他生产要素的配置对产业发展和布局产生间接的影响作用。因此，制度与法规更类似于一个地区的“软实力”，其完善与规范程度越深，对劳动力、资本、市场等生产要素的有效配置能力越强，从而可以高效地利用生产资源，促进产业的优化发展。同时，对制度进行创新，对法规进行完善，有助于弥补某一地区在自然资源、劳动力等方面的不足，并极大地提高该地区对产业的吸引力。例如，我国在改革开放初期设立了经济特区和保税区，利用制度改革极大地推动了这些地区的经济发展；近年来，伴随着经济社会持续发展的需要，我国又在多个地区设立了综合配套改革试验区，进一步探索制度创新对经济社会发展的促进作用。

3. 社会文化对产业发展和布局的导向作用

社会文化通常是指某个地区经历一定时间所形成的独特习俗和传统，它不仅体现在该地区的建筑、服饰等有形的物质上，还体现在该地区群众的思想和行为等方面。社会文化对产业发展和布局并不起决定性的作用，但在人们不断追求个性化的背景下，不同的文化会对创新产生一定的影响，进而影响产业的发展途径。例如，纽约是美国流行文化的主要发生地，因而其成为传媒业、广告业、影视戏剧业等产业的集聚地区，体现出社会文化对于产业特别是现代服务业的集聚和促进作用。我国幅员辽阔，不同地区有着不同的文化习俗和传统，因而民风和群众的行为也出现了区域性的分异，从而对本地区的产业发展途径形成了独特的导向作用。例如，温州等浙南地区具有重商主义的历史和传统，这种社会文化就促进了当地群众在全国范围内进行商业贸易活动，极大地推动了本地商贸业的发展。此外，本地居民在社会文化上具有相似性，这有助于加强相互间的协作和交流，从而构成一个复杂的本地社会关系网。这种社会根植性会吸引具有相同文化背景的资本、人才的集聚，进而对本地产业的发展产生巨大的推动作用。与此同时，产业在区位选择时也会考虑文化相似性这一因素，而倾向在同一个地区布局。

4. 自然因素重要性的重现

在工业化后期和后工业化时期，高新技术产业和现代服务业成为主导产业，其发展和布局不仅受到高级劳动力、技术、信息等因素的影响，自然因素的重要性也开始重现，并在一定程度上决定了这类产业的布局。随着工业化和城市化进程的不断深化，产业的可持续优化发展逐渐成为人们关注的焦点。因此，产业发展和布局不仅要考虑经济社会发展因素，还要重视其对自然环境可能产生的影响。在环境容量较大的地区，产业有可能持续发展和进一步集聚；

而在环境容量较小、生态脆弱的地区，产业结构则需调整，某些产业则可能向区外转移。在经济全球化背景下，商品、劳动力、资本、技术、信息等有形和无形的要素流在全球范围内快速流动。因此，能够集聚这些生产要素并具备经济社会发展优势的地区就成为产业的主要集聚地。与此同时，在全球化进程不断深化的背景下，各地区的产业发展途径有趋同的走势，而制度、法规、社会文化等因素具有一定的地方性和差异性，从而引导产业的发展模式和空间布局出现区域性的分异，且不同地区的自然因素差异也会对个别产业的发展和布局产生重要的影响。总体来说，新因素对产业发展和布局的作用在不断加强。但是，劳动力、市场和基础设施等经济社会发展因素对产业的影响并没有减弱。如果说经济社会发展因素是产业发展的“硬环境”，那么新因素则是“软环境”，两者相互影响、相互强化，对产业发展和布局起主导性的决定作用。

（四）特定因素对产业发展和布局的影响

产业发展和布局并不一定只受到自然因素、经济社会发展条件等客观因素的影响，特定时期的政策、产业发展历史以及企业家的主观偏好都可能对产业发展和布局形成一定的影响，甚至成为某一时期的主导性因素。

1. 政策因素在特定时期具有重要影响

政策对产业发展和布局的影响主要通过直接的指令性政策或间接的诱导性政策发挥作用。政策因素对产业发展和布局的影响在我国体现得很明显。20世纪六七十年代，我国沿用苏联的产业发展模式，重点发展重工业，同时在备战政策的导向下，我国将大量工业布局在内陆地区。这样的产业政策极大地干扰了市场、技术、产业发展基础等因素对于产业的决定性作用，成为当时决定产业发展和布局的主导因素。在改革开放初期，政策向沿海地区倾斜，对经济特区的扶植力度很大，这也是促进产业在这些地区发展和布局的一个重要因素。现在，我国致力于建设具有社会主义特色的市场经济，政策对产业活动的直接干预已在逐渐减弱。不过，西部大开发、中部崛起等一系列区域发展政策仍会对区域间的产业分工和转移产生一定的诱导作用，而《钢铁产业发展政策》等一系列产业政策的出台，则体现出政府对某些具有战略意义的产业进行宏观调控和引导的意愿。

2. 产业发展和布局具有历史继承性

一个地区的产业发展历史和已有的发展基础对产业的发展途径具有一定的影响，新产业或者已有产业的升级往往仍然会选择在这些具有一定发展历史的产业区内进行布局，即产业的发展和布局具有一定的历史继承性。德国的鲁尔工业区及美国的底特律、芝加哥地区都是具有悠久历史的老工业区，其产业的发展和演化经历了原材料工业、装备制造业等发展阶段；在我国，1949 年后形成了沈阳、上海、武汉、重庆等老工业区，经过几十年的发展和建设，这些老工业区都具备了很强的产业配套能力以及完善的基础设施，因而对新兴产业具有很强的吸引力。从国内外产业的发展途径看，不同发展阶段的产业会在相同的区位形成叠加，并相互促进、相互提高。

3. 路径依赖效应引导产业在同一区位布局

路径依赖效应是关于产业区位选择的时间序列问题，即新的产业在选择区位时总是倾向在已有的产业区位布局。某一产业的区位选择依赖于相关产业的布局。路径依赖不仅可以解释产业的布局模式，还可以说明企业的区位选择。在某一区位的原有企业是否赢利，对新企业选择该区位具有重要的影响作用。同时，原有企业的战略选择和发展途径对新企业也会产生一定的影响。在路径依赖效应的影响下，产业的布局有不断向同一个区位集聚的趋势。例如，在长三角经济区，轻工业、原材料工业、装备制造业、电子通信业等产业高度集聚，并促进了金融、物流等生产性服务业的发展，诱导其向该经济区集聚。这些产业相互关联，形成了巨大的溢出效应和吸引力，促使新兴产业沿着这条发展路径继续在该地区布局。

4. 企业家决策的影响

从宏观和中观尺度看，产业作为一个整体，其发展和布局主要受到来自不同区域的自然、经济和社会因素的影响。而从微观尺度看，产业是所有企业的集合，因而分析企业的发展和布局，也会对产业发展和布局的影响因素具有一定的借鉴意义。影响企业发展和布局的一个重要因素是企业家。作为决策者，企业家的决策对企业的发展战略和区位选择具有很强的影响作用。当然，企业家在进行决策时会考虑各种经济社会因素，但企业家自身的偏好和决策能力也会对企业的发展和布局产生重要的影响。

（1）企业家的“满意人”假定。传统的经济区位论如韦伯的“工业区位论”和克里斯塔勒的“中心地理论”均假设从事产业活动的主体——人完全掌握了一切信息，并能理性地做出分析和判断，从而选择最优的区位。这种“经济人”假定在现实中往往难以实现，作为产业发展和布局的决策者，企业家往往扮演“满意人”的角色，即通过掌握的信息，并结合自身的能力和偏好，选择让自己最满意的产业区位。

（2）企业家的偏好干扰其他影响因素。作为决策者，企业家对产业布局的确定具有最终的决定作用。在“满意人”假定下，企业家并不一定完全理性地对已掌握的信息进行分析，而会结合自身的主观偏好，对决策进行适当的微调。这就促使产业布局会在最佳区位点上形成一定的偏移。此外，企业家的偏好还会对企业的发展途径产生一定的影响。一般情况下，企业的扩张策略是在水平方向上进行生产规模的扩大，或是沿垂直方向往上下游产业进行延伸。而某些企业家可能由于自身的偏好，选择跨行业的发展策略，促使企业的发展途径受到一定的人为干预。

（3）普雷德的行为矩阵对企业区位的解释。普雷德认为，企业家在选择产业布局的区位时，要结合其所能获得的信息，并根据自身的判断和分析能力做出最终的区位决策。因此，合理的决策取决于两个因素，即信息的占有量和企业家自身利用信息的能力。这就构成了普雷德的行为矩阵的核心思想。行为矩阵由信息的占有量和利用信息的能力构成。在矩阵中，企业家占有的信息量越多，利用和处理信息的能力越强，则该企业家做出的区位决策越靠近最优区位。

特定因素对产业的发展模式和空间布局的影响作用并不居于主导地位。目前，政策因素对产业的直接干预力度已经越来越小，它往往是通过影响市场、劳动力、制度等要素对产业的发展和布局进行间接性的引导；与此同时，随着新因素的影响力度不断加强，产业的发展模式和空间布局可以脱离原来的发展路径，而在某些地区实现跨越式的发展。除此之外，在信息化社会，企业家拥有更多的获得信息的机会，区位选择的主要影响因素还是市场、资本、劳动力等客观条件，企业家的主观偏好对企业区位选择的影响有限。

（五）产业发展阶段的影响因素

随着经济社会的发展，产业结构也在不断地升级和演化。一个国家或地区的产业发展会经历农业化、工业化以及后工业化等阶段，相应的三次产业结构也会不断地调整和升级。在不同的产业发展阶段有不同的主导产业，因而各种因素对产业发展和布局的影响力度也会不同。各种因素在各阶段对产业发展和布局的影响见表 7-4。

表 7-4　各种因素在各阶段对产业发展和布局的影响

影响因素 \ 产业发展不同阶段及特征		农业化阶段	工业化初期	工业化中期	工业化后期	后工业化
		农业主导	轻工业主导	重工业主导	高新技术产业主导	服务业主导
自然因素	自然条件	＋＋＋＋	＋＋＋	＋＋	＋＋＋	＋＋＋
	自然资源	＋＋＋＋	＋＋＋	＋＋＋	＋＋	＋＋
经济社会因素	劳动力数量	＋＋＋	＋＋＋	＋＋	＋＋	＋＋
	劳动力质量	＋＋	＋＋	＋＋＋	＋＋＋	＋＋＋
	市场因素	＋＋	＋＋＋	＋＋＋	＋＋＋	＋＋＋
	基础设施条件	＋＋	＋＋	＋＋＋	＋＋＋	＋＋＋
	集聚效应	＋＋	＋＋	＋＋＋＋	＋＋＋＋	＋＋＋＋
新因素	经济全球化	＋＋	＋＋	＋＋＋	＋＋＋＋	＋＋＋＋
	资本因素	＋＋	＋＋	＋＋＋	＋＋＋	＋＋＋
	科学技术	＋＋	＋＋	＋＋＋	＋＋＋＋	＋＋＋
	信息因素	＋＋＋	＋＋＋	＋＋＋	＋＋＋	＋＋＋
	制度因素	＋＋	＋＋	＋＋＋	＋＋＋	＋＋＋
	社会文化	＋＋	＋＋	＋＋	＋＋＋	＋＋＋
特定因素	政策	＋＋	＋＋	＋＋	＋＋	＋＋
	历史与路径依赖	＋＋	＋＋	＋＋＋	＋＋＋	＋＋＋
	企业家偏好	＋＋	＋＋	＋＋＋	＋＋＋	＋＋＋
产业布局特征		分散	趋于集聚	高度集聚	集聚与分散并存	趋于集聚

注　＋＋＋＋表示决定因素，＋＋＋表示重要因素，＋＋表示一般因素。

1. 自然因素在农业社会和工业化初期具有主导作用

在农业化社会即工业化前期，农业是主导产业。由于农业直接作用于自然环境，其发展和布局直接受自然条件和自然资源的支配。在这个时期，自然因素对产业的发展和布局具有主导作用。同时，劳动力、交通运输条件也会对农业的发展和布局产生一定的影响。随着产业发展进入工业化初期，农业在三次产业中的比重开始降低，轻工业开始发展。在这一阶段，自然因素的影响作用开始弱化，但由于食品加工、纺织等产业以农产品为主要原料，这些产业也会受到自然因素的间接影响，自然因素对产业的主导作用依然存在。此外，由于轻工业属于劳动密集型产业，且其对交通运输条件、市场需求等经济社会条件有较高的要求，轻工业还会受到劳动力、交通、市场等因素的影响。

2. 经济社会因素在工业化中期的影响作用加强

随着产业发展进入工业化中期，农业和轻工业在产业结构中的比重进一步下降，重工业和精深加工业的比重开始上升，成为三次产业中的主导产业。按照生产要素的密集程度，工业化中期的产业以资本密集型和技术密集型为主。因此，在这个阶段，影响产业发展和布局的主要因素是市场需求、交通运输、资本、技术、关联产业等经济社会因素。此外，掌握现代技术和专业技能的高素质劳动力也是影响产业活动的一个重要因素。

3. 在工业化后期和后工业化时期各因素的影响

在工业化后期，产业结构再次出现轻型化，即高新技术产业的比重不断上升，并逐渐取代重工业的主导地位。高新技术产业属于技术密集型的产业，受劳动力质量、科学技术、制度等因素的影响极大，因而往往布局于都市圈或城市群地区，以充分利用其集聚效应和知识溢出效应。此外，一些高新技术产业对环境质量有很高的需求，所以自然因素反倒成为影响其布局的一个主导因素。由于都市圈或城市群产业的高度集聚带来了环境污染等负外部效应，因此经常会出现一些高新技术产业远离大都市圈，而选择在中小城市或城郊布局的现象。在工业化后期，服务业成为三次产业中比重最大的产业。服务业的发展伴随着工业化进程的完成以及城市化的成熟，对市场、信息等因素具有很高的要求，因而服务业通常在城市中心布局。餐饮、商贸等生活性服务业通常按照其服务范围在城市内部分散布局，而金融、保险、咨询等生产性服务业则通常在城市中心布局，并表现集聚的趋势。

第二节　产业规划研究的重点内容及政策导向

产业规划编制的内容及重点与一个国家或地区所处的经济发展阶段以及面临的发展问题间存在密切的关系。产业规划要立足行业和区域，但又要跳出行业和区域自身的限制，从长远来设计和确立产业发展蓝图，构建创新型的产业体系。

一、产业规划研究的主要内容

（一）产业发展现状与问题

一个国家或地区的产业发展可分为不同的阶段，产业发展在各个阶段所面临的问题、驱动因素、空间布局特征及其区域经济影响作用明显不同。因此，产业规划的前提条件是要立足不同行业的总体发展态势，从更广阔的区域背景条件出发，明确产业发展现状、特征及存在的问题。

1. 产业发展水平判断

产业发展水平需要从行业和区域两个视角进行分析和判断。首先，要从不同行业的国际和国内发展趋势和特征出发，分析该行业在国际或国内同行业中的发展地位和优势，判断和分析该行业的总体发展水平。其次，要在区域内部和区域之间分析各行业的比较优势和发展水平。有时从行业角度来看，某行业并不代表本产业发展趋势和最高水平，但从区域角度来看，却具有明显的比较优势；相反，有些行业在区域发展中地位不一定突出，但它也许代表着产业的发展趋势。因此，对产业发展水平的判断，应该从行业自身和区域视角两个方面加以分析和判断。

2. 产业发展现状特征及存在的问题

准确分析和把握一个行业或一个地区不同行业的现状、发展特征及其在发展中存在的各种问题，是制定产业规划的基础。产业发展存在的问题需要跳出区域或行业自身的束缚，从更广阔的区域和行业视角来分析产业整体、不同产业之间、产业内部等在发展水平、产业关联、资源利用、区域优势发挥、生态和环境保护、产业用地等方面存在的问题或不足。

3. 产业布局现状及格局

从不同产业层次和空间视角，分析各产业在量与质上的特征和结构关系、地区特色和优势产业发展状况、中小企业集群和产业链发展状况，研究产业在空间上的分布规律和演变态势，以及产业园区、产业基地和产业集聚带的分布情况。

4. 产业发展和布局演变趋势

随着我国对外开放程度的不断深化，产业间的竞争层次和深度也发生了深刻变化。因此，科学预测产业发展趋势和空间布局态势，对产业规划具有重要的意义。产业发展和空间布局态势预测包括产业规模预测、产业结构预测、产业关联变化趋势、产业空间布局演变等。

（二）产业发展定位和目标

产业发展定位和目标是产业规划的核心，产业发展方向、重点和空间引导等要围绕产业定位和目标展开。

1. 产业发展定位

产业发展定位是指准确确定各产业在全国、省、地区中所占据的地位、发挥的作用、承担的功能等。产业发展定位要立足长远，从不同空间尺度，科学分析各产业在全国或大区域等不同空间尺度中发挥的作用和所处的地位。产业发展定位要体现以下几个方面：一是要有层次性，由大而小层层定位，例如在国家层面和区域层面各产业可能发挥的作用和所处的地位等；二是要以市场为导向，不拘泥于行业和区域自身的发展现状，对未来产业发展潜力和周边区域发展可能带来的机遇进行定位；三是要体现未来性，要着眼于未来，从长远的发展前景和趋势看各产业可能发挥或承担的作用和功能。

2. 产业发展目标

产业发展目标是从国内外宏观发展背景、区内优势和劣势等条件出发，分析、判断和预测未来产业总体前景和各产业发展的前景。产业发展目标分为定性表述和量化目标的预测，量化目标包括产业总量、产业增长目标、产业结构目标、产业运行质量目标和产业空间调整目标等。按照时间尺度，产业发展目标又可分为近期、中期和远期发展目标。

3. 产业发展策略

产业发展策略是指在产业发展和规划之中，要确定产业发展方向，明确产业发展的重点。对于各产业规划而言，需要确定未来各产业内部行业的发展重点，例如服务业包括各种行业，是发展现代服务业还是传统服务业，而现代服务业又包括各种领域，应该根据行业发展现状、目标和未来发展潜力等确立未来产业的发展方向和重点。对于区域产业规划来说，要根据区域产业特征、优势、市场需求等因素，确立区域发展的主导产业或未来发展的重点产业，并设计相应的发展和规划方向及内容。目前，在区域产业规划中，主导产业同构现象比较普遍，区域特色反映不明显。这一问题不完全是规划所致，与市场的导向也有直接关系。

（三）产业发展空间布局规划

产业发展空间布局规划是产业发展在空间上的具体落实。产业发展空间布局规划要根据全国和各地区产业布局现状，结合产业发展和布局的理论，发挥各产业的特点和优势，按照市场经济规律与政府宏观调控相结合的方式，以最大限度地利用空间资源、促进各产业的协调和持续发展为目标，在空间上合理配置和引导产业发展。

1. 产业发展的空间引导

产业或企业的区位选择主要依靠市场来调节，能够最大限度地利用各种资源和生产要素，并可以获得最大利益的空间是产业或企业最佳的投资空间。规划要引导产业在获得最大利益的基础上，尽量避免产业发展和布局造成地区土地、水、矿产等资源的浪费，减少产业发展对生态和环境的压力，形成产业空间配置相对平衡、促进地区经济发展和增加就业水平的良好发展态势。要根据不同地区的发展条件、发展背景和区域的功能定位，通过产业政策建立行业准入机制，引导不同类型的产业在相应的区域发展和布局。例如，在大区域中，主要发挥生态服务功能的区域，其产业引导方向就要限制污染类、对资源消耗大的重化工产业的发展，重点鼓励发展一些生态和环境友好型的产业，例如旅游业等。对于一些关系国计民生的基础行业，不能简单地考虑行业自身的发展条件和发展目标，还需要从区域协调、产业基础和相关产业的配套等角度考虑，引导产业既要考虑市场因素，也要考虑区域间的合理布局。例如，现在大量依靠国外原油发展的石化工业，从原油进口和市场消费来看，大规模在广东等东南沿海布局最为合理，但考虑到原有的石化基地和大区域的平衡等问题，石化工业不宜在广东过分集中。对于日常消费类行业主要依靠市场来决定其投资区位，产业空间引导主要是通过用地、税收、环境保护等政策工具进行调控。

2. 产业发展点（轴、带）的规划

产业在空间上的发展不会均衡展开，在一些区位条件优越的城市（或地点）、交通干线两侧等会形成不同规模、等级的产业集聚点和集聚轴（带），这些产业集聚点（轴、带）是不同层次区域经济发展的重要依托和支撑，也是各类产业发展的核心区。因此，按照市场经济规律，最大限度地利用不同层次区域的各种资源优势，促进不同类型、规模的产业集聚点（轴、带）的形成和发展是产业空间规划的重要研究内容。

3. 产业空间的管治

产业在空间上的发展要充分考虑生态与环境约束和人们的居住环境发展的要求。针对重要的生态和环境保护区、居住区、文物保护区、风景名胜区等区域或轴线应制定严格的产业发展和布局的限制政策，形成不同层次的产业管制区。根据产业管制区的类型特征，按照强制性、指导性、引导性等政策手段进行分类指导，目标是促进产业发展与生态建设和环境保护相协调。

4. 产业园区（开发区）融合化和综合一体化发展

开发区从20世纪80年代以来，经历了工业园（开发区）、科技园、商务花园、双创园等产业园区升级，进入以聚焦融合多元产业、一体化打造以科技创新为核心的第四代科技园发展阶段。开发区多以融合研发设计、商务办公、生活性服务配套等复合功能于一体，进行一体化发展和跨界融合发展。

二、产业体系构建与主导产业选择

在产业规划中，调整和优化产业结构、合理选择主导产业等内容是产业规划的重点之一。因此，在产业结构演变和质量绿色发展的理论指导下，如何能够根据当地的具体情况，设计和确定基础产业、主导产业和战略新兴产业，提出地区产业结构升级的方向，推动企业走以质取胜、创新驱动的发展道路，发展绿色产业集群和优化产业空间布局，对区域经济发展具有重要的意义。

（一）产业体系的构成

1. 基础产业

基础产业是指在一国的国民经济发展中处于基础地位，对其他产业的发展起制约和决定作用，决定其他产业发展水平的产业群，它的产品通常要成为后续产业部门加工、再加工及生产过程中缺一不可的投入品或消耗品，通常具有不可再生性质。一国的基础产业越发达，其国民经济的发展后劲越足，国民经济的运行就越有效，人民的生活就越便利，生活质量也越高。因此，一国要使其国民经济保持长期、快速、协调和有效的发展，就必须首先发展其基础产业。基础产业是支撑社会经济运行的基础，它决定和反映了国民经济活动的发展方向与运行速度，像能源、交通、运输、原材料这样的基础产业，就占我国国有资产总量的70％，是民族复兴、大国崛起的物质保障。

2. 主导产业

主导产业是指在区域经济中起主导作用的产业，即那些产值占有一定比重，采用了先进技术，增长率高，产业关联度强，对其他产业和整个区域经济发展有较强带动作用的产业。主导产业从量的方面看，应是在国民生产总值或国民收入中占有较大比重或者将来有可能占有较大比重的产业部门；从质的方面看，应是在整个国民经济中占有举足轻重的地位，能够对经济增长的速度与质量产生决定性影响，其较小的发展变化也足以带动其他产业和整个国民经济变化，从而引起经济高涨的产业部门。

3. 战略新兴产业

战略新兴产业是指一国为实现产业结构的高级化目标所选定的对于国民经济发展具有重要意义的具体产业部门。它们是各国根据不同的经济技术发展水平和对未来经济技术发展的预见所确定的。战略产业是一个相对的概念，任何一种产业部门在特定经济发展阶段都有可能成为战略产业，而且最终都有可能退出战略产业系统。

（二）主导产业的内涵及特征

1. 主导产业的内涵

主导产业与支柱产业不同，支柱产业强调的是在国民经济中的比重，而主导产业的本质是在产业结构中起引导和带动作用，并且决定了一个区域产业结构未来发展的方向和模式，决定着整个区域经济体系的形成与演化。正确地评价区域结构，明确主导产业及其与辅助产业、一般产业的关系，对于推动区域经济健康发展具有重要的意义。

关于主导产业选择基准的确定，国内外从理论到实践上都做了许多探索，其中具有代表性的有罗斯托标准、筱原基准、赫希曼标准、动态比较优势基准等。总体来看，这些基准主要是从产业结构演化规律、主导产业的特点以及本地区瓶颈因素等角度来考虑的，而且这些基准在不同的社会经济历史条件下都有不同的侧重。

美国经济学家罗斯托认为，主导产业能够进行有效地创新，并利用创新，从而有效地利用新的资源，具有较高的增长率并能带动国民经济中其他部门的发展。他进一步指出，主导产业在国民经济中起决定性作用，在经济增长的任何阶段，主导产业的迅速扩张都是经济向前跃进的决定因素。

日本产业经济学家筱原主要从“收入弹性”和“生产率上升率”两个方面界定主导产业。他认为，主导产业应该是收入弹性比较大的产业，因为这类产业随着社会收入水平的提高，产品的需求量大、增长速度快，对相关产业的带动也大。另外，这个产业要保持相对较高的增长率，只有这样，该产业创造的国民收入才会不断增加。这一指标主要体现的是技术进步率，也就是说，技术进步率高的产业部门才有可能成为主导产业。

赫希曼则认为，产业关联度高的产业是主导产业选择的基准，理由是产业关联度高的产业对其前向、后向产业的发展具有较大的推动作用。

也有人认为，主导产业应该是能够最大限度地发挥本国（或本地区）的比较优势，例如劳动优势、技术优势、资本优势等的产业。

2. 主导产业的主要特征

①主导产业是在劳动地域分工基础上形成的专门化生产部门，在区际贸易和区外市场竞争中发挥着主要作用，具有较高的商品率和较强的市场竞争能力；②主导产业能够体现国家（或地区）的比较优势，具有较高的生产增长率和规模效益，是区域经济发展中最具优势的产业部门；③主导产业在产业链中

处于关键环节，对其他部门具有很强的直接或间接影响，能带动其他产业的兴起和发展；④主导产业是比较新兴的、具有动态性质和先进技术含量高的产业。总之，主导产业具有市场成长性、技术成熟性、规模性和产业关联性等特征。

（三）主导产业的选择

主导产业的特征和作用可以通过选择基准具体体现。根据区域主导产业的特征和功能，一个产业必须同时具备较大的产业规模、较明显的比较优势、较高的产业关联效应以及较强的区际竞争能力，才能标识区域主导产业的形成，具体可从以下几个方面衡量。

1. 产业规模

作为区域的主导产业，其产业规模必须足够大。这里的产业规模具有三层含义：一是产业的绝对规模；二是产业在区域内的相对规模；三是在全国或更高层次区域同类产业中的相对规模（可以区位商表示）。只有这三个层次意义上的规模同时都大，才有可能成为主导产业。

2. 经济效益

经济效益是衡量产业对资源合理使用的程度，即投入产出的效率。一个产业具有较高的经济效益才能有力地推动区域经济的发展。因此，具有较高的经济效益，尤其是具有持续上升的经济效益，是一个产业成为区域主导产业的重要条件。经济效益高的产业，一般技术含量也高，技术进步速度快，在相对国民收入上占有越来越大的优势，从而诱导资源向该产业移动。具有较高经济效益的产业将在产业结构中占有更大的比重，选择了经济效益高的产业为主导产业，实际上就是选择了技术进步最快、能带动产业整体技术水平提高的产业。

3. 发展速度

快速发展的产业能够反映该产业在区域中的增长活力，也能够吸引更多的资金、技术以及就业等进入，形成供给和需求都比较旺盛的局面，这也是主导产业选择的基础之一。

4. 市场需求

地区主导产业的评价应充分体现市场需求情况，将那些市场需求弹性高的产业作为主导产业优先发展，只有这样，才能发挥区域优势，建立起具有较强竞争力的产业结构，引导和带动区域经济的发展。需求是推动产业发展最直接也是最大的原动力，其结构变化则是产业结构变化和发展的动力。需求的收入弹性大的产业，其产品的增加由于能够带来更大的收入，从而能创造更大的需求。这类产业能够获得更大的发展，是因其发展机遇好，而且因其发展效益也好，发展速度会更快，在国民经济增长中所占份额也会更大。这种具有较强增长潜力的产业就能成为主导产业。

5. 技术进步

主导产业高于其他产业的经济增长速度必须借助于产业的高效率来实现，因而其技术应具有领先地位和较强的创新能力。选择技术进步速度快、技术水平高、技术要素最密集的产业作为主导产业，可以保证一个区域的产业结构不断保持技术领先，同时保证在区际分工中不断占据优势地位。

6. 比较优势

若某一区域拥有区外缺乏或者更优的资源条件及它们的组合，则该区域在从事某种产品的生产时能有效地降低生产成本，在进行区际贸易时能获得比较利益。因此，各区域要充分利用自己的比较优势，促进区域产业分工，提高生产率和经济实力，带动和促进其他相关行业的进步与发展。

7. 产业关联

一个产业只有与其他产业具有广泛、密切的技术经济联系，才有可能通过集聚经济与乘数效应的作用带动区域内相关产业的发展，进而带动整个区域的经济发展。主导产业通过与区域内其他产业之间的联系，产生对其上游产业的前向影响、下游产业的后向影响，以及对平行产业、辅助和服务部门乃至整个经济、社会的旁侧影响，从而引起相关产业的扩张。主导产业与其他产业的关联度越大，则其相对应的投入产出矩阵越大，其产生外部经济的能力就越强，从而能带动整个产业体系和区域经济的发展。因此，产业关联效应是选择区域主导产业的一个重要基准，即选择那些产业延伸链较长、带动效应大的产业作为主导产业。有些产业虽然比较优势大，或者产业规模大，但如果它与区域其他产业部门联系很少，也不能成为区域主导产业。

三、我国产业布局的基本特征及政策导向

改革开放以来，工业化的快速发展深刻地改变了我国的经济结构与产业空间布局格局。未来，工业化仍将是推动我国经济发展的重要动力，产业集聚仍将是产业空间布局的基本特征，但各地区将会呈现出不同的空间集聚形态。东部沿海地区的先进制造业和现代服务业将成为产业发展的主体，中西部地区有望形成若干跨区域的产业集聚区和特色优势产业基地。产业集聚带、产业集聚区、产业集聚点等是我国产业空间分布的主要形式与区域经济增长的重要载体。

（一）产业集聚带（区、点）是支撑我国产业发展的核心

1. 产业集聚带是支撑我国经济发展的基本骨架

产业集聚带是指各类产业沿主要交通干线集聚分布而形成的一种产业空间分布形态。产业集聚带包含若干产业集聚区和产业集聚点，产业集聚区（点）之间通过相对完善的交通网络、信息网络等相联系，各产业区（点）间存在一定的产业分工与合作。我国已经形成的具有全国意义的产业集聚带主要有东部沿海产业集聚带、长江沿线产业集聚带、京广沿线产业集聚带和陇海兰新沿线产业集聚带等。

2. 产业集聚区是支撑区域经济发展的重要载体

产业集聚区是依托一个或若干大城市形成的产业密集地区。产业集聚区一般是国家或区域性的制造业、能源和原材料加工基地，以及金融保险和物流中心、交通和信息枢纽、人才和技术中心，也是国家或区域性的经济核心区，是最具活力和竞争力的地区。产业集聚区的扩大和发展对国家或大区域的可持续发展发挥着越来越重要的作用。例如我国东部沿海地区已初步形成不同层次的产业集聚区体系，珠三角、长三角和京津冀三大产业集聚区，辽中南、山东半岛、海峡西岸等产业集聚区等；中部地区主要由中原产业集聚区、武汉大都市产业集聚区；西部地区主要有成渝产业集聚区、关中产业集聚区、广西北部湾产业集聚区等。

3. 产业集聚点是支撑地区经济发展的关键形式

产业集聚点是指产业依托各类中小城镇或交通结点形成的不同规模和类型

的产业集聚点。产业集聚点是中小尺度区域发展的关键支撑点，对增强地区活力、提升地区竞争力具有重要的意义。产业集聚点在产业发展类型上，地区特色或专业化程度相对较高。全国范围存在着大量不同规模、不同类型的产业集聚点，既是新的产业发展的重要增长点，也是所在区域的经济、社会发展的关键支撑点。

（二）集聚仍然是未来我国产业空间发展的主导趋势

产业集聚是我国现阶段工业布局的主要特点，产业集聚具有自我增强的作用机制，这种集聚的趋势仍会延续相当长的时间。不过，经济活动的空间扩散以及集聚不经济的出现在一定程度上可能减缓这种趋势。

1. 产业进一步向东部沿海地区集聚的态势明显

东部沿海地区不仅具有良好的自然本底，水、热、土资源条件匹配适宜，更重要的是其具有产业发展的优越区位条件和发展基础。因此，这些地区的产业发展水平最高，不仅是外资企业高度集中的地区，也是我国民营企业最集中的地区。未来很长一段时间，东部沿海地区如长江三角洲地区、珠江三角洲地区、京津冀地区、海峡西岸地区、辽中南地区及山东半岛地区等，仍然是我国产业集聚的核心地区，其所承载的经济总量还会持续增加。但未来这些地区需要转变经济增长方式，进一步优化产业结构，形成能够参与国际产业分工的现代化、国际化产业体系。

2. 中西部地区的某些优势区位地区也将获得快速发展

随着东部地区生产成本的提升，以及中西部地区产业发展环境的改善，中西部地区的一些优势区位点、线将会成为我国未来产业集聚的重点之一，例如大江大河沿岸、主要交通干线两侧、中心城市及周边地区、资源富集地区等有利于产业的进一步集聚。中部地区的长江沿岸，陇海、京广、京九、京哈等铁路和公路等交通沿线将会是产业集聚程度最强的地区。西部地区以大区、省区和地区三级中心城市以及周边地区为核心，包括主要交通干线周边的中小城市将会是未来产业的主要集聚地区，也是支撑西部经济发展的主体。

3. 部分产业的空间集聚趋势更加明显

总体而言，我国正处于工业化中期阶段。根据国外的经验，这一阶段是各类产业规模进一步扩张期，尤其是以钢铁、石化为代表的基础原材料工业的规模将会不断扩大。另外，随着国民收入的提高，日用消费类产业也会有质的提升。我国基础原材料工业的消费市场大都集中在沿海几个发达地区，加之这些工业的原料市场对外依赖程度逐渐加大，沿海地区成为这类工业发展的最佳区位。沿海地区利用其港口优势发展钢铁工业，在成本和市场销售等方面明显优于内陆地区。因此，我国钢铁工业还会进一步向沿海地区集中，环渤海地区、长江三角洲地区甚至珠江三角洲地区将会成为钢铁工业的进一步集聚地。在国外石化工业转移、原油来源和石化产品消费市场等因素影响下，我国石化工业将会在长江三角洲、京津冀、辽中南和珠江三角洲等地区集聚。日用消费类工业产品的市场主要集中在国外，加之这类产业在沿海地区的发展基础较好，从总体上来看，这类产业还会在沿海地区集聚，但将会逐渐从大城市向中小城市集聚。随着沿海地区劳动力和土地成本的提高，以及产业结构提升等因素的影响，这类产业也会不断向内陆地区集聚。

（三）新的产业集聚点不断形成

1. 经济发达地区形成专业化产业集聚点

在经济发达地区，以小城镇为核心，形成了各种专业化产业城镇，它们成为整个地区产业链中不可或缺的一部分，对提升地区产业竞争力具有重要的意义。例如，在珠江三角洲地区出现了服装、电器、家具、玩具等专业性极强的城镇，这些城镇是支撑珠江三角洲制造业发展的核心，也是解决当地就业和吸纳外来人口就业的重要支撑点。

2. 大城市周围形成专业化的产业集聚点

在大城市的周边地区，由于受到中心城市的直接辐射，经济社会发展水平普遍较高。例如广州、杭州、武汉、西安、沈阳、哈尔滨等特大城市或大城市周边地区的城镇，在产业发展上直接受到中心城市的影响，形成与中心城市产业相关联的产业体系。例如在长春市周边形成的以汽车配件为主导的产业城镇，在广州市周边形成的服装和家具城镇，这些产业集聚点高度依赖于中心城市的产业发展。

3. 开发条件较好的资源富集地区形成资源型产业集聚点

资源型产业集聚点主要集中分布在资源富集的中西部地区，例如黔中、晋陕蒙等地区。它们主要依托丰富的资源优势，形成若干资源开发型或加工型的产业集聚点。

4. 主要水陆交通沿线地区形成特色产业集聚点

在水陆交通干线沿线、区位条件比较好的交通结点，有利于产业集聚。例如京广沿线、京沪沿线、长江两岸等地区，在优越的区位条件基础上，形成了一些具有地方特色的产业集聚点。

（四）产业快速集聚对资源、环境造成较大压力

大部分产业集聚带（区、点）在保持长期的高速和超高速经济增长过程中，其代价是大规模占用土地资源、大量地使用矿产资源、大量地消耗水资源。产业发展已经超出地区的资源支撑能力，依赖国外进口资源成为我国基础原材料工业发展的基本趋势。与此同时，产业的发展和集聚，也带来了地区生态和环境的破坏，水污染、大气质量恶化、绿色自然空间减少等问题几乎成为所有产业集聚区所面临的共性问题。

1. 区域环境污染日趋严重

伴随着工业化进程的加速推进，水污染、大气污染、土壤破坏等问题日益严重，区域内环境污染加剧。二氧化硫（SO_2）等大气污染物排放量不断增加，对京津冀、长江三角洲和珠江三角洲地区的环境质量和生态造成了严重影响。珠江三角洲、长江三角洲等地区的地表水系，绝大部分已被污染成为四类、五类水质。另外，由于工业化和城市化的快速发展，导致地下水过量开采、非洁净能源过量使用，以及机动车辆的大量增加，城市大气环境污染及城市交通拥挤状况日益严重。虽然近几年一些大城市的内部环境有所改善，但就整个地区而言，其生态和环境总体质量仍在恶化。

2. 土地资源流失严重

我国有限的耕地资源受到来自大规模工业化和城市化的威胁，尤其是开发区的“圈地运动”以惊人的速度和规模蚕食着大量的耕地资源。我国的主要产业集聚带（区、点）都是在农业条件非常好的地区，农业曾经是该地区发展的优势产业。但是在快速工业化时期，我国一度对乡镇企业布局失去调控，鼓励“离土不离乡，进厂不进城”，乡镇企业分布过于分散。20 世纪 90 年代以来，

开发区的发展和布局盲目失控，各级政府竞相征用和出让土地，建设各类开发区，导致许多产业集聚区大量耕地流失，耕地质量下降，农业持续发展已经受到威胁。在一定的技术经济条件下，工业化和城镇化发展对耕地转化为非农业用地的需求增加，经济发展与耕地保护之间存在着尖锐的矛盾。

3. 矿产资源日益匮乏

产业的高速增长，对钢铁、水泥等建筑材料，以及石油化工、电力、有色金属等基本能源原材料的消耗量不断增长，以致我国的资源和能源供应非常紧张，大量依赖国外的进口资源。

4. 水资源短缺日趋明显

淡水资源不足问题突出，例如京津唐地区水资源总量约 160 亿 m^3，人均水资源占有量只有 $400m^3$，还不到全国平均占有量的 1/5，其中天津多年人均水资源占有量不足 $200m^3$。水资源补给来源的年际变化大，水源不稳定，外来水量近几年也呈下降趋势。随着近年来经济的迅速发展和城市人口的急剧增长，区内工农业生产和城市生活的实际用水量早已超过平水年的实际可供水量。对地下水资源的过量开采，导致大城市周围的一些地区形成了面积较大的漏斗区，严重地段已经造成地基的下沉。华北地区已形成较大地下水漏斗 20 处，总面积超过 7 万 km^2，成为世界上最大的区域性漏斗。

（五）我国产业规划的理念创新及空间导向

产业规划要在坚持以人为本、体现人文关怀的同时，加强产业发展与生态建设和环境保护之间的关系；在突出地区产业特色的同时，力求大胆创新，积极营造和发展具有地区优势的核心产业，提升地区产业的竞争力和对外影响力。

1. 产业规划的理念创新

完善市场经济体系、进行宏观调控不可或缺的手段，是政府立足宏观角度，为了防止或纠正市场失灵所进行的各种规划。产业规划也是政府为了避免在完全市场经济作用下可能出现各种产业发展问题的手段。但在新的发展背景和环境条件下，产业规划的基本理念已经在发生变化。

（1）由注重产业量的扩大到重视质的提升的转变。随着新发展理念的贯彻落实，各地经济和社会发展目标与政绩考核指标正在由简单考虑经济总量和发展速度，转变为经济和社会指标的全面发展以及又好又快的发展。产业增加值、投资规模、外资企业和新建企业数等量化指标曾经是衡量地区经济和产业发展的核心指标。现在除考核这些指标外，对产业发展和布局质量等指标的考核逐渐增强，例如产业的节能减排、产业运行效率、产业创新、产业营商环境、产业布局对环境和生态的压力等。因此，在产业发展和规划中，需要充分考虑产业发展和布局可能对资源、环境、生态带来的影响以及产业发展的质量问题。

(2) 由注重具体产业项目到重视整个产业发展的转变。在计划经济时代，从项目立项、审批到建设是各级政府的重点工作，尤其是一些大项目的建设甚至决定着政府经济工作的导向。随着市场经济体制的导入，政府的工作重点逐渐从管理项目转变为宏观引导行业发展，具体项目发展和布局更多的是由市场来决定。因此，具体项目的发展和布局一般不会再出现在产业发展和规划中，产业发展和规划主要是侧重整个行业的发展。

(3) 由注重产业布局到重视产业用地高效利用的转变。土地资源已成为各地经济发展的制约因素。长期以来，土地开发模式随着企业家的开发意图在改变，产业空间布局对土地的利用效率考虑不足，单位面积的投入和产出相对较低。低密度、花园式工厂等圈地式产业开发模式造成土地资源浪费严重。因此，开发并合理利用有限的土地资源，提高土地资源的利用效率应是产业发展和规划的基本理念。

(4) 由政府主导规划向政府主导和公众参与相结合转变。在政府管理和决策民主化进程不断加快的今天，各类规划工作已经由政府主导开始向积极吸纳民众、企业和非政府组织的意见和建议转变。产业发展和规划的内容需要充分了解不同利益群体的需求，不能只从企业的角度考虑，特别是外部效应比较大的行业发展和布局更需要站在不同利益集团的角度审时度势、科学决策。

2. 产业布局的空间引导

产业空间布局按照农业、工业和服务业等不同产业类型，依据区域发展战略及产业经济基础，充分考虑现代制造、环保和新材料等不同产业特点，科研院所、医院等诸多种社会、经济、基础设施和周边竞合等区位原则，统筹进行空间布局。

(1) 现代农业空间布局。农业布局涉及粮食、畜牧、特色农产品等农业的布局。其中，粮食生产主要以东北平原、华北平原、长江中下游平原的13个省份为主，建立粮食生产功能区和重要农产品生产保护区。在永久基本农田上划定和建设粮食生产功能区和重要农产品生产保护区。优先将水土资源匹配较好、相对集中连片的稻谷小麦田划定为粮食生产功能区，对大豆、棉花、糖料蔗等重要农产品区划定生产保护区，加大农业科技园区和优良农作物新品种、粮食丰产技术集成创新基地的建设力度，实行重点保护。针对草牧业发展，要优化发展传统农区和农牧交错区，适度发展北方牧区，保护发展青藏高原牧区，积极发展南方草山草坡地区牧业发展。特色农产品区域结合《全国主体功能区规划》中的“七区二十三带”农业战略布局要求，进行特色农产品优势区的建设发展和引导。

(2) 现代工业空间布局。根据不同类型工业的原材料分布、市场需求、交通、技术水平和政策驱动等多种因素影响，工业分布呈现多种特点。其中，电子工业、通信设备和信息工业、激光设备、精细化工、新型材料、生物工程（如生物制药）产业等轻型制造业，钢铁、石油化工及汽车和飞机制造、造船等原材料、重型制造工业，在沿海地区获得进一步的发展。中西部地区大规模发展的是煤炭、石油和天然气的开采、加工，以及水电和火电基地、有色金属工业等。目前，初步形成了沿京广、京沪、哈大等重要铁路干线建设的工业基地，沿黄河流域布局的能源开发工业带，沿长江流域并以上海、南京、武汉、重庆等城市为中心的沿江工业带，沿海地区集中的长三角、珠三角、京津唐等工业经济核心区的基本格局。

(3) 现代服务业空间布局。从消费者角度看，现代服务业分为生产消费服务业和生活消费服务业，其中，生产消费服务业的类型和数量取决于工农业各产业自身的发展规模和速度，相应的生产性服务业与生产分布和人的生活分布紧密相关。不同城市构建支撑本市经济发展、民生改善、社会进步、功能突出、错位发展、网络健全的服务业高质量发展新格局显得尤为重要。伴随新业态、新模式和新兴服务业的发展，信息服务业、咨询业、广告业、技术服务业、金融服务业和现代物流业等服务业对支持传统服务行业改造升级起到重要作用。服务业空间布局在全国以各大城市、高新技术产业集聚区为主，高知识密集型和高技术密集型现代服务业往往集中在高等级城市，形成高度集聚的研发、信息、金融等高端生产性服务业。现代商贸和智慧物流等服务业，以航空港、陆港、海港、口岸等区域枢纽型城市为主。

第八章

发展规划实施评价咨询

以规划引领经济社会发展，是党治国理政的重要方式，是中国特色社会主义发展模式的重要体现。我国今后将更加重视组织开展规划实施年度监测分析、中期评价和总结评价，鼓励开展第三方评价，强化监测评价结果的实际应用。经评价确需进行调整修订的规划，须按照新形势、新要求调整完善规划相关内容，并按要求完成相关报批手续。规划实施情况应作为政务信息公开的重要内容，及时公布实施进展，自觉接受社会监督。

第一节　发展规划实施评价的内容及方法

一、规划实施评价的主要内容

（一）规划评价的依据和要求

1. 规划周期管理及规划实施评价的必要性

评价分为事前评价、事中评价（中期评价）、事后评价。规划评价既是对规划实施到一定阶段（通常为中间期）的成绩、经验和问题的总结，又是对规划剩余期面临的形势任务、出现的主要矛盾、发展的基本条件、规划目标实现的可能性等的判断，并在取得成效的经验的基础上，针对出现的新情况、新问题，提出改进、调整和修订规划的合理建议。规划评价起着承前启后、兼前顾后的重要作用，其目的是保证规划实施的连续性和科学性，以期完成规划任务，实现规划目标。

对政策实施效果的监督评价是一套完整规划模式的最后环节，具有极为重要的作用。事实上，规划工作是一个开放的大系统，由于大量的不确定因素的存在，特别是市场经济条件下瞬息万变的市场环境将会极大影响规划目标的实现，并进一步影响规划的实施效果。由于政策实施的效果很难准确量化，政策与其他政策相互交融，很难分解出哪些是区域政策作用的结果，哪些是其他政策作用的结果，而且规划问题的多样性决定了规划政策目标与措施的不唯一性，因此很难给出一个统一的、准确的规划政策评价体系，导致人们对规划政策的评价仅限于定性描述，或是对某些限定指标进行政策实施前后的对比分析。因此，必须建立科学、公正、可操作性强的指标评价体系。既要对规划期间不同实施阶段进行定期评价，又要对期末规划最终实施结果进行总体评价，总结规划实施过程中的经验与教训，为下一阶段规划工作的制定与实施积累经验。

2. 规划实施评价的主要依据

规划评价是规划“编制—实施—评价（完善）”链条上的重要一环，面对国内外剧烈变动的发展环境，应重视组织开展规划评价。中国中长期发展规划领域内长期存在着“重编制、轻实施”，“重编制、轻评价”的现象，规划评价工作和相关研究都较为薄弱。对规划实施过程进行监测和评价是增强规划执行力、促进规划完善的重要手段。监测是对规划实施的全程记录，评价可分为定期评价和不定期评价，定期评价包括年度评价、中期评价、最终评价（后评价），不定期评价主要是指应急评价。在各项规划评价中，年度评价主要是评价规划的年度执行情况，某种程度上起着“监测”的作用。应急评价是指在国内外发生重大突发事件时开展的评价，其主要功能是针对该事件对规划产生的现实和潜在影响进行评价，评价过程中如确有必要，可建议终止原有规划、编制应急规划或新规划。中期评价的功能最为丰富。中期评价的功能主要是评价规划的实施情况并督促规划实施，而且开展中期评价的时间与新五年规划前期研究的启动时间相连，中期评价因此还具有为新五年规划前期研究的选题及进一步完善规划提出建议的功能。最终评价的主要功能是评价规划的完成质量，并且为新一轮规划提供直接依据。

3. 规划实施评价的基本要求

在规划评价工作的组织过程中，需要做好以下基本工作：

（1）及时研究制定规划评价工作方案，明确评价的目的、对象、内容、方法、组织分工及时间进度安排，为评价的具体实施打好基础。

（2）提早进行工作安排，充分考虑特殊因素，搞好评价培训交流，举办规划评价培训班，培训工作人员。

（3）加强规划评价理论方法研究，指导规划评价实践。

（4）确定评价工作周期，安排前期准备、专项评价、综合评价、专家论证和征求意见等评价阶段的节奏。

（5）及时整理和汇总评价结果，形成综合评价报告和专项评价报告。

（二）规划实施评价的主要内容

1. 规划中期评价的重点内容

规划中期评价，既是应对新环境、调整修订规划的主要手段，也是总结规划实施经验教训、进一步完善规划的重要工具。不同类型规划的评价重点差别较大，中期评价主要围绕规划所提出的目标、任务和采取的政策措施，对目标实现程度和各项政策落实情况及其效果进行分析评价。在评价内容上，着重围绕规划的主要目标、重点任务、重大项目、重要政策的制定实施等关键环节进行评价，强调对规划的综合评价，对基础设施建设、社会公共服务、就业和社会保障、新农村建设、自主创新能力建设等重点专项规划的评价，对宏观环境变化较大领域的评价，使中期评价成为协调规划实施、促进规划落实的手段。由于不同类型规划的内容差别很大，中期评价重点差别较大。综合来看，应着重从指标、战略、满意度三个方面对规划进行中期评价。指标主要是指发展指标体系和重大工程项目，重点评价各指标的实现程度和工程项目的实施进度。战略是指评价经济、社会、文化、生态、军事等各领域的发展是否遵循规划的战略意图。满意度则主要调查企业、个人、各级政府部门对规划实施的满意程度。规划中期评价的重点内容如图 8-1 所示。

2. 规划后评价的主要内容

（1）过程评价。过程评价应对照立项评价或可行性研究报告所预测的情况和实际执行的过程进行比较与分析，找出差别，分析原因。过程评价一般要分析规划概要评价、规划布局和建设顺序评价、规划运行情况评价、规划保障机制评价等方面。

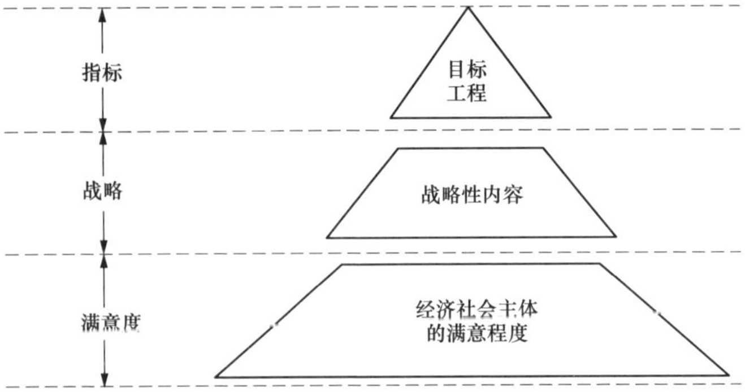

图 8-1 规划中期评价的重点内容

（2）经济评价。规划的经济影响表现在规划项目所产生的效益上，经济评价的对象应为规划项目。因此，经济评价的任务是分析计算规划实施中的投入，估算规划实施后对整个地区在各种水平年下所带来的经济效益，与规划制定时的预期效益进行比较，分析经济效益实现程度，以及出现差异的原因。经济评价应遵循效益与费用计算口径对应一致的原则，并考虑资金的时间价值，以动态分析为主。

（3）影响评价。影响评价应分析与评价规划对涉及区域的经济、社会以及环境等方面所产生的影响，可分为社会影响评价和环境影响评价等内容。影响评价采用定性分析和定量分析相结合的方法，以定性分析为主。

（4）可持续性评价。可持续性评价主要分析规划在将来能否有效延续下去，并达到预期目标，也就是规划的良性运行。持续性评价应采用预测的方法，即以规划实施过程中所取得的经验、知识和能力为基础，预测规划的未来。

（5）综合评价。综合评价是在对各子系统评价的基础上对规划进行全面系统的整体评价，总结分析规划体系存在的问题和不足，研究区域可持续发展的主要制约因素以及经济社会发展提出的新要求在现有规划中的体现程度，提出完善规划体系的建议。

3. 规划实施评价报告的编写

规划实施评价报告的内容一般包括规划编制条件评价、发展规划方案评价、专业规划方案评价、近期工程与控制性工程评价、规划方案实施条件评价以及规划方案与区域社会、经济和环境协调发展相互适应性评价等。

（1）规划编制条件评价。弄清任务的由来，核实任务来源有无上级主管部门下达的任务书或对任务书的批复文件。调查分析规划所依据的区域气象、水文、地形、地质、土壤、资源、环境、社会经济等方面的基本资料是否可靠，是否具有代表性，是否能满足编制规划的要求，并尽可能补充近期资料，以验证原规划对基本资料掌握的准确程度。调查分析确定规划任务所依据的区域社会经济发展水平、生产力布局及其对发展的要求，分析规划方案在社会经济发展和生产力布局中的地位和作用。对比分析规划方案实施以来的实际社会经济发展和生产力布局情况与预期达到的目标有无差异及差异的程度和原因。调查分析规划编制所依据的规程规范与现行同类规程规范有无差别，对规划有何影响。

（2）发展规划方案评价。根据规划方案实施以来的实际情况和国家有关法规政策，对照检查原规划方案所拟定的规划原则、方针和任务是否正确和完善。对照原规划方案所确定的规划目标与目的（包括有哪些目标及其规划达到的水平）检查实际实现目标的情况（包括有无漏项）。对只部分完成规划的情况，应检查已实施项目实现的效果，并据以分析发展规划方案能否实现原定目标或存在的差距，以便研究有无必要修正或补充。根据规划实施以来社会经济发展的实际情况及规划已实施的状况，检查和评价发展规划方案和主要工程布局及治理措施的合理程度，包括检查和评价拟定的各项治理开发方案、选定的近期工程和控制性工程等对区域全局的战略措施布局是否合理，若不合理，提出修正的初步意见。根据规划实施以来社会经济发展的实际情况及规划已实施的状况，检查和评价原规划所选择的近期工程（或控制性工程）和治理开发程序是否合理及提出可能的修改意见。

（3）专业规划方案评价。根据规划实施以来社会经济发展的实际情况及前景，对以下主要内容进行分析评价：①根据规划实施情况和有关规范要求，分析各专业（功能）所拟定的标准和发展规模是否合理，并分析不合理的原因；②根据规划实施情况和社会、经济与环境协调发展的要求，分析各专业（功能）的规划方案（布局）是否合理和完善，对不合理和不完善的规划应分析原因，提出修改的初步意见；③对照原专业规划预期的效益目标，检查实际达到的效益情况；④分析各专业规划之间的协调情况及存在的问题，提出改进的具体措施。

（4）近期工程与控制性工程评价。近期工程与控制性工程规划预期兴建时间与实际建设时间的对照比较与分析。近期工程与控制性工程规划预期的开发任务和建设规模与实际开发任务和建设规模的对照比较与分析。近期工程与控制性工程规划的预期效益及影响与实际效益及影响以及对发展规划影响的对照比较与分析。近期工程与控制性工程实施对下一步规划实施项目的要求，针对其在实际运行中存在的问题，提出解决问题的建议与具体措施。

（5）规划方案实施条件评价。检查和核实规划报告是否经过有关部门审查批准。如果未审查，应分析其原因。分析规划报告提出的规划实施措施是否明确和具有可操作性，其与已实施的措施有何差异及产生差异的原因。分析编制规划所依据的条件的变化对实施规划的影响。对照原规划实施程序检查实际的实施程序，并指出对原规划做了哪些修改和完善。

（6）规划方案与区域社会、经济和环境协调发展相互适应性评价。根据规划实施以来的社会、经济和环境等各方面的发展和变化情况，对以下主要内容进行分析评价：①分析规划方案是否适应国家、地方的发展重点。②是否与不同时期国民经济发展水平和人民生活水平提高的要求相适应。调查分析规划方案已实施项目对区域经济、社会发展和行业经济发展已产生的影响及展望；对提高人民生活水平、增加就业等已带来的影响及展望。③对环境、自然资源利用和生态平衡等已带来的影响及展望。分析判断规划已实施项目是否能持续发挥投资效益，提出维持项目持续发挥效益所必需的内、外部条件和需要采取的措施。调查规划方案受益部门、受益地区和受损部门、受损地区及有关主管部门对规划方案及其实施情况的评价、意见和建议。

（7）管理评价。调查分析区域管理的特点、现状及存在的问题。结合当前区域管理体制改革的要求，提出改进当地规划管理的措施及相关政策建议。

（三）规划实施评价的机制

1. 建立规划实施效果跟踪评价机制

长期以来，中国各级规划工作中重视规划编制的最终成果，即规划文本、图件和说明书，相对忽视规划实施效果，更缺乏必要的监督、检测与评价机制，从而导致规划实施结果与规划目标相差很大，出现既定目标难以实现的尴尬境况。建立区域规划的跟踪评价机制，是实现区域规划目标、检验规划实施效果与质量的重要手段，同时也是转变政府职能，实现责、权、利相统一的重要手段。建立科学、公正、可操作性强的指标评价体系，及时对规划实施状况进行定量评判，既要对规划期间不同实施阶段进行定期评价，又要对期末规划最终实施结果进行总体评价，总结规划实施过程中的经验与教训，为下一阶段规划工作的制定与实施积累经验。对规划实施结果的评价，主要是对已付诸实施的规划在实施了一段时间后所形成的结果，与原规划中的内容相对照，判断规划是否得到真正实施所进行的评价。主要内容包括：①建立区域规划动态监测与预警系统；②确立相应的评价指标体系或标准对规划方案进行动态监测检查；③评价与反馈——对规划方案与内容做出必要的调整、补充或修改；④规划期末进行最终评议，规划编制与执行机构进行总结并提出下一阶段的规划建议。

2. 规划跟踪、监测与评价过程的重点

对规划实施进行动态监测、预警与反馈。过去，中国的规划大多是一种静态规划，规划目标一旦确定就很少进行修改。事实上，规划工作是一个开放的巨系统，由于大量的不确定因素的存在，特别是市场经济条件下瞬息万变的市场环境将极大影响规划目标的实现，并进一步影响到规划的实施效果。因此，必须建立起一种动态、弹性的规划编制、实施及评价体系。

（1）监测。建立规划的监测体系，对不同阶段的规划实施情况进行定期检查；汇总有关监测数据，对数据进行分析、处理，得出监测结果；对监测结果进行综合评判，及时上报相关单位。

（2）预警。建立规划预警指标系统，做到早发现、早处理，化解风险于未然。

（3）反馈。将预警信号和监测数据及时、准确上报给规划执行管理部门和领导小组（自下而上），分析应对措施并对相应的规划目标及时进行修正（自上而下）。通过这种自下而上和自上而下的互动，保证规划目标顺利实现。

二、规划实施评价的程序及方法

（一）规划实施评价的程序

1. 规划实施评价机制的建立

（1）确定评价对象、范围，收集资料。在实施评价过程中，信息的采集是实施评价分析的基础。评价中使用的信息，除了规划管理文件、统计数据、研究报告、相关的工程文件外，还有来自问卷调查和面访调查的信息。

（2）建立规划实施评价的指标体系。建立合理的指标体系，是规划进行综合评价的关键。在选择指标时，要从实施评价的任务和评价对象的特点出发，尽量选取较少的指标反映较全面的情况。为此，所选指标要具有一定的综合性，需遵循有效性原则、特异性原则、可靠性原则、可得性原则、可操作性原则和延续性原则。

（3）选择适当的评价方法，确定评价标准。规划实施评价的方法可参照项目后评价的方法，主要有对比分析法、模糊层次分析法、逻辑框架法以及定量分析与定性分析相结合的方法等。评价标准是规划实施水准与进度的数量反映，由于区域间社会经济发展状况的差异以及地区自然条件的不同，确定统一的评价标准是不现实的。

（4）建立评价模型。在充分分析和调研的基础上，建立规划实施评价模型，输入相关资料和数据，进行实施评价，得出规划实施评价结论，对评价结论进行分析，并指出不足之处及规划修订完善的建议。

（5）撰写规划实施评价报告，提交实施评价工作成果。作为实施评价的最后一个环节，实施评价报告主要章节应包括概述、过程评价、经济评价、影响评价、可持续性评价、综合评价、评价结论和建议等。

2. 规划实施评价的组织实施

（1）确定评价工作的负责单位。按照有关规定，由具体单位组织开展规划中期评价工作。掌握规划评价的进度，通过定向委托或公开招标的方式选择中期评价的具体承担单位，并协调各地各部门积极配合规划评价工作；规划评价报告最终由负责单位报送主管部门审批。

（2）充分发挥规划专家委员会的作用。由各领域人士组成委员会进行规划评价的方式是一些发达国家的通常做法。例如法国成立由总理主持的11位专业独立人士组成的全国评价委员会，负责规划评价工作；全国评价委员会通过与规划总署（法国规划的编制机构）协调建立评价机构，会同相关的政府部门共同确定规划评价方案和评价费用预算，跟踪规划实施情况，并确认项目费用落实情况等，最后出具评价报告；专家委员会对规划评价中的重大问题提供决策参考，协助解决评价中存在的重大理论与实践问题，对评价报告质量进行把关等。

（3）委托“第三方”开展评价。国内外的经验表明，为保证评价的客观公正，需要由“第三方”进行规划评价，“第三方”是指既非“规划编制者”又非“规划执行者”。“第三方”应具备如下的条件：熟悉规划纲要，熟悉全国经济运行实际情况，可以组织相关领域的研究机构开展评价。可以通过公开招标或定向委托的形式选择“第三方”，“第三方”可以是本土大型综合性咨询机构，也可以是符合条件的国外专业咨询机构。“第三方”对规划评价报告质量具体负责，并撰写规划评价的总报告。对新农村建设、新兴工业化道路、社会发展、文化建设、国防外交等专业领域，可依靠专业研究机构进行评价，并撰写专题评价报告。

（4）评价报告的报批。评价报告由负责单位报送主管部门进行审批。有关部门应重视中期报告的建议，对于规划得当但执行不力的内容，尤其是偏离战略意图的内容，应逐步建立责任追究机制。

（二）规划评价的方法

在借鉴国外后评价方法的基础上，应逐渐建立符合中国国情的规划评价方法，主要方法概述如下：

1.“前后对比”和“有无对比”法

一般情况下，“前后对比”法是指将项目实施之前与之后的情况加以比较，以确定项目的作用与效益的一种对比方法。在实施评价中，则是指将项目前期阶段的可行性研究和经济评价的预测结论与项目的实际运行结果比较，以发现变化、分析原因的一种对比方法。“有无对比”是指将项目实际发生的情况与假定无项目可能发生的情况进行对比，以度量项目的真实影响和作用。由于对项目的影响不只是项目本身的作用，因而对比的重点是要分清项目本身的影响和项目以外非项目因素的影响。这种对比用于项目的效益评价和影响评价中，是实施评价的一个重要方法。

2. 模糊层次分析法

模糊层次分析法是利用模糊数学的原理，把定性和定量指标相结合的决策分析方法，其最大特点是将定性指标数量化及各项指标无量纲化，使定性指标和定量指标有机地结合起来，从而反映被评价项目在社会、经济、环境等方面的综合效果。

3. 逻辑框架法

逻辑框架法（logical framework approach，LFA）的基本思路是：将项目中几个内容紧密相关、必须同步考虑的动态因素组合起来，通过分析它们之间的关系，从设计策划到目的目标等方面来评价一项活动或工作。由于逻辑框架法能明确地阐述项目设计者的意图，分析各评价层次间的因果关系，并适用于不同层次的管理需要，已成为实施评价的主要方法。

除上述主要方法外，目前在实施评价中采用的其他方法还有数据收集法、统计预测法、风险型决策分析法、经验判断法、数学分析法、试验仿真法等。

4. 多视角评价

为使评价全面客观地反映实际，在评价方法上，注重“三个结合”：一是自我评价和“第三方”评价相结合。一方面组织相关部门对规划实施情况进行评价，为规划综合评价奠定重要基础，另一方面委托“第三方”开展独立评价，为综合评价提供重要参考。二是传统评价方法和现代评价方法相结合。在运用对照比较等传统评价方法的同时，积极采用模型分析、公众调查等现代评价方法和手段，针对规划实施以来的总体情况和市民关注的问题，组织开展大规模的问卷调查，了解社会公众的感受及评价。三是定性和定量评价相结合，力求评价的客观准确。

（三）规划实施评价中的公众参与

1. 社会公众参与的必要性

在市场经济条件下，由国家、地方政府、开发商和民众等构成了多元化的利益格局，各主体有着互不相同的价值取向和利益追求，区域规划要兼顾各方利益，其中一个关键环节就是要将规划工作由单纯的政府行为转向政府与公众互动的民主政治行为，要建立一种开放的公众参与制度。

20 世纪 30 年代有关市场与政府关系的争论使得治理（governance）理论范式出现了。它是一种由许多不具备明确等级关系的个人和组织，以多极对话、多方协调和多渠道沟通为手段进行合作解决冲突的工作方式。“治理”越来越成为国外规划过程中一个明确的理念，并成为一个融入了公众参与的不可替代的工作方式。公众参与源于美国。20 世纪六七十年代，美国城市发生了非常尖锐化、情绪化的公众参与浪潮。当时黑人大量涌入城市，尤其是美国东岸的城市。市政府手足无措，非但没有能力提供一般城市服务，反而在黑人眼中成了白人权利的代表、黑人的压迫者；而白人中产阶级所住地区的市政服务水平下降，他们认为市政府收了税就要提供服务，否则就要下放权力，由市民去自治。公众参与成为由下而上消化这种不满的手段。

美国、日本、德国、加拿大等国在规划编制的各个阶段允许各方人士参与，使规划保持了较高的透明度和参与度。例如英国法律规定，在规划编制过程中，必须有三个月公众参与的阶段。德国的法律规定任一地区的规划方案定案前，必须有一个月的时间广告市民。而日本在“五全综”的制定过程中召开了近百次规划会议、国土审议会，45 位委员中包括参、众两院议员、学术界代表、民间经济界代表、公益团体代表、金融机构代表、消费者代表等，广泛动用社会各界智慧，广泛听取国民和地方政府以及中央各部委的意见，确保规划更具现实性和可操作性。

2. 社会公众参与机制的分析评价

社会公众参与机制的建立，应对其参与规划编制与实施的形式和范围做出制度化保障，明确规划程序中公众的职责和权益。在规划编制阶段，充分发挥公众在规划决策中的作用，改变过去公众基本上停留在规划编制成果的公示层面、只是规划的被动接受者的局面，提高其代表性、典型性和参与程度，加强社会公众对规划实施的监督。通过建立规划公示制度、规划管理公开制度，完善规划参与、公告、听证程序，使规划管理的各个步骤都体现公开透明的原则。公众的主要职责是，对规划行政主管部门和执行部门在规划具体实施过程中进行监督，监督政府有无违背规划决策行为，监督规划具体落实情况，使政府行为有监督机制，督促政府决策更加公开化、透明化和民主化，促使政府部门公正执法，提高工作效率，制约和避免各种违反规划行为的发生，并对规划执行情况提出意见和建议，促进规划的实施。

保证恰当且系统性的公众参与机制，可以从以下方面进行评价：①任何建议在送审之前必须经过公众听证。②正式的听证记录和获得它们的公开途径。听证会上或来信提出的问题和观点应记录下来成为正式记录的一部分；应有一个公开的记录中心，在那里记录公开对外。③在当地建立一个公开的项目和功能区划的信息中心。④有公开的途径可以参与规划委员会和会议听证（比如通过电视转播和/或县居民直接参加这样的会议）。⑤对于建议的投资（公共的或是私人的）和可能影响当地居民利益的土地利用规划或区划条例的修改要提前通知公众。⑥地方发展规划、功能区划条例和这些规划或条例的任何更改都应在通知公众之后送交规划委员会决策之前与利益团体进行协商。⑦对按正常程序和经规划批准因公共目的而被征用的土地或私人资产的补偿原则应当建立在公平的市场价格的基础上。⑧上诉程序。如果当地居民反对规划委员会关于规划、规划修订或补偿的决定，他们有权利在法庭上诉。⑨在规划最终完成前，所有大区域内事务都应当与相邻的行政区域进行协商。

第二节　发展规划实施评价的组织实施

一、发展规划评价的实施主体

（一）规划实施主体及实施模式

1. 政府在规划实施中的主体地位

现代规划是以一定时间尺度范围内的资源为规划对象，根据国民经济与社会发展的总体部署和区域发展的具体条件，以优化资源配置为手段，以“以人为本，综合、协调、全面、可持续发展”为目标，以资源综合开发、经济合理布局、社会人文全面发展和环境综合保护为主要内容，通过一定的编制程序，提出区域发展的整体布局方案和中长期发展蓝图，为制定区域政策、指导政府和社会的发展行为提供具有法律效应的科学依据。

规划是市场经济条件下国家实施宏观调控、增强国民经济与社会发展的空间指导、提高资源空间配置效率的重要手段，是集中体现政府及社会的发展价值取向和发展规划理念的重要载体。因此，政府是规划组织与实施的主体。规划在突出空间性、综合性、战略性和地域性特征的同时，明确指导性、引导性、强制性等不同政策手段与可调控资源的对应关系，并通过实施引导性的政策措施，使规划从被动执行转变为主动引导，成为政府加强宏观调控的有效手段。

在现代社会经济发展中，政府通过各种宏观调控手段，以实现国民经济社会的协调、均衡和持续发展，包括总量调控、结构调控和空间调控。空间调控是政府克服市场失灵带来的区域社会经济、生态环境以及空间失衡问题，促进规划对象的总体协调和可持续发展的基础手段。总量调控和结构调控最终都要落实和体现在空间调控上。随着中国特色社会主义市场经济体制的逐步建立，行政区的经济功能趋于淡化，国民经济宏观调控的空间模式将逐步过渡到以经济区为主的模式上，越来越多的空间发展布局和区域发展协调问题需要政府来统筹解决，需要跨行政区域联合解决，规划将在中国社会经济发展中发挥越来越重要的作用。

2. 规划实施模式

在世界上，由于各个国家在社会制度、经济体制、文化背景、自然禀赋等方面存在很大的差异，由此导致生成不同的区域规划实施与运作模式。概括来说，可以分为政府控制型、政府主导型和市场主导型三种类型（见表8-1）。规划工作程序在各国呈现出不同的地域特点。

表 8-1　　规划生成模式类型

类型	代表性国家	参与主体	实现手段	调控特点
市场主导型	美国	州、自治市政府、市民、企业、非政府组织	经济政策法律手段	仅具有引导性，对企业约束力较弱

续表

类型	代表性国家	参与主体	实现手段	调控特点
政府主导型	德国、英国	联邦政府、州政府、市民、企业、非政府组织	法律手段、经济政策、行政法规	较强的指导性，对企业有一定限度的约束力
政府控制型	日本、中国	中央和地方各级政府、专业技术人员	直接的行政手段、经济和法律手段	指令性为主，对企业具有很强的约束力

（二）规划实施主体的特点

1. 主体的层次性

管理范围和实施规划的有效性是不同类别部门制定各种类型规划的主要依据。不同级别的政府部门只能负责制定面向本管辖区的规划。

（1）中央政府及中央直属机关一般面向全国，或者超越省、直辖市、自治区和特别行政区的范围，因而规划一般是具有全国意义的。而省、直辖市、自治区和特别行政区面向管辖区范围内，规划主要是为解决辖区内的问题，谋划辖区内的发展蓝图。相应的，县乡政府部门根据其管理的范围和实施的可行性程度制定规划。

（2）中央政府及中央各部委、机关所制定的规划主要包括：国民经济和社会发展五年规划、面向全国的各类综合性规划、涉及不同省区或重点特殊区域的区域规划以及面向全国的重点专项规划和行业规划。

（3）省、自治区、直辖市制定规划主要包括省（区、市）国民经济及社会发展五年规划、省市区各类综合性规划、区域规划、专项及行业规划。

（4）基层政府因管辖范围和管辖领域较小，以及在“财”“税”方面的宏观调控能力较弱，为避免重复建设，适合制定的规划主要是涉及人口、环境、土地、教育等方面的综合性规划和区域规划。建议撤销市（地级）、县级行业规划，代之以区域规划或区域发展规划，因此行业规划是中央及省级政府专门制定的规划。

（5）有些规划涉及不同政府部门或不同的行政区域，因此需要彼此之间合作，建立跨省市、跨部门的合作机构来制定规划，并合作进行实施。

2. 主体职能差异性

应逐步厘清中央政府与地方各级政府在规划方面的职能分工。全国性的交通基础设施、跨流域调水以及中央财政安排的重大建设项目等，应由中央政府编制规划。主要由地方政府负责编制的管辖区内的交通基础设施、城镇体系建设与布局、资源开发与利用、环境保护等内容，中央政府不再编制规划，但可以通过必要的法律、经济或行政手段约束地方政府行为，规定地方政府规划在什么领域、在什么情况下，不能与中央政府的规划相冲突。在此基础上，赋予地方政府，特别是基层市县政府更大的规划权限。

3. 决策主体多元化

随着科技、信息的发展以及社会中各种正式、非正式力量的成长，人们所崇尚与追求的最佳管理和控制模式往往不是集中型的，而是多元、分散、网络型的。反映到规划制定方式上，则表现为由政府部门制定并负责向政府、企业、国民、非政府组织、非营利性组织共同参与和分担责任的方向转变。管治理念在区域规划编制与实施管理中的应用成为区域规划发展的必然。例如，欧盟执行区域规划的行为主体主要是欧洲委员会、部长理事会、欧洲议会、区域委员会以及国家、区域和地方当局。欧盟最基本的法律和政策提案（proposals）都是由委员会提出的，而提案只有在经过部长理事会通过后才能成为法律，因此这两个机构的地位是最重要的。全部提案在通过前需要经过几个阶段的研究，参与其中的重要机构包括常任代表委员会（corper）、欧洲议会和区域委员会。欧盟的规划和政策都广泛涉及非政府组织、说客、专家与代表团和国家政府。在区域政策方面，欧盟建立了空间发展委员会（committee for spatial development）、空间研究机构合作网络等官方顾问与支持机构。这些机构行使职权只能在所有成员国批准的条约制定的权利与义务范围内，职能范围扩大需要修改条约。

二、不同类型规划的实施评价

（一）总体发展规划的评价

1. 发展规划的论证研究

国家级发展规划和省级发展规划应当送同级规划咨询委员会进行论证，市县级总体规划可以委托省级规划咨询委员会或者其他有资质的社会中介机构进行论证。

在规划论证的过程中，要充分发挥专家的作用，提高规划的科学性，应组建由不同领域专家组成的规划专家委员会，并在规划编制过程中认真听取专家委员会的意见。规划草案形成后，要组织专家进行深入论证，规划经专家论证后，应当由专家出具论证报告。

未经论证的规划草案不得上报审批。

2. 发展规划的审查批准

国家级发展规划和省级发展规划在送审之前，应当提交同级人民代表人会有关专门委员会预审，并听取同级政治协商会议的意见。

发展规划草案经同级人民政府审查后，由人民政府在规定期限内报请同级人民代表大会审议批准。

规划编制部门向规划批准机关提交规划草案时，应当报送规划编制说明、论证报告以及法律、行政法规规定需要报送的其他有关材料。其中，规划编制说明要载明规划编制过程，征求意见和规划衔接、专家论证的情况以及未采纳的重要意见和理由。除法律、行政法规另有规定以及涉及国家秘密的外，规划经法定程序批准后应当及时公布。未经衔接或专家论证的规划，不得报请批准和公布实施。

3. 发展规划的实施

国民经济和社会发展规划草案经全国人民代表大会批准后，由国务院负责组织各级政府，经济管理机关和企业贯彻执行。规划的下达和落实，是把国家总体规划分解下达到各部门和各省（自治区、直辖市），并逐级采取不同形式下达到实施规划的各个单位。

组织规划实施是国民经济规划管理工作的关键阶段。保证国民经济和社会发展规划任务的顺利实现，是政府、企业和广大劳动者的共同职责。组织国民经济规划实施工作的内容包括规划下达的形式、规划实施的社会机制的运用、规划实施过程中的协调工作、规划实施的信息管理及规划实施中的调控等。

（二）区域及专项规划实施评价

1. 区域规划评价

区域规划草案在报请人民政府审查前，应成立专门的规划咨询审议委员会进行论证审议。委员会成员应包括专家、当地官员、上级单位领导等，以评审会、通讯等方式对规划方案进行论证，形成书面评价意见。

在规划咨询审议委员会工作的同时，应征求下列组织和个人的意见：①区域内下一级人民政府和同级政府有关部门；②区域外相邻地区人民政府；③有关方面的专家；④区域内其他公民和组织。征求区域内其他公民和组织的意见，应当采取将区域规划草案征求意见稿公布的形式。

规划编制单位根据规划咨询审议委员会的意见，并参考其他组织、单位、个人的意见，对规划方案进行修改；如果确有必要，可再送交规划咨询审议委员会进行审议。审议通过后，报请有关部门进行审批。

2. 区域规划审定与公布实施

国家区域规划草案经国务院审查后，提请全国人民代表大会常务委员会审议批准。省级区域规划草案经省级人民政府审查后，提请省级人民代表大会常务委员会审议批准。

国家区域规划由国务院总理签署国务院令公布。省级区域规划由省长或者自治区主席或者市长签署命令公布。

规划实施是区域规划工作的关键阶段。规划的实施有赖于各部门、各经济主体的积极性和主动性，而这种积极性和主动性归根到底是建立在认识和利益一致性的基础上的。只有在矛盾充分暴露，通过协商、调解达成共识，尽可能寻求利益的结合点、一致点时，才能获得各方面执行国家规划的积极性和主动性，从而提高国家规划的有效性。

就多数规划内容而言，凡只涉及全国情况的规划对部门和地方没有必要进行指标分解，全国规划对部门和地方规划的影响主要体现在发展方向的指导和政策框架的限制上；凡同时涉及全国和相关部门和地区的规划，如果在全国规划中已经列出指标数值，那么在落实到相关部门和地方时，要与部门和地方相关部门协商，指标分解采取一对一的谈判方式加以落实。

建立规划协商制度，保证规划的顺利实施。对于不同层次间及同一层次内不同部门的协调，应建立正常、严格的联席协调会议制度。对于政府与企业之间的规划协调，必须建立社会协调商议制度。

3. 专项规划的实施评价

专项规划完成后，向委托单位提出评审的申请。委托单位通常采用会议审查的方式组织相关专家对规划进行论证和审议。规划成果应在会议召开前送达评审人员审阅。专项规划的评审需经全体评审人员讨论、表决，并有半数以上评审人员同意，方为通过。评审意见应形成文字性结论，并经评审小组全体成员签字，评定意见方为有效。

规划环境影响评价的审查是规划审批的重要依据。审查小组应当客观、公正、独立地对环境影响报告书提出审查意见。审查意见应当经审查小组四分之三以上成员同意，方可通过。规划环境影响评价的审查意见应当包括下列内容：基础资料的有效性，评价方法的适当性，环境影响分析、预测和评价的可靠性，预防或者减轻不良环境影响对策和措施的有效性，公众意见采纳与不采纳情况说明的合理性，环境影响评价结论的科学性。

专项规划文本、图件及附件，经规划评审会议讨论通过并根据评审意见修改后，按有关规定程序报批实施。规划实施指规划报批以后用于指导规划领域发展的实践。应对规划的实施过程进行跟踪分析和监督检查以确保能够实现规划目标。监管的依据为规划中的约束性指标。一旦发现问题要立即采取补救措施，把专项发展进程拉回到规划限定的轨道上来。专项发展规划如果需要调整和修改，应当先对规划的实施情况进行总结，对修改的必要性进行论证，并向原审批机关提出专题报告。修改后的专项规划，应当按照法定程序报批。

三、规划内容的调整修订

（一）规划风险与规划调整的可行性

在地方和区域发展过程的一般规律和普遍过程之外，由于空间区域的发展过程存在客观的不确定性和多样性，其发展变革及其影响因素形成大量的规划风险，这就要求对规划进行检测、调整和再规划。

一般而言，对规划进行调整主要是在规划执行过程中，通过规划实施程序中的检查机制、监督机制、推进落实机制加以实现并完善的。规划实施完成后要对项目的作用进行评价，以此来检验该规划是否能适应情况的变化，例如土地利用结构调整和土地利用规划一般每 5 年进行一次。实践中再规划就是在现有规划基础上重新进行规划。在规划实施一段时间后，实施中如果存在问题就会逐渐暴露出来，情况变化必然对规划内容产生影响，因此要对现有规划进行再规划，以满足情况变化的需要。

（二）规划调整的步骤及程序

规划调整工作必须通过实地检查、调研分析、会议交流、专家座谈、社会访询等方法和形式开展，一方面总结规划实施的进展与成效，包括规划各项任务的执行情况、规划各项指标的完成情况、规划实施各项政策措施的落实情况等；另一方面要分析规划实施的问题与面临的新形势，剖析完成规划任务和实现规划目标存在哪些主要问题及其原因；最后提出规划调整、实施和完善的政策建议。

1. 确立规划调整和实施的主管机构

确立规划的主管机构后，为了避免部门的局限性，要特别注意与相关部门的密切合作，共同完成规划的制定和实施。规划经由各地方人民代表大会表决通过，由当地政府报上一级政府审议后实施。在规划实施过程中，规划主管机构负责规划执行情况的监督检查、信息反馈、问题汇报和及时纠正等。

2. 建立规划指导委员会和管理办公室

规划委员会由主管机构的主要领导或分管副职任主任，成员由相关管理部门的公务要员组成，同时吸收专家和公众参与。规划指导委员会是一个领导和协调机构，负责制定规划的重大决策，而具体的办事机构则设在主管机构。其职责是：统筹协调部门之间、地区之间的利益关系，主要针对规划编制实施过程中可能出现的问题和新情况，进行政策和措施的制定和科学调整，保证规划顺利编制和实施。

在规划指导委员会的架构下，成立负责实施规划的常设机构——规划管理办公室，按照专业、公正、精简、高效的原则配备人员，其职能主要有：①组织定期修编规划，原则上每 5 年修编一次；②参与区域内专项规划的审议，参与区域性重大建设项目选址的审议；③向社会各界提供关于规划的信息，组织和倡导公众参与规划，并为地方政府提供技术协助；④调解各地方政府、省直属部门的不同意见和纠纷；⑤对规划实施情况进行跟踪监测，每年向政府及规划指导委员会提交规划实施评价报告，争取该报告在当地国民经济和社会发展规划报告中具有相当分量地向各地方人民代表大会及其常委会汇报，经审议通过后上报，并适时向社会公布。除了对规划重大事项做经常性和特殊性汇报外，每年提交的规划执行情况年度报告，应主要包括规划实施情况、目标进展程度、规划执行过程中遇到的重大问题和需要中央各部门、各省区市人民政府协调的重大事项等。

3. 建立规划咨询机构

规划咨询机构主要由经济、法律、区域、土地、矿产、海洋、环境等方面的专家组成，并吸纳非官方的中介机构、知名企业和民间组织参与，其是一个非官方组织，独立于各部门和各地区之外，代表经济和社会活动的各个阶层的利益。充分发挥其在协调各地区企业、政府间的作用，在规划编制阶段，提出决策参考意见，减少规划决策失误；在规划实施过程中，提供咨询，对规划执行中出现的新情况，提出改进意见和建议。

4. 建立规划实施的监督管理机制

在规划实施过程中，要对实施的状况、效果和环境变化等进行监督、测定和分析，需要建立层次多样、互为补充、及时有效的规划实施监督管理机制，保证规划顺利实施。可以从纵向监督管理、横向监督管理和公众监督管理三个方面，构建规划实施的监督管理体系：一是国家对规划实施的监督管理；二是各级人民政府、各地方人民代表大会及其常委会对规划实施的监督管理；三是社会公众对规划主管部门和执行部门的监督。监督管理的重点应包括：一是规划方案中确定的资源优化配置，人口、产业、城镇合理布局，交通、能源、水利、通信等区域性重大基础设施、重大工程等的落实情况；二是自然生态保护和环境治理等综合整治目标和任务的实现程度；三是规划实施过程中可能出现的资金使用、区域协调等其他问题。

5. 基于规划目标的实施，建议完善地方政府、职能部门考核体系

规划实施的关键是政府，特别是地方政府的配合和重视。政府考核的出发点是促进政府完善公共服务职能，实现区域统筹协调发展。

6. 加强社会公众对规划行政主管部门和执行部门的监督

在规划实施阶段，加强社会公众对规划行政主管部门和执行部门的监督。

拓宽社会公众参与规划管理的渠道与途径。坚持开门搞规划，广泛动员地方公共团体、民间团体、居民积极参与，强调“政产研”相结合，使不同利益阶层享有均等的机会和发言权。在规划编制与实施前后，可以通过规划方案公示、标牌、标语、条幅、电视广播、座谈会等形式专门进行宣传（涉及国家机密的除外），在政府网站上以问答咨询的形式向社会公众宣传规划的具体规定、规划管理的主要手续和具体措施，为公众参与规划、了解规划和遵守规划创造有利条件，真正使研究工作和规划编制实施工作成为全社会集思广益、统一思想、形成共识的过程，保证规划顺利实施。

附录一

中咨公司发展规划咨询业务导则[1]

1 总　　则

1.1 目的

以规划引领经济社会发展，是党治国理政的重要方式，是中国特色社会主义发展模式的重要体现。科学编制并有效实施各类发展规划，阐明建设社会主义现代化强国奋斗目标在规划期内的战略部署和具体安排，引导公共资源配置方向，规范市场主体行为，有利于保持国家战略的连续性、稳定性，集中力量办大事，确保一张蓝图绘到底。做好规划研究、编制、评估等专业咨询服务工作，是公司实施“12445”发展战略，履行公益性中央企业专业使命，建设国内有权威、国际有影响的中国特色新型高端智库，促进咨询业务创新的重大举措，对公司高质量发展意义重大。

为适应咨询市场环境变化及政府职能调整为公司发展提出的新机遇、新要求、新挑战，满足投融资体制改革和规划咨询服务高质量发展的需要，系统总结发展规划咨询业务经验，明确发展规划咨询业务的主要领域、整体策略、重点方向、工作流程和管理举措，推动公司规划咨询业务不断拓展和优化，提高发展规划咨询成果质量，制定本导则。

本导则所称经济社会发展规划，是指政府有关部门组织编制，用于指导某一地区或某一领域今后一定时期国民经济和社会发展的战略部署和具体安排，是政府部门履行经济调节、市场监督、社会管理和公共服务职能，加强和改善宏观调控的重要手段。其中，针对国家或省市县纲领性、综合性的总体规划称

[1] 本导则供中咨公司内部使用，并根据情况变化适时进行修改完善，相关内容仅供参考。

发展规划或五年发展规划，针对空间布局的规划称国土空间规划，针对特定领域的规划称专项规划，针对特定区域范围的综合规划称区域规划。

公司开展经济社会发展规划咨询工作，应按照新发展理念的要求，遵循在注重投资效益、规避投资风险的同时，更加注重经济社会可持续发展的咨询理念，充分发挥跨行业、多学科的综合优势，以项目咨询支撑规划咨询，用规划咨询指导项目咨询，总结完善规划咨询的理论方法，逐步建立具有公司特色、体系完整的规划咨询业务模式，提升公司在该领域的核心竞争力。

1.2　术语与定义

1.2.1　经济社会发展规划

经济社会发展规划是政府转变职能和加强宏观管理的调控器，是引导资源优化配置的指挥棒，是全面协调可持续发展状态的显示器。我国经济社会发展规划按照空间层次分为国家级、省级、市县级，按照规划类型分为国民经济和社会发展总体规划、专项规划、区域规划、空间规划。

（1）总体发展规划。总体发展规划是对规划期内产业经济、科技进步和社会发展等领域所做的全面部署和安排。国家层面的总体发展规划，即中华人民共和国国民经济和社会发展五年规划纲要，是社会主义现代化战略在规划期内的阶段性部署和安排，主要阐明国家战略意图、明确政府工作重点、引导规范市场主体行为，是经济社会发展的宏伟蓝图，是全国各族人民共同的行动纲领，是政府履行经济调节、市场监管、社会管理、公共服务、生态环境保护职能的重要依据。国家发展规划根据党中央关于制定国民经济和社会发展五年规划的建议，由国务院组织编制，经全国人民代表大会审查批准，居于规划体系最上位，是其他各级各类规划的总遵循。国家级专项规划、区域规划、空间规划，均须依据国家发展规划编制。国家级专项规划、区域规划、空间规划，规划期与国家发展规划不一致的，应根据同期国家发展规划的战略安排对规划目标任务适时进行调整或修编。

（2）国土空间规划。国土空间规划是国家空间发展的指南、可持续发展的空间蓝图，是各类开发保护建设活动的基本依据。建立国土空间规划体系并监督实施，将主体功能区规划、土地利用规划、城乡规划等空间规划融合为统一的国土空间规划，实现"多规合一"，强化国土空间规划对各专项规划的指导约束作用，是党中央、国务院作出的重大部署。建立全国统一、责权清晰、科学高效的国土空间规划体系，整体谋划新时代国土空间开发保护格局，综合考虑人口分布、经济布局、国土利用、生态环境保护等因素，科学布局生产空间、生活空间、生态空间，是加快形成绿色生产方式和生活方式、推进生态文明建设、建设美丽中国的关键举措，是坚持以人民为中心、实现高质量发展和高品质生活、建设美好家园的重要手段，是保障国家战略有效实施、促进国家治理体系和治理能力现代化、实现“两个一百年”奋斗目标和中华民族伟大复兴中国梦的必然要求。

国家级空间规划以空间治理和空间结构优化为主要内容，是实施国土空间用途管制和生态保护修复的重要依据。国家级空间规划要细化落实国家发展规划提出的国土空间开发保护要求，由国务院有关部门编制，报国务院审批。国家级空间规划对国家级专项规划具有空间性指导和约束作用。

（3）专项发展规划。专项规划是专门为解决国民经济和社会发展中某一关键问题而制定的规划，是总体规划在特定领域的细化和落实。专项规划既可以是某些产业的规划，也可以是解决社会、生态、文化等领域重大问题的规划。专项规划目标明确、任务具体，同时具有较强的可操作性，是政府指导该领域发展，审批、核准重大项目以及安排投资、制定相关政策的依据。

国家级专项规划是指导特定领域发展、布局重大工程项目、合理配置公共资源、引导社会资本投向、制定相关政策的重要依据，要细化落实国家发展规划对特定领域提出的战略任务，由国务院有关部门编制，其中国家级重点专项规划报国务院审批，党中央有明确要求的除外。

（4）区域发展规划。区域规划是总体规划在特定区域的细化和落实。区域规划以区域空间为基本对象，根据经济社会和环境发展的需要，确定区域内的空间结构、存在状态、功能分布、土地利用、基础设施、环境整治等方面的开发布局与开发建设时序，综合部署各项建设，指导区域、城镇和乡村合理发展，以实现区域经济社会协调及可持续发展。

国家级区域规划是指导特定区域发展和制定相关政策的重要依据，要细化落实国家发展规划对特定区域提出的战略任务，由国务院有关部门编制，报国务院审批。

1.2.2　规划基本要素

各类规划在空间、时间、视角、内容等方面存在较大差异，但具有相同的基本要素。

（1）规划主体。规划主体指承担规划编制和实施任务的组织、机构、单位或个人。规划主体包括执行主体和编制主体。其中，执行主体是负责规划所有相关事务和内容，负责规划实施并对规划实施效果担负最终责任的组织或个人；编制主体是负责规划编制的组织、机构或个人，其受规划执行主体的委托，按照规划执行主体赋予的权利和职责进行规划编制。

（2）规划客体。规划客体为规划对象，是规划所要引导、约束、支持和促进的对象，分为物质客体和非物质客体，例如社会经济发展总体规划的客体是“社会经济”，科技创新规划的客体是“科技”。

（3）规划范围。规划范围指规划对象所涉及和涵盖的领域，由规划客体所确定，是规划编制首先应明确的内容。规划范围包括领域范围和空间范围，领域范围指规划内容涉及的行业、部门、组织、个人等所有利益相关者；空间范围指规划所涉及的地理范围，包括规划所涵盖的地理面积、空间结构、行政区域等地理边界。

（4）规划时限。规划时限是规划实施的起止时间。根据时间长度将规划划分为短期规划、中期规划和长远规划。其中，短期规划一般在 3 年或 3 年以下，中期规划为 5 年左右，长远规划则在 10 年以上。

（5）规划目标。规划目标要反映规划的意义和动机，是规划最基本、最核心的要素，是规划的灵魂。从规划目标的层次划分，包括单一目标的规划和多重目标的规划。在多重目标中，有总体目标和分类目标，共同构成完整的规划目标体系。规划目标又分近期、中期和远期目标，定性目标和定量目标，最低目标、中间目标和最高目标等。

（6）规划任务。规划任务是在规划时限内对规划目标的分解和措施安排，是规划各实施责任主体的任务分工。各规划主体诉求不同，对规划任务的分解方式有所差异，但各项任务必须具备目标相关性及可实施性。

（7）保障措施。保障措施包括对规划实施的工作要求、相关机构和能力建设、政策保障、规划实施追踪和监控、规划调整和修订等。

1.2.3 规划咨询

规划咨询是遵循独立、公正、科学的原则，综合运用多学科知识、工程实践经验、规划研究咨询理论、模型和方法，在经济社会发展规划研究、制定、决策、执行和修订等环节，为规划主体提供的专业咨询智力服务。规划单位正式做出规划决策、执行规划管理之前，为优化规划方案，提高规划方案的可行性，应委托专业机构开展专家论证、公众征询或专题研究等咨询活动。开展规划咨询不仅是规划编制单位提高决策管理水平而采取的主动行为，而且是国家法律法规对政府依法行政提出的明确要求。

1.3 适用范围

本导则主要针对公司以工程咨询服务为基础延伸的规划咨询业务。从服务领域看，主要是为国民经济和社会发展总体规划、国土空间规划、区域规划和专项规划所提供的咨询服务，也包括区域发展战略研究、产业方向选择、重大政策实施方案等“类规划”的咨询服务；从服务内容看，包括规划前期研究、规划编制、规划评估、重大项目谋划、规划中期评价、规划方案调整、规划总结及后评价等咨询服务。

1.4 指导思想

公司规划咨询服务应以习近平新时代中国特色社会主义思想为指导，坚持新发展理念，按照高质量发展的要求，加强规划业务市场拓展，提升宏观研究、产业研究、国土空间研究、数据应用等能力建设。既要重视开展规划理论方法研究，培养复合型、外向型和开拓型规划咨询专业人才，提高规划咨询业务的技术水平和整体质量，又要继续扩展规划咨询业务边界，开拓规划咨询业务市场，创新规划咨询业务模式，开发和利用新技术，建立适应新时代高质量发展需要的规划咨询业务体系。

1.5 基本原则

1.5.1 战略性

全面落实党中央、国务院重大决策部署，体现国家意志和国家发展规划的战略性，自上而下编制各级各类发展规划，对经济社会发展做出战略性、系统性安排。落实国家安全战略、区域协调发展战略和主体功能区战略，明确发展目标，优化产业布局，提升资源配置的质量和效率。

1.5.2　科学性

规划咨询工作所依据的理论必须科学且经实践验证，规划方法必须合理可行，基础数据必须准确可靠；尊重自然规律、经济规律、社会规律和城乡发展规律，因地制宜开展规划咨询工作；调查方法必须有效，规划思路与规划方法应相互协调，规划指标体系设立应系统完整；坚持上下结合、社会协同，完善公众参与制度，发挥不同领域咨询专家作用，改进规划咨询方法，提高规划咨询水平。

1.5.3　前瞻性

规划咨询是对未来发展蓝图的描绘，必须对未来内外环境形成明确的判断，对发展定位和目标形成清晰的图景，准确提出从现状到未来的可行路线，从而为未来的发展进行合理判断。

1.5.4　针对性

规划咨询应找准工作视角，准确把握规划客体发展的规律与趋势，以战略目标为出发点，聚焦解决规划期内主要矛盾、关键问题和薄弱环节，从而推动战略目标的全面实现。

1.5.5　灵活性

规划内容应具有适当的灵活性，而且在经济系统发展的某些突发事件中能够保持一定的可调性，避免因系统中某些要素的突变而使整个规划目标无法达成。

1.5.6　可操作性

规划咨询成果要具有可操作性，要明确规划实施的各项举措，落实规划各实施主体的责任和义务，提出针对编制和实施单位的管理体制、相关政策和资金支持等需求。

2　公司规划咨询业务重点

2.1　聚焦优势领域

根据公司专业优势及规划编制部门需要，加强核心能力建设，聚焦优势领域开展规划研究、编制和评估工作，包括总体发展规划、国土空间规划、专项规划的编制、评估及相关研究等工作。不得脱离公司专业实际盲目承揽相关规划咨询服务。

2.2 总体规划咨询

总体规划是全面指导全国或某地区国民经济和社会发展的纲领性文件，体现了规划期内国家或地方政府对国民经济的主要活动、社会发展等各个方面所做的全面规划、部署和安排，其主要内容是分析规划期内经济社会发展总体态势和发展趋势，提出政府对规划期的发展战略、发展目标和基本方针以及主要领域的发展方向，以及不同领域的协调发展等问题，为相应的专项规划和区域规划提供指导原则和方向。

总体规划是由政府负责编制、实施的规划，政府是规划主体。不同级别的政府部门负责制定面向本管辖区的规划，是本辖区范围内总体规划的责任主体。公司接受委托，开展总体规划的研究工作，重点研究发展背景及存在问题，面临的形势，战略目标和战略内容，经济及产业发展的总体思路，社会、科技、人才、环境的发展部署，经济、社会、人口、资源、环境发展的统筹协调，区域及空间开发的总体部署，规划实施保障等。

2.3 国土空间规划咨询

国土空间规划是对一定区域国土空间开发、保护在空间和时间上做出的安排，是国家空间发展的指南、可持续发展的空间蓝图，是各类开发保护建设活动的基本依据，以土地、海洋、生态等国土空间资源的合理保护和有效利用为核心，统筹生产、生活、生态各类空间要素，优化提升空间效率，实现空间权力公平等。我国将主体功能区规划、土地利用规划、城乡规划等空间规划融合为统一的国土空间规划，包括全国、省、市、县、乡镇级五个层级。

我国国土空间规划包括总体规划、详细规划和相关专项规划。国家、省、市县编制国土空间总体规划，各地结合实际编制乡镇国土空间规划。相关专项规划是指在特定区域（流域）、特定领域，为体现特定功能，对空间开发、保护、利用做出的专门安排，是涉及空间利用的专项规划。国土空间总体规划是详细规划的依据、相关专项规划的基础，相关专项规划相互协同，并与详细规划相互衔接。

全国国土空间规划是对全国国土空间做出的全局安排，是全国国土空间保护、开发、利用、修复的政策和总纲，侧重战略性，由自然资源部会同相关部门组织编制，由党中央、国务院审定后印发。省级国土空间规划是对全国国土空间规划的落实，指导市县国土空间规划编制，侧重协调性，由省级政府组织编制，经同级人大常委会审议后报国务院审批。市县和乡镇国土空间规划是本级政府对上级国土空间规划要求的细化落实，是对本行政区域开发、保护做出的具体安排，侧重实施性。需报国务院审批的城市国土空间总体规划，由市政府组织编制，经同级人大常委会审议后，由省级政府报国务院审批；其他市县及乡镇国土空间规划由省级政府根据当地实际，明确规划编制审批内容和程序要求。各地可因地制宜，将市县与乡镇国土空间规划合并编制，也可以几个乡镇为单元编制乡镇级国土空间规划。

海岸带、自然保护地等专项规划及跨行政区域或流域的国土空间规划，由所在区域或上一级自然资源主管部门牵头组织编制，报同级政府审批；涉及空间利用的某一领域专项规划，例如交通、能源、水利、农业、信息、市政等基础设施，公共服务设施，军事设施，以及生态环境保护、文物保护、林业草原等专项规划，由相关主管部门组织编制。相关专项规划在国家、省和市县层级编制，不同层级、不同地区的专项规划可结合实际选择编制的类型和精度。

详细规划是对具体地块用途和开发建设强度等做出的实施性安排，是开展国土空间开发保护活动、实施国土空间用途管制、核发城乡建设项目规划许可、进行各项建设等的法定依据。在城镇开发边界内的详细规划，由市县自然资源主管部门组织编制，报同级政府审批；在城镇开发边界外的乡村地区，以一个或几个行政村为单元，由乡镇政府组织编制“多规合一”的实用性村庄规划，作为详细规划，报上一级政府审批。

公司接受委托，开展国土空间规划的研究，重点关注以下内容：

（1）国家级空间规划研究，重点内容包括：①分析资源环境承载能力和国土空间开发适宜性；②城镇、农业、生态空间以及生态保护红线、永久基本农田、城镇开发边界等空间开发强度管控和主要控制线的实施；③统筹协调各类空间管控手段。

（2）市县级空间规划研究，重点内容包括：①基础研究，包括现状和风险评估，资源环境承载能力评价；②国土空间开发保护目标与战略；③区域协同发展、陆海统筹；④国土空间布局优化；⑤资源要素保护与利用；⑥城镇发展重点地区空间布局；⑦综合交通体系，包括综合交通发展目标定位及对策、区域交通网络、城市交通设施布局等；⑧安全韧性与市政基础设施布局；⑨历史文化保护与城乡风貌塑造；⑩国土综合整治与生态修复规划，等等。

2.4 专项规划咨询

专项规划是根据总体规划在相关领域提出的总体部署的进一步落实和细化，是针对社会经济发展的关键领域、薄弱环节，为解决社会经济发展中的重大问题而制定的规划。不同的专项规划因关注问题或涉及的领域不同，研究的重点各有侧重。就其共同特点而言，专项规划的主要内容包括：定位及性质判断、现状及问题分析、目标及任务、重点项目及配套工程、投入预算、保障措施和应急预案。专项规划由负责该专项领域的部门或与该专项领域相关的不同部门联合负责编制和管理实施，专项领域的部门或部门联合体是规划的主体。

公司接受委托开展专项规划的研究，主要涉及以下内容：

（1）产业类专项规划，主要包括农业、工业和服务业发展专项规划。工业发展专项规划又包括机械工业、化学工业、煤炭工业、钢铁工业、汽车工业等子规划等。服务业专项规划可以设置金融业发展子规划、旅游业发展子规划等。

（2）基础设施类专项规划，主要包括交通、水利、供水供电、通信、能源等专项规划。

（3）可持续发展类专项规划，主要包括生态环境建设、资源开发与保护、循环经济发展、水土保持与荒漠化防治等专项规划。

（4）社会事业类专项规划，主要包括体育事业、社会福利、老龄事业、教育发展、科技创新、医疗卫生、信息化建设、人才发展等专项规划。

（5）其他类专项规划，主要包括食品安全、安全生产、防灾减灾、气象灾害防治、农村人口转移等专项规划。

2.5　区域规划咨询

区域规划是政府宏观调控地域空间开发利用、治理保护的重要手段。区域规划涉及面十分广泛，内容庞杂，根据不同区域范围，所面临的问题及区域发展目标定位，区域规划的内容和重点存在差异，但基本包括 7 个主要方面：区域总体发展背景及发展战略、总体布局方案、产业布局及空间配置引导规划、城镇体系及农村居民点体系规划、基础设施建设布局规划、水土资源利用及环境保护规划和区域发展政策。区域规划涉及不同行政区的协调发展和统筹安排，因此其规划主体主要是覆盖该区域的上一级政府或者是涉及该区域的所有行政区的政府联合体。

公司接受委托，开展区域规划研究，应聚焦于以下内容：

（1）具有指导性的规划内容，主要包括功能定位、总体布局、专项战略中涉及原则和目标导向的引导性内容；

（2）具有指令性的规划内容，既包括总体布局中具有刚性的内容，又包括专项规划中具有约束性的内容；

（3）设计政策框架，例如引导工业配置空间、资源利用和环境保护等。这些内容可以直接转换为区域综合规划实施的具体措施，或者在国家、地方政府制定区域政策和地方发展战略中作为保障政策被采用。

3　规划咨询的原则和方法

3.1　符合各类规划的功能定位要求

3.1.1　符合统一规划体系建设要求

坚持下位规划服从上位规划、下级规划服务上级规划、等位规划相互协调，以国家发展规划为统领，以空间规划为基础，以专项规划、区域规划为支撑，形成由国家、省、市县各级规划共同组成，定位准确、边界清晰、功能互补、统一衔接的国家规划体系。

3.1.2　发挥国家发展规划的统领作用

提高国家发展规划的战略性、宏观性、政策性，增强指导和约束功能，聚焦事关国家长远发展的大战略、跨部门跨行业的大政策、具有全局性影响的跨区域大项目，把党的主张转化为国家意志，为各类规划系统落实国家发展战略提供遵循。发挥国家发展规划统筹重大战略和重大举措的时空安排功能，明确空间战略格局、空间结构优化方向以及重大生产力布局安排，为国家级空间规划留出接口。科学选取需要集中力量突破的关键领域和需要着力开发或者保护的重点区域，为确定的国家级重点专项规划编制目录清单、区域规划年度审批计划，并开展相关工作提供依据。

3.1.3 强化空间规划的基础作用

国家级空间规划应聚焦空间开发强度管控和主要控制线落地，全面摸清并分析国土空间本底条件，划定城镇、农业、生态空间以及生态保护红线，永久基本农田、城镇开发边界，并以此为载体统筹协调各类空间管控手段，整合形成“多规合一”的空间规划。强化国家级空间规划在空间开发保护方面的基础和平台功能，为国家发展规划确定的重大战略任务落地实施提供空间保障，对其他规划提出的基础设施、城镇建设、资源能源、生态环保等开发保护活动提供指导和约束。

3.1.4 强化专项规划和区域规划的支撑作用

国家级专项规划原则上限定于关系国民经济和社会发展全局且需要中央政府发挥作用的市场失灵领域。其中，国家级重点专项规划要严格限定在编制目录清单内，与国家发展规划同步部署、同步研究、同步编制。国家级专项规划要围绕国家发展规划在特定领域提出的重点任务，制定细化落实的时间表和路线图，提高针对性和可操作性。

国家级区域规划主要以国家发展规划确定的重点地区、跨行政区且经济社会活动联系紧密的连片区域以及承担重大战略任务的特定区域为对象，以贯彻实施重大区域战略、协调解决跨行政区重大问题为重点，突出区域特色，指导特定区域协调协同发展。

省级规划、市县级规划依据国家发展规划制定，既要加强与国家级专项规划、区域规划、空间规划的衔接，形成全国“一盘棋”，又要因地制宜，符合地方实际，突出地方特色。

3.1.5　强化各类规划的衔接协调

建立健全规划衔接协调机制，明确衔接原则和重点，规范衔接程序，确保各级各类规划协调一致。报请党中央、国务院批准的规划，须事先与国家发展规划进行统筹衔接。衔接重点是规划目标特别是约束性指标、发展方向、总体布局、重大政策、重大工程、风险防控等，必要时由国务院发展改革部门会同规划编制部门组织开展审查论证。省级发展规划须按程序报送国务院发展改革部门进行衔接。加强国家级专项规划、区域规划与空间规划的衔接，确保规划落地。

3.2　明确规划咨询工作的原则

3.2.1　坚持宏观视野

经济社会发展规划咨询，应符合规划视野的宏观性、规划思维的战略性、规划布局的均衡性、规划目标的恰当性、规划体系的衔接性、规划内容的完整性、规划过程的参与性、规划方案的可行性、规划实施的可靠性等要求，体现经济社会发展规划的基本特征。

按照发展市场经济和政府职能转变的要求，从政府部门履行公共管理职能、引导社会投资行为的角度，充分发挥规划对加强和完善宏观调控、提高投资效益、规避投资风险、促进资源优化配置的作用，注重供需均衡、产业结构均衡和空间均衡。

3.2.2　坚持市场导向

以完善市场经济运行体制机制为导向，充分发挥市场配置资源的决定性作用，更加注重对市场的深入分析、技术方案的先进适用性评价和产业、产品结构的优化分析。

3.2.3　坚持以人为本

重视分析规划对所涉及人群的生活、生产、教育、发展等方面所产生的影响，提升人力资源价值，关注受益受损群体，维护不同利益相关者的合法权益，促进经济社会和个人的和谐发展。

3.2.4　坚持全面发展

注重分析规划对区域经济发展、产业结构优化、转变经济增长方式、促进社会全面进步所产生的影响和要求，为促进经济社会全面发展服务。

3.2.5 坚持协调发展

注重分析规划的实施对城乡、区域、人与自然和谐发展等方面的影响和要求，确保经济社会发展的协调性和适应性，注重各级各类规划之间的衔接和协调，兼顾当前利益和长远利益、局部利益和整体利益。

3.2.6 坚持可持续发展

统筹考虑规划中的资源、能源节约与综合利用，以及生态环境承载力等因素，关注代际公平及经济社会协调可持续发展，符合建设资源节约型和环境友好型社会的要求。

3.2.7 坚持科学民主

坚持从实际出发，遵循自然规律、经济规律和社会发展规律，强调规划目标的前瞻性与实施方案的操作性相结合，实事求是，因地制宜、因时制宜。在广泛调研的基础上进行分析论证，确保独立、公正、科学、可靠。

3.3 强调规划咨询方法的科学

规划咨询工作应根据咨询研究的内容需要，有选择地采用不同方法进行分析评价，包括：①定性分析与定量分析、静态分析与动态分析相结合；②宏观分析与中观—微观分析相结合；③技术经济分析与社会、经济、资源、环境等综合分析相结合；④必要性分析与可行性分析相结合；⑤方案论证与政策分析相结合；⑥机制调整分析与制度创新分析相结合；⑦对象分析、层次分析与对比分析相结合；⑧正向目标分析与逆向问题分析相结合。

3.4 确保规划咨询指标的选择恰当

规划咨询应根据“目标明确、结构清晰、数据可靠”的思路和“内容全面、易于分析、适用性强”的原则，选择相应的指标进行分析评价。指标的选择应遵循系统性、可测性、层次性、可比性及定量指标和定性指标结合使用的原则，突出重点，反映规划主体（包括行业、区域等，以下简称规划主体）特征及规划目标要求。

明确规划约束性指标和刚性管控要求，同时提出指导性要求。提出实施规划的政策措施、任务分解及落实要求，健全完成规划指标的实施传导机制，确保规划指标体系客观科学。

4　规划咨询工作的组织

4.1　明确规划咨询的基本遵循

规划咨询要以习近平新时代中国特色社会主义思想为指导，紧紧围绕建设社会主义现代化强国宏伟目标，坚持以人民为中心的发展思想，把新发展理念贯穿经济社会发展各领域全过程，按照高质量发展要求，紧紧围绕统筹推进“五位一体”总体布局和协调推进“四个全面”战略布局，使规划更好地体现时代特色、更好地贯彻国家发展战略要求。

坚持目标导向和问题导向相统一，坚持立足国内和全球视野相统筹，坚持全面规划和突出重点相协调，坚持战略性和操作性相结合。注重虚实结合、实用管用，在强调战略导向作用的同时，突出约束力、可操作，使规划可检查、易评估。

4.2　项目负责人资格要求

承担经济社会发展规划咨询业务的项目负责人除具有项目经理资格外，还应符合以下要求。

（1）从事相关领域咨询工作 5 年以上，并主持过 10 个以上相关项目的咨询工作。

（2）具有从事经济社会发展规划报告编制或评估工作的经历，或具备相关规划咨询业务所必需的专业知识。

（3）具有组织相关咨询工作的管理协调能力。

4.3　咨询专家资格要求

参与规划咨询的专家，应满足以下要求：

（1）专家组成员的专业构成应满足相关规划内容咨询工作的要求，重视吸纳宏观经济、区域经济、产业经济、发展规划、社会发展、环境保护、资源利用、法律法规、金融投资等相关领域的专家。

（2）有深厚的专业理论基础和实际工作经验，在本专业领域具有一定造诣，熟悉相关地区或领域的基本情况和发展趋势。

（3）参加过类似咨询工作，具有独立工作的能力，具有合作精神，责任心强。

4.4 规划咨询调研和座谈要求

项目经理接受任务后，应加强与有关方面的沟通协调，全面准确地理解委托方对规划咨询工作的具体要求，同时组织专家座谈。

经济社会发展规划咨询的调研工作包括宏观背景调研、现场调研和重点项目调研。

（1）宏观背景调研，包括对相关领域、区域经济社会发展状况和趋势的宏观背景资料进行收集和分析。

（2）现场调研，应根据不同规划内容和规划主体特点，对相关地区、领域、部门和企业进行现场调研，包括对规划编制单位、规划执行单位、地方政府相关部门、相关企业及其他重要利益相关者的访谈。

（3）重点项目调研，应对规划中所涉及的重大工程项目进行有针对性的现场考察和调研，进行必要的市场、技术和建设条件分析。

通过调研和资料收集，对规划涉及的基础数据资料的真实性和准确性进行核实和验证。如果咨询工作过程较长，定量数据应及时更新。

重视调研过程中的公众参与。经济社会发展规划的咨询工作，应按照规划过程参与性的要求，视不同情况尽可能全面听取有关方面意见。

4.5 规划咨询论证要求

在调查研究的基础上，通过召开规划咨询论证会，组织专家对规划咨询工作中所涉及的重要问题进行充分讨论，广泛听取不同领域专家的意见，并及时与委托方进行沟通，以此作为编写规划咨询报告的重要依据。

在规划咨询论证中，应按照规划衔接性的要求，重视不同规划之间衔接的分析评估，使各类规划协调一致，形成合力。

（1）规划衔接要遵循专项规划和区域规划服从本级和上级发展规划，下级规划服从上级规划，专项规划之间不得相互矛盾的原则。跨省（区、市）区域规划还要充分考虑土地利用总体规划、城乡规划等相关领域规划及国土空间规划的要求。

(2) 省（区、市）级发展规划应与国家发展规划进行衔接，并与相邻省（区、市）发展规划进行衔接，必要时还应评估与相关专项规划的衔接。相邻地区间规划衔接不能达成一致意见的，应提出需要进行协调解决的事项或问题。

(3) 专项规划应与本级发展规划进行衔接，并与本级其他专项规划进行衔接，涉及其他领域时还应与其他相关专项规划进行衔接。同级专项规划之间衔接不能达成一致意见的，应提出需要协调解决的问题。

(4) 跨省（区、市）的区域规划应与国家发展规划、各省（区、市）发展规划和相关专项规划进行衔接。

5　规划咨询报告的撰写

5.1　规划咨询报告的总体要求

5.1.1　规划咨询成果文件

规划咨询成果文件包括编制规划文本、规划评估报告、规划专题研究报告等多种表现形式，应依据法律法规、有关发展建设规划、技术标准、产业政策以及政府部门发布的标准规范等，按照委托咨询合同的要求完成。

5.1.2　规划专题研究论证要求

拓展规划前期研究的广度和深度，深入研究国民经济和社会发展全局性、前瞻性、关键性、深层次重大问题，科学研判发展趋势和阶段性特征，准确把握突出短板和发展方向，研究提出基本思路和解决方案。加强规划内容多角度论证和多方案比选，充分考虑要素支撑条件、资源环境约束和重大风险防范等，科学测算规划目标指标并做好平衡协调，深入论证重大工程、重大项目、重大政策实施的必要性、可行性和效果影响。

5.1.3　规划咨询方式方法要求

按照开门编制规划的要求，提高规划咨询活动的透明度和社会参与度。健全公众参与机制，坚持问需于民、问计于民，广开言路，广泛听取人民群众意见和建议。扩大规划征求意见范围。通过公布规划草案或征求意见稿，充分征求社会公众等各方面意见和建议。综合运用大数据、云计算等现代信息技术，创新规划咨询手段。

5.1.4 严格规划咨询工作程序

按照建立健全规划起草、衔接、论证、审批、发布等制度的要求，规范规划咨询工作方案，重点明确编制依据、进度安排、衔接要求、论证方式和审批机关等。按规定程序做好规划征求意见和内容衔接等工作。按照健全专家咨询论证制度的要求，邀请相关领域专家参与规划论证并完成论证报告。

5.1.5 突出规划引领和政策协同

坚持规划定方向、财政作保障、金融为支撑、其他政策相协调，构建发展规划、财政、金融等政策协调和工作协同机制，完善年度计划落实发展规划的机制，保障国家发展规划顺利实施。

5.2 规划编制报告的内容要求

5.2.1 规划编制研究咨询

应按照委托方的任务要求，结合开展总体发展规划、国土空间规划、区域发展规划、专项规划的工作特点，认真开展专题调研，组织专家论证，编写符合委托方要求并体现公司独立性及专业要求的规划文本及其相支撑的规划研究报告。

5.2.2 规划编制报告的编写内容

可参照以下方面进行，并根据委托方的要求进行适当调整。

（1）针对规划编制进行说明，包括规划任务、内容设置、人员组织、进度控制等规划编制工作方案。

（2）阐述规划背景，包括规划的基础情况，分析编制规划的原因等。

（3）在现状分析以及发展预测的基础上，提出规划目标，包括总体目标和具体目标、阶段目标和最终目标、约束性目标和指导性目标等。规划目标应能充分体现经济效益、社会效益和环境效益的统一，并有合适的指标进行评价。

（4）明确规划指导思想与编制原则。

（5）明确规划重点、配套工程与建设项目。规划重点的确定主要根据规划目标以及目前存在的薄弱环节，一般涉及特定领域，由一系列彼此衔接的具体规划任务组成，具体内容以投资项目和工程建设来体现，提出工程项目建设清单。

（6）明确资金投入与财政预算。根据目标和规划重点以及相关的投资项目和配套工程，估算所需资金的投入规模，提出资金来源渠道，包括中央和地方财政投入、企业资金投入、银行贷款等，保证资金能够到位。

（7）根据规划期限和规划实施的难易程度，以及分阶段目标，提出实施的步骤。

（8）提出规划实施的保障措施与有关建议。

5.3　规划评估报告的内容要求

项目经理应根据规划性质和委托方的具体要求，有选择地确定规划评估报告的内容和论述重点。本办法对规划评估报告的基本形式、重点与深度提出如下要求，项目经理应根据具体情况参考采用。

5.3.1　总论

作为报告摘要，阐述评估依据、背景，概括评估任务的由来以及委托方希望通过评估解决的主要问题、评估的主要过程和所做的主要工作、评估的重点内容及主要结论性意见和建议。

5.3.2　规划目的及必要性评估

阐述以下内容：①规划编制的主要依据及其法律属性和时空特征；②规划主体对国民经济和社会发展的意义和影响；③规划主体面对的外部环境及应对机遇和挑战的意义；④对规划主体自身发展和结构调整、产业升级的意义；⑤对关联地区（或领域）发展的带动作用。在上述分析的基础上对规划的目的及必要性提出评价意见。

5.3.3　基础条件及发展状况评估

通过定性与定量分析相结合的方法，客观地描述规划主体的发展现状、特点和问题，分析其优势条件及主要制约因素。

对总体和区域发展规划的评估，根据委托要求及评估的目的，有选择地重点阐述以下内容：①本地区或区域经济社会发展状况，包括经济总量、速度、结构、投资、财政收支等的现状以及横向和纵向地位，就业、收入分配、教育、卫生、科研等社会发展状况；②区位特点及交通、通信网络等基础设施建设状况；③资源条件、生态环境状况；④市场发育程度和市场开发情况；⑤城市化发展水平和城镇建设状况；⑥当地投资环境状况。

对专项规划的评估，应根据委托方要求及评估目的，有选择地重点阐述以下内容：①规划主体目前所处发展阶段，主要包括该领域整体发展水平、建设规模、发展速度、项目布局、产业结构、投资力度等，以及在国民经济和社会发展总体格局中的地位和影响程度；②分析资源条件及其比较优势，包括资源配置优势、经济存量比较优势和市场竞争优势等，是否具备核心竞争优势；③分析制约今后进一步发展的因素、主要问题及原因。

5.3.4 指导思想、发展思路和发展目标的评估

对指导思想与发展思路的评估，应分析并提出关于规划主体发展战略、指导思想及发展思路的评价意见及调整建议，分析并提出关于规划的功能定位和区域分工的评价意见及调整建议。对发展目标的评估，应提出对规划目标的评估及调整意见。规划目标应符合实际，具有科学性、衔接性、指导性、可操作性，并对总体目标、分层次目标、分阶段目标的适宜性进行分析，评价目标体系的完整性、可持续性及目标优化和调整建议。

5.3.5 规划方案的评估

应以战略思维和长远眼光，对规划在时间、空间上的前瞻性部署进行分析评价。

地区和区域规划应着眼于区域发展一体化，打破行政区界限，优化资源配置，发挥地区比较优势，实现统筹兼顾、协调发展。规划方案应达到可以作为本地区或跨区域重大投资决策和重大发展问题统筹决策依据的深度。根据委托方要求及评估目的，有选择地重点阐述以下内容：

（1）对规划方案与全国或上一级相关规划的衔接性、协调性提出评价和调整意见（宏观调控目标的衔接、重大基础设施及资源开发工程的衔接、政策手段的衔接）。

（2）对规划年度的确定和调整意见。地区规划的战略性与综合性较强，规

划期以5～15年为宜。

（3）对实现地区发展总体目标的支撑性条件提出评价和调整意见（总量、质量、速度、结构）。

（4）对促进区域协调发展的空间均衡性提出评价和调整意见（因地制宜地选择区域空间发展模式，均衡空间开发结构，确立空间开发秩序，促进区域合理布局）。

（5）对提高区域经济竞争力的结构均衡性、技术创新性与实施操作性提出评价和调整意见（完善市场结构体系，优化发展环境，调整经济结构，推动产业创新，扶持特色产业，发展优势产业，推进产业信息化，促进技术进步，发展产业集群，延长产业链，优化产业组织，提高产业和区域核心竞争力等）。

（6）对促进社会与经济协调发展的统筹兼顾事项提出评价和调整意见（以人为本、促进人口素质提高、促进就业、提高收入水平、关怀弱势群体、减少贫困、加强社会保障、促进教育卫生和社会福利事业发展等）。

（7）对促进区域经济协调发展的统筹兼顾事项提出评价和调整意见（推进城镇化和城乡经济一体化发展，打破二元经济结构，带动“三农”问题的解决，优化城镇体系空间结构和功能结构，明确中心城市发展定位，强化中心城市驱动作用等）。

（8）对保护环境、促进可持续发展的统筹兼顾事项提出评价和调整意见（采取有效措施，减少污染排放，强化污染治理，促进清洁生产，提高环保意识，节约资源，降低消耗，保护土地、水和其他各类资源，提高生态环境可持续能力）。

（9）对加强区域开放、促进区域发展一体化的统筹兼顾事项提出评价和调整意见［促进空间开放，积极利用区域或国内外两种资源和两个市场，减少地区壁垒，促进市场一体化，建立区域间发展合作协商机制等］。

专项规划方案应达到可作为本领域项目审批或核准、政府安排专项投资的依据以及制定和实施本领域专项政策依据的深度。根据委托方要求及评估目的，有选择地重点阐述如下内容：

（1）总体方案能否支撑规划目标的实现。

（2）对规划领域在一定时期国内外市场前景分析的可信程度进行评价、论证，强调市场风险的分析判断。

（3）与相关领域、行业的规划在相互衔接方面的协调程度及存在的问题，包括宏观调控目标的衔接、宏观布局的衔接、政策手段的衔接。

（4）对规划年度的确定和调整意见。对于发展目标、重点任务与国内外政治经济环境关联度较强的专项规划，规划期不宜过长，以5年为宜；对与自然条件关联度较强的专项规划，规划期以10～20年为宜。

（5）对建设规模的确定和调整意见。通过对规划指标和状况的分析，测算在规划期内合理的建设规模。

（6）对规划方案在布局方面的评价和调整意见。

（7）对存在重大技术问题解决方案的评价及调整建议。

（8）根据规划目标和支撑条件，对总体方案建设时序提出评价和调整意见。

（9）根据投资计划，对投资估算和资金筹措方案提出评价和调整意见。

（10）对规划方案实施可能对生态环境的正面作用和负面影响及改善措施提出评价意见。

5.3.6 重点项目的评估

应统筹重大建设项目的布局、规模和建设时序，对规划提出的今后重点发展项目提出评估意见。对备选建设项目进行筛选，提出条件比较落实可行的近期备选项目；筛选提出一些可继续进行前期工作的重点项目，供有关方面决策参考。

重点项目的确定应符合以下原则：

（1）重点项目应该是对实现规划目标具有举足轻重影响作用的重大、关键建设工程；

（2）符合该规划领域的发展方向和国家产业政策；

（3）具有良好市场前景，具备较强竞争能力；

（4）预期具有良好的经济或社会效益，或符合特定目标要求；

（5）资源条件具备，技术、资金筹措有保障；

（6）环境条件具备，环保措施有保证。

5.3.7　规划实施对策与风险分析评价

应对实现规划目标的对策措施提出评估意见，包括政策措施、管理措施、体制改革措施、机制与制度创新措施、资金筹措措施、技术创新措施、人力资源开发措施、环境保护措施等多个方面。对策措施的选择应切合实际、协调配套、重点突出、手段明确、具有可操作性。

对规划实施难度和风险进行分析评价，包括政治经济环境及其不确定性的风险、市场竞争风险、技术来源及成熟度风险、人才资源短缺风险、资金保障措施风险、政策性风险等。

5.3.8　主要结论与建议

应提出规划咨询评估的主要结论意见；针对规划存在的重大问题和不足提出调整和修改建议，或提出对该规划予以否定的建议。具体要求如下：

（1）概述部分。阐述评估任务的由来及委托方的主要要求，规划编制的主要目的，评估的主要依据、重点评估内容及主要结论建议。

（2）基础条件及发展状况部分。结合调研情况，阐述规划主体的发展现状及主要特征，分析其优势条件及未来发展的主要制约因素。包括规划主体的基本情况、主要特征、所处地位、发展背景、区位特点、资源条件、基础设施、建设环境、生态环境、城市化水平、比较优势、制约因素等。

（3）发展思路和规划目标部分。按照规划视野宏观性、规划思维战略性、规划目标恰当性等要求，结合基础条件及发展状况的分析评价，提出规划主体发展的指导思想、发展思路、功能定位和规划目标（体系）的评价意见及调整建议。规划目标应符合实际，具有现实性、延续性和指导性特征，并对总体目标、分层目标、分阶段目标的适宜性进行分析评价，提出目标调整优化建议。

（4）规划方案部分。以战略思维和长远眼光，对规划在时间、空间上的前瞻性部署进行分析评价。同时，按照规划目标恰当性、规划体系衔接性、规划方案可行性等要求，对实现规划主体发展目标的投资建设规划总体方案和重点项目投资建设规划方案进行分析评价。

（5）规划实施保障措施和风险分析部分。按照规划方案的可行性、规划实施的可靠性等要求，对规划方案实施可能存在的风险因素进行分析评价的基础上，从政策制定、体制改革、加强管理、机制与制度创新、技术创新、资金筹措、人力资源保障、环境保护等不同角度，提出规避实施风险的措施建议。对策措施的选择应切合实际、协调配套、重点突出、手段明确、具有可操作性。

(6) 主要结论和建议部分。应提出经济社会发展规划评估的主要结论意见，针对规划方案存在的重大问题和不足提出调整和进一步完善的建议。

6 公司规划咨询业务实现流程

6.1 业务来源

公司通过开展规划政策研究、签署战略合作协议等多种途径，积极拓展规划咨询业务范围。主要业务来源包括三个方面：

(1) 接受国内政府有关部门委托开展的发展规划咨询和评估工作；

(2) 接受大型企业集团等相关部门委托开展的发展规划咨询和评估工作；

(3) 接受外国政府和非政府组织委托开展的发展规划咨询和评估工作。

6.2 前期准备

6.2.1 信息、资料的准备

项目经理在接到规划咨询任务后，应及时与委托方进行沟通，提出需委托方提供的资料清单，询问委托方的要求和建议。

项目经理根据规划咨询任务情况，收集、准备有关资料，及时与有关方面进行沟通，为编制《规划咨询工作大纲》做好准备。

6.2.2 《规划咨询工作大纲》的编制和审批

项目经理根据公司质量体系文件及合同文件或委托书的要求，在合同签订后或收到待评文件并经初步审阅认为基本具备开展咨询工作的条件后，及时通过公司业务管理系统编制《项目咨询工作大纲》。

6.3 规划咨询研究

项目经理根据《项目咨询工作大纲》和咨询研究的需要组成专家组，明确专家组成员的分工和职责。对于规划评估项目，需要提前将待评资料发放给专家。

项目经理根据规划咨询研究的需要，组织专家组进行规划研究工作重点和疑难的研讨、现场调研与考察。原则上，所有项目均应进行现场调研。项目经理根据部门“职业健康安全承诺书”的要求做好现场调研过程中的各项职业健康安全防护工作。

根据委托方要求和项目需要，形成书面的《专家咨询意见》和《专家组咨询意见》，形成的《专家组咨询意见》必须反映专家组每位专家的意见，特别是不同意见，原则上所有专家均应在《专家组咨询意见》上签字。确有困难的，在征求每位专家意见后，由专家组长签字。

6.4 撰写报告

项目经理组织专家组成员，对有关信息资料和专家组意见进行汇总、整理、归纳，并进行宏观与微观、技术与经济、定性与定量的论证分析和测算，起草形成规划咨询研究报告初稿。

咨询报告中采用的数据应准确、可靠，对于具有时效性要求的数据，必须采用最新的有效数据。

6.5 评审与签发

6.5.1 部门评审

项目所在业务部门应召开部门项目评审会议，对咨询报告进行全面审议，并提出修改意见。

咨询报告经部门评审后，由综合处负责将评审意见归纳整理，形成《部门评审意见》，经部门主任或经主任授权的分管副主任审核签字后，由综合处录入公司业务管理系统中。

6.5.2 报告修改及核稿

项目经理根据部门评审意见将咨询报告修改后，经部门分管领导审阅签字，填写“公司发文稿纸”，送业务发展部评审办核稿。对于需要公司评审的报告，应纳入公司评审计划，按要求向公司评审会汇报项目情况，并按公司评审意见进行修改完善。

6.5.3 签发

项目经理按业务发展部核稿意见进行修改，并经部门分管领导审阅后，送业务发展部。业务发展部按照咨询报告签发程序的相关规定，将修改后的报告呈送公司有关领导审阅、签发。

经公司有关领导签发的报告形成规划咨询研究报告终稿。

6.6 报告的印刷、包装、检验、保存和交付

规划咨询报告终稿，由办公室根据《公司发文稿纸》上确定的印制份数印制，并负责包装工作，形成规划咨询报告成品。

政府委托的规划咨询业务，待交付给政府委托单位的规划咨询报告成品的保存、保密和交付由办公室负责；相关企业等委托的规划咨询社会业务，待交付委托单位的报告成品的保存、保密、交付由业务部门负责。

6.7 咨询工作总结

6.7.1 财务结算

规划咨询项目完成后一个半月内，项目经理首先应将临时聘请专家的信息录入专家管理信息系统，然后根据“项目支出预算表”的规定，及时到经营财务部办理报销和结算手续。

6.7.2 评价专家工作

规划咨询项目结束后，项目经理对专家的实际工作效果做出评价，在公司业务管理系统中填写“专家工作情况评价表”。

6.7.3 研究资料归档

规划咨询项目完成后一个月内，项目经理按照《公司咨询业务管理系统运行管理办法》的要求，完成项目电子信息资料的整理入库工作。

归档文件包括：

（1）委托合同；

（2）规划咨询项目工作大纲及更改申请表；

（3）规划咨询报告成品、终稿、初稿；

（4）部门及公司评审会议纪要；

（5）项目资料清单；

（6）其他材料。

7　公司规划咨询业务能力建设和风险防范

7.1　规划咨询业务能力建设

7.1.1　规划咨询业务团队的构建

（1）提高内部人才素质。规划咨询业务人员应具有持续学习的精神，通过不断学习新的技术知识来增加咨询研究能力的多样性、灵活性以及个体价值，以适应各类规划工作的要求。

（2）建设外部人才网络。从知识结构、专业技能、职业素质等方面着手，逐步构建和完善规划咨询相关的专家网络，适应更加灵活的项目组织方式，有效补充规划咨询团队力量。

（3）跨界整合团队资源。做好复合型人才的培养，例如定期进行内部业务轮岗，探索与不同领域的专业人才和机构开展合作，寻求规划咨询业务合作和拓展。

7.1.2　规划咨询业务管理制度和评价体系建设

（1）优化项目组织体系。综合考虑市场环境因素、规划项目特殊性以及个体能力，建设与项目要求相适应的组织体系，实现组织结构、岗位职能、人员素质的协同匹配。公司内部应针对规划咨询项目全过程的工作需要，建立相应的流程型或多项规划同步进行的立体型组织结构，合理安排规划人员参与项目实施。

（2）建立管理评价体制。建立适应开展规划咨询业务的管理体系，对参与主体、组织形式、专业分布、专业能力进行系统管理，以适应发展规划咨询业务的要求。同时，对规划咨询业务流程和质量进行评价，建立规划咨询全过程工作规范、评价体系和监管考核标准，促进规划咨询工作的科学、标准和规范。

7.2　规划业务竞争力培养

7.2.1　技术竞争力培养

高度重视规划咨询技术更新和业务创新，在立足传统工程咨询理论方法技术领域的同时，不断更新已掌握的规划咨询技术。在项目执行过程中结合 GIS 技术、BIM 技术、大数据技术等，实现对规划项目咨询的事前、事中和事后管理。通过信息化、智能化、云计算等新技术手段，不断拓展规划咨询业务的地域时空。

7.2.2 全过程咨询竞争力培养

从完善现代工程咨询业务创新体系的角度出发，以规划咨询业务为核心，逐渐向上下游拓展，包括政策法律咨询、工程项目咨询等内容，逐步培养投资建设领域咨询业务链条全过程各环节专业咨询的竞争力。

7.2.3 国际竞争力培养

(1) 坚持拓展海外规划咨询业务。通过分布在不同区域的合作伙伴、媒体等渠道收集项目信息，并加以研判，对项目可行、风险可控、盈利空间充足的规划咨询项目积极组织开展项目国际竞标。充分发挥公司在工程咨询领域的专业技术和管理优势，与大型施工企业、国内大型装备企业或大型投资公司优势互补、强强联合，携手开发海外规划咨询业务。

(2) 重视综合性国际人才培养。在语言、技术、商务、礼仪等多方面提升高端人才综合素质。坚持开展 IPMP 项目管理培训、FIDIC 认证工程师培训、IEC 认证工程师培训，完善国际化人才队伍建设。

7.3 规划咨询业务风险识别及防范

风险要素识别是应对规划咨询业务风险的第一步。风险存在于规划咨询项目周期的各个环节，需要系统连续地对咨询业务风险进行分析识别。内部风险主要包括资料风险、设计风险、技术风险、管理风险等，外部风险主要包括政策风险、社会风险、金融风险、合同风险等。

在规划咨询业务的风险防范中，一方面要尽力满足各方利益诉求，规划咨询服务项目的实现需要使各方利益诉求得到合理满足；另一方面，要合理分担各类风险。首先分析风险，判断风险是否可控；其次要分析公司和相关业务部门需要承担的风险，包括独立承担和与业主及其他利益相关方共担的风险；最后要根据相关风险对于完成规划咨询合同任务以及对公司可能产生的影响，选择制定风险应对措施和方法。

7.4　建立规划咨询责任追究制度

按照实行咨询成果质量终身负责制的要求，建立规划咨询成果质量追溯机制。公司应建立规划咨询从业档案制度，将委托合同、咨询成果文件等存档备查。规划咨询业务承担部门及人员的违法违规信息，列入不良记录，建立违法失信联合惩戒机制。

附录二

经济社会发展规划分析模型方法

1 规划分析基本模型

1.1 经济基础模型

经济基础理论认为，经济活动可根据产出物市场情况分为基础部门和非基础部门。前者的产品或劳务主要面向区外市场，也称输出部门，后者的产品或劳务则面向区内市场，也称服务部门。基础产业影响并决定着区域经济发展，而非基础产业则是区域发展的条件和结果。两者存在一种稳定的关系。

经济基础模型是根据经济基础理论建立的一种简单的区域经济分析与预测模型。其依据是基础部门的发展能带动区域经济的全面发展，两者之间存在一种线性关系。用数学模型表示为

$$Y=kX$$

式中：Y 表示区域经济总产值；X 为基础部门产值；k 为经济乘数。

$$k=\frac{1}{1-c}$$

式中：c 为区内本地产品的消费倾向。

利用上述公式可以预测产业变化对区域经济产生的影响。经济基础模型能够较好地预测短期（5 年左右）内区域经济影响效果，但不能有效反映由技术进步所引起的区域经济发展。

1.2 投入产出分析模型

投入产出分析把国民经济划分为相互联系的不同产品群或产品部门，通过编制投入产出表及其数学模型来模拟社会再生产过程和国民经济结构，并以此

综合分析各部门之间的生产技术联系，进行经济分析和预测，是经济综合分析的有效工具。

投入产出模型在考察部门间错综复杂的投入产出关系时，能够预测任何局部变化对经济体系各部分的影响。

投入产出一般模型为

$$\sum_{j=1}^{n} a_{ij} X_j + Y_i = X_i, \quad i = 1, 2, \cdots, n$$

转换为行列表达式为 $\boldsymbol{X} = [\boldsymbol{I} - \boldsymbol{A}]^{-1}\boldsymbol{Y}$

式中：$\boldsymbol{X}$ 为总产值列向量；$\boldsymbol{I}$ 为单位矩阵；$\boldsymbol{A}$ 为直接消耗系数矩阵；$\boldsymbol{Y}$ 为最终产品列向量。

投入产出分析主要用于：①为编制中、长期经济发展规划提供依据；②分析产业经济结构，进行经济预测；③研究经济政策对经济活动的影响；④研究特定领域的社会问题，如污染、人口、就业以及收入分配等问题。

投入产出分析方法的不足之处是，容易忽视各经济部门或产业之间的相互联系，容易忽视实物形态的综合平衡，需要和线性规划等模型一起使用。

1.3 最优增长模型

最优增长模型是 Ramsey、Cass 和 Koopmans 分别在不同时期提出的关于经济长期增长的分析模型，取三位学者各自名字的第一个字母为名，通常称 RCK 模型。模型假定有大量相同的厂商和家庭，每个家庭规模以速率 n 增长，单位劳动报酬以速率 g 增长。

模型强调经济增长的微观基础——家庭和厂商。由家庭出发，得到家庭消费的动态方程为

$$\frac{\dot{C}(t)}{C(\gamma)} = \frac{\gamma(t) - \rho}{\theta}$$

式中：$C(t)$ 表示 t 时刻家庭每个成员的消费；$\gamma(t)$ 为资本报酬率；ρ 为效用的贴现率；θ 为相对风险厌恶系数，反映出效用函数的凹性。

该动态方程的含义：当且仅当资本的边际生产力 γ 大于效用的贴现率 ρ 时，人均消费的增长率才会增加。即当实际报酬超过家庭未来消费贴现值时，

工人的消费将上升。

由厂商出发，得到资本报酬率 $\gamma(t)$，工资率 $W(t)$。结合家庭关于消费的动态方程以及厂商关于资本的动态方程，得出方程交点低于黄金资本水平，所以均衡资本存量高于黄金率水平的平衡增长路径是不可能的，此资本存量被称为“修正的黄金率资本存量”。当 RCK 模型收敛到均衡点即方程交点时，模型的表现行为：人均资本、产出和消费以 g 的速率增长；总资本、总产出和总消费以（$n+g$）的速率增长。

1.4 可计算的一般均衡模型

可计算的一般均衡（CGE）模型由投入产出模型和线性规划模型在一般均衡理论的基础上发展而来。一般均衡理论是考察供求关系不均衡导致价格变动从而促使供求趋于均衡的过程。CGE 模型结构包括三组方程，分别表示供给方面、需求方面和供求关系。

假定有 m 种生产要素，其投入量分别为 z_1，z_2，…，z_m。生产处于最佳状态时，最大产出量为 Q，供给方面的生产函数可表示为

$$Q=f(z_1, z_2, \cdots, z_m)$$

令 x_i 为消费者的第 i 种商品购买量，p_i 为第 i 种商品的价格，a 为边际预算份额（与消费者对商品的偏好有关），需求方程为

$$p_i x_i = aY$$

表明商品的需求量只与价格和收入有关系。供求关系方程可根据利润最大化法则利用生产函数与需求函数推导出。

CGE 模型有三个显著特征。首先，它是“一般的（general)”，即对经济主体行为做了外在设定；其次，它是“均衡的（equilibrium)”，意指模型中的许多价格都是由供求双方所决定的，价格变动最终使市场实现均衡；最后，它是“可计算的（computable)”，说明分析的可量化性。

1.5 可持续发展评估 SDA 模型

SDA 又称结构分解技术，基本思想是把经济变量按照一定的经济联系和数学规则进行细化分析，使经济分析更透彻、方便和系统，使经济数学模型更进一步反映经济的本质联系。

如果一个经济变量 S 的增减由变化的两个因素 B 和 Y 引起，则 S 可分解为因素 B 和因素 Y 的乘积，即 $S=BY$。令

$$\Delta S=S_2-S_1,\ \Delta B=B_2-B_1,\ \Delta Y=Y_2-Y_1$$

下标 1 和 2 表示不同时期，也可表示不同地区或不同类型的企业等。则有

$$\Delta S=B_2Y_2-B_1Y_1=(B_2-B_1)Y_1+B_1(Y_2-Y_1)+(B_2-B_1)(Y_2-Y_1)=\Delta BY_1+B_1\Delta Y+\Delta B\Delta Y$$

式中：ΔBY_1 代表 B 因素变动对 S 的初始影响；$B_1\Delta Y$ 代表 Y 因素变动的初始影响；$\Delta B\Delta Y$ 代表两个因素变动的共同影响。

SDA 与投入产出模型相结合，可拓展经济系统的深入分析，更有利于分析经济系统中的总量、结构变动、发展速度、能源消耗等问题。

1.6 主成分分析模型

主成分分析采用数理统计的分析方法，将众多要素的信息压缩表达为若干具有代表性的合成变量，克服了变量选择时的冗余和相关，以选择信息最丰富的少数因子进行各种聚类分析。

设有 m 个样本，n 个变量，构造矩阵 $\boldsymbol{Z}=(X_{ij})_{n}x_{m}$， 其协方差矩阵 $\boldsymbol{R}$ 为实对称矩阵

$$\boldsymbol{R}=\frac{1}{n}\boldsymbol{Z}\cdot\boldsymbol{Z}^{\mathrm{T}}=(r_{ij})_{n}x_{m}$$

用雅可比（Jacobi）方法找出线性变换

$$\begin{bmatrix} y_1 \\ y_2 \\ \cdots \\ y_n \end{bmatrix}=\begin{bmatrix} v_{11} & v_{12} & \cdots & v_{1m} \\ v_{21} & v_{22} & \cdots & v_{2m} \\ \cdots & \cdots & \cdots & \cdots \\ v_{n1} & v_{n2} & \cdots & v_{nm} \end{bmatrix}\begin{bmatrix} x_1 \\ x_2 \\ \cdots \\ x_m \end{bmatrix}$$

使得 y_1，y_2，…，y_n 互不相关，$\boldsymbol{R}$ 的特征值越大，该主成分的贡献越大，因而可选择累积贡献百分比在一定阈值以内的若干因子作为主因子参加分析计算。

1.7 双层规划模型

双层规划模型是双层决策问题的数学模型，是一种具有双层递阶结构的系统优化模型，上下层都有各自的决策变量、约束条件和目标函数。上层问题的

目标函数和约束条件不仅与上层决策变量有关，还依赖于下层问题的最优解，而下层问题的最优解又受上层决策变量的影响，双方可供选择的策略集是相互依赖的。上层给定一个允许的决策值后，若下层问题的最优解不唯一，将导致整个求解的复杂性，甚至无法保证求得问题的最优解。此模型通常应用在交通、管理、资源分配、价格等领域。表达式为

$$\min_{x} F(x, y)$$

$$s.t.\quad G(x, y) \leqslant 0$$

上层决策者通过设置 x 的值影响下层决策者，下层决策变量 y 是上层决策变量的函数，即 $y = y(x)$，由下述规划求得

$$\min_{x} f(x, y)$$

$$s.t.\quad g(x, y) \leqslant 0$$

F、f 分别是上层、下层的目标函数，G、g 分别是上层、下层的约束条件。在这个模型中，即使当 F、f、G 和 g 都是连续函数，并且上下层的约束集合是有界封闭的，双层规划也可能没有最优解。

1.8 模糊综合评价模型

模糊综合评价是运用模糊数学原理分析和评价具有“模糊性”的事物的系统分析方法。这种方法以模糊推理为主、定性与定量分析相结合、精确与非精确相统一。由于这种方法在处理各种难以用精确数学方法描述的复杂系统问题方面所表现出的独特优越性，在社会科学研究领域得到广泛应用。

给定两个有限域：

$$U = \{u_1, u_2, \cdots, u_m\}$$

$$V = \{v_1, v_2, \cdots, v_n\}$$

U 表示所有评价因素组成的集合，V 代表所有的评价等级所组成的集合。

如果着眼于第 $i(i = 1, 2, \cdots, m)$ 个评判因素 u_i，其单因素评判结果为 $\boldsymbol{R}_i = [r_{i1}, r_{i2}, \cdots, r_{in}]$，则 m 个评判因素的评判决策矩阵为

$$\boldsymbol{R}=\begin{bmatrix}\boldsymbol{R}_1\\\boldsymbol{R}_2\\\vdots\\\boldsymbol{R}_M\end{bmatrix}=\begin{bmatrix}r_{11} & r_{12} & \cdots & r_{1n}\\r_{21} & r_{22} & \cdots & r_{2n}\\\vdots & \vdots & \cdots & \vdots\\r_{m1} & r_{m2} & \cdots & r_{mn}\end{bmatrix}$$

是 U 到 V 上的一个模糊关系。

如果对各评判因数的权数分配为

$$\mathbf{A}=[a_1,\ a_2,\ \cdots,\ a_m]$$

式中：A 是域 U 上的一个模糊子集，且 $0\leqslant a_i\leqslant 1$，$\sum_{i=1}^{m}a_i=1$。

应用模糊变换的合成运算，可以得到域 V 上的一个模糊子集，即综合评判结果：

$$\boldsymbol{B}=\mathbf{A}\cdot\boldsymbol{R}=[b_1,\ b_2,\ \cdots,\ b_n]$$

1.9　7S 模型

7S 模型用于分析评价组织绩效与企业战略的适应性，如附图 1 所示。模型指出企业在发展过程中必须全面地考虑各方面情况，包括结构（structure）、制度（systems）、风格（style）、人员（staff）、技能（skills）、战略（strategy）、共同价值观（shared values）。也就是说，企业仅具有明确的战略和深思

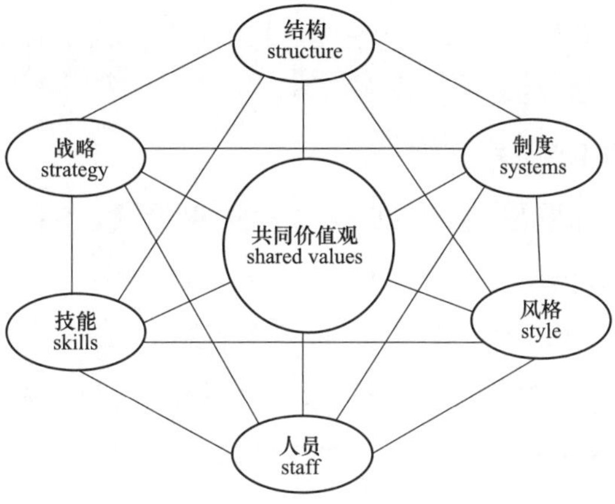

附图 1　7S 模型

熟虑的行动计划是远远不够的，因为企业还可能会在战略执行过程中出现失误。

在模型中，战略、结构和制度被认为是企业成功的“硬件”，风格、人员、技能和共同价值观被认为是企业成功经营的“软件”。7S 模型指出各公司长期以来忽略的人性，例如非理性、固执、直觉、喜欢非正式的组织等，其实都可以加以管理，这与各公司的成败息息相关，绝不能忽略。

1.10 PEST 分析模型

PEST 分析模型是被广泛应用的环境因素分析模型，它把政治（Politics）因素、经济（Economy）因素、社会文化（Society）因素以及科技（Technology）因素纳入分析范畴。政治环境包括国家社会制度，执政党的性质，政府的方针、政策、法令等，不同国家有不同的社会制度，不同的社会制度对组织活动有不同的限制和要求。经济环境包括宏观和微观两个方面，宏观经济环境主要指一个国家的人口数量及其增长趋势、国民收入、国民生产总值及其变化情况，以及这些指标能够反映的国民经济发展水平和速度、产业结构状况、主导产业发展情况、各类产业的情况；微观经济环境主要指企业所在地区或所服务区域消费者的收入水平、消费偏好、储蓄情况、就业程度等因素。社会文化环境包括一个国家或地区的居民教育程度和文化水平、风俗习惯、宗教信仰、审美观点、价值观念等。技术环境包括国家对科技开发的投资和支持重点，该领域技术发展动态和研究开发投入情况，技术转移和技术商品化情况，专利及其保护情况等。

1.11 STEEPLE 分析模型

STEEPLE 分析模型是 PEST 模型的扩展形式，STEEPLE 是社会/人口（social/demographic）、技术（technological）、经济（economic）、环境/自然（environmental/natural）、政治（political）、法律（legal）、道德（ethical）等因素英文单词的缩写。其中对自然环境及自然资源的分析较为普遍。

1.12 二元经济模型

二元经济模型为研究当今世界各国传统与现代经济部门之间的关系提供了分析框架。“二元经济”指发展中国家的经济由两个不同的经济部门组成，一是传统部门，二是现代部门。传统部门指自给自足的农业及简单的、零星的商业、服务业，劳动生产率低，边际劳动生产率接近零甚至小于零，非熟练劳动力的工资极低，在该部门存在大量的隐蔽性失业，但容纳着发展中国家绝大部分劳动力。现代部门指技术较先进的工矿业、建筑业、近代商业、服务业，容纳的就业劳动力较少，劳动生产率较高，工资水平较高，在传统部门的工资之上。按照三次产业的划分，通常将第一产业归为一元，而将第二、第三产业合并后归为另一元，从而形成二元经济结构的分析架构。

经济发展的实质，就是现代部门不断扩张和传统部门不断萎缩。工业化过程中，传统部门为现代部门输送剩余劳动力，以廉价劳动力为现代部门创造利润，累积扩大再生产的资本。剩余劳动力未输送完毕时，传统部门的劳动生产率处于停滞状态。由于市场经济不能自动消除二元经济结构，政府在此过程中应该发挥主动调控作用，制定工业反哺支持农业发展的相关政策。

2　规划分析基本方法

2.1　SWOT 分析方法

SWOT 分析法是目前规划领域广泛使用的分析方法。从某种程度上看，规划是将规划主体，尤其是规划执行者的内部资源和外部环境因素形成的机会与威胁进行合理有效的匹配。SWOT 分析就是根据规划执行者所拥有的资源，分析内部优势和劣势，以及外部环境的机遇和威胁，进行系统分析评价，进而选择适当的战略方案。

2.2　PRED 系统分析方法

PRED 系统分析法是对规划所涉及的人口（P）、资源（R）、环境（E）和发展（D）等要素的协调配合进行分析，为整个规划目标的实现提供基础。其核心观点是，环境容量和资源条件是有限的，人口增加和经济发展必须与环境承载力、可提供的自然资源量相适应和协调，在人口、资源、环境和经济发展之间，某项因素的不协调就会对整个系统的可持续发展造成影响。只有人口、资源、环境和发展相协调，才能实现可持续发展。

2.3 费用—效益分析方法

费用—效益分析是对经济活动方案的得失、优劣进行评价、比较以供合理决策的一种经济分析方法，可用于项目评价、规划及政策方案的选择中。原则上，费用的计算应与稀缺资源的有效使用相符合，效益的计算应与政策目标相符合。规划方案或项目的费用包括基本费用（投资费用和经营费用）、辅助费用（为充分发挥效益而产生的有关费用）、无形费用（生态破坏、环境污染等引起的经济损失和社会代价）；相应的，效益也应包括基本效益（能直接提供的产品或服务的价值）、派生效益（有关派生活动所增加的收入）、无形效益（增进国家安全、减少生命死亡、美化风景等）。费用—效益分析是一种“次优”评价方法，局限性在于只能在已有的方案中进行选择，而所有行动方案本身不一定就是好的或最优的。这种分析方法对于经济发展规划方案的比选和优化具有很大的参考价值。

2.4 多准则决策分析方法

多准则决策分析是指在具有相互冲突、不可共存的各方案集中进行选择的决策分析方法。根据决策方案是否有限，分为多属性决策与多目标决策两类。其过程包括明确目标及方案，确定决策准则及目标权重，基于决策准则和目标选择最优决策方案并进行分析。该方法结合运筹学和经济学中的相关理论方法，在多重复杂影响因素的限制下，努力确保资源能够得到有效运用。

2.5 情景分析方法

情景分析法又称Scenario分析法，是协助方案决策的分析工具，广泛应用于规划研究领域。该方法率先应用于核物理领域，通过计算机模拟多种情景、设计多项方案来解决非确定性问题，例如有关概率等。情景分析法主要包括目标确定、系统结构和主要变化动力信息的获取、场景设计、方案模拟结果及决策应用四项内容。

2.6 梯次递进方法

梯次递进方法（visioning session）是公众参与规划的一种技术方法，要求社会公众设想和勾画出自己心目中的区域未来发展图景，在引导公众表达其自身利益诉求和偏好的同时，发挥教育居民认识与理解规划方案的作用。

2.7　利益主体意见法

利益主体意见法用于规划调研和方案分析，在规划实践中应用广泛。利益主体指任何可以影响该组织目标或被该目标影响的群体或个人。根据利益主体的不同特点，可采用召开座谈会、圆桌会议、入户访谈、发放调查问卷、召开产业发展协调会议、德尔菲（Delphi）专家意见征集等方法，收集所需关键信息，从而确定地区经济发展与产业布局方案。利益主体意见法针对性强，能够收集到不同渠道的丰富信息。不足之处，一是难以准确把握不同类型利益主体的意见，二是所得到的多为利益主体的主观意见，往往系统化存在缺陷，数据的客观性也有待验证。

2.8　目标-战略-路径分析法

目标-战略-路径分析法在战略规划中得到广泛应用。这种方法认为规划应首先分析和确定规划目标，然后寻求达到这些目标的途径和手段，目标和途径之间必须保持协调并具有内在的逻辑一致性。

2.9　环境价值评估法

环境价值评估法是环境因素量化分析所采用的方法，通常要求以货币形式对环境所提供的物品或服务进行定量分析，量化基础是人们对于环境改善的支付意愿，或是忍受环境损失的接受赔偿意愿。具体方法分为直接评价和间接评价两类，前者通过市场价格变化或受访者对环境的偏好陈述进行环境价值评价，包括直接市场法和意愿调查评估法，例如人力资本法、防护费用法及投标博弈法等；后者通过观察间接反映环境质量变化的市场变动情况来评价环境的价值，主要包括替代市场法，例如旅行费用法等。

2.10　工作分解结构法

工作分解结构（work breakdown structure，WBS）法是处理大型项目或规划方案复杂问题的研究方法。WBS 以项目的可交付结果为导向而对项目任务进行分解，把整体任务分解成较小的、易于管理和控制的若干子任务或工作单元，并由此组织和定义整个项目的工作范围。未列入工作分解结构的工作将被排除在项目范围之外，不属于项目团队的工作。工作分解结构的各细分层次表示对项目可交付结果更细致的定义和描述。通过工作分解结构，项目团队得到完成项目的工作清单，从而为日后制定项目计划中的工期估计、成本预算、人员分工、风险分析、采购需求等工作奠定基础。

2.11 规划评审方法

规划评审方法（program evaluation and review technique，PERT），属于网络规划分析的一种方法，用于进度规划管理。PERT法利用网络分析制定规划方案并进行评价，特别适用于生产技术复杂、工作项目繁多且联系紧密的跨部门工作规划，例如新产品开发、大型工程及规划方案研究，并可以应用于人力、物力、财力等资源的应用规划。

PERT方法把工程项目视为一个系统，用网络图表或矩阵来表示各项具体工作的先后顺序和相互关系，以时间为中心，找出从开工到完工所需时间最长的关键线路，并围绕关键线路对系统进行统筹规划、合理安排，以及对各项工作的完成进度进行严密控制，以达到用最少的时间和资源消耗来完成系统预定的目标。PERT网络分析法示例图如附图2所示。

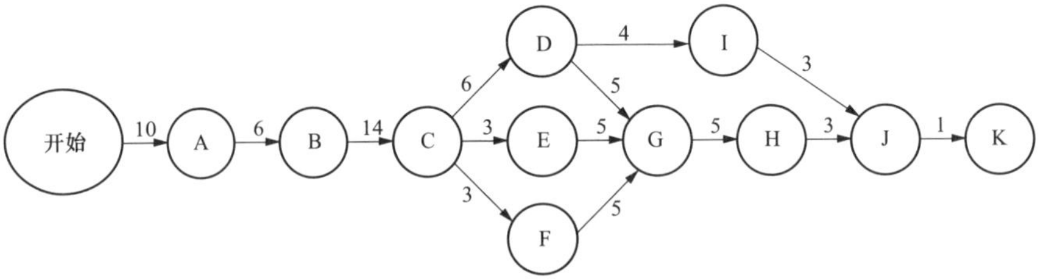

附图2 PERT网络分析法示例图

PERT网络是一种类似流程图的箭线图，用于描绘项目所包含的各种活动及其先后次序，标明每项活动的时间或相关成本。对于PERT网络，项目管理者必须考虑要做哪些工作，确定时间之间的依赖关系，辨认出潜在的可能出问题的环节。借助PERT方法还可以方便地比较不同行动方案在进度和成本方面的效果。

2.12 行为影响矩阵法

普雷德把决策者所做的决策描述为某种情况下有关信息的数量和质量，以及决策者处理这种信息能力的函数，据此创立了行为矩阵模型，用于区位决策。他认为，区位决策是否合理，取决于在决策时信息的占有量以及决策者的信息利用能力。

行为矩阵由信息水平轴和信息利用能力轴构成，每个决策者均位于这一行为矩阵之上（见附图3）。信息水平轴表示在某种区位决策时，各决策者拥有信息的质与量；信息利用能力轴表示决策者运用信息的各种能力。在行为矩阵中，决策者的位置越接近右下方 Z，其采取的行为越与最佳行为接近。

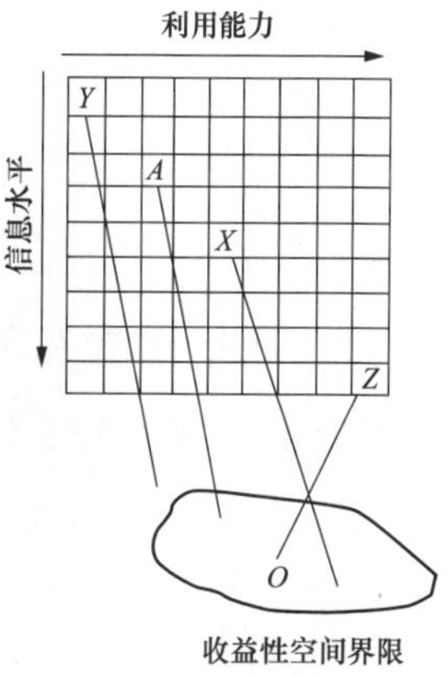

附图 3 行为矩阵图

O=最佳区位

行为矩阵强调不完全信息和非最佳化行为对区位选择的作用，对解释区位决策行为的宏观规律和发展变化具有重要意义，使区位决策中行为因素的数量研究成为可能。

3 产业结构分析模型方法

3.1 主导产业选择基准

在产业经济理论史上，提出过许多界定和选择主导产业的基准，其中最著名的是罗斯托基准、筱原两基准、赫希曼的产业关联基准等。

罗斯托基准是指罗斯托提出的产业扩散效应理论和主导产业的选择基准，其含义是选择具有扩散效应（回顾、旁侧、前瞻）的部门作为主导产业部门，将其产业优势辐射到产业链中，以带动区域经济的全面发展。

日本经济学家筱原三代平提出“收入弹性基准”和“生产率上升基准”，前者按照收入弹性大小选择主导产业，后者按照技术进步速度、技术要素密集强度和经济效益优劣选择主导产业。

赫希曼的产业关联基准认为，应集中力量发展在技术上相互依赖、产业关联效应强烈的“战略部门”，这种产业关联是前向和后向联系的有机结合。

总体来看，这些基准主要是从产业结构演化规律、主导产业的特点以及本地区瓶颈因素等角度来考虑的，在不同的社会经济历史条件下有不同的侧重。一个产业部门要成为地区经济发展的主导产业，应同时具备四个条件：①具有较高的专业化水平，通常要求区位商值在2以上，主要为区外服务；②在地区生产中占有较大比重，一般要求比重在15%以上，能对本地区经济发展产生重大影响；③与区内其他主要产业关联度高，使之能通过乘数效应带动整个地区经济的发展；④代表区域产业的发展方向。

3.2 配第-克拉克定律

产业结构与经济发展之间存在什么关系？在不同的经济发展阶段，产业结构的演变是否存在一定规律？各产业在国民经济中的地位变化反映出何种经济意义？是什么因素导致产业结构演变？诸如此类问题一直是经济学家所追求和探究的专业问题。英国古典政治经济学家威廉·配第于17世纪就对经济发展水平、经济发展阶段与产业结构的关系进行过研究。德国经济学家霍夫曼，日本经济学家赤松要，美国经济学家库兹涅茨、钱纳里等学者均从不同视角研究过产业结构演变规律。

威廉·配第首次发现世界各国国民收入水平差异与不同发展阶段之间存在对应关系。他注意到，在大部分人口从事制造业和商业的荷兰，其人均国民收入要比欧洲大陆其他国家高得多；英国各产业内部的收入水平同样存在着类似的差异现象，例如当时船员的收入要比农民的收入高出4倍。他据此认为，产业间的这种收入差距，将推动劳动力从低收入的产业向高收入的产业转移。配第关于经济发展基本趋势的发现，为后来英国经济学家柯林·克拉克发现产业结构的演变规律奠定了基础。柯林·克拉克受配第有关思想的启发，依据费希尔提出的三次产业划分方法，对人均国民收入与产业结构变动之间的关系进行了开创性研究，并研究了劳动力在三次产业之间的转换规律。他通过对主要发达国家劳动力转移的实证研究得出结论：随着经济发展和人均国民收入水平的提高，劳动力首先由第一产业向第二产业转移，进而再向第三产业转移；从劳动力在三次产业之间的分布状况看，第一产业劳动力的比重逐渐下降，第二产业和第三产业劳动力的比重则呈现出增加的趋势，这就是配第-克拉克定律。

3.3 霍夫曼工业化进程经验法则

德国经济学家霍夫曼通过对英国产业革命以来 50 年间（1880—1929 年）20 多个国家的工业化进程所做的实证分析，阐述了工业部门间结构变动的一般规律，提出了工业阶段理论，被称为“工业化经验法则”。霍夫曼认为，工业化进程中各工业部门的动态过程并不相同，因而形成了工业部门之间特定的结构类型，以及与之相应的工业化发展阶段。霍夫曼通过观察 20 多个国家 8 类产品的消费品工业和资本品工业的比重变化情况，从中发现各国工业化进程中资本品工业净产值在整个工业净产值中所占份额稳定上升的共同趋势，并呈现出大体相同的阶段性特征。霍夫曼将样本国家工业化进程中所体现出的共同趋势和阶段性特征进一步概括，把工业化进程划分为四个阶段：第一阶段，消费品工业占主导地位，霍夫曼系数为 5（±1）；第二阶段，资本品工业快于消费品工业的增长，消费品工业降到工业总产值的 50%左右或以下，霍夫曼系数为 2.5（±1）；第三阶段，资本品工业继续快速增长，并已达到和消费品工业相平衡状态，霍夫曼系数为 1（±0.5）；第四阶段，资本品工业占主导地位，这一阶段被认为实现了工业化，霍夫曼系数在 1 以下。霍夫曼工业化阶段划分见附表 1。

附表 1　　霍夫曼工业化阶段划分

工业化的不同阶段	霍夫曼系数	工业化的不同阶段	霍夫曼系数
工业化的第一阶段	4～6	工业化的第三阶段	0.5～1.5
工业化的第二阶段	1.5～3.5	工业化的第四阶段	1 以下

注　霍夫曼系数＝消费资料工业净产值/资本资料工业净产值。

3.4 库兹涅茨产业结构变化规律

库兹涅茨在其著作《各国的经济增长》中，从国民收入和劳动力两个方面，对伴随经济发展而出现的产业结构演变规律进行研究，认为随着国民经济的发展，区域内第一产业实现的国民收入在整个国民收入中的比重，与第一产业劳动力在全部劳动力中的比重一样，处于不断下降之中。在工业化阶段，第二产业创造国民收入的比重及占用劳动力的比重都会提高，其中前者上升的速度会快于后者。在工业化后期，特别是后工业化时期，第二产业的国民收入比重和劳动力比重会不同程度地下降。第三产业创造国民收入的比重及占用劳动力的比重会持续地处于上升状态，其中在工业化中期、前期阶段，其劳动力比重的上升速度会快于国民收入比重的上升速度。生产部门在国内生产中的份额见附表 2。

附表 2　　生产部门在国内生产中的份额　　单位：%

人均GDP/美元	主要部门			I 部门			S 部门			
	A	I	S	制造业	建筑业	公用事业、运输、通信	商业	房地产、银行、保险及住房的所有权	住房	政府及其他服务
70	48.4	20.6	31.0	9.3	4.1	6.1	12.7	1.0	3.7	13.5
150	36.8	26.3	36.9	13.6	4.2	6.9	13.8	1.9	5.7	15.6
300	26.4	33.0	40.6	18.2	5.0	7.8	14.6	2.9	5.9	17.2
500	18.7	40.9	40.4	23.4	6.1	9.4	13.6	3.3	5.5	18.1
1000	11.7	48.4	39.9	29.6	6.6	10.4	13.4	3.6	5.4	18.5

依据人均 GDP 基准，库兹涅茨考察了总产值变动和劳动力结构变动的规律，揭示了产业结构变动的规律，即人均 GDP 较低的国家，其非农业部门份额上升迅速，但其内部结构转换较平缓；人均 GDP 较高的国家，其非农业部门之间和细分部门之间的结构转换都相当显著。同时提出，劳动力结构变化呈现以下规律：随着人均 GDP 的提高，农业部门劳动力份额下降明显，工业和服务业部门劳动力份额不断上升；高收入国家工业和服务业的劳动力比重增长更快速；劳动力结构和产值结构变动方向基本一致。1958 年人均国内生产总值基准水平计算的劳动力生产部门份额见附表 3。

附表 3　以 1958 年人均国内生产总值基准水平计算的劳动力生产部门份额　单位：%

人均GDP（美元）	主要部门			I部门			S部门			
	A	I	S	矿业和采掘业	制造业	建筑业	电、煤	运输、仓储	商业	服务业、气、水和通信
70	80.5	9.6	9.9	1.2	5.5	1.3	0.2	1.4	4.5	5.4
150	63.3	17.0	19.7	1.0	9.3	3.2	0.5	3.0	7.6	12.1
300	46.1	26.8	27.1	1.0	15.5	5.4	0.8	4.1	10.3	16.8
500	31.4	36.0	32.6	1.1	21.4	7.1	1.0	5.4	12.5	20.1
1000	17.0	45.6	37.4	1.1	27.9	8.4	1.2	7.0	15.5	21.9

3.5　钱纳里标准结构模型

钱纳里等为了进一步研究产业结构变动的一般趋势，并使之具有一般性的比照意义，将研究领域扩展到第二次世界大战后以工业化为目标的发展中国家，特别是新兴工业化国家。通过各种形式的比较研究，在对结构转变和影响结构转变的多种因素进行全面分析的基础上，总结出经济发展和结构变动的“标准模式”，描述性地反映了人均国民生产总值（GNP）从 100 美元到 1000 美元发展区间产业结构的变化过程。由于这一模式是根据世界大多数国家 1950～1970 年经济结构变化的经验统计得出的，可以称其为经济结构转变的多国模式，对于揭示人均国民生产总值与结构变动之间的关系及产业结构变动趋势具有参考价值。产业结构变化的标准模式见附表 4。

附表 4　产业结构变化的标准模式

人均 GNP（美元）（1964 年）	占 GDP 份额（%）			占就业总人口份额（%）		
	农业	工业	服务业	农业	工业	服务业
低于 100	52.2	12.5	35.3	71.2	7.8	21.0
100	45.2	14.9	39.9	65.8	9.1	25.1
200	32.7	21.5	45.7	55.7	16.4	27.9
300	26.6	25.1	48.2	48.9	20.6	30.4
400	22.8	27.6	49.6	43.8	23.5	32.7
500	20.2	29.4	50.4	39.5	25.8	34.7
800	15.6	33.1	51.4	30.0	30.3	39.6
1000	13.8	34.7	51.5	25.2	32.5	42.3
高于 1000	12.7	37.9	49.5	15.9	36.8	47.3

钱纳里等运用投入产出分析方法、一般均衡分析方法和计量经济模型，通过多种形式的比较研究考察了以工业化为主线的第二次世界大战以后发展中国家的发展经历，构造出具有一般意义的“标准模式”。一个经济增长普遍模式的存在可能仅由于产业体系有着某种在世界范围内趋同的要素；要获取经济的全面发展，需要全要素相关关系的总体协调，需要全面的结构转换；影响结构转换的因素包括收入水平、资源禀赋、人口规模、发展目标、政府政策及国际环境等；产业结构调整、就业结构转换以及城市化进程处于经济增长的核心地位。

钱纳里等认为，就国民生产总值的部门结构而言，初级产业生产份额的下降由制造业及社会基础设施份额的上升所弥补，其中制造业弥补的份额占主要部分，而以不变价计算的服务业的份额几乎不变，因此附加值结构的部门转移主要发生在制造业与农业之间。从就业结构的变化情况看，在就业结构转变的大部分时期，农业劳动力转移都存在着滞后现象，工业部门就业的增加远远低于农业就业的减少。因此，劳动力转移主要发生在农业和服务业之间。

他们认为，任何国家和地区的经济发展都会规律性地经过六个阶段，且不同阶段产业特征不同，即第一阶段为传统社会，产业结构以农业为主，绝大部分人口从事农业，没有或极少有现代工业，生产力水平很低；第二阶段为工业化初期阶段，产业结构由以落后农业为主的传统结构，逐步向以现代工业为主的工业化结构转变，工业中则以食品、烟草、采掘、建材等初级产品的生产为主；第三阶段为工业化中期阶段，制造业内部由轻型工业的迅速增长，转向重型工业的迅速增长，非农业劳动力开始占主体，第三产业开始迅速发展，这就是所谓的重化工业阶段；第四阶段为工业化后期阶段，在第一、第二产业协调发展的同时，第三产业开始由平衡增长转入持续高速增长，成为区域经济增长的主要力量；第五阶段为后工业化阶段，制造业内部结构由资本密集型产业为主导向以技术密集型产业为主导转换，同时生活方式现代化，高档耐用消费品在广大群众中推广普及，技术密集型产业的迅速发展是这一时期的主要特征；第六阶段为现代化社会阶段，第三产业开始分化，智能密集型和知识密集型产业开始从服务业中分离出来，并占主导地位，人们消费的欲望呈现出多样性和多变性的特征。其中，第二、第三、第四阶段合称为工业化阶段，是一个地区由传统社会向现代社会过渡的阶段，其中工业化中期阶段是关键。

3.6 赤松要的雁行分析模型

“雁行模式”理论最初由赤松要在第二次世界大战前提出。他通过对日本棉纺织工业发展史的系统研究，揭示了日本棉纺织业从“国外进口—国内加工生产—向国外出口”的生成与演变过程，并将这一动态过程形象地称为“雁行形态”。第二次世界大战以后，赤松要以及小岛清等学者进一步拓展了“雁行模式”理论，将原来特定产业生命周期的三个阶段扩展到五个阶段，即引进、进口替代（国内生产）、出口增长、成熟和返进口。结构演变“雁行模式”基本型如附图 4 所示。

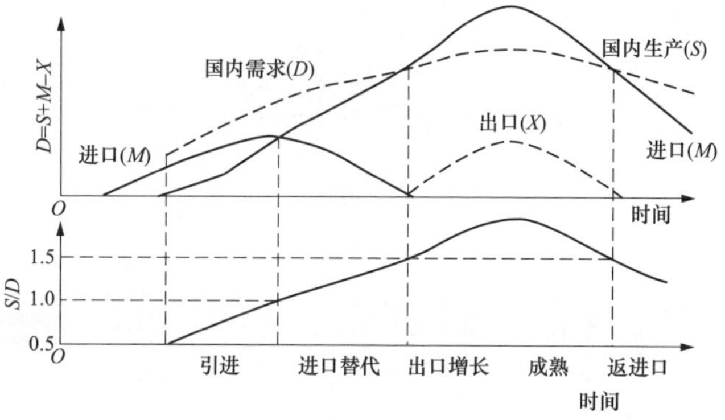

附图 4 结构演变“雁行模式”基本型

在引进阶段，国内生产规模小，远不能满足国内需求，进口是平衡国内需求的主要手段；到了进口替代阶段，国内生产规模迅速扩大，进口开始下降；随着国内生产规模的进一步扩大，产品出现剩余，产业发展的生命周期进入出口增长阶段；到了成熟阶段，由于生产成本不断攀升，生产规模开始减小，国际市场份额不断下降；当国内生产规模不能满足市场需求时，国外低价同类产业进入国内市场，国内生产加速下滑，这时产业发展生命周期进入返进口阶段。

随着研究的不断深入，赤松要发现，“进口—生产—出口”的产业成长模式同样发生在其他行业。具体地说，这一过程从棉纺织业开始，然后转向纺织机械、机械器具，即由消费资料转向生产资料，或由轻工业转向重工业，呈现出明显的时序特征。这是“雁行模式”理论的第一种变化型（变型Ⅰ，见附图5），已被用来解释后起国家产业结构内在变化的路径和特征，即不同产业兴衰演化的过程。

20世纪60年代以后，日本国内相关产业由于工资上升导致竞争力下降，开始向以工业化为目标的亚洲“四小龙”转移。针对这一现象，赤松要及小岛清等学者进一步拓展了“雁行模式”理论，用以解释相关产业比较优势国际转移的路径和形成机制（变型Ⅱ，见附图6）。这种比较优势的国际转移过程在亚洲“四小龙”和东盟国家体现得最为典型。

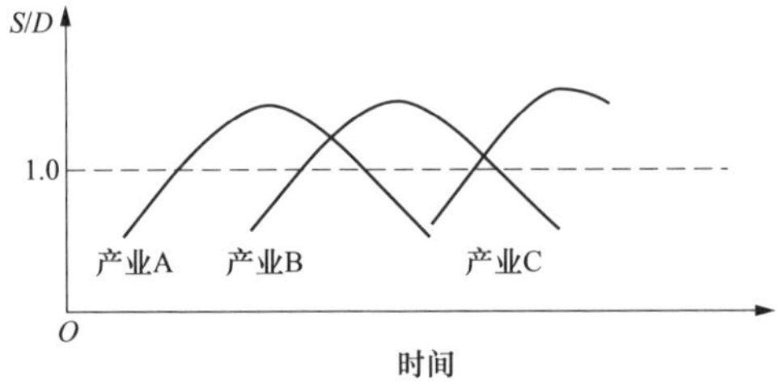

附图5　结构演变雁行模式变型Ⅰ（后起国的产业发展）

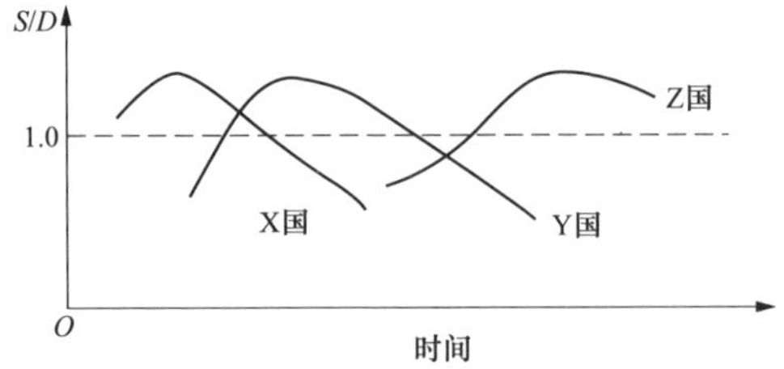

附图6　结构演变雁行模式变型Ⅱ（产业A的国际转移）

3.7　比较优势指数分析方法

比较优势指数用区位商表示，一般分为比较集中率系数（区位商）和比较市场占有率系数，是衡量区域专门化程度的基本指标。

比较集中率系数（区位商）表达式为

$$CC=\frac{C_{ik}/C_i}{C_k/C}$$

式中：C_{ik}为i地区k产业的产值（或从业人员）；C_i为i地区所有产业的产值（或从业人员）；C_k为全国k产业的产值（或从业人员）；C为全国所有产业总产值（或总从业人员）。

比较市场占有率系数表达式为

$$\mathrm{CX}=\frac{X_{ik}/X_i}{X_k/X}$$

式中：X_{ik}为i地区k产业的产品销售收入；X_i为i地区所有产业的产品销售收入；X_k为全国k产业的产品销售收入；X为全国所有产业的产品销售收入。

根据主导产业的特点和功能，主导产业应同时具备区内和区际比较优势，应用比较优势指数可比较各个产业的优势大小。主导产业的区位商应该大于1，而且越大越好。

3.8　需求-收入弹性系数分析方法

产业的市场需求状况一般用需求-收入弹性系数表示。一个产业的需求弹性高，意味着其产品的市场潜力大，具有较大的市场发展机遇，这是大批量生产和技术创新加速的前提。因此，主导产业应当优先发展那些需求弹性高的产业。某一产业产品的需求弹性，用需求-收入弹性系数E表示，表达式为

$$E_i=\frac{\Delta Q_i/Q_i}{\Delta Y_I/Y_I}$$

式中：E_i为产业i的产业需求收入弹性；$\Delta Q_i/Q_i$为该产业产品的需求增长率；$\Delta Y_I/Y_I$为国民收入增长率。

需求-收入弹性系数实质是使产业结构同经济发展和国民收入增加所引起的需求结构相适应。E的大小，反映了某个产业产品潜在市场份额的大小。E越大，潜在市场容量就越大。市场发展的机遇、效益越好，产业发展速度越快，其在国民经济增长中所占的份额也越大。

3.9　产业联动指数分析方法

通常用投入产出逆矩阵系数来定量计算产业之间的关联度。在各产业总产品与最终产品的矩阵关系式中，设

$$\boldsymbol{R}=(1-A)^{-1}$$

式中：$\boldsymbol{R}$ 被称为投入系数矩阵（又称为列昂惕夫逆矩阵）。

设 r_{ij} 是列昂惕夫逆矩阵 $\boldsymbol{R}$ 中第 i 行、第 j 列的元素，其经济学含义是 j 部门生产每单位最终产品时应有的 i 部门总产品量。产业关联包括产业感应度系数和产业影响力系数两个指标，它们都是投入产出表的重要系数，是反映产业间经济技术联系的指标。

产业感应度系数是其他产业对该产业的平均感应程度与各产业感应程度平均值的比值，表达公式为

$$B_i=\frac{\sum_{j=1}^{n} r_{ij}/n}{\sum_{i=1}^{n}\sum_{j=1}^{n} r_{ij}/n}$$

产业影响力系数是指某一部门增加一个单位最终使用时，对国民经济各部门所产生的生产需求波及程度，其计算公式为

$$F_i=\frac{\sum_{i=1}^{n} r_{ij}/n}{\sum_{j=1}^{n}\sum_{i=1}^{n} r_{ij}/n}$$

某产业的 B_i 和 F_i 值越大，说明该产业在区域产业结构中的关联度越高，对区域经济发展和产业结构演变所起的作用越大。根据这一基准，要求所选择的主导产业部门具有较强的带动性和推动性。

从产业结构分析来看，具有较大影响力系数的产业有制造业和深加工工业，具有较高感应度系数的产业主要是基础产业、上游产业，表示其他产业的发展需要较多地消耗这些部门的产品。对于地区经济发展而言，影响力系数大的产业较易带动其他相关产业的发展。

3.10 技术进步指数分析方法

技术进步指数包括技术水平和技术进步率两种指标。

产业技术水平指数表达式为

$$A_i(t)=\frac{Y_i(t)}{[K_i^{\alpha i}(t)L_i^{\beta i}(t)]}$$

式中：$Y_i(t)$ 为 i 产业第 t 年的总产值；$K_i(t)$ 为 i 产业第 t 年拥有的资金总额；

$L_i(t)$ 为 i 产业第 t 年的平均职工人数；α_i 为 i 产业资金产值弹性；β_i 为 i 产业劳动力产值弹性。

技术进步率表达式为

$$\upsilon_i = [\ln A_i(t_n) - \ln A_i(t_0)]/(t_n - t_0)$$

式中：$A_i(t_n)$ 为 i 产业第 t_n 年的技术水平；$A_i(t_0)$ 为 i 产业第 t_0 年的技术水平。

技术进步是区域经济增长的重要因素，是产业结构高级化和社会生产效率提高的主要推动力。主导产业应该是拥有较高的技术水平、较快的技术进步率、技术进步对产值增长速度贡献大的产业。因此，通过对产业的技术水平和技术进步率进行测算，能够为主导产业的选择提供依据。

4　产业竞争力分析模型方法

4.1　核心竞争力评价体系

产业竞争力的识别，就是判断自身优势、劣势、能力、资源，确定所要培育的核心竞争力及其支持要素，关键是选择和运用识别模型与方法。该领域的研究主要集中于对国家竞争力、区域竞争力和企业核心竞争力的评价方面。

国家竞争力评价体系主要有四个：①国际竞争力评价体系，主要包括四大要素，即经济运行、政府效能、企业效益和国家基础结构，四大要素又包括314项指标，旨在对国家或区域竞争力进行全面评价；②《全球国际竞争力报告》所采用的体系，划分为八大要素和九个部分的主要经济指标，八大要素分别是开放度、政府管理、金融、基础设施、技术、企业管理、劳动力、法规和社会文明；③《世界国际竞争力年鉴》（1997）提出的指标体系，划分为国内经济实力、国际化、政府管理、金融、基础设施、企业管理、科学技术、国民素质八大要素；④全球竞争力指数（global competitiveness index，GCI），由12个竞争力支柱项目构成，包括制度、基础设施、宏观经济稳定性、健康与初等教育、高等教育与培训、商品市场效率、劳动市场效率、金融市场成熟性、技术设备、市场规模、商务成熟性、创新，为识别处于不同发展阶段的世界各国竞争力状态提供了全面图景。

4.2 产业竞争力单项指标评价法

单项指标评价法，是选取能够表示产业竞争力竞争结果或具有显示性的指标，通过计算其在不同产业或地域层次上的比重来确定产业竞争力的大小。国际上一般采用比较优势指数、贸易专业化指数（TSC）、相对出口绩效（REP）指数和劳埃德—格鲁贝尔指数等四种计算方法，以确定该产业在国际上的竞争力。在地区层面，选取外商投资企业产值比率（%）、经济外向度（%）、产业产出密度（元/km^2）、产业赢利能力、产业市场份额、产业增加值、产业高级化程度等显示性指标揭示产业竞争力。

4.3 WEF 和 IMD 的国家竞争力评价体系

世界经济论坛（WEF）和瑞士国际管理开发学院（IMD）采用综合指标评价的方法，对不同国家和地区的国际竞争力进行评价，已初步形成一套比较完整的评价体系，是国际上比较权威的国际竞争力评价方法。总体而言，IMD 强调竞争力是一国先天资源与后天生产活动配合下，所能创造国家财富的能力，较侧重静态的评比；而 WEF 则较侧重动态的评比，强调竞争力是一国提高其经济增长率和人民生活水准的能力，注重一国 5～10 年的经济增长潜力。

4.4 ICOP 方法

产业和生产率国际比较（international comparison output and productivity, ICOP）方法，由荷兰格林根大学建立，通过对一个特定地区在相对价格水平、分部门的劳动生产率及全要素生产率等方面与其他地区进行比较，来揭示该地区工业与国内外其他地区的差距。

4.5 UNIDO 工业竞争力指数法

联合国工业发展组织（UNIDO）运用工业竞争力指数来测量特定国家生产和出口制成品的竞争能力。由人均制造业增加值，人均制成品出口，制造业增加值中的中、高技术产品比重，制成品出口的中、高技术产品比重四个指标构成。

4.6 偏离-份额分析法

偏离-份额分析法用于评价一个区域或城市的产业增长和竞争优势，确定未来产业发展的主导方向，在区域及城市经济结构分析中应用广泛。

1. 基本原理

偏离-份额分析法以所在区域或整个国家的经济发展作为参照系，将区域或城市自身经济总量在某一个时期的变动 G 分解为份额分量 N 和偏离分量 S。偏离分量 S 由结构偏离分量 P 和竞争力偏离分量 D 组成，用以说明区域或城市经济发展或衰退的原因，通过评价区域或城市具有相对竞争优势的产业部门，确定城市未来发展及产业结构调整的方向。其表达式为

$$G = N + S = N + P + D$$

2. 偏离-份额分析图

偏离-份额分析图由两条倾斜度为 45°的等分线，把坐标系分为八个扇面，根据区域产业各部门所处位置，可确定竞争力优势部门。

附图 7 中，纵坐标 N 表示研究区域产业在参照系内所具有的份额，越向上份额越大；横坐标 S 表示与参照系比较的增长速度，越往右增长越快。所占份额大、增长优势明显的产业是未来区域可能重点发展的产业，落在第一、第二扇面；增长处于劣势的产业部门一般落在第四、第五扇面。

在附图 8 中，纵坐标 P 为基础分量，表示在研究的时间范围内该产业在参照系内的产业基础，坐标值越靠上，表示该制造业产业基础越好；横坐标 D 代表竞争分量，是与参照系内比较产业所具有的竞争力优势大小，越向右其产业所具有的竞争力越强。一般看来，基础好、竞争力强的产业是该区域未来重点发展的产业，一般落在第一、第二扇面；较差的产业落在第七、第八扇面。

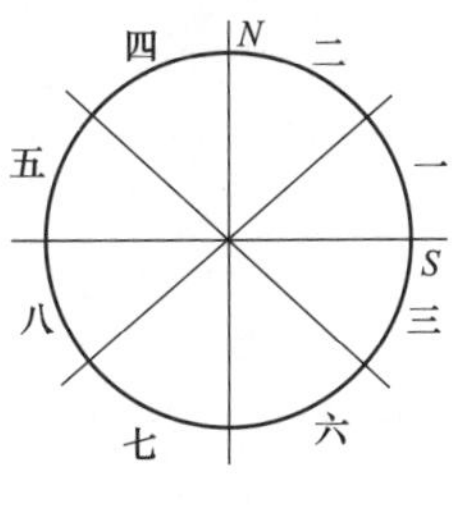

附图 7　部门优势（增长优势）分析

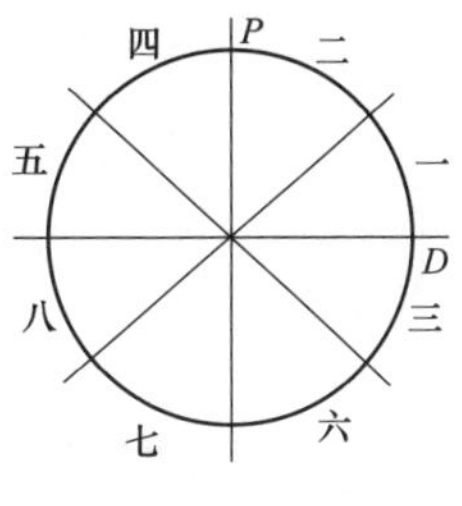

附图 8　部门偏离分量（竞争优势）分析

4.7 创新网络模型

产业核心竞争力主要来源于产业集聚和产业集群的核心竞争力，产业集群的核心竞争力又来源于产业集群所形成的创新网络。创新网络指个人和机构之间在长期合作与交流的基础上所形成的相对稳定的多结点系统。其中，企业、大学等机构是网络的结点，结点越多，联系越紧密，网络效率越高。就机构而言，政府是创新体系的构建者，科研单位和人员是科研成果的创造者，企业是技术创新成果的最终实现者。随着信息日趋复杂，企业搜寻自身所需要的信息日益艰难，交易成本越来越高，各类服务机构便在成果转化、信息处理和传播、业务咨询方面起着至关重要的作用。

创新网络的优点：①一个或少数几个结点的故障不会影响整个网络的运行效率；②能够为生产要素投入提供有效途径；③能够增加互相学习的机会，会使创新成组出现，在合作的基础上促进竞争；④创新网络的发展融于当地社会文化环境，因而各企业、机构之间能够形成稳定的信任关系，良好的本地声誉有助于避免供应商提高价格或违约的风险，从而降低交易成本。

4.8 波士顿矩阵

波士顿矩阵被用来分析地区经济中各行业应如何分配资源以适应市场，保证产业发展的优势。波士顿矩阵把地区经济中的各个行业单位划分为附图 9 所示的四种产业战略类型。

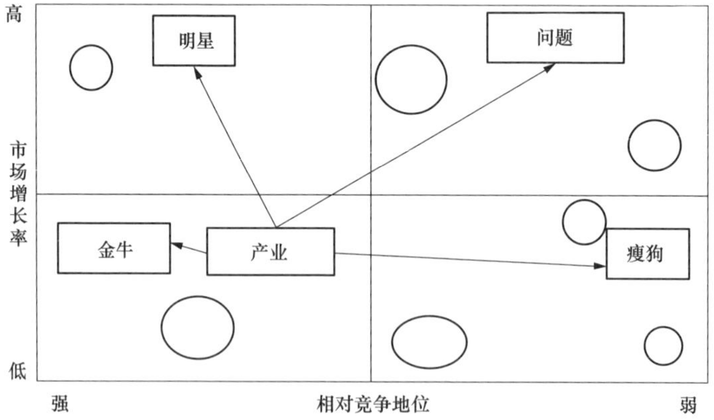

附图 9 波士顿矩阵

"金牛"型产业具有低产业增长率和高市场份额，可创造大量的资金盈余，为本地区的资金需求提供来源，是地区产业发展的主要基础。"瘦狗"型产业具有低市场份额和低产业增长率，为提高其市场份额而进行投资是不理智的，应进行清算调整。"问题"型产业具有低市场份额和高业务增长率，对于其较高的增长率的业务，可进行必要的投资以获取增长的市场份额，促使其成为一颗"明星"，当其业务增长率慢下来之后，该产业就会成为一头"金牛"；对于不可能发展成为"明星"的"问题"型产业应适时脱身。"明星"型产业具有高增长率和高市场份额，运用和创造的现金数量都很巨大，可为当地提供最好的利润增长和投资机会，应进行必要的投资以保持其竞争地位。

利用波士顿矩阵分析法，可将当地经济中的产业进行分类，并据此调整产业发展方向，确定当地经济主导产业和发展重点，优化当地产业结构。

4.9　钻石模型

迈克尔·波特提出了国家核心竞争力分析的"钻石模型"，认为国家竞争优势的取得关键在于各种基本要素和辅助要素的整合作用。

基本要素包括四个方面：①生产要素，分为初级和高级生产要素，初级生产要素指天然资源、气候、地理位置、非技术工人、资金等，高级生产要素指现代通信、信息、交通等基础设施及受过高等教育的人力、研究机构等。当今时代高级生产要素对获得竞争优势具有不容置疑的重要性。②需求条件，主要是本国市场的需求。国内需求市场是产业发展的动力，不会因全球性竞争而削弱国内市场。③相关产业和支持产业的表现。优势产业不是单独存在的，有竞争力的本国产业通常会带动产业链上相关产业的发展。④企业的战略、结构、竞争对手的表现。推进企业走向国际化竞争的动力至关重要，这种动力可能来自国际需求，也可能来自本地竞争者。

辅助要素包括两个方面：政府与机会。机会可遇不可求，机会的形成主要来自以下因素：基础科技的发明创造；传统技术出现断层；外因导致生产成本突然提高；金融市场或汇率的重大变化；市场需求的剧增；政府的重大决策；战争。政府可以创造新的机会和压力，政府应对企业无法行动的领域进行投资，例如发展基础设施、开放资本渠道等。

4.10 战略集团分析

战略集团分析是行业内企业竞争结构分析的重要方法，是将所在行业中执行同样或类似战略的企业加以划分进行组合分析的一种方法，可用于找出战略集团的共性，把握行业中竞争的方向和实质。在一个产业中，如果所有的企业都执行着基本相同的战略，则该产业只有一个战略集团；若每个企业都奉行与众不同的战略，则该产业就会存在众多战略集团。通过图示的方法，在行业与竞争者中建立一种联系，对各企业进行总体分析，从中选择最佳的战略方式。

附图 10 可以确定一个产业不同战略集团的地位。图中不同战略集团的特点：A 集团有丰富的产品品种，高度纵向一体化，成本低，中等质量；B 集团的产品品种少，低纵向一体化，高成本、高质量、高技术水平；C 集团的产品品种齐全程度和纵向一体化程度均为中等，价格中等，产品质量低，服务质量高；D 集团的产品品种少，成本低，价格低，服务水平低。

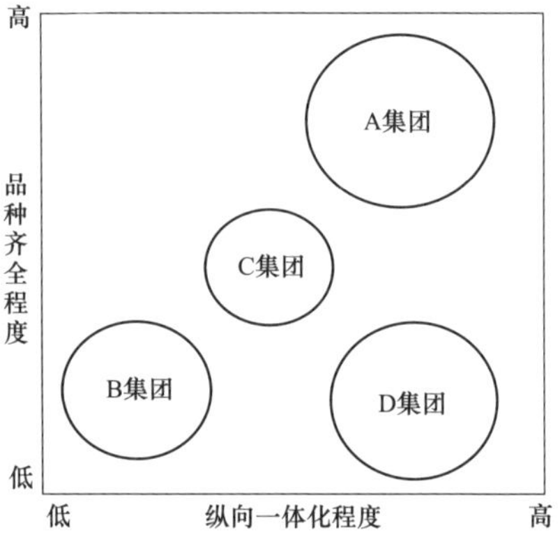

附图 10　战略集团分析

战略集团分析可用于揭示不同战略集团之间演变的难点与障碍，使企业了解战略集团的竞争状况及某一集团与其他集团的差异所在，帮助企业预测市场变化，发现新的战略机会。

5 产业布局规划模型方法

5.1 线性规划模型

线性规划可用于解决资源在空间上的最优分配和最优利用问题。线性规划模型由两部分构成，即目标函数与约束条件。一般线性规划模型可表示为目标函数：

$$\max(\min)z=\sum_{j=1}^{n}c_jx_j$$

约束条件：

$$\sum_{j=1}^{n}A_{ij}x_j\leqslant(=,\ \geqslant)B_i(i=1,\ 2,\ \cdots,\ m)$$

$$x_j>0(j=i=1,\ 2,\ \cdots,\ n)$$

以上两式中的目标函数和约束条件，共同组成了一个模型。其含义：有 n 种经济活动，它们共同利用 m 种有限的资源 $B_i(i=1,\ 2,\ \cdots,\ m)$；每单位 j 活动需占用或消费 i 资源的量为 A_{ij}；每单位 j 活动的产出（或成本）为 c_j；x_j 表示经济活动水平，模型的求解变量为 x_j。

线性规划模型体现了效益原则，在产业布局分析中有着广泛应用，可用于研究资源的最优利用与分配、产业最优布局、交通运输最优布局、资源开发利用的最佳规模等。该模型有着较多的优点，如模型具体形式有较大的灵活性、形式简单、易于理解、有通用的解法等。其局限性是不能研究非线性问题、多目标问题和动态问题等。

5.2　非线性规划模型

非线性规划是一种求解目标函数或约束条件中有一个或几个非线性函数的最优化问题的方法，在工业、交通运输、经济管理和军事等领域应用广泛，特别是在“最优设计”方面，能够提供一种数学计算方法，因此具有重要的实用价值。

非线性规划模型的一般形式为

目标函数：$\min\limits_{X\in R_n}Z=CX$

约束条件：

$$g_j(X)\leqslant 0,\ j=1,\ 2,\ \cdots,\ m$$

$$h_k(X)=0,\ k=1,\ 2,\ \cdots,\ l$$

式中：R_n 为约束集；g、h 为约束条件；目标函数 Z 与约束条件中至少有一个是非线性函数。

对于静态条件下的最优化问题，当目标函数或约束条件出现未知量的非线性函数，且不便于线性化，或勉强线性化后会招致较大误差时，就可应用非线性规划的方法进行处理。

5.3 经济计量模型

经济计量模型是将相互联系的各种经济变量表现为一组联立方程式，来描述整个经济活动的运行机制，利用历史数据对联立方程式的参数值进行估计，根据制定的模型来预测经济变量的未来数值。经济计量模型主要有经济变量、参数以及随机误差三大要素。

经济变量是反映经济变动情况的量，可分为内生变量和外生变量。内生变量指由模型本身加以说明的变量，是模型方程式中的未知数，其数值可由方程式求解获得；外生变量指不能由模型本身加以说明的量，是方程式中的已知数，其数值不是由模型本身的方程式算得，而是由模型以外的因素产生。参数是用以求出其他变量的常数，反映出事物之间相对稳定的数量关系。随机误差是难以预知的随机产生的差错，以及经济数据在统计、整理和综合处理过程中所出现的差错，通常忽略不计。

宏观经济计量模型是指在宏观总量水平上把握和反映经济运动较为全面的动态特征，研究宏观经济主要指标间的相互依存关系，描述国民经济各部门和社会再生产过程各环节之间的联系，并用于宏观经济结构分析、政策模拟、决策研究以及发展预测等功能的计量经济模型。在运用经济计量模型分析宏观经济形势时，除了要充分发挥模型的独特优势，挖掘其潜力为我所用之外，还要注意模型的潜在变量被忽略、变量的滞后长度难以确定，以及引入非经济变量过多等问题。

5.4 灰色线性规划模型

灰色线性规划是指含有灰数的线性规划，可以弥补线性规划无法处理含灰数导致无法求解的问题。

灰色线性规划的形式如下：

目标函数：$\max(\min)z=\boldsymbol{CX}$

约束条件：$\otimes(\boldsymbol{A})\leqslant b,\boldsymbol{X}\geqslant 0$

式中：$\boldsymbol{X}$ 为一组向量；$\boldsymbol{C}$ 为目标函数的系数向量，下同；系数向量可以是灰数；$\otimes(\boldsymbol{A})$ 为约束条件的系数矩阵；$\boldsymbol{A}$ 为 $\otimes(\boldsymbol{A})$ 的白化矩阵；$\boldsymbol{b}$ 为约束量。

此模型的含义：在满足 $\otimes(\boldsymbol{A})\leqslant\boldsymbol{b}$，$\boldsymbol{X}\geqslant 0$ 的条件下，寻求一组 $\boldsymbol{X}$，使 z 达到极大值（或极小值）。

灰色线性规划是在有可变的灰数的情况下进行的，是一种动态的线性规划，弥补了静态常规线性规划的不足；此模型不仅可以指导既定条件下的最优问题研究，而且可以分析最优结构的变化情况。给定一组信息，就可得到一组优化方案。

5.5　多目标规划模型

多目标规划是运筹学中的一个重要分支，是在线性规划的基础上，为解决多目标决策问题而发展起来的一种数学模型方法，目的是将多目标规划问题转换为单目标规划问题。求解多目标规划的方法大体有以下几种：一是化多为少的方法，即把多目标化为比较容易求解的单目标或双目标，如主要目标法、线性加权法、理想点法等；二是分层序列法，即把目标按其重要性给出一个序列，每次都在前一目标最优解集内求下一个目标最优解，直到求出共同的最优解。这种方法在资源分配、规划编制、生产调度等方面有一定应用。

多目标规划模型的一般形式为

目标函数：$\min\limits_{X\in R^n} z=\boldsymbol{CX}$

约束条件：$\begin{cases} g_j(\boldsymbol{X})\leqslant 0, & j=1,2,\cdots,m \\ h_k(\boldsymbol{X})=0, & k=1,2,\cdots,l \end{cases}$

5.6　动态规划模型

动态规划是求解决策过程最优化的数学方法，在经济管理、生产调度、工程技术和最优控制等方面有广泛的应用。动态规划主要用于求解以时间划分阶段的动态过程的优化问题，一些与时间无关的静态规划（如线性规划、非线性规划），只要人为地引进时间因素，就可将其视为多阶段决策过程，用动态规划的方法进行求解。

其基本思路是将待求解问题分解成若干个子问题，先求解子问题，然后从这些子问题的解得到原问题的解。多阶段决策问题中，各个阶段采取的决策，一般都与时间有关，决策依赖于当前状态，又随即引起状态的转移，一个决策序列就是在变化的状态中产生的，故有“动态”的含义。动态规划多阶段决策过程如附图 11 所示。

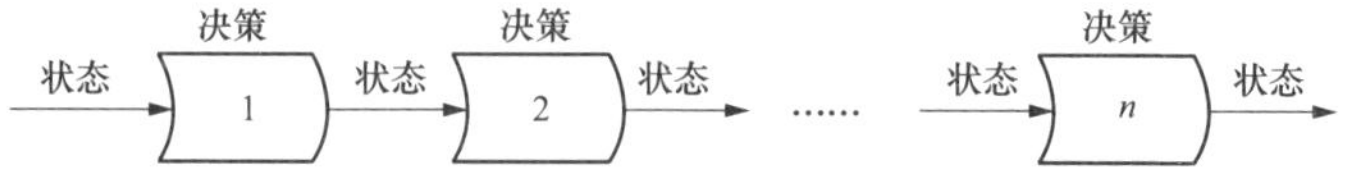

附图 11 动态规划多阶段决策过程

动态规划的基本模型由以下七部分构成：①阶段划分；②各阶段的状态变量 U_k；③各阶段的策略变量 X_k；④允许策略集合 $D_k(X_k)$；⑤状态转移方程 $U_{k+1}=T_k(U_k, X_k)$；⑥边界条件；⑦递推关系式。

顺推 $f(U_k)=\mathrm{opt}\{f(U_{k-1})+L(U_{k-1}, X_{k-1})\}$

式中：$L(U_{k-1}, X_{k-1})$ 表示状态 U_{k-1} 通过策略 X_{k-1} 到达状态 U_k 的费用。

逆推 $f(U_k)=\mathrm{opt}\{f(U_{k+1})+L(U_k, X_k)\}$

式中：$L(U_k, X_k)$ 表示状态 U_k 通过策略 X_k 到达状态 U_{k+1} 的费用。

5.7 整数规划模型

在线性规划问题中，有些最优解可能是分数或小数，但对于某些具体问题，常要求某些变量的解必须是整数。整数规划中的变量（全部或部分）就限制为整数。若在线性模型中，变量限制为整数，则称为整数线性规划。

在整数规划中，如果所有变量都限制为整数，则称为纯整数规划；如果仅一部分变量限制为整数，则称为混合整数规划。整数规划的一种特殊情形是“0-1 规划”，其变数仅限于 0 或 1。

整数规划的应用范围极其广泛。不仅在产业、工程设计和科学研究方面有很多应用，而且在计算机设计、系统可靠性评价、编码和经济分析等方面也有新的应用。

5.8 模糊规划模型

普通线性规划的约束条件和目标函数都是确定的，但在一些实际问题中，约束条件可能带有弹性，目标函数可能不是单一的，须借助模糊集处理。模糊线性规划是将约束条件和目标函数模糊化，引入隶属函数，从而导出一个新的规划问题。随着社会复杂性的增加，模糊规划在资源优化、生产计划和决策分析等众多领域有广泛应用。

模糊线性规划的一般形式为

目标函数：$\min z = t_0(x)$

约束条件：$\begin{cases} t_i(x) = [b_i, d_i] \\ x \geqslant 0 \end{cases}$

这里的 $t_i(x) = [b_i, d_i]$ 表示，当 $d_i = 0$（普通约束）时，$t_i(x) = b_i$；当 $d_i > 0$（模糊约束）时，$t_i(x)$ 取 $(b_i - d_i, b_i + d_i)$ 内的某一个值。

式中：b_i 为常数；d_i 为决策人根据实际问题选择的伸缩指标。

5.9　离散规划模型

普通线性规划的目标函数是连续函数，但在一些与资源、环境有关的问题中，会遇到一个离散型函数在一组线性约束条件下的优化问题，而离散规划的提出解决了此类问题。

离散规划的模型如下：

目标函数：$\min\limits_{X \in R^n} z = \boldsymbol{CX}$

约束条件：$\begin{cases} g_j(\boldsymbol{X}) \leqslant 0, & j = 1, 2, \cdots, m \\ h_k(\boldsymbol{X}) = 0, & k = 1, 2, \cdots, l \end{cases}$

式中：目标函数 z 为离散函数。

6　空间布局规划模型方法

6.1　工业地域综合体模型

工业地理学把工业布局中存在着的有规律的地域组合现象称为工业地域综合体（areal industrial complex），即在一定地域范围内，由许多有经济联系和生产协作关系的工业企业共同组成的地域生产综合体。经济布局的综合体思想从理论上可追溯到早期地理学的区域学派。1925 年，苏联学者舒利金提出“生产综合体”概念，即指某个地区内不同的生产部门和生产企业通过联合、分工协作，促进地区经济发展的社会生产体系。随后“综合体”的概念不断完善和发展，并出现不同层次的理解。例如，苏联学者 H. H. 涅克拉索夫认为区域国民经济综合体是苏联统一的国民经济综合体的一部分，而地域生产综合体则是国民经济综合体的一种多部门或专业化的综合体。分段工业地域综合体是地域生产综合体的重要组成部分，核心由工业建设组成，此外还有农业-工业综合体、农业综合体、工业-交通综合体和服务业综合体等。

工业地域综合体着眼于区域内部产业间的经济技术联系，强调区域产业是一个相互之间有机联系的整体。一个成熟的工业地域综合体内部应该具有相对完整的产业链，包含主导工业、相关工业和服务型工业等部分。其中，主导工业是工业地域综合体的核心，代表着综合体的结构特点，对整个综合体发展的规模、性质、内容以及发展方向等产生深远影响。

工业地域综合体的规模、等级差别巨大。大范围的工业地域综合体偏重经济上的联系，而规模较小的工业地域综合体则侧重于生产和技术上的联系。相比而言，小范围的基层性工业地域综合体更具有实际意义和可操作性。例如，德国鲁尔区内部各生产部门在共同利用原料、半成品和能源以及公用设施等方面，进行了广泛的经济协作和生产技术联系。

6.2 增长极分析方法

“增长极”理论是区域经济不平衡发展理论的代表，被认为是西方经济区域观念的基石，最早由法国经济学家朗索瓦·佩鲁于 20 世纪 50 年代提出。佩鲁认为“一个增长极是一个与周围环境结合的增长诱导单位。在这个紧密相连且充满活力的环境中，由于主动单位（新企业）的建立而产生广泛的各种集聚和互补效应”。其中，主动单位指那些对邻近地区经济发展有强大辐射作用的主导产业或者具有创新力的企业。佩鲁的学生布德维尔首先将增长极的概念地理化，提出了都市工业增长极的概念，将增长极定义为位于都市中心的一组发展中的，并且能够促使所在地经济发展的工业，并把极化地区定义为一组相邻的，与中心城市的联系比与同级其他城市更为密切的城镇。在极化地区内大力发展增长极工业可以刺激地区的经济增长。

1957 年，瑞典经济学家缪尔达尔在《经济理论和不发达地区》中提出“循环累积因果论”，认为增长极与其周边地区的相互作用存在扩散和回流两种效应，且两种效应将会扩大区域间的差异。美国发展经济学家赫希曼提出与此相似的不平衡发展战略，同时强调国家干预的“均衡器”作用。“增长极”理论具有较强的实际操作性，广泛应用于经济规划的专业分析。但是，在培育增长极的过程中容易造成地区贫富差距扩大、推动产业的过度发展，形成“孤岛经济”和“飞地经济”等，因此增长极战略在 20 世纪 70 年代逐渐沉寂下去。应用该理论比较成功的案例是日本在 1962 年进行的“国土综合开发计划”。依据该理论，日本选择了 14 个产业新城和 6 个工业整备特别地区，目标是分散工业布局，使开发据点与东京等既有大集聚地相连接，又通过交通、通信设施使之有机地相互联络、相互影响，在充分发挥周边地区优势的同时，促进连锁性开发，实现地区间的均衡发展。

6.3 中心-外围理论方法

“中心-外围”理论（center periphery theory）也称“核心—边缘”理论，属于区域不平衡发展理论范畴，最初由阿根廷经济学家劳尔·普雷维什在 1949 年用来描述当时国际贸易体系中西方资本主义国家与发展中国家的对峙情形。从 20 世纪 60 年代开始，这一理论得到广泛发展，相关研究主要有弗兰克（G. Frank）、阿明（S. Amin）的“依附论”和汉斯·辛格（H. W. Singer）的“贸易条件全面恶化论”等。弗里德曼（J. R. Friedmann）将“中心-外围”理论进行完善和系统化，不再局限于经济过程的考察，而是把社会发展过程也纳入研究范围。弗里德曼认为，任何一个国家都是由核心区域和边缘区域组成的，在区域经济发展中，核心地区和边缘地区具有不同的地位和作用。20 世纪 90 年代以来，区域经济学家克鲁格曼、Baldwin 和 Nalaspa 等利用“中心-外围”理论对产业集聚进行研究，并结合实际情况对该理论进行完善，促使该理论的发展进入新阶段。

在简化的“中心-外围”模型中，空间结构由中心和外围两种结构要素构成。中心区集聚了区域中主要的资本和技术，并源源不断地产生创新，是区域发展的动力所在；外围接受中心区的创新成果，跟随中心区而发展。中心与外围相互依存，形成完整的空间系统。中心和外围存在四个相互作用的基本过程，包括创新成果的扩散、决策、移民和投资，分别代表社会因素的四个方面：文化、政治、人口和经济。在此模型中，外围地区的人口和资本不断涌入中心，同时必须接受中心区的决策辐射和创新影响。外围和中心的相互关系是不平等的，外围地区依赖于中心地区对其控制的作用。中心-外围模式如附图12所示。

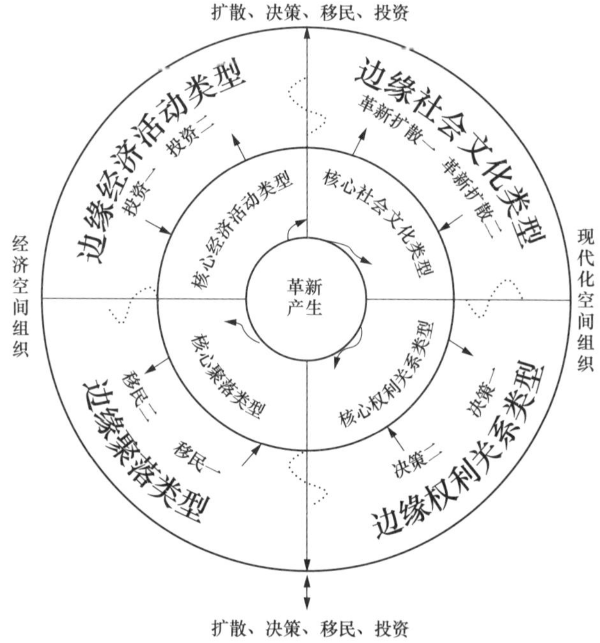

附图12 中心-外围模式

6.4 梯度推移分析方法

梯度推移理论的思想最初来源于杜能的农业圈层理论，用于阐述农业经济集约化水平由中心城市向四周农牧区逐步下降的梯度分布现象，梯度是指区域之间经济总体水平的差异。梯度推移理论的基础是弗农等于1996年提出的工业产品生产周期循环理论。弗农等认为，工业产品的生产发展过程与生态系统循环运动一样必须经历创新、发展、成熟和衰退四个阶段。后来，一些区域经济学家将该理论引入区域经济学研究，从而产生了区域经济技术梯度推移理论。

梯度推移理论认为，区域经济发展和兴衰主要取决于该地区的产业结构，其次取决于该地区经济部门特别是主导产业部门在自身生命循环过程中所处的阶段。根据弗农的产品周期理论，经济部门可以分为三类：产品处于创新到成长阶段的是兴旺部门，处于成长到成熟阶段的是停滞部门，处于成熟到衰退阶段的是衰退部门。如果当地的主导产业主要是由处在创新阶段的兴旺部门构成，则该地区就为高梯度地区；反之，则为低梯度地区。高梯度地区是创新活动产生的源泉，创新根据产品周期循环的顺序由高梯度区域向低梯度区域推移。例如，美国的硅谷是世界创新的发源地，因而也是世界最具发展活力和潜力的高梯度地区。梯度推移理论还认为，梯度推移过程是动态的极化效应与扩散效应共同作用的结果，城市系统是推移过程的载体。具体的梯度推移有两种方式：一种是创新从发源地向周围相邻的城市推移；另一种是创新从发源地向距离较远的第二级城市推移，再向第三级城市推移，以此类推，使得创新从发源地推移到所有区域。

6.5 点-轴系统分析方法

陆大道于20世纪80年代提出“点-轴”系统的渐进式扩散模式，系统地阐述了“点-轴”空间结构的形成过程和“发展轴”的结构与类型等，分析了不同社会经济发展阶段空间结构的基本特征和空间可达性、位置级差地租对区域发展的影响。在中心地理论的基础上，揭示了居民点和城市形成的等级-规模法则。点-轴理论可以看作是增长极理论的延伸。在区域经济发展的初级阶段，产业总是先集中于个别优势区位，形成增长极，当产业点增多之后联系加强形成轴线。这些轴线对于周边地区的劳动力和资本具有极大的吸引力，引导产业和劳动力向轴线两侧聚集，并产生新的点，进而形成网络。

点-轴理论认为，社会经济客体在区域或空间的范畴总是处于相互作用之中。形成空间格局的过程存在空间集聚和空间扩散两个驱动力，并强调了社会经济客体在空间扩散的方式是渐进式的。在区域开发的初期，社会经济客体从中心点沿着若干线状设施（扩散通道）渐次扩散社会经济“流”，包括产品流、资金流、人员流、技术流、信息流、政策流等。这些“流”将在不同远近的位置形成强度不同的新集聚。由于扩散力随距离延伸而衰减，新集聚的规模也随距离的增加而变小，扩散通道也逐渐成为发展轴线。随着社会经济的进一步发展，新形成的集聚点又将产生新的扩散流，形成次一级的发展轴线。点-轴空间结构系统的形成可以归纳为四个主要阶段：①点-轴空间结构形成前的均衡阶段，均质地表上分布着无组织的社会经济客体，即以村镇为主的居民点，空间效率极低；②社会经济客体开始集聚（工业化的初期阶段）阶段，点-轴同时开始形成，区域局部开始出现有组织状态，区域资源开发和经济进入较快增长时期；③点-轴系统框架初步形成（工业化中期阶段）阶段，社会经济演变迅速，空间结构出现大幅度变动；④点-轴空间结构系统形成阶段。区域进入全面有组织状态，空间结构重新恢复到“均衡”阶段，社会组织与经济组织高效运转，但作为社会发展标志的人口和经济增长则趋于稳定。点-轴空间结构系统的形成模式如附图 13 所示。

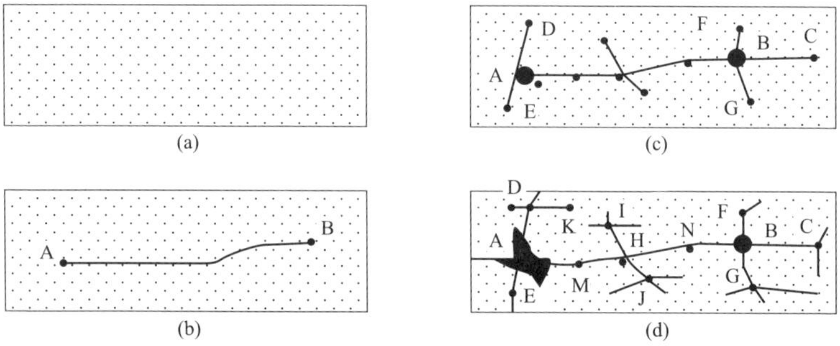

附图 13 点-轴空间结构系统的形成模式

6.6 城市区域规划方法

20 世纪 70 年代以来，资本主义生产方式由福特主义向后福特主义过渡，新劳动地域分工逐步形成。全球化进程和新技术革命增强了全球与地方之间的经济、文化和政治联系，城市间各种要素流动迅速增加，使得城市在全球范围内更加紧密地联系在一起，“流的空间”（space of flows）代替“场的空间”（space of places）。随之而来的是日益加剧的全球城市之间的竞争。为了增强综合竞争力，区域城市开始协作，从而城市之间的竞争演变为城市所在地区的实力的竞争，即“城市区域”（city region）成为全球经济竞争的基本单元。城市区域由核心城市及其腹地组成，具有密切的劳动分工，城市间经济要素与人员等交流频繁。由于城市区域理论突破了国家和地域的界限，可以称之为“新区域主义”，体现了城市与区域的双赢发展以及建立在此基础上的功能布局与功能完善，提高了空间利用的整体效益。以国际性“门户城市”为核心的城市区域（大都市经济区）是全球最具竞争力的地区，如大伦敦地区、东京都市圈等。以中国香港地区作为珠江三角洲初始的门户城市，资本、劳动力、技术、信息等生产要素流的快速转移与空间集聚，推动了粤港澳产业创新网络和产业集聚区的形成。以中国香港地区、广州和深圳为核心的粤港澳城市区域模式如附图 14 所示。

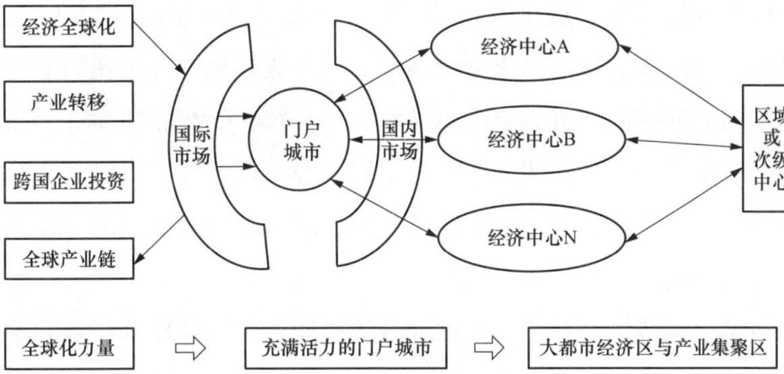

附图 14　以中国香港地区、广州和深圳为核心的粤港澳城市区域模式

6.7　基于距离的多空间尺度方法

基于距离的多空间尺度方法可以分析在不同空间尺度地理单元上的产业的分布特征，而不受制于人为或已有行政单元的划分。其实质是将区域内的企业看作点，通过分析这些点的分布状态来研究区域产业的分布情况。

基于距离的多空间尺度方法有很多优点：①不受地理空间尺度（行政单元）的限制，可以同时解释不同范围内经济活动的空间分布，能够更加精确地描述经济活动的空间结构；②可以揭示某类经济活动在哪个范围内显著集中或分散。但是，基于距离的多空间尺度方法存在数据难以获得、处理难度大、工作量大、速度慢等实际应用的困难。

6.8　产业地域分工及集聚区理论

产业地域分工的前提是社会分工，其含义是指由于社会分工本着寻求最低成本和最高效益的原则，一些地区专门生产某些产品，其他一些地区专门生产另一些产品，各地区通过商品交换互通有无。地域分工的结果将直接导致地区生产专业化。产业地域综合体就是在这些单元上逐渐组织和完善起来的，并构成更高层次、更大尺度范围内的地域分异。

产业地域分工形成以最佳经济效益为目的的生产专门化地区，它受到自然、资源、劳动力、市场等诸多因素的限制，所以其空间尺度一般不会太大。在形成初期内部产业结构单一，难以形成综合产业集聚区，地区之间只靠交换产品而发生联系，这些联系是脆弱无序的，就其能量而言，远远不能使各专业化地区形成有机的组合。这个有机的组合是在生产和产品交换发展到一定程度，并出现了经济中心后才真正得以实现的。产业集聚中心是在周围地域的经济有一定基础上形成的，成为周围地域农、林、牧、矿产品的集散、加工和流通中心，并被赋予产业管理职能。产业集聚中心一经形成，就以高于周围地域的功能向前发展。常常利用优越的区位优势，以交通、通信网络为基础，产生市场吸引、人流吸引、货流吸引机制，有效地吸引和影响周围地区，形成以其为中心的一定地域范围，并凭借自己的经济职能和组织管理机制将区域内各专业化地区统筹组织成一个综合的有机整体—产业集聚区，进而运用其不断成熟的协调机制，对产业集聚区的内部结构和功能进行完善和健全，促成其合理发展。这一过程绝不单单是经济和自然过程，还要被强烈地印上社会的烙印。在这个组织过程中所追求的是经济效益、社会效益、环境效益的统一。

7 产业区位分析模型方法

7.1 区位分析法

一般而言，区域经济的发展很难脱离周边环境，区域主导产业的选择应考虑到区域经济的集聚与互补因素，区位分析法将研究对象纳入周边的经济环境中，有利于帮助地区经济与产业发展融入区域经济协作中。依托于经济区位论、中心-边缘理论、点-轴理论、城市区域、产业集群等理论基础，区位分析可采用定量与定性相结合的方法，分析地区经济的地理区位、交通区位、产业区位、市场区位等区位条件，从动态和发展的视角判断产业发展的竞争优、劣势和未来发展方向。

7.2　杜能农业区位论

杜能（J. H. von Thunen）于1826年发表了《孤立国同农业和国民经济的关系》（简称《孤立国》），这不仅是农学和经济学中广为人知的经典著作，而且为古典经济区位理论发展奠定了基础，标志着区位论的产生，杜能因而被后人推崇为区位论的鼻祖。

1. 理论产生背景

杜能的《孤立国》成书于德国农业企业化发展的时期。在工业上，德国由于导入了机械工业而早已进入近代资本主义社会；但是，其在农业领域并没有出现像工业生产那样的技术性革命，仅仅在改变传统的农法上进行了尝试。杜能就是在这种背景下，从空间组织原理角度探索能够带来最大收益的农业经营方式。当时德国农学家泰尔（A. D. Thaer）提倡在农业相对落后的德国普及轮作式农法，以改变通过休耕来恢复地力的三圃式农法。杜能为了证明轮作式并非对所有地区都有利的观点，从地域角度对农业生产的空间组织原理进行了研究。

2. 理论前提条件

杜能为其假想的“孤立国”给定六个假定条件：①在肥沃的平原中央只有一个城市；②不存在可用于航运的河流与运河，并且马车是唯一的交通工具；③土质条件均匀分布，任何地点都可以耕作；④距城市80.5km以外是荒野，与其他地区隔绝；⑤人工产品供应只来源于中心城市，而城市的食物则只从周围平原获得；⑥矿山和食盐矿都在城市附近。

在上述前提条件下，杜能重点分析了以下问题：①农业将以怎样的经营状态在空间上发展；②合理的农业生产经营与距离城市的远近存在何种关系。换言之，为获得最大的土地纯收益（地租），随着与城市距离的增加，农场的经营将如何变化。为了回答上述问题，杜能采用了抽象和演绎的方法，他排除了如土质条件、土地肥力、河流等其他要素的干扰，只探讨一个要素，即与城市（或市场）的距离不同，对农业生产方式的配置的影响。

3. 农业生产方式的空间配置

在城市附近一般种植笨重、体积大且相对于农产品价格而言运费高的作物，或者是那些易于腐烂需在新鲜时消费的产品。随着与城市距离的增加，这些地区则生产相对于价格而言运费低的作物。最终在城市的周围，将形成以不同农作物为主呈环状分布的同心圆结构，即所谓的“杜能环”。“杜能环”是指以城市为中心，由里向外依次为自由式农业、林业、轮作式农业、谷草式农业、三圃式农业、畜牧业等农业圈层结构。

第一圈层——自由式农业圈层。指距离城市最近的农业地带。由于运输工具为马车，速度慢，且又缺乏冷藏技术，因此需要保鲜的蔬菜、水果以及易腐产品（如鲜奶等）等就在距城市最近处生产，形成自由式农业圈。圈层的大小依城市人口的规模而定。

第二圈层——林业圈层。供城市用的薪材、建筑用材、木炭等，由于这些产品重量和体积均较大，而价格又低于第一圈层的作物，因此在接近城市的第二圈层种植。

第三圈层——轮作式农业圈层。没有休闲地，在所有耕地上种植农作物，以谷物（麦类）和饲料作物（马铃薯、豌豆等）的轮作为主要特色。杜能提出每一块地的“六区轮作”制度，第一区为马铃薯，第二区为大麦，第三区为苜蓿，第四区为黑麦，第五区为豌豆，第六区为黑麦，其中耕地的50%种植谷物。

第四圈层——谷草式农业圈层。为谷物（麦类）、牧草、休耕轮作圈层。在此，杜能提出地块的“七区轮作”制度。同第三圈层不同的是总有一区为休闲地，七区轮作第一区是黑麦，第二区是大麦，第三区是燕麦，第四区、五区、六区为牧草，而第七区为休闲地，全部耕地的43%为谷物种植区。

第五圈层——三圃式农业圈层。是指距城市最远的谷作农业圈层，也是最粗放的谷作农业圈层。三圃式农业将农户附近的块地分为三区，第一区是黑麦，第二区是大麦，第三区是休闲地，三区之间进行轮作，即为三圃式轮作制度。远离农户的地块则作为永久牧场，全部耕地仅有24%为谷物种植区。

第六圈层——畜牧业圈层。畜牧业圈层是“杜能环”的外圈，生产谷麦作物仅用于自给，而生产牧草用于养畜，以畜产品如黄油、奶酪等供应城市。畜牧业圈层之外的地租为零，为无人利用的荒地。

上述杜能农业生产方式的同心圆结构成立的理论依据可归纳为以下几点：①把农产品运送到城市的费用随着与城市距离的变化而变化；②农产品的产地

价格（市场价格一运费＝产地价格）存在着地域差异；③各种农业生产方式获得的地租（产地价格一生产费）因与城市的距离而变化；④获得最高地租的农业生产方式将随着与城市的距离不同而不同，即合理的农业生产空间组织结构，是以城市为中心的，呈同心圆结构。“杜能环”形成的一个重要因子是农产品的运费，土地的纯收益即地租主要取决于农产品由农场运输到城市的费用。

7.3 韦伯工业区位论

德国经济学家韦伯于1909年著《工业区位论》一书，标志着工业区位理论的建立，是最小费用学派（成本学派）的代表作。韦伯从费用角度分析企业经营者的区位决策，认为经营者通常在费用支出总额最小的空间进行布局，即费用最低点即为企业最佳区位点。韦伯提出工业区位理论的时代，是德国在工业革命之后，近代工业有了较快发展，从而导致大规模人口的空间移动，尤其是产业与人口向大城市集中的现象极为显著。在这种背景下，韦伯从经济区位的角度，探索工业生产活动的区位原理，试图解释人口的地域间大规模移动，以及城市人口与产业的集聚。

1. 概念定义与理论前提

区位因子（locational factors）是韦伯工业区位理论的一个重要概念，是指经济活动在某特定地点进行时所得到的利益。区位因子分为一般因子和特殊因子。前者是指与所有工业有关的因子，例如运费、劳动力、地租等；后者则是指与特定工业有关的因子，如空气的湿度等。在区位因子中，使工业企业向特定地点布局的因子，被称为地区性因子。例如，工业受运费的影响，而向某一特定地点集中，那么运费是区位因子中的地区性因子，该因子是工业区位基本格局形成的基础。由于集聚利益（相关工业集聚以及相关设施的有效利用）而向某一地点集聚，或由于集聚而导致地价上升而向其他地点分散，分别被称为集聚与分散因子。集聚与分散因子将会导致由地区性因子所决定的工业区位基本格局发生偏移。

韦伯工业区位理论建立在以下基本假定条件的基础之上：①已知原料供给地的地理分布；②已知产品的消费地与生产规模；③劳动力存在于多数的已知地点，且不能移动。各地点的劳动力费用水平是固定的，在这种劳动力费用水平下可以得到的劳动力是无限的。

在上述假定条件下，韦伯分三个阶段来逐步构筑其工业区位理论：①不考虑运费以外的其他一般地区性区位因子，即假定除运费外，其他费用不存在地区差异，并在此基础上构建基本的工业区位框架；②把第二区位因子劳动费作为考察对象，研究由第一阶段运费形成的最佳区位的变形，即研究运费和劳动费同时作用下所形成的最小费用区位；③分析集聚（分散）因子对最小费用区位形成的作用。集聚（分散）因子使生产的一部分集中十某地点（或者其他地点），是引起区位第二次变形的因子。这种阶段性的理论构建方法是韦伯区位论的一大特色。韦伯在第一阶段仅提出运费指向，以更好地寻找区位空间配置的规律性，而决定这种规律性的主要因子，是克服空间距离所需要的费用，即运费。

2. 运输费用指向论

在给定原料产地和消费地的基础上，运费最小的区位是运费指向论所要解决的问题。运费主要由重量和运距决定，而其他因素，如运输方式、货物的性质等都可以换算为重量和距离。

（1）原料指数和区位重量。按原料的空间分布状况可将其分为遍在原料和局地原料两类。前者即在任何地方都存在的原料，如普通砂石等，而那些只有在特定场所才存在的原料，如铁矿石、煤炭、石油等则为局地原料。局地原料由于生产时的重量转换状况，又可分为纯原料和损重原料。运费指向论主要用原料指数（material index）来判断工业区位指向。原料指数通过计算产品重量与局地原料重量之比得出，即

$$M_i = \frac{W_m}{W_p}$$

式中：M_i 为原料指数；W_m 为局地原料重量；W_p 为产品重量。

原料指数大小决定理论上工厂的区位。从式中可知原料指数是生产一个单位产品时，需要多少重量的局地原料。而在整个工业生产与分配过程中，需要运送的总重量为最终产品和局地原料重量之和，每单位产品需要运送的总重量为区位重量。

$$L_W = \frac{W_m + W_p}{W_p} = W_i + 1$$

（2）最小运输费用。在生产工艺不可分割、消费地和局地原料地只有一个的前提下，最小运费原理认为：①只使用遍在原料时，在产品消费地布局比在原料地布局运费节约大，属于消费地指向性区位；②只使用损重原料时，属于原料地指向性区位；③仅使用局地原料，且用纯原料时，在原料地和消费地或者两者之间的任何一点其运费都相同，属于自由指向性区位。

上述原理可以用原料指数（M_i）以及区位重量（L_W）来表示，得出一般的区位法则，即：

当 $M_i>1$，$L_W>2$ 时，属于原料地指向性区位，例如水泥工业等；

当 $M_i<1$，$L_W<2$ 时，属于消费地指向性区位，例如啤酒工业、面包工业等；

当 $M_i=1$，$L_W=2$ 时，属于自由指向性区位，例如精密仪器工业等。

在生产过程中，原料地为两个，且与消费地不在一起时，其区位图形为一个三角形，即区位三角形，如附图 15 所示。韦伯对于区位的推算，采用了力学方法，即“范力农构架”（varignnon frame）。假定在市场（C）需要产品 1t，需原料产地 1（M_1）供应 3t 原料，原料产地 2（M_2）供应 2t 原料的区位三角形中，工厂区位（P）应该选择在哪里？根据韦伯工业区位理论的运费指向论，工厂区位应该在运费最小地点。韦伯假定运费只和距离、重量有关，那么运费最小地点应是 M_1、M_2 和 C 的重力中心。范力农构架如附图 16 所示。

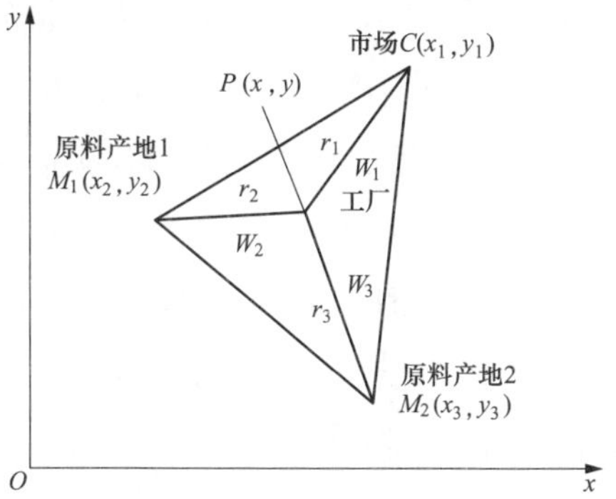

附图 15　区位三角形模式图

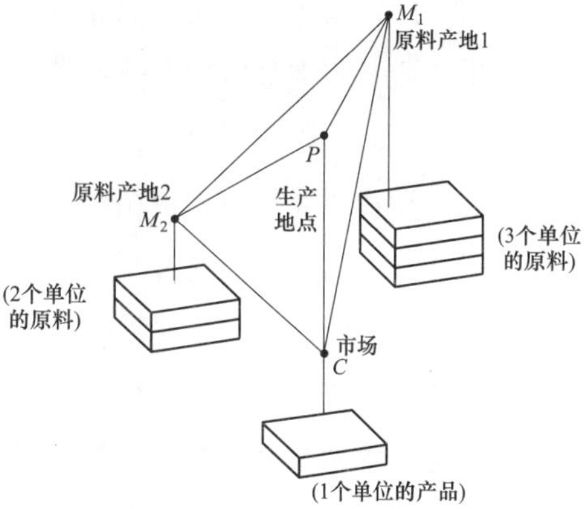

附图 16　范力农构架

“范力农构架”即对于原料地和消费地构成的区位三角形，求解运费最小点即求解区位三角形 P 点的坐标。图中，M_1、M_2、C 为区位三角形的三个顶点，坐标已知，假设 P 点为运费最小点，其坐标为（x，y），P 与三个顶点间的距离分别为 r_1、r_2、r_3，原料和产品的重量分别为 a_1、a_2、a_3。那么在运费与距离、重量成比例的情况下，总运费可由式表示

$$k=\sum_{i=1}^{n} a_e r_i=\sum_{i=1}^{n} a_i \sqrt{(x-x_i)^2+(y-y_i)^2}$$

求上式的最小值需满足以下方程组：

$$\frac{\partial k}{\partial x}=\sum_{i=1}^{n} \frac{a_i}{r_i}(x-x_i)=0$$

$$\frac{\partial k}{\partial x}=\sum_{i=1}^{n} \frac{a_i}{r_i}(y-y_i)=0$$

通过上式可以求得最小费用区位点 P 的具体位置。

3. 劳动费指向论

运费随着空间距离的变化，表现出一定的空间规律性，而劳动费则不具有这种特性，属于地区差异性因子，是导致运费所形成的区位格局发生变形的因子。在此所说的劳动费不是指工资的绝对额，而是指每单位重量产品的工资部分，不仅反映工资水平，同时也体现了劳动能力的区域差距。韦伯劳动费指向论的思路是：工业区位由运费指向转为劳动费指向仅限于节约的劳动费大于增加的运费，即在低廉劳动费地点布局带来的劳动费用节约额比由向最小运费点移动产生的运费增加额大时，劳动费指向就占主导地位。韦伯为了判断工业企业受劳动费指向的影响程度，提出了“劳动费指数”的概念，即每单位重量产品的平均劳动费。如果劳动费指数大，那么从最小运费区位移向廉价劳动费区位的可能性就大；否则，这种可能性就小。但韦伯也认为劳动费指数只是判断劳动费指向的可能性，而不是决定因素。因为即使某种产品的劳动费指数高，但如果该产品生产所需要的区位重量非常大，同样不会偏离运费最小区位。因此，他又提出了“劳动系数”的概念，即每单位区位重量的劳动费，用来表示劳动费的吸引力：劳动系数=劳动费/区位重量。

劳动系数大，表示远离运费最小区位的可能性大；反之，则表示运费最小

区位的指向强。劳动系数越高，工业就会更加向劳动力廉价地集中。劳动费指向受到现实中各种条件的影响，韦伯把这些条件称为环境条件。在环境条件中，人口密度和运费率对劳动费指向的作用较大。通常人口密度与劳动力密度成正比。劳动费指向与人口密度相关，人口密度低的地区劳动费差距小，人口密度高的地区劳动费差距大。因此，人口稀疏的地区工业区位倾向运费指向，而人口稠密的地区则倾向劳动费指向。另外，工业区位从运费最小地点转向廉价劳动力地点，取决于运费增加程度。当运费率低时，即使远离运费最小地点，增加的运费也不至于很多，从而增加的运费比节约的劳动费少的可能性就大，因此可使工业区位集中在这个特定的劳动供给地。

4. 集聚指向论

集聚因子是指一定量的生产集中在特定空间所产生的"利益"，使生产或销售成本降低。与此相反，分散因子则是集聚的反作用力。集聚因子的作用可分为两类形态：一是因经营规模的扩大而引起的生产集聚。相对于明显分散的小规模经营，大规模经营可以说是一种集聚，这种集聚一般是由"大规模经营的利益"或"大规模生产的利益"所产生。二是由多种企业在空间上集中所产生的集聚。这种集聚通过企业间的协作、分工和基础设施的共享带来利益。集聚又可分为纯粹集聚和偶然集聚两种类型。纯粹集聚是集聚因子必然归属的结果，也称为技术性集聚，即由技术性和经济性的集聚利益产生的集聚。偶然集聚是纯粹集聚之外的集聚，如共同运费指向和劳动费指向所带来的工业集中。

分散因子的作用由集聚结果所产生，是集聚的反作用，这种反作用的方式和强度与集聚的强度有关。其作用主要是抵消因集聚带来的地价上升而造成的一般间接费、原料保管费和劳动费的上升。韦伯进一步研究了集聚利益对运费指向或劳动费指向区位的影响，认为当集聚节约额比运费（或劳动费）指向带来的生产费用节约额大时，便产生集聚。为了判断集聚的可能性，韦伯提出了"加工系数"的概念：加工系数＝单位区位重量的加工价值。该系数高的工业，集聚的可能性也大；反之，则集聚的可能性就小。

7.4 廖什的利润最大化区位论

以韦伯为代表的最小费用区位论，在不考虑需求因子作用的条件下，认为单一企业区位的选择动机是追求费用最小。以廖什（A. Losch）为代表的利润最大化区位理论却从需求出发，认为最佳区位既非费用最小点也非收入最大点，而是收入和费用的最大差点，即利润最大化点。韦伯假定需求和价格已给定，即认为收入恒定，但事实上，收入需求同价格、场圈、生产区位有关。如果各生产区位的生产价格不同，那么其所占有的市场空间大小也不同，即总需求不同，这将带来收入的不同，最终将导致最佳区位的空间变动。总之，价格、需求和区位之间有密切的关系。

在廖什之前，虽然帕兰德、胡佛等的区位理论也都重视市场地域的研究，但帕兰德和胡佛是假定区位已知，研究在完全竞争条件下市场空间的大小和分割情况，而不是研究需求对区位选择的影响。区位的相互依存学派尽管研究市场地域的垄断对区位选择的作用，但初期的研究者也把需求假定为无限的且是非弹性的，这就是说，价格的变化对需求不产生影响。后期的研究者虽然对这一条件做了修改，但与前期的学者一样，忽视了对费用的研究。因此，正如廖什所说的那样："如同追求费用最低点一样，认为销售最大点是最佳区位的想法同样是错误的，只有利润最大的地点才是最佳区位点。"

廖什在《经济空间秩序》一书中讲到，杜能和韦伯的区位论是将现实中的许多条件抽象之后建立的非常单纯的区位模型，前提是完全竞争，只研究个别经济区位的部分均衡区位论。在这样的均衡论中给定和假定的条件包括需求、原料和市场的区位。在这之前的研究，已解决了基于部分均衡论上的区位问题，下一个要研究的问题是以一般均衡论为基础的区位理论。从经济学角度探求区位的一般的相互关系，寻找对区位有利因素的同时，也必须考察其反作用。可见，廖什在传统区位论的基础上，从不完全竞争的角度研究一般均衡区位理论，这就是廖什与他之前的区位论学者的视角区别所在。

廖什的区位论不是解释现实世界中经济活动的区位，而是在已知的简单化的条件下，试图研究怎样的区位模型能够满足均衡的条件。他的基本哲学是在混沌的经济世界中隐藏着秩序、规律和原因。关于理论与现实的关系，廖什曾在《经济空间秩序》一书中这样讲过："必须区别现实的区位问题和合理的区位问题，两者不一定一致……如果认为存在的东西一定合理，否则就不存在，那么，这个结论是很危险的。经济学者的真正义务不是说明我们的悲惨现实，而是去改造它。最佳的区位问题比现实的区位决定远远有价值。”

廖什受经济学家拉瓦斯“均衡理论”的影响，试图把均衡思想引入空间经济中，而建立区位一般均衡模型。廖什认为区位的均衡取决于两个基本因素，即对于个别经济而言，是追求利润最大化；而就经济整体来说，是独立经济单位数最大化。他认为后者是受外部竞争的影响，前者是内部经营努力的结果。也就是说，个别经济单位如企业主会将生产区位放在能够得到最大利润的地点，而消费者的消费空间会选在最便宜的区位点。但就存在着许多竞争者的整个经济而言，当新的竞争者加入市场时，各经济单位所占有的空间会缩小到自己的利益消失点。这样，经济整体内部存在两个力的作用，一个是对空间的获取，另一个是其他经济单位对空间的再夺取，各方的动机都是追求利润的最大化。廖什认为，区位是由这两个力的均衡点所决定的，区位间这种相互依存性带来的均衡，可通过区位一般方程式体系来表示。另外，他提出了对于独立生产者、消费者或农业和工业都适应的均衡的一般条件，并以工业为例建立了一组方程式。

廖什的第一个条件是，个别单位的区位必须是有利的。企业在整个空间和自己的市场圈内部选择最大利润的区位。第二个条件是，独立经济单位数尽可能最大，即区位数应尽可能覆盖到整个空间。第三个条件是，所有的经济活动都不能得到超额利润。后两个条件只有在自由竞争市场条件下才能成立。第四个条件是，购买圈、生产圈和销售圈尽可能的小。第五个条件是，在经济圈边界上的地区同时属于相邻的两个区位，因此是没有差别的。对应于各个条件，廖什都建立了相应的方程式，从数学角度进行了精确论证。廖什是第一个从整个区位相互关系的抽象角度来研究完全一般均衡的学者。

廖什的最大利润区位论的空间均衡形成过程是这样的：在只有一个农场主时，当生产的啤酒超出了自身需要，其剩余部分将用来销售，其销售市场空间是一个圆。但是，当其他农场主也加入啤酒生产活动时，由于存在竞争，销售空间会缩小，最终整个销售空间将从圆变成六边形。六边形既最接近圆，相比三角形和正方形等其他多边形的运送距离又最短，因此需求可达到最大化。

按照廖什的理论，区位空间均衡时，最佳的空间模型是正六边形，但是在现实中，呈六边形的情况很少。即使有也以商业和城市区位为主，而非工业区位。这并非说廖什的理论存在问题，而是因为工业和商业、城市和农业在性质上存在着差异。与商业和城市销售及服务空间以本身依托的地域为主不同，工业区位通常超越地域，其销售范围相对较广。另外，不同于商业或城市，工业的竞争一般超越地域，而在其依托的地域由于各自生产的内容未必相同，因而各区位之间不一定存在竞争，也可能是一种互补关系。这就是说工业区位不存在像商业或城市区位那样区位主体之间有一定的类似性和职能等级的差异性。但就整个地域来看，工业区位的竞争较强，其区位的空间模型也类似于商业或城市区位。

与费用最小区位论相比较，最大利润区位论中的市场不是韦伯学派的"点"状市场，而是蜂窝状的正六边形"面"状市场。廖什的区位论在垄断竞争情况下，首先着眼于确定均衡价格和销售量，再据此确定市场地域均衡面积和形状。也就是说，在给定的经济空间内随着生产区位数量的极大化，使各区位利润得到最大化，从而决定了市场范围和形状。廖什的研究不是建立在完全竞争的市场条件下，而是以不完全竞争和垄断竞争为前提来寻找利润最大化的区位点。总之，以廖什为首提出的利润最大化区位论是比较完善和系统的区位理论。

当然，正如许多学者批判的那样，这一理论也存在许多问题，如区位理论建立条件的非现实性，即假定原料、人口分布和交通条件相同，以及嗜好、技术知识水平相同等。主要缺陷是廖什对空间的费用差考虑不足，尽管他认为最佳区位点由收入和费用两因子所决定，但他主要考虑的是需求因子。

7.5 史密斯的收益性空间界限分析

史密斯区位理论的基本原理是，"能够得到最大利润的区位是总收入超过总费用的最大地点"，具体通过空间费用曲线和空间收入曲线来反映。

对于选择区位的企业生产者来说，费用和收入空间的相互作用是非常重要的。在空间的任意一点每生产一单位产品的费用由曲线 AC（平均费用）或 TC（总费用）来表示（见附图 17）。该曲线也称空间费用曲线（space cost curve），费用极小点用 A' 表示。在空间的任意一点每一单位产品的收入由曲线 P（价格）或总收入（TR）来表示，该曲线就称为空间收入曲线（space revenue curve），收入最大点用 B' 表示。M_a和 M_b表示平均费用和价格正好相等的区位，M_a、M_b以内地区收入大于费用，是有赢利的区域，M_a和 M_b就表示利润的可能性边界；反之，M_a、M_b之外的地区则收入低于费用，为亏损区域。在 M_a和 M_b之间，P 和 AC 间的垂直距离表示生产各单位的平均利润，上述平均费用和价格用总费用和总收入表示，总收入（TR）和总费用（TC）间的垂直距离表示总利润。在 A 点的生产费用最低，B 点的收入最大，M_a和 M_b之间表示能够获得利润，但在区位 A，空间收入和空间费用曲线的垂直距离比区位 B 大，即 $A''A'$之间的距离大于 $B''B'$之间的距离，因此 A 是最佳区位。

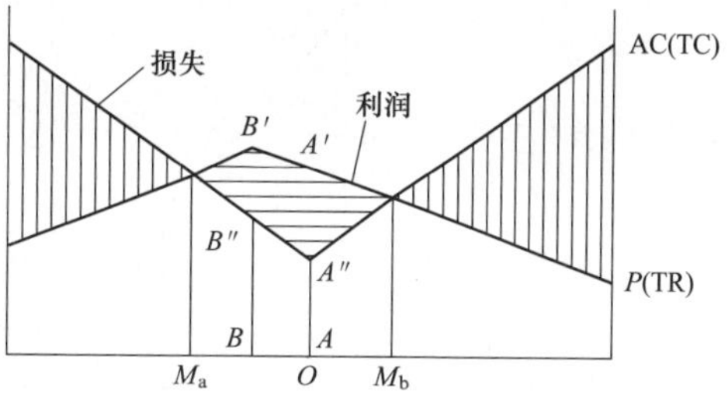

附图 17　收益性空间界限的区位模型

总之，总收入和总费用的空间变化能够形成利润极大的最佳区位，与此同时，也可形成空间界限，即超过此界限就不可能得到利润。但是，在空间界限内企业不必追求利润的最大化，而可自由布局。这一点非常重要，为区位论研究向最佳满意行为区位论提供了依据。

史密斯认为，空间的费用和收入也能够反映出工业区位模型的形态，费用曲线或收入曲线的倾斜程度越大（费用或收入的空间变化大），工业越集中；反之，则表现为分散的倾向。

企业家的经营手段不同会造成区位模型变化。如果企业家的经营能力和水平高，其总费用就会降低。AC 曲线表示所有企业的平均空间费用曲线，而 ACS 曲线表示经营手段和能力高的企业的空间费用曲线，ACT 曲线是经营手段和能力差的企业的空间费用曲线（见附图 18）。可见，经营手段和能力高的企业获得利润的空间范围要比其他同行企业的范围大。因此，优秀企业家区位空间选择范围也相对较大。

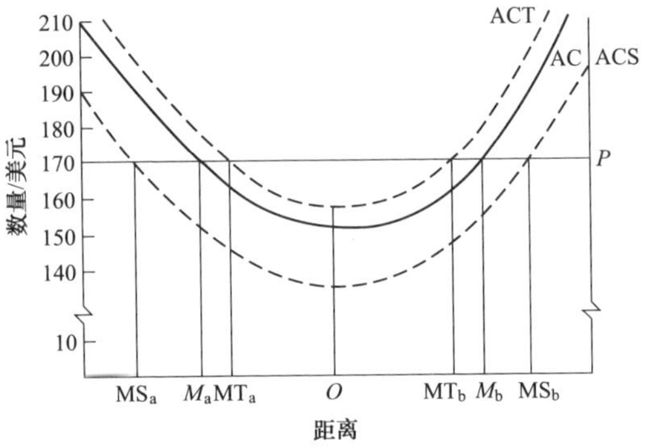

附图 18　企业家能力与收益性空间界限区位变化模型

政府的区位补贴或高额税收等区位政策也会造成区位变化。通常，国家为了开发落后地区或为了某种政治需要，会对特定地区的企业给予各种优惠条件；为了限制特定地区的工业发展，会制定一些区位投资限制政策。结果出现本来亏损的区位却能够赢利，而应该赢利的区位却亏损的现象。附图 19 中的 EF 本应该是亏损区位，却也能得到利润，而 GH 本来利润最高，但如果在此布局必然出现亏损。

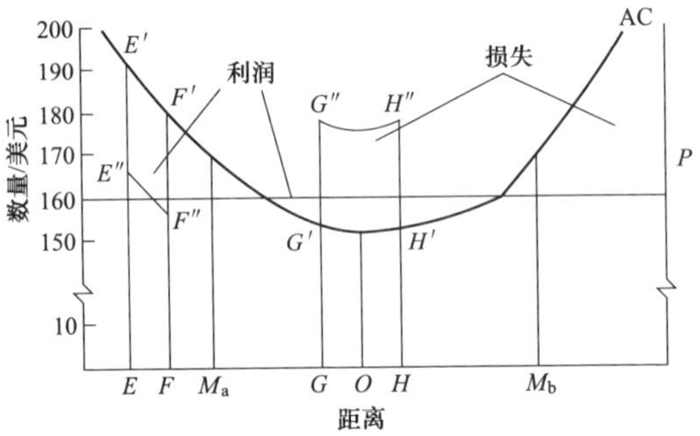

附图 19　政府作用与收益性空间界限的区位模型的变化

史密斯的收益性空间边界理论认为，对于很多企业家来说，最大利润区位也许没有他喜欢的娱乐设施，例如高尔夫球场等。在这种情况下，企业家有可能选择接近最佳区位且又能够满足自己行为的空间。总之，企业家在决定工厂区位时，非经济因素也在起作用，例如工厂创建者的出生地、企业家的模仿或群居性以及当地政府或国家的财政援助等的影响。

7.6　服务业区位中心地理论

中心地理论最初由德国地理学家 W. 克里斯泰勒（Christaller）在 20 世纪 30 年代创立，经济学家廖什进一步拓展了该理论。中心地理论认为，每个企业要维持其生存都需要一个市场门槛，根据服务或产品的等级，企业门槛和范围各有不同。产品的等级由四个特点来决定：价格、购买率、门槛和范围。由于高级产品或服务的价格比较高，因而其购买率或提供服务的比率也较低，因此其人口门槛较高。高级产品或服务的高售价或高服务费用意味着单位运费较低，因此其市场范围很大，人们愿意经过长途旅行来购买。相反，低廉的价格、较高的购买率和低市场门槛可以维持低级商品销售商的生存。总之，与低级产品或服务相比，高级产品或服务受距离衰减规律的限制较低。低级产品购买率较高、市场范围小，在许多地区都销售，销售商之间的距离很近。相反，高级产品销售率低，在较少地区销售，销售商之间的距离相对较远。在中心地理论中，商品和服务的等级决定了中心地等级。高级中心地可以供给各种商品和服务，而低级中心地只能供给有限的低级产品。高级中心地实际上存在两个供给市场，一个是相对较小的低级商品货源地，另一个是较大的高级商品货源地。

因为所提供的商品和服务要求更高的门槛人口，高级中心地的人口必须比低级中心地人口多。高门槛人口意味着包括了低级商品和服务所要求的较小的门槛人口。这也是低级中心地之所以是低级的原因。附图 20 说明了一个沿线状布局的中心地体系。A～L 的每一个地区都是一个自给自足的低级中心地，其周围的地区刚好包含了其门槛要求。每一个中心地的需求门槛范围决定了其地方市场，在这种垄断竞争体系下，中心地之间没有空白区。中心地 A 的低级市场直接与 B 的低级市场接界，中心地 B 的市场与中心地 C 的接界，以此类推。图中 12 个中心地只有 6 个是高级中心地（B、D、F、H、J、L）。它们之间的间隔具有一定的规律性，即每两个高级中心地间隔一个低级中心地。它们在这条线上的相对位置，使其各自有两个可以销售其高级产品的低级市场（假设这条线向左向右都无限延伸下去）。例如，中心地 D 的高级产品既可以销售给自己的一个低级市场，还可以销售给中心地 C 和 E 的各一半低级市场（1+1/2 +1/2=2 个市场），这样中心地 D 就拥有两个低级市场。

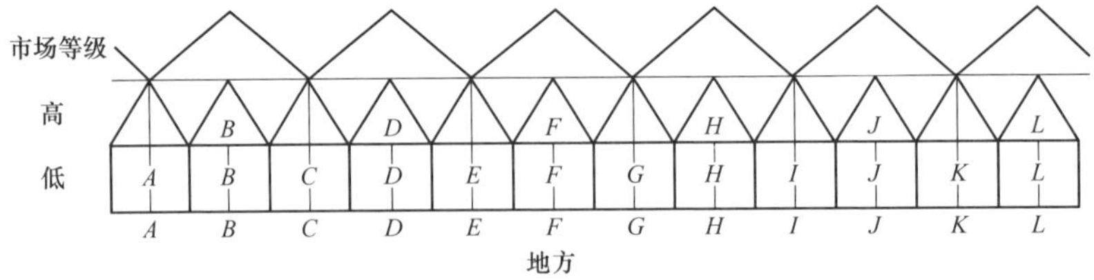

附图 20　中心地等级间关系

如附图 21 所示，一个中心地体系在平面上扩展成为六边形市场区。六边形可以避免市场的重叠，而这种重叠将违背空间垄断原则，并由此妨碍了一个中心地确保自己的需求门槛的能力。六边形市场限定了在它的市场区内到市场中心的旅行距离费用，或从市场中心购买商品的费用。在单个中心地体系中，一个高级中心地向它本身和周围 6 个较低级市场的 1/3 范围提供商品和服务，即总共包括了 3 个低级市场。

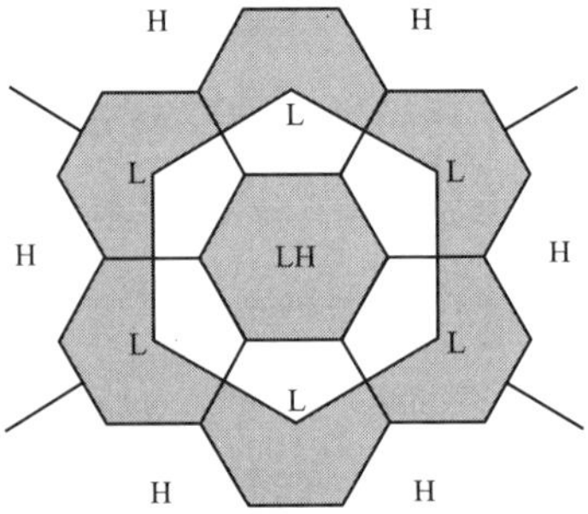

附图 21　中心地体系

中心地理论主要适用于研究零售业、城市体系、集市和以个人为对象的服务业。一些大企业（如制造业、金融和保险）的事务所，通常其总部和分支机构与城市的等级序列相对应。因此，中心地理论也适用于事务所的区位布局规划。另外，包含行政职能的中枢管理职能也与都市的等级秩序相关联。城市内部的事务所区位布局也具有类似特征，一般大企业的总部和高级行政管理职能集聚在都市中心，而在都市中心，周边分店、营业所和具体事务部门的分布则较多。

7.7　服务区位集聚理论

服务业在空间上的集聚趋势比工业生产活动更明显，特别是高度集中于都市中心商务区（CBD）的一些中枢事务部门。类似于工业，服务业集聚的类型既有同种行业的，也有异种行业的集聚。服务业在空间上的集聚主要是为了追求企业间的商务交流、合作的便利性和互补性，以及高度熟练的劳动力市场。因此，从区位指向理论来看，服务业在空间上集聚的原则为：一是集聚利益指向，即为了得到外部经济利益和减少不确定因素的影响而在空间上的集聚；二是劳动力指向，在都市中心商务区有各种高度熟悉技术和业务的管理人员，为了获得这些人才，事务所的区位多选择于中心业务区。

同种行业和异种行业的服务业在空间上的集聚都可得到集聚利益，企业决策的关键之一是准确和迅速地掌握同行业和相关行业的经营动态，而不论是大企业还是中小企业在空间上的集中都有利于信息的收集和交流，因此作为企业经营的决策和具体营业部门的高级管理中心倾向在空间上集聚。英国学者阿列克山大通过对伦敦、多伦多、悉尼等城市事务所的调查发现，企业经营者获得集聚利益的目的：①便于与外部组织的接触；②有利于与政府和诸机关的接触；③接近于顾客和委托人；④接近于关联企业；⑤接近于其他服务业；⑥决策者集中。

企业管理职能一般都布局在城市中心位置，其原因至少有以下两点：一是可以最小化情报和信息的输送和收集的距离摩擦费用；二是能够支付高额的地租。情报和信息的收集和输送方式多样，如邮寄和电话等，但是面对面的会谈是实现商业往来的重要手段。因此，重视面对面接触的事务所一般都指向都市中心商务区。竞争都市中心商务区区位的基础是各机构支付地租的能力，一般大企业具有较高的支付地租能力，因此都市中心商务区自然成为很多大企业管理职能聚集区。

服务业特别是金融业（保险和银行等）在特定地点的发展具有历史偶然性，其形成与城市的发展历史有关。一般保险和银行集中的城市大多是贸易港口，如伦敦、纽约、东京、香港、上海等城市。港口首先发展起来的是与航海、远洋运输相关联的保险业和银行等金融业，因为它们是海运业发展的保障。另外，服务业的形成也与政治中心具有密切的关系，如各大公司的总部和为企业提供信息、咨询服务的机构大多布局在各大政治中心。

8　产业集群分析理论方法

8.1　马歇尔外部经济理论

新古典经济学代表人物马歇尔在其《经济学原理》一书中描述了集中于某

些地方的“地方性工业”的原始形态，据此提出两个重要概念，即“内部经济”和“外部经济”。前者是指有赖于从事工业的个别企业的资源、组织和经营效率的经济，而后者则是指有赖于这类产业的一般发达经济。马歇尔认为，外部经济“这种经济往往能因许多性质相似的企业集中在特定的地方，即通常所说的工业地区分布而获得”。马歇尔把专业化产业集群的特定地区称作“产业区”。从新古典经济学的角度，马歇尔通过研究工业组织这种生产要素，间接表明了企业是为了追求外部规模经济而集聚的。马歇尔研究集聚的最大贡献是他发现了一种产生集聚的“空气”，即协同创新的环境。但是，马歇尔是为了研究企业组织而探讨外部规模经济的。同时，在他生活的那个时代，企业之间的联系基本上限于物质的投入、产出，几乎不存在非物质联系如信息、创新等。因此，受研究目的与所处历史时代的限制，马歇尔没能挖掘集群产生的非物质因素，如协同创新的环境等。此外，马歇尔在理论中没有考虑区域内企业的成长和区域间企业的迁入、迁出等动态变化因素，也忽视了区域产业组织的外部联系与创新。

8.2 新产业区理论

在20世纪70年代全球经济衰退的背景下，意大利东北部以及中部一带却实现了快速的产业增长。学者们对此进行了系统的研究而提出“新产业区”理论。20世纪70年代末至80年代初，面对世界性的经济危机，一些区域呈现出经济衰退的景象，但欧美少数几个地区仍然保持平稳发展，甚至继续增长，成为战胜衰退的“经济之星”。这些地区的产业多种多样，不仅包括先进部门，还包括传统的劳动密集型部门。波特（Porter）的“钻石模型”强调相关支持产业的重要性，提出横向和纵向这两类基本的产业集群，引发了人们对产业集群的研究兴趣。很多学者从产业联系的角度考虑，认可纵、横向集群的概念，但提出不应有唯一正确的产业集群定义。如何定义集群，需要理解其中的关键要素，包括经济活动在地理和空间上的集聚，产业部门横向和纵向的联系，采用哪些共同的技术，大企业、大研究中心等核心主体的作用，企业网络或企业合作在集群中的紧密程度等。区域主要有意大利中部和东北部的艾米利亚-罗马格纳（Emillia-Romagna）和图斯卡尼（Tuscany）等地区、德国的巴登-符腾堡（Baden-Wurttermberg）、法国的欧叶纳克斯（Oyonnax）、丹麦的竹特兰（Jutland）、瑞典的斯迈兰（Smaland）、西班牙的巴塞罗那（Barcelona）、美国加利福尼亚的硅谷等，其共同特征是存在专业化的中小企业集群。这些地区大量的中小企业彼此间建立了高效的竞争与合作关系，形成了高度灵活的专业化生产协作网络，具有极强的内生发展动力，并依靠不竭的创新能力保持了地方产业的竞争优势。基于此，20 世纪 80 年代中期，一些学者提出了“弹性专业化”的概念，随后其他学者在“第三意大利”的研究中发现，基于中小企业合作联系网络的弹性专业化可成功地与大宗生产竞争。与此同时，一些学者在美国和西欧的案例研究中，强调生产系统的垂直分化可促进新产业集聚的出现。由此，“新产业区”理论应运而生，并迅速成为区域发展研究的前沿领域。

新产业区是新技术革命以后出现的，且新产业区理论的兴起与新技术革命带来的生产方式的变革有着密切联系。新技术革命使得一批生产驱动型的大批量、具有刚性的生产方式被消费驱动型的小批量、具有弹性的生产方式所替代。而在新技术革命时期，小企业为主的弹性生产网络模式的出现，使区域发展对跨国公司分厂的依赖性降低。此外，关于新产业区的研究表明，新产业区还有利于促进企业的持续创新，并为企业创新提供一种区域环境，说明尽管硬环境（完善的基础设施、相邻的大学、便利的交通等）可以成为创新的条件，但这不必然促进创新的发生，而软环境，即企业与企业之间、人与人之间正式的与非正式的交流沟通，则为创新提供机会。新产业区理论认为，成功的区域是有创新性的区域，区内企业能够不断地创新。

新产业区理论更多关注弹性专业化和区域创新环境及网络的作用，并认为二者是促成产业集聚的主要动因。一方面，在工业化后期的信息社会，随着建立在现代科学技术与垂直分离基础上的多品种、少批量、定制式柔性生产方式的诞生，与企业间物质联系相伴的信息沟通越来越重要，及时生产使得供应商、生产商、客商三位一体，相互靠近，实现产业集聚。特别需要指出的是，产业集聚的目的不仅是节约运费，更重要的是减少交易费用和即时满足消费者个性化，同时外部规模经济也拓展到外部范围经济。另一方面，区域创新环境及网络是新产业区中形成产业集聚的又一重要动因。根植于共同文化背景和制度环境基础之上的区域网络创新，将会改善区域创新环境，而二者的互动共进将进一步推动产业集聚和新产业区的发展。新产业区是在高度专业化分工的基础上，由企业集聚而形成的区域经济社会文化共同体。各个企业在共同体中共享经济资源，且共建一种共同的价值观和文化氛围。因此，新产业区具有很强的区域一致性，这些是与传统产业区的最大差异。

8.3 区域创新环境理论

20 世纪 80 年代以后，伴随着新熊彼特主义和新制度主义对制度和演化经济问题研究的深化及新经济地理学关于新产业区的研究，区域创新环境与产业集聚日益成为一个新的研究视点，并初步形成了“区域创新环境-产业集聚-区域经济增长”的研究范式。区域创新环境是指“在有限的区域内，主要的行为主体（结点）通过相互之间的协同作用和集体学习过程建立的非正式的复杂社会关系。这种关系提高了本地的创新能力”。1985 年，欧洲区域创新环境研究小组由法国、意大利、瑞士等国区域科学家组成，在对欧洲的“第三意大利”、德国巴登—符腾堡地区等 15 个区域和美国硅谷的调研后，率先提出了“区域创新环境”概念，并进一步指出“区域发展以及大量的企业在地域空间上的集聚，与其所在区域内的社会人文环境密切相关”。在新科学技术革命和经济全球化的大背景下，一个国家、地区或企业的竞争力不仅与其静态的相对成本优势有关，更重要的是其动态创新的能力，而该能力与特定的区域创新环境及该环境下的学习创新过程密不可分。这种区域创新环境不仅包括经济方面的环境，如物质基础设施和产业结构、企业组织等，还包括社会环境，例如区域文化和制度环境等。企业的创新过程涉及大量的隐性知识输入，这需要通过面对面的人际交流实现。越来越多的实证和理论研究发现，成功创新非常需要来自外部的信息交换及协调。

区域创新环境理论与新产业区理论在同一时期内出现，二者具有相互支撑的密切联系。前者认为，为了提高创新效率，创新主体需要在空间上与相关知识源靠近并通过密切互动而获得创新所需的隐性知识。同时，由于非排他性和非竞争性特点，知识具有公共产品性质，其生产过程具有较大的投资风险；作为生产要素，知识又具有收益递增的性质，因而知识产品的生产仅依靠单个企业或机构是不够的，其更多的应依赖于特定的区域创新环境。另外，个人、企业、组织在特定的创新环境下集聚，通过地理接近和学习以实现技术的创新、扩散和知识的积累，这种相互联结的企业、客户、研究机构、大学和地方行政当局的地方环境和网络关系，能够增强不同行为主体之间的信任，有利于抑制投机行为，使各行为主体根据竞争环境变化来调整自身行为，并遵守区域规制。由此可见，产业集聚的形成不仅是为了获得规模经济与范围经济，还是为了追求区域创新环境以增强企业的学习与创新能力。

8.4　产业集群多元统计聚类分析法

多元统计聚类法是产业集群辨识的一种方法，其基本思路是基于一系列指标和特征变量，对样本分组，使得样本组内趋同而组间趋异。此方法辨识产业集群一般可以分解为四个步骤：①通过对投入产出 I/O 表的运算，获得投入产出技术系数矩阵——中间投入矩阵 A、中间产出矩阵 B，并由此生成最大关联矩阵 E；②选择多元统计聚类的算法，通常有等级聚类、K 聚类等；③选择体现组间联系程度的方法，有最小距离法、最大距离法、欧氏距离法等；④对最大关联矩阵 E 进行聚类运算，如果是 K 聚类的算法，则聚类结果即辨识结果；如果是等级聚类的算法，则需要进一步对生成的聚类树状图进行整理，决定出阈值，从而得出集群。研究表明，该方法所辨识出来的产业集群能够反映出最重要的产业间相互依存关系。然而，这种辨识方法的结果，是产业部门在集群间的归属具有排他性，这不符合区域经济发展的现实，因为某些产业部门（尤其是支撑性产业）往往隶属于多个集群，从而限制了这种方法在实际集群战略研究中的运用。

8.5　产业群主成分分析法

西方学者很早就开始尝试利用主成分分析法（PCA）进行产业群的研究，费泽（Feser）和伯格恩（Bergnmn）对于利用主成分分析法进行区域产业集群的辨识做了系统总结，并详细描述了运算过程。此方法大致可以分为五个步骤进行：①通过对投入产出 I/O 表的运算，获得中间投入矩阵 A、中间产出矩阵 B。②根据矩阵 A 和 B，通过计算相关系数，生成最大相似矩阵 C。③对矩阵C进行主成分分析运算，通常以特征值大于1为标准，提取主成分。原则上，提取的每个主成分要对应一个集群，但每个主成分对应的是涵盖所有部门的列向量（列向量中，各部门以在该主成分中因子载荷值从大到小排序），所以需要进一步处理。④利用方差最大旋转法，使每个主成分内的因子载荷差异最大化。⑤设定因子载荷门槛值，在每个主成分中，超过门槛值对应的产业归入该产业集群，从而最终获得辨识结果。主成分分析法在集群辨识中运用相当普遍，并且大多数情况下辨识结果比较理想，但是从原理来看，它所得到的产业集群与其说是具有密切内部关联的，不如说是具有相似产销结构的。换句话说，它强调了互补性联系，而对垂直联系重视不足，而且不同主成分有主次之分。根据它们的解释率，第一主成分所对应的是整个产业的最大经济结构特征，故而在辨识结果中，对应的集群包含了最多的产业部门，其后主成分对应集群包含部门个数依次减少。另外，此方法辨识出来的集群内部的各产业间联系紧密程度也相对不强。

8.6 共识集群分析方法

塞尔吉奥（Sergio）和丹尼尔（Daniel）通过大量实证，对比了主成分分析法和多元统计聚类法两类集群辨识的方法，发现两种方法生成的产业集群所具有的产业关联特征各有所长。因此，他们通过糅合两类辨识方法，创建了一种新的集群辨识手段，称为“共识集群法”。具体分为三个阶段进行：①在用于运算分析的矩阵选择上，不局限于最大相似矩阵C（或最大关联矩阵E），而是将中间投入矩阵A、中间产出矩阵B等通通吸纳进来，以期获得不同层面的产业功能关联；②对于所有纳入分析的矩阵，一方面利用主成分分析法选择不同因子的载荷门槛值，获得一系列辨识结果；另一方面利用多元统计聚类法分析，利用不同算法和阈值组合，得出一系列辨识结果；③接着引入一个“产业对”的概念，在某一辨识方法中，进入同一集群的两个部门即为一“产业对”，然后利用先前所得的若干组辨识结果，构造体现“产业对”信息的共识相似矩阵，进而进行多元聚类分析，最终获得各个共识产业群。为了能更清楚地说明此方法，设定有A、B、C、D、E、F六个产业部门，这里使用三种产业集群辨识方法进行分析，见附表5、附表6。

附表 5 不同方法的辨识结果

产业部门	A	B	C	D	E	F
辨识方法一	集群 1	—	—	集群 1	集群 2	集群 2
辨识方法二	集群 1	集群 1	集群 2	集群 2	集群 3	集群 3
辨识方法三	集群 1	集群 1	集群 1	集群 2	集群 2	集群 2

最后，利用附表 6 的矩阵进行多元聚类分析，确定一定阈值，就可以获得最终的共识集群结果。此法将原来单独使用的各种集群辨识法整合起来，将其所得结果都看成是对其他方法的补充。“产业对”的引入，能够使产业间各个层面功能紧密连接的特质凸显出来。Sergio 和 Daniel 对美国加利福尼亚州的实证研究表明，共识集群方法辨识出来的产业集群结果是相当理想的。

附表 6 构造的共识相似矩阵

产业部门	A	B	C	D	E	F
A	O	2/3	1/3	1/3	O	O
B	2/3	0	1/3	O	O	O
C	1/3	1/3	O	1/3	O	O
D	1/3	O	1/3	0	1/3	1/3
E	0	0	O	1/3	O	3/3
F	O	0	O	1/3	3/3	O

8.7 空间集中度分析模型

空间集中度（CR）指行业中规模最大的前几个区域（通常为 4.5 或 8）的有关数值之和占整个行业的比重，是测量一个产业的区域集中程度的常用指标。

假设某一产业由 N 个企业组成，每个企业的就业（也可以是产值、产量、销售额、销售量等，这里以就业人数为例进行指标说明，下同）占这个产业就业的比例为 z_1，z_2，…，z_N。假设划分为 M 个次级区域，X_1，X_2，…，X_M 代表每个区域的就业占总就业的比例。产业在区域 i 的就业占该产业总就业的比例表示为 s_i，那么该产业的空间集中度 CR_m 可以表示为

$$\mathrm{CR}_m = \sum_{i=1}^{m} s_i$$

式中：m 为所考察的按区域比重由大到小排序的区域数。CR_m 的数值越大，表明产业分布越集中。空间集中度指标的最大优点是所需数据容易取得，计算也相对简单，能够把产业的集中度指向具体的产业或具体地区。缺点是它仅反映了产业在 m 个最大份额区域的集聚状况，不能反映产业总体的空间分布，也没有考虑影响产业集中的因素。为避免 m 的取值不同时得出不同的结论，在进行同一产业以及不同产业之间集聚状况的比较时，应选择相同的 m 值。

8.8 赫芬达尔指数和赫希曼-赫芬达尔指数分析方法

赫芬代尔（Herfindahl）指数是产业经济学中衡量市场结构的一个主要指标，指产业内所有企业市场份额的平方和，用于测算产业的市场集中程度。计算公式为

$$H = \sum_{j=1}^{N} z_j^2$$

赫芬达尔指数具有两个特点：①只有一家企业垄断时，该指数等于 1；所有企业规模相同时，该指数等于 $1/N$，所以这一指标在 $1/N$～1 之间变动。此数值越大，表明企业规模分布越不均匀。②赫芬达尔指数用平方和的统计形式，对规模较大的企业给予较大的权重，对大企业的市场份额反映比较敏感，而对众多小企业的市场份额小幅度的变化反映很少。这个系数的不足之处在于仅衡量产业的空间分布，并没有与其他经济活动比较，测算的是产业绝对集中程度。为了衡量产业的相对集中程度，赫希曼提出了赫芬达尔系数改进的方法，被称为赫希曼-赫芬达尔系数（Herschman-Herfindah lindex，HHI），公式为

$$\mathrm{HHI} = \sum_{j=1}^{N} (S_{ij} - X_j)^2$$

式中：S_{ij} 为产业 i 在区域 j 中的就业或产值比重；X_j 为区域 j 中的总就业或产值占全国的比重。如果某产业的就业或产值的空间分布与总体经济活动是一致的，那么 HHI 值为零。

8.9 区位基尼系数分析方法

区位基尼系数分析法是衡量经济活动地理集中程度的最为常用的方法，由洛伦兹曲线和基尼系数发展而来。区位基尼系数两类变量值的累计百分比构成一个边长为 1 的正方形区位洛伦兹曲线图，一类是产业在区域 i 的就业占总就业的比例 x_i，另一类是产业在区域 j 的就业占该产业总就业的比例 S_i。在附图 22 中，区位基尼系数定义为

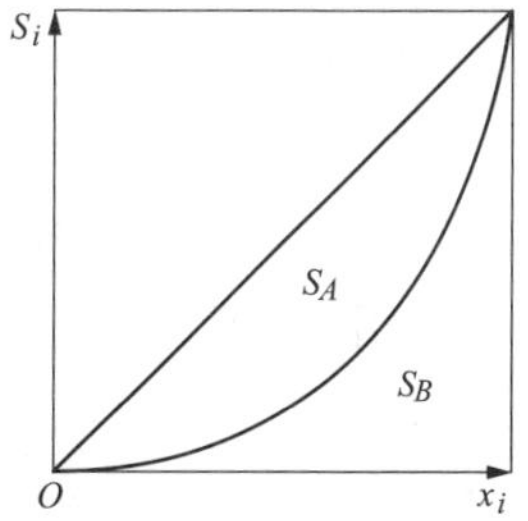

附图 22　区位洛伦兹曲线

$$GN=\frac{S_A}{S_A+S_B}$$

区位洛伦兹曲线通常表现为一条下凸的曲线，下凸的程度越小，区位基尼系数越接近于 0，产业分布越均衡；下凸的程度越大，区位基尼系数越接近于 1，产业分布越不均衡，该产业的集聚程度越高。采用下梯形面积法对区位基尼系数进行推导，得到区位基尼系数的计算公式为

$$\mathrm{GN}=\sum_{i=1}^{n-1}(Q_iM_{i+1}-Q_{i+1}M_i)$$

式中：Q_i 为某区域就业人数占全部区域总就业人数的累积百分比；M_i 为产业在某区域的就业人数占该产业总就业人数的累积百分比。

区位基尼系数将次级地理单元就业人数与整个区域的就业人数之比纳入公式，实质上是考虑了面积大小对产业集聚程度测算的影响。区位基尼系数将全部产业的地理分布作为比较基准，使比较不同产业的计算结果成为可能，因此得到了广泛应用。但该方法并非源于区位选择的理论模型，没有考虑企业规模的影响，也没有区分随机集中和源于外部性或自然优势的集中。艾里森（Ellison）和格莱泽（Glaeser）、马瑞尔（Maurel）和塞德诺（Sedillot）分别提出的 EG 指数、MS 指数弥补了上述不足。

8.10 EG 及 MS 指数分析方法

EG 指数和 MS 指数都将企业的规模分布作为产业集群的影响参数之一，充分考虑了企业规模及区域差异带来的影响，弥补了区位基尼系数的缺陷。

EG 指数可以区分随机集中与企业间由于共享外部性或自然优势的集中，

比区位基尼系数的地理意义更明确。首先定义一个总体地理集中度指数 G，其公式为

$$G=\sum_i (s_i-x_i)^2$$

式中：各指标的意义与前述相同（下同）。进而得到衡量产业集聚程度的 EG 指数，用 γ 表示：

$$\hat{\gamma}_{EG}=\frac{G_{EG}-H}{1-H}=\frac{\sum_i (s_i-x_i)^2/(1-\sum_i x_i^2)-H}{1-H}$$

MS 指数在 EG 指数的基础上，从某产业选择任意两个企业在同一个区域的概率 p 的推算入手，得到 MS 指数：

$$\hat{\gamma}_{MS}=\frac{p-\sum_i x_i^2}{1-\sum_i x_i^2}=\frac{(\sum_i s_i^2-\sum_i x_i^2)/(1-\sum_i x_i^2)-H}{1-H}$$

MS 指数与 EG 指数都是参数 γ 的无偏估计，可测算在控制企业规模之后的产业空间集聚状况。若企业间是独立随机分布的，则参数 γ 的期望值为 0。如果某产业的 γ 值大于 0，说明该产业的地理分布趋向集中，值越大，产业集聚程度越大。

MS 指数与 EG 指数的区别在于，它们对要研究的产业就业和总的产业就业之间的差异的重视程度不同。MS 指数对工业化程度较高区域内企业的空间分布更敏感，若某区域某产业的就业占该区域就业的比例大于该区域就业占总就业的比例，则该区域对此产业 MS 指数的贡献是正的，否则为负。但 EG 指数没有考虑两个比例之间差异的方向性，两者无论大小，对 EG 指数的贡献都是正的。由于产业集聚的研究更注重产业经济活动密度较大的区域，故 MS 指数更适合用来测算产业集聚程度。

9 跨国投资分析理论方法

9.1 垄断优势论

垄断优势论由美国学者海默在 1960 年首次提出。企业的垄断优势，即指

企业在与当地企业的竞争中所特有的能够抵消不利因素的优势，和能够使企业拥有和保持这些优势的国内、国际市场的不完全性，是企业对外直接投资的决定性因素。国际贸易是在完全市场条件下企业参与国际市场或对外扩张的唯一方式。在现实生活中，市场是不完全的，这为对外直接投资打开了大门。金德尔伯格将市场不完全作为企业对外直接投资的决定因素，并列出市场不完全的几种形式：产品市场不完全、资本和技术等要素市场不完全、规模经济和政府的关税等贸易限制措施造成的市场扭曲。这三种市场不完全使国内外的生产和销售企业拥有垄断优势，包括专有技术、管理经验、融资能力、销售渠道等，第四种市场不完全则导致企业对外直接投资以利用其垄断优势。海默和金德尔伯格的这些解释成为20世纪六七十年代中期各种国际直接投资理论发展的基本脉络。西方学者就市场各方面的不完全性来分析企业对外直接投资的决定因素，主要有以下观点：

1. 从技术、专利等知识市场不完全入手

美国学者约翰逊认为，企业的垄断优势来自对知识资产的控制，而知识资产具有公共产品的性质，在不减少其使用价值的同时可以重复使用多次；同时，在企业内部转移的成本很低或等于零，因此企业在国外的子公司可以获得对当地企业的竞争优势。凯夫斯则指出，跨国公司拥有使差异化的能力和技术，这种技术资产不能像其他商品那样，通过销售获得全部收益，而对外直接投资则可保证企业对国外生产和销售差别产品的技术控制，从而获得技术资产的全部收益，并同时指出美国企业海外直接投资要以独资经营为主要形式。

2. 从劳动力、资本要素市场不完全入手

海默等认为，劳动力不能自由流动促使企业对外直接投资，以利用当地市场劳动力相对便宜的优势；证券市场不完全，使得资本在一国的边际效率或利润高于另一个国家而导致直接投资。美国学者阿利伯则从外汇市场不完全来讨论，认为美元高估是刺激美国企业收购当地企业或在当地投资的一个重要因素，这是因为美元高估使美国的生产成本高于外国的生产成本。

9.2　产品生命周期理论

在20世纪60年代，美国学者弗农根据第二次世界大战后美国的生产贸易情况提出了产品生命周期理论，认为企业对外直接投资是伴随产品生命周期运动展开的。该理论以产品的新技术为特征，将企业的区位因素与垄断优势结合起来进行动态分析。他认为所有新技术产品要经历三个阶段：第一阶段为产品创新期，企业垄断着技术诀窍，国内市场潜力很大，研究与开发资金雄厚的国家在开发新产品、新工艺方面居于优势，此时有利于安排国内生产；第二阶段为产品成熟期，企业推动了技术垄断优势，其在市场占有、营销网络、产品品牌等方面日益取得优势，又由于国际生产成本的差异，产品在国外生产显得比较有利，企业为了接近市场、降低成本、防止其他竞争者介入，开始在国外设立分公司或子公司；第三阶段为产品标准化期，新加入者不断增加，市场竞争日益激烈，企业为保住市场，充分发挥研究与开发的潜力，通过扩大国际直接投资来遏制竞争对手。

一般来说，投资企业具有技术、管理等垄断优势，而东道国具有如资源、劳动力、运输等区位上的优势。直接投资企业必须把这两者结合起来。而在产品生命周期的成熟期，尤其是标准化期，竞争的关键是降低成本，投资企业所具有的各种优势的作用开始下降。因此，企业必须进行直接投资，将生产转移到工资低和成本低的地区。

产品生命周期理论虽具有其独特的动态分析和将同一企业不同方式的对外直接投资和出口统一起来加以分析的优势，但随着国际经济关系、国际贸易、国际投资的变化，已很难解释许多当今对外直接投资中的现象。有许多产品在其生产初期就同时在国外生产，如日本索尼（SONY）公司在首先掌握生产彩电的新技术后，却把生产地点移到了拥有更大市场的美国；再如，许多新产品在进入标准化期后，仍能通过其质量、品牌、售后服务等保持特定的垄断竞争优势，即所谓的“标准化后非标准”。针对这些问题，一些学者对产品生命周期理论进行新的构建，使之较完善地解释当代对外直接投资活动中的新特点、新现象。

9.3 寡头垄断行为理论

1973 年尼克博克在深入研究美国跨国公司国际投资行为的基础上提出了寡头垄断行为理论。该理论认为，为了保持竞争平衡、维持市场份额、降低风险和分享先行者优势，寡头公司会模仿首先进行国际直接投资的公司，直接在相同的国家和地区投资，形成所谓的“区位模仿行为”。

9.4　边际产业理论

20 世纪 70 年代中期，日本学者小岛清在其代表作《对外直接投资论》一书中，通过对日本企业对外直接投资的研究，提出了对外直接投资理论。其基本内容是，对外直接投资应从本国已经或即将成为劣势的产业（可称为边际产业）开始依次进行。也就是说，本国所有趋于比较劣势的生产活动，为了继续维持其生产规模，就需要通过直接投资顺序向比较优势更大的国家转移，而在本国内集中发展有更大比较优势的产业，优化国内的产业结构。小岛清认为，国际贸易是按既定的比较成本进行的，而由于对外直接投资是按照从趋于比较劣势的产业开始投资的原则，因此可以扩大两国的比较成本差距，创造出新的比较成本格局。对外直接投资，应当促进直接投资双方比较优势的发展，进而可以扩大两国的贸易，直接投资不是替代关系，而是互补关系。

在小岛清的这一理论中，“边际产业”所包括的范围很广。他认为，由于劳动力成本比发展中国家高，日本的劳动密集型产业已成为比较劣势产业，变成了“边际产业”；同是劳动密集型的企业，可能一些大企业还保持较强的比较优势，而中小企业则处于比较劣势，成为“边际部门”。小岛清将这些“边际企业”和“边际部门”概括为“边际产业”。

根据小岛清的理论，可以认为日本对外直接投资的重要目标是在境外开发供日本进口的产品，因而宜采用合资方式进行对外直接投资，且这易于被东道国所接受。而进行直接投资的企业大多数是中小型企业，它们的技术水平与东道国更接近，也更适合当地的生产条件。日本对发达国家直接投资的目标则在于绕过贸易壁垒。

9.5　国际生产折中理论

国际生产折中理论由著名跨国公司问题专家邓宁于 20 世纪 70 年代后期提出，他从企业特有的优势即所有权优势、内部化优势和区位特定优势三方面解释对外直接投资。根据这一理论，企业想对外直接投资，必须具有上述的三个优势，即，所有权优势＋内部化优势＋区位特定优势＝国际直接投资。

1. 所有权优势

即企业所拥有的各种垄断竞争优势。它构成了企业进行直接投资的必要条件，包括专有技术、管理、市场和财务上的技能、商标或商誉等无形资产。

2. 内部化优势

这一优势来自内部化理论，企业用自己的控制来配置资源，使产品的全部生产过程都在企业内部完成，使企业的垄断优势发挥最大的效用，由此促进企业的国际直接投资。

3. 区位特定优势

包括自然资源、劳动成本、生产力水平、贸易障碍、政府政策等，决定了对外直接投资的流向。

如果企业具有所有权优势与内部化优势，就可将其内部化了的所有权优势与区位特定优势相结合，从而产生更大的经济效益。企业如果没有所有权优势，将无法抵消跨国经营的成本；如果具有这一优势，则企业既可自己利用其优势，也可出售其特有优势，二者的选择取决于内部化优势。最后，企业可在国内，也可在国外利用其优势，这取决于区位特定优势。

9.6 绝对比较优势理论

绝对比较优势理论由英国经济学家、古典经济学派的主要奠基人之一、国际分工和国际贸易理论的创始者亚当·斯密提出。亚当·斯密在其代表性著作《国民财富的性质和原因的研究》中，分析了国际分工的绝对成本状况，提出了依照绝对成本进行分工的学说。该理论认为分工可以提高劳动生产率，其原因是分工不但能提高劳动的熟练程度，还能使每个人专门从事某项作业，节省与生产没有直接关系的时间，同时有利于发明创造和改进生产工具。自由贸易会引起国际分工，国际分工的基础是有利的自然禀赋或后天的有利生产条件，从而使一国在生产上和对外贸易方面处于比其他国家绝对有利的地位，这一优势被称为绝对比较优势（absolute advantage）。如果各国都按照各自的有利生产条件进行分工和交换，将会使各国的资源、劳动力和资本得到最有效利用，会大大提高劳动生产率和增加物质财富。绝对比较优势理论框架如附图 23 所示。

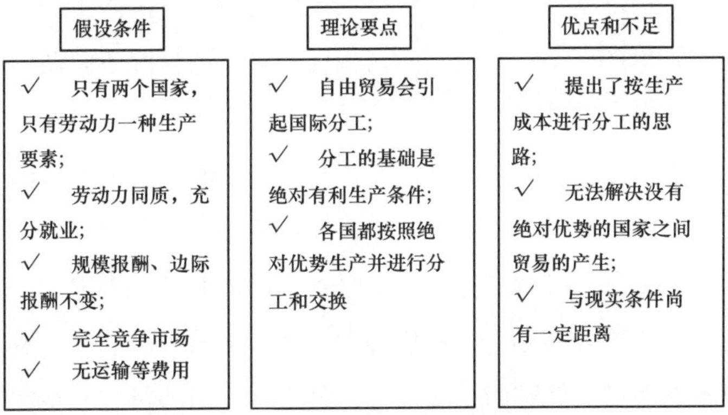

附图 23　绝对比较优势理论框架

该关系用公式表示：当 A 国在商品 X 上的生产率较 B 国更高时，则称 A 国在商品 X 上具有绝对比较优势；如果以 a_x 表示 A 国在 X 商品上的生产率，而 b_x 表示 B 国在 X 商品上的生产率，那么 A 国较 B 国在商品 X 上具有比较优势的充分必要条件为 $a_x > b_x$。绝对比较优势还可以商品的单位生产成本来表示。

9.7　生产要素比较分工模型

20 世纪 30 年代，瑞典经济学家伯尔蒂尔·俄林出版了《地区间贸易和国际贸易》一书，提出了生产要素禀赋理论，以在相互依赖的生产结构中的多种生产要素理论代替李嘉图的单一生产要素理论。俄林的生产要素禀赋理论被称为新古典贸易理论和现代国际贸易理论的基石。该理论采用了两分法，即利用消费者效用最大化的数学规划求解需求函数，然后利用生产者利润最大化函数求解供给函数，最后两者在价格-产出平面相交而产生局部均衡点。由于俄林在其著作中采用了赫克歇尔于 1919 年用瑞典文发表的一篇重要论文的主要论点，因此生产要素禀赋理论也被称为赫克歇尔—俄林模型，简称 H-O 模型。

生产要素禀赋论是用各国生产要素丰裕程度的差异解释国际分工的原因和结构的理论，认为现实生产中投入的生产要素不只是劳动力，而是多种生产要素，投入两种生产要素则是生产过程中的基本条件。在国际贸易使参加贸易的国家在商品的市场价格、生产要素价格均等的前提下，两国生产同一产品的技术水平相等（或生产同一产品的技术密集度相同）的情况下，两国生产同一产品的价格差别来自产品的成本差别，这种成本差别来自生产过程中所使用的多种生产要素的价格差别，而这种生产要素的价格差别则取决于各国各种生产要素的相对丰裕程度，即相对禀赋差异，由此产生的价格差异导致了国际贸易和国际分工。在这一分工过程主导下，最终各国的产业结构表现为，每个国家专门生产密集使用本国具有相对禀赋优势的生产要素的商品。生产要素禀赋论假定，生产要素在各部门转移时，增加生产的某种产品的机会成本保持不变。

新古典的 H-O 理论从要素禀赋结构差异以及由这种差异所导致的要素相对价格在国际的差异方面研究国际贸易发生的原因和分工依据，克服了李嘉图模型中关于一种生产要素投入假定的局限。当然，新古典的 H-O 理论仍然建立在一系列的假定条件之上，与现实情况尚有一定距离。

利用 H-O 理论进行区域间的对比时，对比对象不同往往会得出不同的结果。H-O 理论框架如附图 24 所示。例如，美国无论在资本存量还是在劳动力绝对数量上，都远远高于瑞士和墨西哥。但与瑞士相比，美国的人均资本存量低于对方，因此相对于瑞士而言，美国属于劳动力丰富的国家。美国若与墨西哥相比，则人均资本存量高于墨西哥，因此属于资本丰富的国家。

假设条件	理论要点	优点和不足
√ 国际贸易使参加贸易的国家其商品的市场价格、生产商品的生产要素价格相等； √ 生产要素价格均等； √ 两国生产同一产品的技术水平相等	√ 两国生产同一产品的价格差别来自于成本差别； √ 生产要素的价格差别取决于各国各生产要素的相对禀赋差异； √ 最终各国的产业结构表现为每个国家专门生产使用本国具有相对禀赋优势的生产要素的商品	√ 理论克服了亚当·斯密和李嘉图贸易理论中的某些局限性； √ 理论假定各国生产要素的质量和素质没有差别，与实际不符； √ 现实中生产要素的丰裕程度不是固定不变的

附图 24　H-O 理论框架

第二次世界大战以后，美国经济学家列昂惕夫验证过俄林的理论。根据列昂惕夫的计算，1947 年美国出口产品的劳动密集度大于进口商品。这一结果同俄林的理论相反（认为美国应出口资本密集型产品，进口劳动密集型产品），被称为“列昂惕夫之谜”。但后来根据列昂惕夫本人的解释，美国工人的劳动效率比其他国家高大约 3 倍。如果将劳动量乘以 3 计算，美国是劳动力相对丰富（而不是通常所说的资本丰富）的国家。既然是劳动力丰富，其产品就属于劳动密集型而不是通常所说的资本密集型，其出口产品的资本/劳动力比率较大，产品应为劳动密集型，“列昂惕夫之谜”得以解释。

9.8　劳动地域分工理论

在亚当·斯密和李嘉图之后，马克思主义经济学家在研究社会一般分工理论的基础上，赋予“地域分工”的科学内涵，全面动态地分析了地域分工的因素，包括地域自然条件、自然资源差异、地理位置、产品销售市场与生产地的距离、技术状况以及由这些因素产生的时间和区域差异、历史发展特点及历史上已形成的生产力发展水平差异、民族特点和种族关系等，认为区域比较优势以及由此产生的地域分工是多种因素综合作用的结果。

马克思关于分工的思想主要包括：①强调分工的极端重要性。他说：“一个民族的生产力发展水平，最明显地表现于该民族分工的发展程度。任何新的生产力，只要它不仅仅是现有生产力的扩大（如开垦新的土地），都会引起分工的进一步发展。”②指出分工不同于简单的协作，分工针对的是从事不同生产活动的劳动者之间的工作或职能划分及其专门化，而协作则是指“较多工人在同一时间、同一劳动场所，为了生产同种商品，在同一个资本家的指挥下工作”。分工所强调的是工作的专门化，而协作所强调的是工作的群体协同效应（马克思称之为“协作的特有生产力”）。分工能够产生一种集体形式的生产力，从而提高生产效率。③揭示了社会分工与工场手工业内部分工的联系和区别。马克思认为：“社会分工是以生产资料分散在许多互不依赖的商品生产者中间为前提，而工场手工业分工则是以生产资料积累在一个资本家手中为前提。”前者是第二类分工，后者为第一类分工。二者之间的联系为，社会分工是以工场手工业内部分工为前提的；同时，工场手工业内部分工也会对社会分工产生反作用，扩大社会分工。

马克思主义地域分工学说的代表人物、苏联经济地理学家巴朗斯基在吸收前人学说的基础上，提出了较为系统的地域分工理论。巴朗斯基将地域分工分为两种：①某一地域由于客观原因完全不能生产某一商品而由另一区域输入的绝对地域分工；②某一地域虽然能生产这一商品，但是成本较高，因此还是由另外地域输入的相对地域分工。这一划分囊括了亚当·斯密和李嘉图二者的理论结果。巴朗斯基提出，决定地域分工的因素是两地商品的绝对价格差，进一步可以推导为劳动生产率或生产成本的绝对差异。因此，每个国家或地区都应生产并出口成本绝对低廉的商品，进口在本国生产成本绝对高昂的商品。

地域分工理论的基本要点是：①每个区域或国家，生产要素禀赋各不相同，这种差异是地域分工形成与发展的基础；②地域分工是生产力发展到一定阶段的产物，生产力的发展，使得各地区生产要素供给不同，由此决定了生产要素价格差异，这是地域分工和区际交换最直接的原因；③地域分工、交换最重要的结果是各地都能更有效地使用各种生产要素；④地域分工是社会分工的空间形式。各地区由于发展生产的有利条件不同，各自形成特有的专业化生产部门，因此生产地域分工表现为地区生产专业化。

另外，巴朗斯基还对运输和关税在地域分工中的作用进行分析，认为交通运输技术的改善引起了运费的下降，扩大了地域分工的广度和深度，而因地域分工获得的利益又使更多的资本和劳动力投入交通事业。关税是干涉地域分工的超经济因素，地域分工的发展意味着劳动生产率的提高，而关税则成为这种提高的阻力，但一味地反对关税，对落后国家不利。

9.9 协议分工理论

协议分工理论由小岛清提出，认为以往的国际经济学所讲的多是在成本递增下通过竞争原理达成国际分工和平衡，而对成本递减或成本不变的情况没有论及。而成本递减是一种普遍现象，在全球经济一体化的大趋势下，经济一体化的目的就是要通过大市场化来实现规模经济，这实际上就是成本长期递减的问题。协议分工理论认为，即使两国不存在比较优势差异的极端情形，依旧可以实现规模经济和协议分工。所谓协议分工，是指两国在生产同类产品的生产效率相近的情形下，通过相互达成协议分别专门生产其中的一种产品，实现规模经济，形成国际分工。所谓生产率相近是指要素的生产率相近。从直观的意义上看，如果两国的生产率接近，就很难实现国际分工；如果通过达成协议，两国则可以实现专业化分工，实现规模经济。

实现协议分工必须具备三个条件：①必须是两个或多数国家的资本、劳动禀赋比率没有多大差别，工业化水平和经济发展阶段大致相等，协议性分工的对象商品在哪个国家都能进行生产；②作为协议分工对象的商品，必须是能够获得规模经济的商品；③不论对哪个国家而言，生产协议性分工的商品利益都应该没有很大差别。也就是说，各国自己实行专业化的产业和让给对方的产业之间没有优劣之分，否则不容易达成协议。这些条件表明，经济一体化或共同市场必须在同等发展阶段的国家之间建立，而不能在工业国与初级产品生产国即发展阶段不同的国家之间建立。在发达的工业国家之间，可以进行协议性分工的商品范畴较广，因而利益也较大。生活水平和文化等相类似、相接近的地区，也容易达成协议，并且容易保证相互需求的均等增长。

参 考 文 献

[1] 李小建．经济地理学．3版［M］．北京：高等教育出版社，2018.

[2] 王劲峰．空间分析［M］．北京：科学出版社，2006.

[3] 金凤君．基础设施与经济社会空间组织［M］．北京：科学出版社，2012.

[4] 顾朝林，武廷海，刘宛．国土空间规划前沿［M］．北京：商务印书馆，2019.

[5] 田志强，吕晓，周小平，等．市县国土空间规划编制理论方法与实践［M］．北京：科学出版社，2019.

[6] 金凤君．功效空间组织机理与空间福利研究［M］．北京：科学出版社，2017.

[7] 樊杰．资源环境承载能力和国土空间开发适宜性评价方法指南［M］．北京：科学出版社，2020.

[8] 樊杰．资源环境承载能力预警技术方法［M］．北京：科学出版社，2019.

[9] 樊杰．主体功能区划规程［M］．北京：科学出版社，2019.

[10] 陆大道．中国区域发展的理论与实践［M］．北京：科学出版社，2003.

[11] 张军扩．中国区域政策与区域发展［M］．北京：中国发展出版社，2010.

[12] 魏后凯，等．中国区域政策——评价与展望［M］．北京：经济管理出版社，2011.

[13] 中共中央国务院关于建立国土空间规划体系并监督实施的若干意见［J］．北京：人民出版社，2019.

[14] 赖敏．土地要素错配阻碍了中国产业结构升级吗？——基于中国230个地级市的经验证据［J］．产业经济研究．2019，99（2）：39-49.

[15] 赵晓庆．中国产业自主创新的创新主体动态协同模式——基于通信设备产业的案例分析［J］．广西财经学院学报．2019，32（6）：91-107.

[16] 魏际刚．新时期中国产业政策调整思路［J］．北京交通大学学报（社会科学版）．2019，12（2）：2-10.

[17] 郭克莎．中国产业结构调整升级趋势与“十四五”时期政策思路［J］．中国工业经济．2019，（7）：24-41.

[18] 金凤君，王成金．轴-辐侍服理念下的中国航空网络模式构筑［J］．地理研究．2005.24（5）：775-784.

[19] 齐元静，杨宇，金凤君．中国经济发展阶段及其时空格局演变特征．地理学报．2013，68（4）：517-531.

[20] 周一星，胡智勇．从航空运输看中国城市体系的空间网络结构［J］. 地理研究．2002（5）：384-394.

[21] 王法辉，金凤君．中国航空客运网络的空间演化模式研究．地理科学．2003，23（5）：519-526.

[22] 赵渺希，陈晨．中国城市体系中航空网络与生产性服务业网络的比较［J］. 城市规划学刊．2012.194（2）：24-32.

[23] 夏辉，金润圭．网络化时代国际金融中心发展趋势探析［J］. 未来与发展．2008（3）：57-61.

[24] 蒋燕，胡日东．中国产业结构的投入产出关联分析［J］. 上海经济研究．2005，11，46-52.

[25] 陈跃刚，甘永辉．我国产业间波及效应的探讨［J］. 南昌大学学报（人社版）.2004，35（5）：58-63.

[26] 秦耀辰，王喜，耿昊，等．河南省投入产出关联系统分析［J］. 河南大学学报（自然科学版）．2002，32（2）：64-69.

[27] 简钟丹，郝晓辉．从产业关联看我国产业结构的调整［J］. 统计观察．2005，4（下）：79-81.

[28] 梁志新．湖北省各产品部门对国民经济的感应度和影响力的分析［J］. 经济纵横．2005（3）：88-90.

[29] 杨青，刘晓明，张茜，等．从 17 部门投入产出表看我国 1995 年以来的各产业波及效果［J］. 工业技术经济．2006，25（6）：67-71.

[30] 张洁，武戈．我国食品行业的投入产出分析［J］. 经济纵横．2006（8）：78-80.

[31] 杨斌斌．我国产业结构的投入产出分析［J］. 统计与信息论坛．2002，17（5）：23-27.

[32] 王建冬，康大臣．第四代生产性服务业：概念及实践意义［J］. 中国科学院院刊．2010，25（4）：381-388.

[33] 武文杰，董正斌，张文忠，金凤君．中国城市空间关联网络结构的时空演变［J］. 地理学报．2011，66（4）：435-445.

[34] 西蒙-库兹涅茨，各国的经济增长．北京：商务印书馆，1985：126.

[35] 西蒙-库兹涅茨，各国的经济增长．北京：商务印书馆，1985：226.